首届全国教材建设奖
全国优秀教材二等奖

"十二五"普通高等教育本科国家级规划教材

ECONOMICS & MANAGEMENT

教育部经济管理类主干课程教材

审计系列

Auditing

审计学

（第10版）

▸▸ 秦荣生　卢春泉　编著

中国人民大学出版社
· 北京 ·

前　言

自《审计学》（第 9 版）出版以来，我国审计事业迎来了快速发展的新时代，审计行业所处的政策要求、法律环境和社会环境发生了重大变化。特别是中央审计委员会的成立和《审计署关于内部审计工作的规定》发布，赋予我国审计新的使命，审计各种法律法规的修改、完善和改革措施相继出台，深刻影响审计的发展进程和执业要求。

2017 年 9 月，美国反虚假财务报告委员会下属的发起人委员会（The Committee of Sponsoring Organizations of the Treadway Comission，COSO）发布了新版（2017 版）的企业风险管理框架：《企业风险管理——战略和业绩的整合》。企业风险管理被定义为：组织在创造、保持和实现价值的过程中，结合战略制定和执行，赖以进行管理风险的文化、能力和实践。新的框架从企业使命、愿景和核心价值出发，定位的宗旨为提升主体的价值和业绩，强调嵌入企业管理业务活动和核心价值链。企业风险管理框架包括企业风险管理五个要素：治理与文化，风险、战略与目标设定，风险管理执行，审查和修订，信息、沟通和报告。

2018 年 1 月 12 日《审计署关于内部审计工作的规定》发布，赋予我国内部审计新的使命，并于 2018 年 3 月 1 日起正式实施。新使命将内部审计的职责范围从“财政财务收支、经济活动”扩展到“内部控制评价与风险管理审计”，并对内部审计提出了新使命：贯彻落实党和国家重大决策部署跟踪审计、公司发展规划和发展战略审计、公司“三重一大”决策程序审计、公司年度业务计划执行情况审计、公司涉及的履行管理自然资源资产和保护生态环境责任的审计、境外审计等内容。对于内部审计和组织管理，要求国有企业和国有控股企业建立总审计师制度，总审计师在公司党组织、董事会领导下具体管理内部审计工作。

2018 年 5 月 23 日中央审计委员会召开了第一次会议，习近平主任指出：构建集中统一、全面覆盖、权威高效的审计监督体系，要加强对内部审计工作的指导和监督，调动内部审计和社会审计的力量，增强审计监督合力。因此，我国的审计工作进入了新的发展时代，承载了新的使命。我国审计理论研究者和实务工作者应深刻理解和深入研究审计的新使命，为理论研究和实际工作提供指导。

财政部 2017—2018 年对企业会计准则也进行了大幅修订或新发布，包括新发布或新修订企业会计准则及其应用指南、会计准则解释、通知及解读。2017 年财政部发布修订后的新金融工具准则和新收入准则，规定境内外同时上市的企业以及在境外上市并采用国际财务报告准则或企业会计准则编制财务报告的企业自 2018 年 1 月 1 日起施行上述准则，其他境内上市企业自 2019 年 1 月 1 日起施行新金融工具准则（保险公司除外）、自 2020 年 1 月 1 日起施行新收入准则，并“鼓励企业提前执行”或“允许企业提前执行”。对于尚未执行新金融工具和新收入准则的企业来说，在编制 2018 年度财务报表时应当关注财政部会计司发布并生效的企业会计准则解释第 9～12 号、政府补助准则应用指南及其解读、持有待售准则应用指南及其解读、一般企业财务报表列报格式要求及其解读等。

针对党和国家对我国审计的新要求、新规定以及国际组织的最新规则，我们在《审计学》（第 9 版）的基础上，对全书的内容做了全面系统的修改、补充和完善，以满足我国审计理论工作者和实务工作者学习和工作的需要。我们增加了新修订的企业风险管理框架及企业风险管理五要素的内容，增加了“政府审计的新要求与新发展”“内部审计的新使命与新发展”等章节，更新了内部审计职责与权限的内容，修改了与营业收入、金融工具等相关的审计内容，更新了与审计工作相关的最新要求。

我的导师中国人民大学阎金锷教授曾经说过：编写教材是一项遗憾的工作。确实，我们无论怎样努力，怎样精雕细琢，最后出版的教材依然存在缺陷和不足，依然存在需要完善和修正的内容。即使当时满意，随着岁月的流逝、环境的变化和阅历的增加，对内容的领悟和对问题的洞察，也会生出许多不满来。很多教授数十年都在修订自己早期的著作，但仍难以做到尽善尽美。选择编写教材，就是选择接受遗憾。无论怎样尽力，无论怎样付出，那个最后的句号都无法画圆，都存在缺陷和不足。我们明白这个道理，这正是我们必须继续修订下去的理由。读者是最好的裁判，也希望读者对我们的教材提出修改和改进的意见和建议。让我们共同努力，为发展中国特色的审计理论与实践做出自己应有的贡献。

为方便教学，本书为教师提供了丰富的资源，包括：电子教材、PPT 课件、习题库（865 道题）可生成并导出试卷，线上布置作业、测试和考试，试卷自动打分，随时查看班级作业完成、知识点掌握情况和成绩排名。有上述需求的教师可联系 QQ：3382421809 或 2292205778。

编著者

目　录

第1章

总　论

1.1 审计的产生与发展

1.1.1 我国审计的产生和发展

我国审计经历了一个漫长的发展过程，大体上可分为六个阶段：西周初期初步形成阶段；秦汉时期最终确立阶段；隋唐至宋日臻健全阶段；元明清停滞不前阶段；中华民国不断演进阶段；新中国振兴阶段。

我国西周国家财计机构分为两个系统：一是地官大司徒系统，掌管财政收入；二是天宦冢宰系统，掌管财政支出。天宦所属中大夫司会，为主宦之长，主天下之大计，本为分掌王朝财政经济的审核和监督。《周礼》中记载："凡上之用，必考于司会。"即凡帝王所用的开支，都要受司会的检查，可见司会的权力很大。而且还说："以参互考日成，以月要考月成，以岁会考岁成。"即司会每旬、每月、每年都要对下级送上来的报告加以考核，以判断每一个地方官吏每旬、每月和每年所编制的报告是否真实、可靠，再由周王据此决定赏罚。我国政府审计的起源，基于西周的宰夫。《周礼》云："宰夫岁终，则令群吏正岁会。月终，则令正月要。旬终，则令正日成。而考其治，治以不时举者，以告而诛之。"即年终、月终、旬终的财计报告先由宰夫命令督促各部门官吏整理上报，宰夫就地稽核，发现违法乱纪者，可越级向天宦冢宰或周王报告，加以处罚。由此可见，宰夫是独立于财计部门之外的职官，标志着我国政府审计的产生。

秦汉时期是我国审计的确立阶段，主要表现在以下三个方面：一是初步形成了统一的审计模式。秦汉时期是我国封建社会的建立和成长时期，社会经济的发展，促进了秦汉时期逐渐形成全国审计机构与监察机构相结合、经济法制与审计监督制度相统一的审计模式。秦朝，中央设"三公""九卿"辅佐政务。御史大夫为"三公"之一，执掌弹劾、纠察之权，专司监察全国的民政、财政以及财物审计事项，并协助丞相处理政事。汉承秦制，西汉初中央仍设"三公""九卿"，仍由御史大夫领掌监督审计大权。二是"上计"制度日趋完善。所谓"上计"，就是皇帝亲自参加听取和审核各级地方官吏的财政会计报告，以决定赏罚的制度。这种制度始于周朝，至秦汉时期日趋完善。三是审计地位提高，职权扩大。御史制度是秦汉时代审计建制的重要组成部分，秦汉时代的御史大夫不仅行使政治、军事的监察之权，还行使经济的监督之权，控制和监督财政收支活动，勾稽总考财政收入情况。应该指出的是，秦汉时期审计制度虽已确立，但仍属初步发展时期。

隋唐时代是我国封建社会的鼎盛时期，宋代是我国封建社会经济的持续发展时期。隋唐至宋，中央集权不断加强，官僚系统进一步完善，审计在制度方面也日臻健全。隋开创一代新制，设置比部，隶属于都官或刑部，掌管国家财计监督，行使审计职权。唐改设三省六部，六部之中，刑部掌天下律令、刑法、徒隶等政令，比部仍隶属于刑部，凡国家财计，不论军政内外，无不加以勾稽，无不加以查核审理。比部审计之权通达国家财经各领域，而且一直下伸到州、县。由此可见，唐代的比部审查范围极广、项目众多，而且具有很强的独立性和较高的权威性。宋代审计一度并无发展。元丰改制后，财计官制复唐之旧，审计之权重归刑部之下的比部执掌，审计机构重获生机。此外，还专门设置审计司，隶属于太府寺。北宋时又曾将这个机构改称为审计院。南宋时，湖、广还设有审计院，四川也设有审计院。宋审计司（院）的建立，是我国审计的正式命名，从此，“审计”一词便成为财政监督的专用名词，对后世中外审计建制具有深远的影响。

元明清各朝，君主专制日益强化，审计虽有发展，但总体上停滞不前。元代取消比部，户部兼管会计报告的审核，独立的审计机构即告消亡。明初设比部，不久即取消，洪武十五年设置都察院，以左右都御史为长官，审查中央财计。清承明制，设置都察院，职掌为“对君主进行规谏，对政务进行评价，对大小官吏进行纠弹”，成为最高的监察、监督、弹劾和建议机关。虽然明清时期的都察院制度有所加强，但其行使审计职能，却具有一揽子性质。由于取消了比部这样的独立审计组织，其财计监督和政府审计职能严重削弱，与唐代行使司法审计监督职能的比部相比，后退了一大步。

辛亥革命结束了清王朝的封建统治，成立了“中华民国”。1912年在行政院下设审计处，1914年北洋政府改为审计院，同年颁布了《审计法》。国民党政府根据孙中山先生五权分立的理论，设立司法、立法、行政、考试、监察五院。在监察院下设审计部，各省（市）设审计处，不能按行政区域划分的单位，如国库、铁路局、税务机关等，则根据需要与可能设审计办事处，分别对中央和地方各级行政机关以及单位的财政和财务收支实行审计监督。国民党政府也于1928年颁布过《审计法》和实施细则，1929年颁布了《审计组织法》，审计人员有审计、协审、稽查等职称。与此同时，我国资本主义工商业有所发展，民间审计应运而生。1929年《公司法》的公布以及后来《税法》和《破产法》的施行，也对执业会计师事业的发展起了推动作用。20世纪30年代以后，一些大城市相继成立了会计师事务所，接受委托人委托办理查账等业务，民间审计得到发展。这一时期，我国审计日益演进、有所发展，但由于政治不稳定，经济发展缓慢，审计工作一直没有长足的进展。

中华人民共和国成立以后，国家没有设置独立的审计机构，对企业的财税监督和货币管理，是通过不定期的会计检查进行的。党的十一届三中全会以来，党和政府把工作重点转移到经济建设上来，并制定了一系列的方针政策。为适应这种需要，我国在1980年恢复和重建了注册会计师制度，财政部颁布了《关于成立会计顾问处的暂行规定》，并且在改革开放中获得了迅速发展。1986年7月，国务院发布了《中华人民共和国注册会计师条例》，标志着我国民间审计的发展进入了一个新阶段。1994年1月1日《中华人民共和国注册会计师法》的实施，使民间审计步入了法制的轨道，并得到迅猛发展。与此同时，我国已把建立政府审计机构，实行审计监督，载入我国1982年修改后的《中华人民共和国宪法》，并于1983年9月成立了我国政府审计的最高机关——审计署，在县以上各级人民政府设置各级审计机关。1985年8月发布了《国务院关于审计工作的暂行规定》；1988年11月颁发了《中华人民共和国审计条例》；1995年1月1日《中华人民共和国审计法》的实施，从法律上进一步确立了政府审计的地位，为其进一步发展奠定了良好基础。2006年2月修改后的《中华人民共和国审计法》(2006年修正)，对原《中华人民共和国审计法》做了大量修订，自2006年6月1日起施行。为了全面开展审计工作，完善审计监督体系，加强部门、单位内部经济监督和管理，我国于1984年在部门、单位内部成立了审计机构，实行内部审计监督。1985年10月发布了《审计署关于内部审计工作的若干规定》，在各级政府审计机关、各级主管部门的积极推动下，内部审计蓬勃发展。2003年5月1日，审计署颁布施行了《审计署关于内部审计工作的规定》。至此，我国形成了政府审计、民间审计和内部审计三位一体的审计监督体系，审计制度和审计工作进入了振兴时期。2014年10月9日，国务院印发《关于加强审计工作的意见》，提出发挥审计促进国家重大决策部署落实的保障作用。党的十八届四中全会提出："完善审计制度，保障依法独立行使审计监督权。对公共资金、国有资产、国有资源和领导干部履行经济责任情况实行审计全覆盖。"至此，我国审计对象和审计领域不断扩大。2018年1月12日新修订的《审计署关于内部审计工作的规定》发布，赋予了我国内部审计新使命，并于2018年3月1日起正式实施。2018年中央审计委员会正式成立，这是我国审计发展史上的创举，迎来了我国审计发展的新时代。中央审计委员会主任习近平在第一次会议上指出：构建集中统一、全面覆盖、权威高效的审计监督体系，要加强对内部审计工作的指导和监督，调动内部审计和社会审计的力量，增强审计监督合力。

1.1.2 西方审计的起源与演进

在西方国家，随着生产力的发展和经济关系的变革，审计也经历了一个漫长的发展过程。在西方，政府审计的产生早于民间审计和内部审计。

据考证，早在奴隶制度下的古罗马、古埃及和古希腊时期，已有官厅审计机构。审计人员以"听证"(audit)方式，对掌管国家财物和赋税的官吏进行审查和考核，成为具有审计性质的经济监督工作。在历代封建王朝，也设有审计机构和人员，对国家的财政收支进行监督。但当时的审计，不论从组织机构上还是方法上看，都处于很不完善的阶段。

随着经济的发展和资产阶级国家政权组织形式的完善，政府审计也有了进一步的发展。现代资本主义国家，大多实行立法、行政、司法三权分立，议会为国家的最高立法机关，并对政府行使包括财政监督在内的监督权。为了监督政府的财政收支，切实执行财政预算法案，以维护统治阶级的利益，西方国家大多在议会下设有专门的审计机构，由议会或国会授权，对政府及国有企业和非营利组织的财政财务收支进行独立的审计监督。美国于1921年成立的总审计局就是隶属于国会的一个独立经济监督机构，它担负着为国会行使立法权和监督权提供审计信息和建议的重要职责。总审计长由国会提名，经参议院同意，由总统任命。总审计局和总审计长置于总统管辖以外，独立行使审计监督权。另外，加拿大的审计公署、西班牙的审计法院等，也都是隶属于国家立法部门的独立机构，其审计结果要向议会报告，享有独立的审计监督权限。这是世界上比较普遍的立法系统的政府审计机关。

应该看到，各国政府审计机关都是根据自己的国情来设置的，除立法系统的政府审计机关外，还有一些国家的审计机关隶属于政府领导，称为行政系统政府审计机关，如罗马尼亚由总统直接领导的高级监察院等；一些国家的审计机关由政府的财政部领导，称为次行政系统政府审计机关，如瑞典的政府审计局等；此外，还存在一种既不属于立法系统也不属于行政系统的政府审计机关，如日本的会计检察院直接对天皇负责。总之，不管采取哪种类型，都应保证政府审计机关拥有独立性和权威性，以不受干扰，客观、公正地行使审计监督权。

在西方由执业会计师进行的民间审计，随着资本主义商品经济的兴起得到迅速发展。16世纪末期，地中海沿岸国家的商品贸易得到发展，出现了为筹集大量资金进行贸易活动的合伙经营方式，即由多人合伙筹资，委托给某些人去经营贸易。这样，财产的所有权和经营权分离，对经营管理者进行监督成为必要，所有者便聘请会计工作者来承担这项工作。17世纪初期，苏格兰也出现了一批从事此类工作的会计工作者。这是早期处于萌芽状态的民间审计。

现代意义上的民间审计是伴随18世纪初期到19世纪中叶产业革命的完成而开始的。产业革命的完成推动了资本主义商品经济的发展，在西方出现了以发行股票筹集资金为特征的股份有限责任公司。股份有限责任公司这一企业组织形式的出现，公司的所有权与经营权相分离，使得对经营管理人员的监督十分必要，现代民间审计制度应运而生。1844年，英国政府为了保护广大股票持有者的利益，颁布了《公司法》，规定股份有限责任公司必须设监察人，负责审查公司账目。因为当时的监察人一般由股东担任，大多并不熟悉会计业务和审查方法，难以有效监督，所以1845年修订《公司法》时规定，股份有限责任公司可以聘请执业会计师协助办理此项业务。这一规定无疑对民间审计发展起到了推动作用。1853年在苏格兰的爱丁堡成立了爱丁堡会计师协会，这是世界上第一个执业会计师的专业团体；随后，英国有数家会计师协会相继成立，民间审计队伍迅速扩大。但此时的英国民间审计没有成套的方法和理论依据，只是出于查错揭弊的目的，对大量的账簿记录进行逐笔审查，即详细审计。由于详细审计产生于英国，且在英国盛行，故也称为英国式审计。

19世纪末期到20世纪初期，美国的民间审计迅猛发展。美国南北战争结束后，英国巨额资本流入美国，起到了促进其经济发展的积极作用。为了保护广大投资者和债权人的利益，英国的执业会计师远涉重洋到美国开展民间审计业务；与此同时，美国也很快形成了自己的民间审计队伍。1887年美国会计师公会成立，1916年改组为美国会计师协会；后来发展为美国注册公共会计师协会（American Institute of Certified Public Accountants，AICPA），成为世界上最大的民间审计专业团体。初期的美国民间审计多采用英国式的详细审计。20 世纪初期，美国的短期信用发达，企业多从银行举债。银行为了维护自身利益，要求对申请贷款企业的资产负债表进行审查、分析，判断企业的偿债能力，以决定是否给予贷款。因此，以证明企业偿债能力为主要目的的资产负债表审计，即信用审计，在美国风行一时。由于资产负债表审计是美国首先实施的，故又称美国式审计。20 世纪 20 年代以后，随着资本市场的发育成熟，证券交易的业务量和规模都有了较大的发展。顺应证券市场发展和社会各方面的要求，资产负债表审计已无法满足需要，美国率先进入财务报表审计时代。美国 1933 年颁布的《证券法》规定，在证券交易所上市的所有公司的财务报表，都必须进行强制审计，其财务报表都须经注册会计师出具审计报告。由于美国以立法的形式推行公司财务信息公开制度，要求所公开的各种财务报表必须按一定的标准编制，客观上要求与之相适应的审计工作也必须步入规范化、标准化的轨道。为此，西方社会各阶层加速了对会计准则、审计准则的研究。许多国家的会计职业团体制定和实施了会计准则和审计准则。

第二次世界大战以后，各经济发达国家通过各种渠道推动本国的公司向海外拓展，跨国公司得到空前发展。跨国公司是由资本输出形成和发展起来的，开始是发达国家的公司向不发达国家投资；到后来，发达国家之间的公司相互渗透，一些不够发达的国家也向发达国家投资。这一方面是由各国经济发展不平衡造成的，另一方面是由于国际经济的发展和国际经济交流日益密切。跨国公司的日益增多，也带动了注册会计师的业务向世界范围扩展。为服务于分设在不同国家和地区的跨国公司，一些国家的会计师事务所组成大规模的国际会计师事务所，或者是跨国公司母国的会计师事务所在投资国分设机构，从而形成国际会计师事务所。这些国际会计师事务所包括普华永道、德勤、安永、毕马威，其机构庞大，人员众多，有统一的工作程序和质量要求，能够适应不同国家和地区的业务环境。它们不但为跨国公司的各分支公司服务，也为当地的公司服务，其业务收入每年达数百亿美元。它们通过遍布世界各地的事务所，在国际经济活动中起着重要作用。与此同时，审计技术也在不断完善，抽样审计方法普遍运用，系统导向审计方法得到推广，审计准则逐步完善，审计理论体系开始建立，注册会计师业务扩大到代理纳税、代理记账等业务。

20 世纪 60 年代以后，科学技术飞跃进步，新兴产业部门不断涌现，新技术和新方法成功地运用于经济管理领域，如高等数学、电子计算机、系统科学用于经营管理。这些理论给企业管理的各个方面带来思想和观念的变革，促进了审计技术的进步和管理咨询业务的发展。系统导向审计技术不断完善，不太成熟的风险导向审计技术开始运用到审计工作中。对注册会计师来说，民间审计业务不仅包括传统的服务项目，而且包括许多管理范畴内的服务。当时美国的会计师事务所试行这种范围广大的服务方式。20 世纪 60 年代以后，管理咨询服务在很多国家被广泛接受。注册会计师从适应公司管理手段的改变和改进经营管理的需要出发，开发了电子数据处理系统审计和计算机辅助审计技术，并把业务范围从主要执行审计职能迅速向管理咨询领域扩展。例如，提供经济和财务信息、电子数据处理、存货管理，直至人事管理和个人财务管理等，这些无疑增加了注册会计师在经济生活中的重要性。在一些西方国家，大多数投资者和公司经理在作出重大决策前，都要先听取注册会计师的意见。注册会计师在社会中的形象更加高大，被称为“强大的无形力量”。

21世纪初，随着安然公司等一批美国公司财务丑闻的揭露及安达信国际会计师事务所的崩塌，美国实施了《萨班斯-奥克斯利法案》，强化了对公司内部控制的要求和对外部注册会计师的监管。为了适应这种形势，国际审计和保证委员会及美国等发达国家的职业会计师组织，修改相关的审计准则，推行适合于揭露财务报表重大错报的经营风险导向审计，审计技术和方法不断科学化。

1.1.3 审计产生和发展的客观依据

从上述中外审计产生和发展的历史可以看出，审计的产生和发展有其客观依据。

1. 评价受托经济责任关系是审计产生和发展的基础

在奴隶社会和封建社会，奴隶主和封建主阶级为了巩固其统治地位，必须设置军队、法庭和监狱等国家权力机关，并通过征税来维持这些权力机关的生存。而征收税赋都是由最高统治者的代理官员负责的，最高统治者是授权者，代理官员是代理者，两者之间便产生了一种受托经济责任关系。在民间，奴隶主或封建主将其剥削得来的财产也授权给代理人管理，奴隶主、封建主与代理人之间也产生了同样的受托经济责任关系。这时，无论奴隶主、封建主由代理人所从事的财政经济活动，还是个别奴隶主、封建主私有财产由代理人所作记录及其所反映的收支活动，都有必要授权给独立于财税以外的官员来进行审查，对代理人所经手的钱、财、物、账予以勾稽核实，评价代理人是否诚实地承担了受托经济责任。中外古代审计，都是在这样的客观条件下应运而生的。

随着社会的发展和生产规模的日益扩大，资本主义社会出现了以股份有限责任公司为主要形式的生产经营组织形式。股东对公司的财产拥有所有权但并不直接参与企业生产经营管理，而委托经理层行使管理的职能，财产的所有权与经营管理权日益分离。公司经理层对股东的委托经济责任大大加强了，经理层要以财务报表形式定期向股东汇报公司的经营情况和财务成果，这些财务报表是否真实、正确，能否证明经理层恪尽职守，切实地履行了其所承担的经济责任，需要作为第三者的审计人员进行审查、评价，以保证股东和债权人的正当权益不受侵犯。这时，民间审计便应运而生。

20世纪20年代以来，公司生产经营规模不断扩大，经济贸易活动日趋国际化，跨国公司不断增加。这时，总公司的经理层已不可能亲自收集各种经营管理所需信息，不可能对各级经理层进行监督，为审查各级经理层在所有权统一的前提下对总公司经理层所承担的受托经济责任，内部审计便产生和发展起来。

在社会主义市场经济体制下，国有企业对国家担负着及时足额上缴利税，确保资产完好和增值等受托经济责任，国家为了保护全体人民利益，维护企业的合法权益，必须由独立的权威机构审查企业的财务收支情况，以保证财务信息的准确可靠和经济活动的合法合理，确定和解除有关责任人的受托经济责任。社会主义国家的政府、人民团体和事业单位虽然不是生产经营组织，但它们负有节约财政开支、减少经费支出和提高工作效率的受托经济责任，因此，国家的审计机关也要审查其财政财务收支的合法性、合理性和真实性。

因此，从审计行为的萌芽状态到政府审计、民间审计和内部审计机构的形成，从奴隶社会、封建社会到资本主义社会和社会主义社会，都同财产所有权与经营管理权相分离而产生的受托经济责任关系有关。审计因受托经济责任而产生和发展，没有这种受托经济责任关系，就不可能产生审计行为。

2. 提高经营效率和经济效果是审计发展的动力

人类社会在生产活动中，力求以较少的劳动消耗和劳动占用取得最大的劳动成果，以不断提高经营效率和经济效果，这是社会进步和发展的客观要求。要实现这一目标，就需要对生产过程和一切经济活动进行严格的管理和控制，对各种计划和方案进行评价，对计划和方案执行的效益性进行审查。而审计作为独立的经济监督活动，通过对企业内部控制系统和经济活动客观、公正的评价，可以为经营管理者提供正确有用的资料和审计结论。由于审计所处的独立的第三者地位，一般不带有任何偏见，审计结论容易被社会各阶层所接受，能作为评价一个部门或单位财务状况和经营成果的依据。

早期传统的审计，只局限于审查账目和财务报表，通常称为财务审计，其目的仅仅在于检查、揭露差错和弊端。但是，随着企业规模的扩大、生产的发展，管理方法和技术日趋复杂，对企业生产经营、管理和控制的审计也更加重要。审计的目的不仅在于审查账目和财务报表，而且包括评价企业的生产经营管理，并及时提出积极、合理的建议，如哪些环节和步骤存在不合理的开支，哪些制度不适应生产的发展，增加企业收入的途径有哪些，怎样改善企业的经营管理，等等。事前审计、经营审计、管理审计、经济审计、效率审计和效果审计都是适应上述需要而发展起来的审计种类和方式。

3. 现代科学技术为审计的发展提供了方法和手段

现代科学技术为现代审计的发展提供了方法和手段。这不但表现为审计领域的不断扩展，更重要的是审计方法的不断发展。如财务审计经常使用统计抽样法，经济效益审计广泛采用现代管理方法和数学方法及有关预测、决策及分析方法等。同时，在审计过程中，运用系统论、信息论、控制论等原理对审计事项进行总体的全面验证和综合分析，使审计结论朝着更加精确、可靠和卓有成效的方向发展。特别是计算机应用于管理和会计系统，使传统的手工数据处理系统转变为电算化数据处理系统后，审计的对象发生了重大变化，对电子数据处理系统的审计方法的研究，形成了一门与会计、审计和计算机交叉的边缘学科——电子数据处理系统审计。随着信息技术在社会经济生活中的广泛运用，信息安全审计和非现场审计也应运而生；随着互联网、大数据、云计算、区块链、人工智能等技术的发展，先进科学技术在审计中的应用前景十分广阔，联网审计、大数据审计、云审计、区块链自主审计、智能审计等新技术在审计工作中得到运用。

1.2 审计的概念与独立性

1.2.1 审计的概念

审计是一项独立客观的经济监督、确认和鉴证活动。它是由独立的专职机构或人员接受委托或授权，对被审计单位特定时期的财务报表及其他有关资料以及经济和管理活动的真实性、合法性、合规性、公允性、有效性和效益性进行监督、确认和鉴证的活动，其目的在于确定或解除被审计单位的受托经济责任，帮助被审计单位实现其目标。

根据审计的概念，可以概括出审计的两个基本特征：独立性和权威性。

1. 独立性

独立性是保证审计工作顺利进行的必要条件。审计的原始意义就是查账，即由会计人员以外的第三者对会计账目和财务报表进行审查，借以验证其公允性和合法性。现代审计理论中的三种审计关系人就是据此产生的。第一关系人，即审计主体（审计机构或人员），它们根据审计委托者的委托，就被审计单位的财务状况、经营管理活动及有关人员履行受托经济责任情况进行监督、确认和鉴证，并提出审计报告书或证明书；第二关系人，即审计客体（被审计单位），它们对审计委托者承担的委托经济责任，须经审计机构或人员监督、确认和鉴证后才能确定或解除；第三关系人，即审计委托者，被审计单位对它们承担某种受托经济责任，它们之间存在一定的权责关系。审计关系必须由委托审计者、审计者和被审计者三方构成，缺少任何一方，独立、客观公正的审计将不复存在。这是由财产所有权与经营管理权相分离所产生的受托经济责任所决定的。财产所有者对公司拥有所有权但不亲自参加经营管理，为了保护自身的利益，财产所有者迫切希望了解与自己有经济关系的经济组织的财务收支和经营状况，这就需要对负有受托经济责任的经营管理者进行监督、确认和鉴证，而这种监督、确认和鉴证只有由独立于他们之外的第三者进行，才能得到合法、公允、可靠的结果。这就是审计机构或审计人员的独立性。

2. 权威性

审计机构的权威性是审计监督正常发挥作用的重要保证。审计机构的独立性，决定了它的权威性。审计机构或人员以独立于公司所有者和经营者的“第三者”身份进行工作，其对公司财务报表的经济监督、确认和鉴证，恪守独立、客观、公正的原则，按照有关法律法规，根据一定的准则、程序进行；加上取得审计人员资格必须通过国家或职业团体规定的严格考试，因而他们具有较高的专业知识，这就保证了其所从事的审计工作具有专业性、科学性。正因为如此，审计人员的审计报告具有一定的社会权威性，并使经济利益不同的各方乐于接受。各国为了保障审计的这种权威性，分别通过公司法、商法、证券交易法、破产法等，从法律上赋予审计在整个市场经济中的经济监督、经济评价和经济鉴证的职能。一些国际组织为了提高审计的权威性，也通过协调各国的审计准则、标准，使审计成为一项国际性的专业服务，增强各国财务信息的一致性和可比性，以有利于加强国际经济贸易往来，促进国际经济繁荣。

1.2.2 审计的独立性

独立性是审计的灵魂。审计是具有独立性的经济监督、确认和鉴证活动。正因为审计具有独立性，才会受到社会各方面的信任，才能保证审计人员依法进行的经济监督、确认和鉴证活动客观公正，提出证实财务状况和经营管理的审计信息才更有价值，才能对被审计单位确定或解除受托经济责任提供依据，更好地发挥审计的监督、确认和鉴证作用。所以，独立性的经济监督、确认和鉴证活动是审计的属性。审计的属性，明确揭示了独立性是审计的内涵，经济监督、确认和鉴证是审计的性质。为了充分体现审计的内涵，在审计机构的设置和审计工作过程中，必须遵循独立性原则，具体包括：

1. 机构独立

为确保审计机构独立地行使审计监督权，对监督、确认和鉴证的事项做出客观公正的评价和鉴证，充分发挥审计的作用，审计机构应当独立于被审计单位，这样才能更有效地进行经济监督、确认和鉴证。民间审计既独立于审计委托者又独立于被审计者，因此称为双向独立。政府审计与公司、非营利组织的内部审计，仅独立于被审计者，因此称为单向独立。

2. 经济独立

审计机构或人员从事审计业务活动，必须要有一定的经济收入和经费来源，以保证其生存和发展的需要。经济独立指审计机构或人员的经济来源应有法律法规提供保障，不受被审计单位的制约。即使是民间审计组织，也规定除了正常的业务收费外，不允许与被审计单位有其他经济往来关系。

3. 精神独立

审计人员执行审计业务，必须按照审计准则、审计对象、审计程序独立进行审计，坚持客观公正、实事求是的精神，作出公允、合理的评价和结论，不受任何部门、单位和个人的干涉。

美国注册公共会计师协会（AICPA）指出体现审计独立性的三个方面：一是审计人员的自主性，即不受委托人的任何影响；二是精神上的独立性，即审计人员必须公正无私，不带任何偏见；三是审计人员地位的独立性，这种独立性应受到公认，为社会所接受。

最高审计机关国际组织（International Organization of Supreme Audit Institutions，INTOSAI）在《利马宣言——审计规则指南》第一章中，就审计的独立性，首先提到最高审计机关的独立性，强调最高审计机关必须独立于被审计单位，并不受外来影响，才能客观有效地完成其工作任务；其次提到最高审计机关成员和官员的独立性，强调最高审计机关成员的独立性应由宪法予以保证；最后提到了最高审计机关财务上的独立性。

《中华人民共和国审计法》（以下简称《审计法》）规定："审计机关依照法律规定独立行使审计监督权，不受其他行政机关、社会团体和个人的干涉""审计机关履行职责所必需的经费，应当列入财政预算，由本级人民政府予以保证""审计人员依法执行职务，受法律保护。任何组织和个人不得拒绝、阻碍审计人员依法执行职务，不得打击报复审计人员。审计机关负责人依照法定程序任免。审计机关负责人没有违法失职或者其他不符合任职条件的情况，不得随意撤换。地方各级审计机关负责人的任免，应当事先征求上一级审计机关的意见"。由此可见，我国《审计法》也对审计机关、经费来源及审计人员三方面的独立性作了明确规定。

从上述情况来看，无论是我国还是外国都承认独立性是审计的灵魂。英国学者沃尔夫曾做过这样的比喻："审计的概念与独立性的概念，是同一枚硬币的正反面。"审计是离不开独立性的，失去独立性的审计便不是真正意义上的审计。不具有独立性的经济监督、确认和鉴证活动，如财政、银行、税务、工商行政管理等部门所从事的经济监督活动，则不能称为审计。

1.3 审计的目标和对象

1.3.1 审计的目标

审计的目标是指监督、确认和鉴证审计对象所要达到的目的和要求，它是指导审计工作的指南。审计目标可分为总体审计目标和具体审计目标。总体审计目标是审计人员所要达到的目的和要求，具体审计目标是总体审计目标的具体化。

审计目标的确定，除受审计对象的制约以外，还主要取决于审计的种类、审计的职能和审计委托者对审计工作的要求。不同种类的审计，其审计目标不尽相同，如民间审计的审计目标与政府审计的目标就有所不同。总体审计目标概括起来，就是指审查和评价审计对象的真实性和公允性、合法性和合规性、合理性和效益性、适当性和有效性。

1. 真实性和公允性

审计的目标是审查和评价被审计单位财务报表和其他有关资料的真实性和公允性。审查财务报表和其他有关资料的目的在于评价财务数据和其他经济数据的真实性和公允性，说明是否如实、恰当地反映了被审计单位的财务收支状况及其结果以及与其有关的其他经济活动的事实，说明其记录和计算是否准确无误，所有经济业务是否全部入账或记录，从中发现问题，纠错揭弊，并作出纠正的意见和建议。政府审计和内部审计侧重于审查真实性，民间审计侧重于审查公允性。

2. 合法性和合规性

审计的目标是审查和评价被审计单位的财务收支及有关的经营管理活动的合法性和合规性。审查被审计单位的财务收支及其有关经营管理活动的目的在于评价其财务收支及其有关的经营管理活动是否符合国家的法律法规，是否符合会计准则的规定，揭露和查处违法乱纪行为，保护资产的安全完整，保证财务报表的可靠性，正确处理公司所有者、经营管理者、员工之间的经济利益关系，确保被审计单位经济活动健康和谐地发展。

3. 合理性和效益性

审计的目标是审查和评价被审计单位的财务收支和经营管理活动的合理性和效益性。审查被审计单位财务收支及其有关经营管理活动的合理性的目的在于评价被审计单位的经济活动是否正常，是否符合事物发展的常理，是否符合企业经营管理的规律和发展趋势。审查被审计单位财务收支及其有关的经营管理活动效益性的目的在于评价被审计单位的供产销等各项经营活动和人财物等资源利用是否经济、是否讲究效率，经营目标、决策、计划方案是否可行、是否讲求效果，经济活动有无经济效益，并找出其原因和薄弱环节，提出建设性的意见，促使其改善经营管理，提高经济效益。

4. 适当性和有效性

审计的目标是审查和评价内部控制设计的适当性，审查和评价为实现控制目标所必需的内部控制要素是否都存在并且设计恰当，从而判断其中是否存在设计缺陷、是否缺少为实现控制目标所必需的控制。审查和评价内部控制运行的有效性，就是审查和评价设定的内部控制系统是否按照规定程序得到了正确执行，是否存在设计完好的控制未按设计意图运行，或执行者没有获得必要授权或缺乏胜任能力。

1.3.2 审计的对象

审计对象是指审计监督的客体，即审计监督的内容和范围的概括。正确认识审计的对象，有利于对审计概念的正确理解、审计方法的正确运用和审计职能的进一步发挥。

描述审计的对象，必须明确与审计对象有关的基本问题：一是审计的主体，审计的主体是指审计机构和审计人员，即实施审计监督的执行者；二是审计的范围，审计的范围是指审计监督客体的外延，它是审计对象的组成部分，具体而言就是被审计单位；三是审计的主要内容，审计的主要内容构成审计对象的内涵，即财务收支及其经营管理活动；四是审计所依据的信息来源，审计所依据的信息是指形成审计证据的各种文字、数据以及电子计算机存储的信息等。

综上所述，审计的对象可以概括为被审计单位的财务收支及其经营管理活动。具体来说，审计对象包括下列两个方面的内容。

1. 被审计单位的财务收支及其有关的经营管理活动

不论是传统账表导向审计还是现代风险导向审计，不论是政府审计还是民间审计、内部审计，都要求以被审计单位客观存在的财务收支、内部控制及其有关的经营管理活动为审计对象，对其是否真实、合法、有效进行审查和评价，以便对其所负受托经济责任是否认真履行进行确定或解除。根据《中华人民共和国宪法》规定，政府审计的对象为国务院各部门和地方各级政府及其各部门的财政收支、国有金融机构和企事业单位的财务收支。内部审计的对象为本部门、本单位的财务收支以及其他有关的经济活动。民间审计的对象为委托人指定的被审计单位的财务收支及其有关经营管理活动。

2. 被审计单位的财务报表、内部控制和其他有关资料

被审计单位的财务收支及其有关经营管理需要通过财务报表、内部控制和其他有关资料等信息载体反映出来。因此，审计对象还包括记载和反映被审计单位财务收支、提供财务信息载体的会计凭证、账簿、报表、与财务报表相关的内部控制等资料以及有关计划、预算、经济合同等其他资料。作为被审计单位的经营管理活动信息的载体，除上述财务会计资料、计划统计等资料外，还有经营目标、预测及决策方案、经济活动分析资料、技术资料等其他资料，电子计算机存储的信息、存储在网络或者云上的信息等信息载体，这些都构成审计的具体对象。

综上所述，审计的对象是指被审计单位的财务收支、内部控制及其有关的经营管理活动以及作为这些经济活动信息载体的财务报表和其他有关资料。因此，财务报表和其他有关资料是审计对象的现象，其所反映的被审计单位的财务收支、内部控制及其有关的经营管理活动才是审计对象的本质。

1.4 审计的职能和作用

1.4.1 审计的职能

审计职能是指审计本身所固有的内在功能。审计有什么职能，有多少职能，这些都不是由人的主观意愿决定的，而是由社会经济条件和经济发展的客观需要决定的。审计职能不是一成不变的，它是随着经济的发展而发展变化的。目前，对于审计职能的论述，见解各异。通过总结历史和现实的审计实践，我们认为，审计具有经济监督、经济确认和经济鉴证的基本职能。

1. 经济监督

监督是指监察和督促。经济监督是指监察和督促被审计单位的全部经济活动或其某一特定方面在规定的标准以内，在正常的轨道上进行。

综观审计产生和发展的历史，审计无不表现为经济监督的活动，履行着经济监督的职能。古代封建王朝的官厅审计，为维护王朝的统治和利益，代理皇室专司财经监督的职责，对侵犯皇室利益者予以惩处。资本主义政府审计为维护资产阶级的整体利益，代理政府专司经济监督的职责，对损害资本主义利益的行为进行严格的审查和处罚。社会主义国家的政府审计通过审计监督，可以严肃财经纪律，维护国家、人民和国有资产的利益，可以保证政府机关国有企事业单位经济活动的合法性。可见，经济监督是政府审计的基本职能。

2. 经济确认

经济确认就是通过审核检查，确定被审计单位的计划、预算、决策、方案是否先进可行，经济活动是否按照既定的决策和目标进行，经济效益的高低优劣，以及内部控制系统是否适当有效等，从而有针对性地提出意见和建议，以促使其改善经营管理，提高经济效益。

审核检查被审计单位的经济资料及其经济活动，是进行经济确认的前提。只有查明了被审计单位的客观事实，才能按照一定的标准，进行对比分析，形成各种经济确认意见。这样，经济确认才能建立在真实情况的基础之上，确认的结论才能客观、公正，才能被社会各界所接受。经济确认的过程同时也是肯定成绩、发现问题的过程。所以，审计咨询是紧接着经济确认而产生的，是经济确认职能的扩展。审计咨询就是审计人员从经济确认出发，提出改进经济工作、提高效率的建议和措施。国际内部审计师协会理事会将内部审计定义为：内部审计是一种独立、客观的确认和咨询活动，旨在增加组织的价值和改善组织的运营。

3. 经济鉴证

鉴证是指鉴定和证明。经济鉴证是指通过对被审计单位的财务报表及有关经济资料所反映的财务收支和有关经济活动的合法性、公允性的审核检查，确定其可信赖的程度，并作出书面报告，以取得审计委托人或其他有关方面的信任。

经济鉴证职能是随着现代审计的发展而出现的一项职能，它不断受到人们的重视而日益强化，并显示其重要作用。西方国家非常重视审计的经济鉴证职能，不少国家的法律明文规定，公司的财务报表必须经过审计人员鉴证之后才能获得社会上的承认。我国各类公司财务报表必须经中国注册会计师鉴证后才具有法律效力。因此，审计的经济鉴证职能将越来越发挥其在经济生活中的重要作用。

应该说，不同的审计组织形式在审计职能的体现上侧重点有所不同，政府审计侧重于经济监督，内部审计侧重于经济确认，民间审计则更侧重于经济鉴证。

1.4.2 审计的作用

审计的作用是履行审计职能、实现审计目标过程中所产生的社会效果。总结古今中外的审计实践，审计具有制约性和促进性两大作用。

1. 制约性作用

审计的制约性作用主要表现在：通过对被审计单位的财务收支、内部控制及其有关经营管理活动审核检查，对被审计单位的财务收支、内部控制及经营管理活动进行监督、确认和鉴证，揭露贪污舞弊、弄虚作假等违法乱纪、严重损失浪费及不经济的行为，依法提请追究相关单位和人员的责任，从而纠错揭弊，保证国家的法律、法规、方针、政策、计划和预算的贯彻执行，维护财经纪律和各项规章制度，保证财务资料及其他资料的真实、可靠，保护国家财产的安全和完整，维护社会主义经济秩序，巩固社会主义法制。可以概括为：

（1）揭示错误和舞弊。审计通过审查取证可以揭示错误和舞弊，不仅可以纠正核算错误，提高会计工作质量，还可以揭露舞弊，保护财产的安全，堵塞漏洞，防止损失。

（2）维护财经法纪。在审查取证、揭示各种违规违法行为的基础上，通过对过失人或犯罪嫌疑人的查处，提交司法、监察部门进行处理，有助于纠正或防止违法行为，维护财经法纪。

2. 促进性作用

审计通过审核检查，对于被审计单位的经营管理制度及经营管理活动进行评价，确认其合理性，以便继续推广；指出其不合理性，并提出建议，以便纠正改进，促进其加强经营管理。对于经济活动所实现的经济效益进行评价，指出潜力所在，促进其进一步挖掘潜力，不断提高经济效益和社会效益。可以概括为：

（1）改善经营管理。通过审查取证、评价揭示经营管理中的问题和管理制度上的薄弱环节，提出改进建议，促进改善经营管理。

（2）提高经济效益。通过对被审计单位财务收支、内部控制及其有关经营管理活动效益性的审查，评价受托经济责任，总结经验，指出效益低下的环节，提出改进意见和建议，改进经营管理和内部控制工作，促进提高经济效益。

习 题

思考题

1. 审计产生和发展的客观依据是什么？
2. 审计独立性的含义是什么？具体包括哪些内容？
3. 审计的目标有哪些？不同审计类型的审计目标是否相同？
4. 如何理解审计对象的现象与本质？
5. 审计的基本职能有哪些？如何理解不同种类审计有不同的审计职能？

案例分析题

1. 标志会计师事务所签字注册会计师杜杰，多年来参加飞狐运输股份有限公司年度财务报表审计工作，2017年成为该审计项目的负责人。飞狐运输股份有限公司董事长兼总经理张良对杜杰印象极佳，2018年年初公司财务总监离职，董事会就聘任杜杰为财务总监，并调入公司。杜杰到任后，主管公司的财务与内部审计工作。为此，张良向董事会提议中止与标志会计师事务所2018年度财务报表审计的合同，原因是杜杰已在公司工作，不必再花这笔审计费用了。杜杰还在董事会上承诺，他能保证公司的财务报表合法、公允，可以不再聘请会计师事务所进行年报审计。

要求：请分析说明飞狐运输股份有限公司中止标志会计师事务所2018年度财务报表审计工作是否合理。

2. 英国南海股份有限公司成立于1710年，主要从事海外贸易业务。公司成立10年间，经营业绩平平。1719—1720年，公司趁股票投机热在英国方兴未艾之机，发行海量股票，同时公司董事会对外散布公司利好消息，致使公众对股价上扬增强了信心，带动了公司股价上升。1719年，南海公司股价为每股114英镑，到1720年3月股价升至每股300英镑，1720年7月公司股票价格高达每股1 050英镑，公司股东波伦特决定以高于面值数倍的价格发行新股。一时间，南海公司股价扶摇直上，一场股票投机浪潮席卷全英。

英国议会为了制止国内“泡沫公司”的膨胀，于1720年6月通过了《泡沫公司取缔法》，随之一些公司被解散。许多投资者开始清醒，抛售手中所持股票。股票投资热的降温，致使南海公司股价一路下滑，到1720年12月，南海公司股价跌至124英镑。年底，英国政府对南海公司资产进行清理，发现其实际资本所剩无几。南海公司宣布破产。

南海公司破产，犹如晴天霹雳，震惊了公司投资人和债权人，数以万计的股东及债权人蒙受损失。当证实了百万英镑的损失落在自己头上时，他们纷纷向英国议会提出严惩欺诈者并给予赔偿损失的要求。

英国议会面对舆论压力，为平息南海公司破产引发的风波，于 1721 年 9 月成立了由 13 人组成的特别委员会，秘密查证南海公司破产事件。在查证中发现该公司的会计记录严重失实，并有明显的篡改舞弊行为。为此，特别委员会特聘请伦敦市霍斯特·莱思学校的会计教师查尔斯·斯奈尔对南海公司账目进行审查。斯奈尔应议会特别委员会的要求，通过对南海公司会计账目的审核，于 1721 年编制了一份题为《伦敦市霍斯特·莱思学校的习字教师兼会计师查尔斯·斯奈尔对南海股份有限公司会计账簿检查的意见》的查账报告书，指出了公司存在的舞弊行为，但没有对公司编制虚假账目的目的表示自己的意见。英国议会根据斯奈尔的查账报告书，没收了全部公司董事的个人财产，将公司一名直接责任经理押进了英国伦敦塔监狱。为此，查尔斯·斯奈尔成为世界民间审计的先驱者，他编制的查账报告是世界最早由会计师编制的审计报告。

英国政府颁布的《泡沫公司取缔法》，主要目的是防止不正常的股票投机，对股份公司的成立严加限制，以保持资本市场的稳定，保护投资者及债权人的利益不受侵害。1828 年，英国政府根据国内经济发展对资金的高度需求，重新认识股份公司的经济意义，撤销了 1720 年的《泡沫公司取缔法》，1834 年以后又通过了由国王授予特许证来设立股份公司的法案。英国议会于 1844 年颁布了《公司法》，促进并规范了股份公司的发展。

要求：分析说明英国南海公司破产案审计的历史意义及对现代民间审计产生的深远影响。

第 2 章

审计的种类、方法和程序

2.1 审计的种类

审计的发展史表明，古今中外，都有适合当时社会和时代特点的审计形式。由于社会制度和经济类型不同，各国审计工作的要求、范围、主体也不一样，从而形成了不同类型的审计。像任何其他复杂的事物一样，审计可以从不同的角度加以考察，从而作出不同的分类。研究审计种类的意义就在于从各个不同的角度加深对审计的认识，以便有效地组织和运用各种类型的审计，充分发挥审计的职能作用，并不断探索和开拓新的审计领域，建立和完善我国审计理论、组织和工作体系。

审计分类的标准很多，相应地，审计有许多不同的种类。参照国际审计分类的惯例，结合我国经济类型和审计监督的特点，我国审计划分为基本分类和其他分类两大类。

2.1.1 审计的基本分类

说明审计本质的分类称为基本分类。审计按其主体分类和按其内容、目的分类，属于基本分类。基本分类中的审计类别，分别从不同角度说明审计的本质。

1. 按审计主体分类

审计主体是指执行审计的一方。根据国内外审计的发展和现状，审计按其主体，可分为政府审计、民间审计和内部审计。

（1）政府审计。政府审计是指由政府审计机关执行的审计。政府审计，在我国亦称国家审计。政府审计机关包括按我国宪法规定由国务院设置的审计署，由各省、自治区、直辖市、市、县等地方各级政府设置的审计局和政府在地方或中央各部委设置的派出审计机关。政府审计机关主要是依法对国务院各部门和地方各级人民政府及其各部门、国有的金融机构、国有企事业单位以及其他有国有资产的单位的财政财务收支及其经济效益进行审计监督。

（2）民间审计。民间审计是指由经财政部门审核批准成立的民间审计组织所实施的审计，如经财政部门审核批准成立的会计师事务所实施的审计。民间审计的特点是受托审计。民间审计组织接受政府审计机关、国家行政机关、企事业单位和个人的委托，依法对被审计单位的财务收支、内部控制及其经济效益承办审计、经济鉴证、注册资本验证和管理咨询服务等项业务。民间审计在我国亦称社会审计、注册会计师审计。

（3）内部审计。内部审计是指由本部门和本单位内部专职的审计机构或人员所实施的审计，包括部门内部审计和单位内部审计两大类。这种专职的审计机构或人员，独立于财会部门，直接接受本部门、本单位董事会下设的审计委员会或本部门、本单位主要负责人的领导，依法对本部门、本单位及其下属单位的财务收支、经营管理活动及其经济效益进行内部审计监督。内部审计的主要目的是纠错防弊，促使改善风险管理，提高公司治理水平。

2. 按审计内容和目的分类

我国审计按内容和目的，可分为财政财务审计、财经法纪审计、经济效益审计和经济责任审计。

（1）财政财务审计。财政财务审计是指审计机关对被审计单位的财务报表及其有关资料的公允性及其所反映的财政收支、财务收支的合法性所进行的审计。财政财务审计也称传统审计或常规审计。就其内容看，财政财务审计是对国务院各部门和地方各级政府及其各部门、国有金融机构、企事业单位的财政财务收支进行的审计监督，其目的是确定或解除被审计单位的受托经济责任。其主要特点是通过对被审计单位的财务报表及其有关资料的审查和验证，确定其可信赖的程度，并作出书面报告，确定或解除被审计单位的受托经济责任。因此，财政财务审计的主要内容包括两个方面：一是检查会计处理的合法性、公允性，这是形式上的审计；二是验证被审计单位受托经济责任的履行情况，这是实质性审计。

（2）财经法纪审计。财经法纪审计是指审计机关对被审计单位和个人严重侵占国家资财、严重损失浪费以及其他严重损害国家经济利益等违反财经纪律行为所进行的专案审计。它是我国审计监督的一种重要形式，其目的是保护国家财产，维护党和国家的路线、方针和政策及法律规章得以贯彻执行。其主要特点是根据群众揭发和会计资料所反映出来的问题，对有关单位或当事人在经济活动中的不法行为立案审查，以查清事实并确定问题的性质。其主要内容包括审查严重侵占国家资财、严重损失浪费、在经济交易中行贿受贿、贪污以及其他严重损害国家和企业利益的重大经济案件等。

（3）经济效益审计。经济效益审计是指审计机关对被审计单位的财政财务收支及经营管理活动的经济性和效益性所实施的审计。经济效益审计的内容通常包括对各级政府及其各部门的财政收支及其管理活动，企业的财务收支及其经营管理活动，事业单位的资金使用及其管理活动，固定资产投资及其管理活动的经济效益情况及影响因素、途径所进行的审计。其目的是促使被审计单位改善经营管理，提高经济效益和工作效率。其主要特点是通过对被审计单位工作和生产经营活动的分析评价，发现其在工作和经营管理上存在的薄弱环节，挖掘潜力，厉行节约，增收节支，寻求提高经济效益的正确途径。其审查重点包括两个方面：一是对被审计单位资金使用、投资项目、资源利用等方面的效益性进行审查和分析；二是对被审计单位经营管理活动的效益性进行审查和分析。

（4）经济责任审计。经济责任审计是指审计机关或审计人员接受有关部门的委托，依据国家法律法规和有关政策，审计领导干部任职期间所在部门、单位财政财务收支的真实性、合法性和效益性，以及领导干部本人对有关经济活动应当负有的责任，包括主管责任和直接责任，借以评价领导干部履行经济责任情况的较高层次的经济监督、确认和鉴证活动。经济责任审计包括任期经济责任审计和离任经济责任审计。

2.1.2 审计的其他分类

除审计的基本分类外，还可以对审计进行其他分类。

1. 按审计范围分类

审计按其范围，可以分为全部审计、局部审计和专项审计。

（1）全部审计。全部审计又称全面审计，是指对被审计单位一定期间的财政财务收支及有关经济活动的各个方面及其资料进行全面的审计。这种审计的业务范围较广，涉及被审计单位的所有会计资料及其经济资料所反映的采购、生产、销售、各项财产物资、债权债务和资金以及利润分配、税款缴纳等经济业务活动。其优点是审查详细彻底，缺点是工作量太大、花费时间太多。全部审计一般适合规模较小、业务较简单、会计资料较少的行政机关和企事业单位，或适合被审计单位内部控制薄弱及会计核算工作质量差等情况。

（2）局部审计。局部审计又称部分审计，是指对被审计单位一定期间的财务收支或经营管理活动的某些方面及其资料进行部分、有目的、重点的审计，如对被审计单位进行的专项现金审计、银行存款审计、存货审计等，都属于局部审计。另外，为了查清贪污盗窃案件而对部分经济业务进行的审查，也属于局部审计范围。这种审计时间较短，耗费较少，能及时发现和纠正问题，达到预定的审计目的和要求，但容易遗漏问题，所以有一定的局限性。

（3）专项审计。专项审计又称专题审计，是指对某一特定项目所进行的审计。该种审计的范围是特定业务，针对性较强，如基建资金审计、支农扶贫专项资金审计、世界银行贷款审计等。专项审计有利于及时围绕当前的中心工作和重点开展审计工作，有利于有针对性地提出意见和建议，为经济控制和决策提供真实、可靠的信息。

2. 按审计实施时间分类

按照实施审计的时间进行分类，可以分为事前、事中和事后审计。另外，还可以分为定期审计和不定期审计。事前审计、事中审计和事后审计，是按照被审计单位经济业务发生的时间来划分的。

（1）事前审计。事前审计是指在被审计单位经济业务发生以前所进行的审计。对预算或计划的编制和对经济事项的预测及决策进行的审计，均属于事前审计。其主要目的是加强预算、计划、预测和决策的准确性、合理性和可行性。事前审计的审计内容包括对财政预算、信贷计划、企业生产经营的计划和决策，诸如投资方案可行性、固定资产更新改造决策、产品生产或个别部件加工方案的选择以及行政事业单位经费预算等。这种审计对于预防错弊，防患于未然，保证经济活动的合理性、有效性和会计资料的正确性，提出建设性意见，形成最佳决策方案，严格执行财经纪律，都具有积极的作用，故也称为预防性审计。

(2) 事中审计。事中审计是指在被审计单位经济业务执行过程中进行的审计。通过对被审计单位的费用预算、费用开支标准、材料消耗定额等执行过程中的有关经济业务进行事中审计，便于及时发现并纠正偏差，保证经济活动的合法性、合理性和有效性。

(3) 事后审计。事后审计是指在被审计单位经济业务完成以后所进行的审计。财务报表审计这类传统的审计均属事后审计。事后审计的适用范围十分广泛，主要是进行合法性、合规性、公允性和有效性审计。其主要目的是监督和评价被审计单位的财务收支、内部控制及有关经济活动、会计资料是否符合国家财经法规，是否符合会计准则和会计原理，是否具有良好的经济效益，从而确定或解除被审计单位的受托经济责任。政府审计、民间审计大多实施事后审计，内部审计也常进行事后审计。

定期审计和不定期审计是按照审计是否按规定的期限进行划分的。定期审计是按照预先确定的时间进行的审计，如民间审计对各类公司的年度财务报表审计，政府审计对领导干部履行经济责任实施的经济责任审计。不定期审计是出于需要而临时安排进行的审计，如民间审计对公司出于并购目的而进行的公司并购审计，政府审计对被审计单位存在的贪污、受贿案件而进行的财经法纪审计等。

3. 按审计执行地点分类

审计按其执行地点，可以分为报送审计和实地审计。

(1) 报送审计。报送审计又称送达审计，是指审计机构按照审计法规的规定，对被审计单位按期报送来的凭证、账簿和财务报表及有关账证等资料进行的审计。报送审计主要适用于政府审计机关对规模较小的单位执行财政财务审计。这种方式的优点是节省人力、物力，缺点是不能实地观察、了解被审计单位的实际情况，不易从财务报表及相关资料外发现被审计单位的实际问题。

(2) 实地审计。实地审计是指审计机构委派审计人员到被审计单位所在地进行的审计。实地审计可以深入实际，调查研究，易于全面了解和掌握被审计单位的实际情况，是我国审计监督中使用最广泛的一种方式。按照实地审计的具体方式不同，又可分为驻在审计、专程审计和巡回审计三种。驻在审计是审计机构委派审计人员长期驻在被审计单位所进行的就地审计。专程审计是审计机构为特定目的而委派有关人员专程到被审计单位进行的实地审计。巡回审计是审计机构委派审计人员轮流对若干被审计单位所进行的实地审计。

4. 按审计动机分类

审计按其动机，可以分为强制审计和自愿审计。

(1) 强制审计。强制审计是指审计机构根据法律法规规定对被审计单位行使审计监督权而进行的审计。这种审计是按照审计机关的审计计划进行的，不管被审计单位是否愿意接受审计，都应依法进行。我国政府审计机关根据法律赋予的权力，对国务院各部门和地方各级政府及其各部门的财政收支、国有金融机构和企事业单位的财务收支实行强制审计。我国各类公司按照《中华人民共和国公司法》的规定，年度财务报表须经中国注册会计师审计，也属于强制审计的范畴。

（2）自愿审计。自愿审计是根据被审计单位自身的需要，委托审计组织对其相关业务和事项进行的审计。一般民间审计接受委托人的委托，按照委托人的要求对其进行的审计，即属于这种审计。自愿审计是相对于强制审计而言的。

5. 按审计是否通知被审计单位分类

审计按其在实施前是否预先告知被审计单位，可以分为预告审计和突击审计。

（1）预告审计。预告审计是指在进行审计以前，把审计的目的、主要内容和日期预先通知被审计单位的审计方式。采用这种审计方式，可以使被审计单位有充分时间做好准备工作，以利于审计工作的顺利进行。一般进行财务审计和经济效益审计时，多采用这种方式，事前向被审计单位下达审计通知书或签订审计业务约定书。

（2）突击审计。突击审计是指在对被审计单位实施审计之前，不预先把审计的目的、内容和日期通知被审计单位而进行的审计。其目的是使被审计单位或被审计者在事先不知情的情况下接受审查，没有时间去弄虚作假、掩盖事实真相，以利于取得较好的审计效果。这种审计方式主要用于对贪污盗窃和违法乱纪行为进行的财经法纪审计。

6. 按审计使用的技术和方法分类

审计按其所使用的技术和方法，可以分为账表导向审计、系统导向审计和风险导向审计。

（1）账表导向审计。这种审计技术和方法是围绕会计凭证、会计账簿和财务报表的编制过程进行的，通过对证账表上的数字进行审计来判断是否存在舞弊行为和技术性错误。账表导向审计技术和方法适合评价简单的受托经济责任，是审计技术和方法发展的第一阶段，在审计技术和方法史上占有十分重要的地位。

（2）系统导向审计。这种审计技术和方法强调对内部控制系统的评价，当评价的结果证明内部控制系统可以信赖时，在实质性测试阶段只抽取少量样本就可以得出审计结论；当评价结果认为内部控制系统不可靠时，才根据内部控制的具体情况扩大审计范围。系统导向审计是财务审计发展的高级阶段，但是系统导向审计仍需运用账表导向审计的很多技术方法。

（3）风险导向审计。这种审计技术和方法要求审计人员从对企业环境和企业经营进行全面的风险分析出发，使用审计风险模型，积极采用分析程序，以制定与被审计单位状况相适应的多样化审计计划，以达到审计工作的效率性和效果性。风险导向审计是迎合高度风险社会的产物，是现代审计方法的最新发展。

2.2 审计的方法

2.2.1 审计方法的选用

审计方法是指审计人员检查和分析审计对象，收集审计证据，并对照审计依据，形成审计结论和意见的各种专门手段的总称。

审计方法是从长期审计实践中总结和积累起来的。审计人员在审计工作过程中为了实现审计目标，完成审计任务，必须运用各种审计方法，对审计对象进行审查和评价，收集各种审计证据，以便据以发表审计意见和作出审计结论。

现代审计方法已经超越了传统的事后查账技术，发展到广泛运用审计调查、审计分析、内部控制系统评审及经营风险导向等技术方法，日趋多样化和现代化，形成了一个完整的审计方法体系，包括审计的基本方法和技术方法。

审计的基本方法是指将马克思主义辩证唯物论和历史唯物论作为指导的工作方法，以及审计计划管理、档案管理的方法，适用于各种审计项目。具体包括实事求是，一切从实际出发；透过现象看本质；要相互联系地看问题；要有长远观点；要有全面观点；既要凭借专门技能，又要依靠职工群众。

审计的技术方法是指为了证实被审计单位的实有资产、负债和所有者权益，核实会计记录和财务报表等的公允性和合法性的方法。

在审计过程中，如果选用恰当的审计方法，便能提高审计工作的效率，收到事半功倍的效果；相反，如果采用的审计方法不恰当，不但不能以一定的人力、物力取得必要的审计证据，而且可能误入歧途，导致错误的审计意见和结论。因此，审计方法的选用应当符合以下要求：

（1）审计方法的选用要适应审计的目的。审计方法是达到审计目的的手段，要达到不同的审计目的，就要用不同的审计方法。如在财经法纪审计中，可根据有关线索，对有关方面进行详细审查；在财政财务审计中，则在评价被审计单位内部控制系统的基础上，决定是进行详查还是抽查，等等。

（2）审计方法的选用要适合审计方式。不同的审计方式，所需审计证据不同，可以取证的途径不同，就要采取不同的审计方法。如对被审计单位进行财务审计采用报送审计的方式时，就无法采用盘点法、观察法；而在采取实地审计方式时，这些方法就可以选用。

（3）审计方法的选用要联系被审计单位的实际。被审计单位经营管理良好，内部控制健全有效，就可选用抽查的方法。相反，被审计单位经营管理较差，内部控制不完善，财会工作混乱，则应选用详查的方法。

科学、合理地选用审计方法，对做好审计工作，提高审计工作质量具有重要意义。

2.2.2　审计的技术方法

审计的技术方法体系，一般由审查书面资料的方法和证实客观事物的方法两大类组成。

1. 审查书面资料的方法

审查书面资料的方法是审计最基本的方法，不管是过去还是现在，不管是国内还是国外，都广泛地采用这类方法。这类方法审查的对象主要是会计凭证、会计账簿和财务报表，因此也叫查账法。

审查书面资料的方法，可以按不同的标准划分为下列各种方法。

（1）按审查书面资料的技术可分为审阅法、核对法、查询法、比较法和分析法。

1）审阅法。审阅法是指仔细地审查和翻阅会计凭证、会计账簿和财务报表以及计划、预算、决策方案、合同等书面资料，借以查明书面资料及经济业务的公允性、合法性、合规性，从中发现错弊或疑点，收集书面证据的一种审查方法。

审阅法在财政财务审计中运用最为广泛，主要是审阅会计凭证、会计账簿和财务报表。

对原始凭证的审阅，主要看原始凭证上反映的经济业务是否符合规定。还要看凭证上记载的抬头、日期、数量、单价、金额等方面的字迹是否清晰，数字是否相符。如有不符合规定的情况或有涂改字迹、数字的情况，就有可能存在舞弊行为。还要审阅填发原始凭证的单位名称、地址和图章，审查凭证的各项手续是否完备。

对记账凭证的审阅，主要审阅记账凭证是否附有合法的原始凭证；记账凭证的记载是否符合会计准则的规定，是否符合会计原理，所记账户名称和会计分录是否正确，有无错用账户或错记方向的情况。

对账簿的审阅，主要是审阅明细记录的内容是否真实、正确，其账户对应关系是否正确、合理，有无错误或舞弊，特别是注意审阅应收应付账款、材料成本差异、管理费用、制造费用、销售费用、财务费用等容易掩盖错弊和经常反映会计转账事项的账簿。

对财务报表的审阅，主要是审阅报表项目是否按会计准则规定编制；其对应关系是否正确，双方合计数是否相符；按各报表之间有关项目的勾稽关系，核对相关的数据是否一致；审阅各项目是否合理、合规、合法，有无异常变化现象。

除此之外，对计划资料、合同和其他有关经济资料也应审阅，以便掌握情况，发现问题，获取证据。

在实际工作中，可以把审阅法与核对法结合起来加以运用。

2）核对法。核对法是指对会计凭证、会计账簿和财务报表等书面资料之间的有关数据进行相互对照检查，借以查明证证、账证、账账、账表、表表之间是否相符，从而取得有无错弊的书面证据的一种复核查对的方法。

在核对会计资料时，一般主要核对下列内容：

①核对原始凭证的数量、单价、金额和合计数是否相符。

②核对记账凭证与其所附原始凭证是否相符，原始凭证的合计数与记账凭证的合计数是否相符，原始凭证的张数与金额是否相符。

③核对记账凭证是否已记入有关明细账和总账。

④核对各明细账户的余额合计数与总账中有关账户的余额是否相符。

⑤核对总账各账户的期初余额、本期发生额和期末余额的计算是否正确，各账户的借方余额合计与贷方余额合计是否平衡。

⑥核对财务报表的数字是否与总账余额或明细账余额相符。

⑦核对银行对账单、客户往来清单等外来对账单是否与本单位有关账项的记载相符。

⑧核对资产负债表、利润表、股东权益变动表、现金流量表上的数字计算是否正

确无误。

⑨核对资产负债表、利润表、股东权益变动表、现金流量表之间以及利润表与营业收支明细表之间的相关数字是否相符。

⑩核对账卡上所反映的实物余额是否与实际存在的实物数额相符。

通过上述详细核对之后，可以发现会计资料中存在的差错和问题，然后再进一步分析其性质。有的可能是一般工作的差错，有的则可能是违法乱纪行为，应依据问题的性质及其严重程度进行处理。

审计人员在核对过程中应认真细致、有条不紊，这样才能不致遗漏和重复。为了使这项工作井然有序，就需要使用一些符号，符号多种多样，既可用本书提供的，也可以自己创造。一般使用的符号有以下几种：

√——表示已经核对，√̸ 表示已核对二次，√̸̸ 表示已核对三次，等等。

×——表示所核对的资料有错误。

？——表示所核对的资料可能有问题，待查。

！——表示所核对的数据有待调整。

\——表示有待详查。

?√——表示疑点已经消除。

5/2——表示已核对至 5 月 2 日。

3）询证法。询证法是指审计人员对审计过程中所发现的疑点和问题，通过向被审计单位内外有关人员调查和询问，弄清事实真相并取得审计证据的一种方法。

询证法又分为面询和函询两种。面询是审计人员向被审计单位内外的有关人员当面征询意见，核实情况。征询意见的方式可采用面谈，也可用书面回答。函询是通过向有关单位发函来了解情况取得证据的一种方法。这种方法一般用于往来款项的查证。

运用询证法时，审计人员要讲究方式方法，谋求被询证单位和人员的真诚合作，提供真实有用的审计证据。

4）比较法。比较法是指对被审计单位的被审计项目的书面资料同相关的标准进行比较，确定它们之间的差异，经过分析从中发现问题取得审计证据的一种方法。

比较法大多通过有关指标进行比较，包括指标绝对数比较和相对数比较。

指标绝对数比较适用于同质指标数额的对比。绝对数比较法的主要内容有：实际指标与计划指标比较；本期实际指标与上期实际指标或历史最高水平比较；被审计单位的指标与同行业先进单位的同质指标比较；等等。比较后得出的差异，可用作审计证据，并据以作进一步分析。

指标相对数比较是指对不能直接比较的指标，可先将对比的指标数值换算为相对数，然后比较各种比率。如考核和比较规模不同的企业之间的利润水平时，可利用各企业资本金利润率进行比较，借以评价被审计单位的财务状况和经济效益。

5）分析法。分析法是通过对会计资料的有关指标的逻辑推理、分解和综合，以揭示其本质和了解其构成要素的相互关系的审计方法。

分析法在审计工作中运用较为广泛。通过分析发现存在的差距和问题以后，需进一步分析原因，提出改进的方法。

审计分析法按其分析的技术，可以分为比较分析、比率分析、账户分析、账龄分析、平衡分析和因素分析等方法。

（2）按审查书面资料的顺序可以分为顺查法和逆查法。

1）顺查法。顺查法又称为正查法，是按照会计核算的处理顺序，依次对证、账、表各个环节进行检查核对的一种方法。

顺查法的特征：一是从审查原始凭证出发，着重审查和分析经济业务是否真实、正确、合法、合规；二是审查记账凭证，查明会计科目处理、数额计算是否正确、合规，核对证证是否相符；三是审查会计账簿，查明记账、过账是否正确，核对账证、账账是否相符；四是审查和分析财务报表，查明报表各项目是否正确完整，核对账表、表表是否相符。

顺查法的最大优点是系统、全面，可以避免遗漏。其缺点是面面俱到，不能突出重点，工作量太大，耗费人力和时间太多。因此，只对那些业务十分简单，或已经发现有严重问题的单位或单位中的某些部门进行审计时，才使用这种方法，以便查清全部问题。

2）逆查法。逆查法又称为倒查法，是按照会计核算相反的处理程序，依次对表、账、证各个环节进行检查核对的一种方法。

逆查法的特征：一是从审查和分析被审计单位财务报表出发，从中发现并找出异常和有错弊的项目，据以确定下一步审查的线索和重点；二是根据所确定的可疑账项和重要项目，追溯审查会计账簿，进行账表、账账核对；三是进一步追查记账凭证和原始凭证，进行账证、证证核对，以便查明主要问题的真相、原因及结果。

逆查法的最大优点是便于抓住问题的实质，还可以节省人力和时间。其缺点是不能全面地审查问题，易有遗漏。对于规模较大、业务较多的大中型企业和凭证较多的行政事业单位，都可以采用这种方法。

（3）按审查书面资料所涉及的数量可以分为详查法和抽查法。

1）详查法。详查法是指对被审计单位一定时期内的所有会计凭证、会计账簿和财务报表或某一项目的全部会计资料进行详细审查的方法。

详查法的特征是：对所审查的被审计单位一定时期的会计凭证、会计账簿和财务报表等会计资料和其所反映的财务收支及有关经济活动作全面详细的审查，巨细无遗，以查明被审计单位或被审计项目所存在的各种差错和舞弊。

详查法的主要优点是能全面查清被审计单位所存在的问题，特别是对弄虚作假、营私舞弊等违反财经法纪行为，一般不易疏漏，能够保证审计质量。其缺点是工作量太大，耗费人力和时间过多，审计成本高，故难以普遍采用，只能用于规模较小的企事业单位或特定情况。

2）抽查法。抽查法又称抽样法，是指从被审计单位审查期的全部会计资料中抽取一部分进行审查，并根据审查结果推断总体的一种方法。

抽查法的特征是：根据被审计期的审计对象总体的具体情况和审计的目的与要求选取具有代表性的样本，然后根据抽取样本的审查结果来推断总体，或推断其余未抽查部分。

抽查法的主要优点是能明确审查重点，省时省力，具有效率高、成本低和事半功倍的效果。其缺点是审计结果过分依赖抽查样本的合理性，如果抽样不合理，或缺乏代表性，抽查结果往往不能发现问题，甚至以偏概全，作出错误的审计结论。特别是对于发生频率较低的舞弊行为，较难发现。因此，这种方法仅适用于内部控制系统有效、会计基础较好的企事业单位。

从详查法到抽查法，是现代审计的一个重要发展。现代审计的一大进步就是在评审被审计单位内部控制系统的基础上实施抽样审计。

2. 证实客观事物的方法

证实客观事物的方法，是审计人员收集书面资料以外的审计证据，证明和落实客观事物的形态、性质、存放地点、数量和价值等的方法。这类方法包括盘点法、调节法、观察法和鉴定法。

（1）盘点法。盘点法又称实物清查法，是指对被审计单位各项财产物资进行实地盘点，以确定其数量、品种、规格及其金额等实际状况，借以证实有关实物账户的余额是否真实、正确，从中收集实物证据的一种方法。

盘点法按其组织方式，分为直接盘点和监督盘点两种。

直接盘点是审计人员亲自到现场盘点实物，证实书面资料与有关的财产物资是否相符的方法。审计人员一般不采用直接盘点。

监督盘点是指为了明确责任，审计人员不亲自进行盘点，而是由经管财产人员及其他有关人员进行实物盘点清查，审计人员只是在一旁对实物盘点进行监督，如发现疑点可以要求复盘核实。在监督盘点方式下，可以采用突击性盘点和抽查性盘点形式。突击性盘点是指事先不告知经管财产的人员在什么时间进行盘点，以防止经管人员在盘点前，对财产保管工作中的挪用、盗窃及其他弊端加以掩饰。对于大宗原材料、产成品等，应采用抽查性盘点。抽查性盘点是指不对所有的财产物资都进行盘点，而只是对一部分财产物资进行抽查核实，以便检查日常盘点工作质量的优劣，检验盘点记录是否真实和正确，查明财产物资是否安全、完整，有无损坏或被挪用、贪污和盗窃等情况。

（2）调节法。调节法是指在审查某个项目时，通过调整有关数据，求得需要证实的数据的方法。

在审计过程中，往往出现现成的数据和需要证实的数据不一致的情况，为了证实数据是否正确，可采用调节法。如对银行存款实存数的审查，通常运用调节法编制银行存款余额调节表，对企业单位与开户银行双方所发生的“未达账项”进行增减调节，以便根据银行对账单的余额来验证银行存款账户的余额是否正确。

运用调节法还可以证实财产物资是否账实相符。当盘点日与书面资料结存日不同时，结合实物盘点，将盘点日期与结存日期之间新发生的出入数量与结存日期有关财产物资的结存数进行调节，以验证或推算结存日期有关财产物资的应结存数。其计算公式为：

$$\begin{array}{c}\text{结存日}\\ \text{（书面资料日期）数量}\end{array} = \begin{array}{c}\text{盘点日}\\ \text{盘点数量}\end{array} + \begin{array}{c}\text{结存日至盘点日}\\ \text{发出数量}\end{array} - \begin{array}{c}\text{结存日至盘点日}\\ \text{收入数量}\end{array}$$

例2-1

某企业2018年12月31日账面结存A材料2 000千克，通过审阅和核对并无错弊。2019年1月1—15日期间收入35 000千克，发出34 500千克。1月1日期初余额及收发数额均经核对、审阅和复算无误。2019年1月15日下班后监督盘点实存量为2 800千克。调节计算如下：

结存日数量＝2 800＋34 500－35 000＝2 300(千克)

经过上述调节计算，2018年12月31日的实存数为2 300千克，与账面记录的A材料2 000千克不一致。审计人员应要求有关人员说明原因，并进行核实。如有故意歪曲事实者，应进一步查明责任人员，并提请追究其责任。

（3）观察法。观察法是指审计人员进驻被审计单位后，对于生产经营管理工作的环境、财产物资的保管情况、内部控制系统的执行情况等，亲临现场进行实地观察，借以查明被审计单位经济活动和内部控制的事实真相，核实是否符合有关标准和书面资料的记载，以取得审计证据的方法。

进行财政财务审计和经济责任审计时，一般要运用观察法进行广泛的实地观察，收集书面资料以外的审计证据。审计人员应深入被审计单位的仓库、车间、科室、工地等现场，对其内部控制系统的执行情况、财产物资的保管和利用情况、工人的劳动效率和劳动态度等生产经营管理活动情况进行直接观察，从中发现薄弱环节以及存在的问题，以便收集审计证据，提出建议和意见，促进被审计单位改进经营管理，提高经济效益。

应用观察法时，要与查询法等其他审计方法结合起来，才能取得更好的效果。必要时，可视具体情况和要求，对现场进行摄像或拍照，作为审计证据。

（4）鉴定法。鉴定法是指对书面资料、实物和经济活动等的分析、鉴别，超过一般审计人员的能力和知识水平而邀请有关专门部门或人员运用专门技术进行确定和识别的方法。

鉴定法可应用于财政财务审计、财经法纪审计、经济效益和经济责任审计。如对实物性能、质量、价值的鉴定，涉及书面资料真伪的鉴定，以及对经济活动的合理性和有效性的鉴定等；如伪造凭证的人不承认其违法行为，可通过公安部门鉴定其笔迹，以确定其违法行为；又如对质次价高的商品材料的质量情况难以确定时，请商检部门通过检查化验确定商品质量和实际价值等；还可以邀请基建方面的专家，对基建工程进行质量检查等。这是通过观察法不能取证时必须使用的一种方法。

鉴定法的鉴定结论必须是具体的、客观的和准确的，并作为一种独立的审计证据，详细地记入审计工作底稿。

3. 数据挖掘和分析的方法

随着科学技术的快速发展，审计新技术得到广泛运用，出现了数据计量分析法、大数据审计法和联网实时审计法等。

（1）数据计量分析法。在现代审计过程中，无论是在审计前期准备阶段，还是事中和事后审计阶段，审计人员应采集和积累这些不同时期的各种审计数据，运用比较分析方法，与前期历史数据、同行业单位、竞争对手等开展比较分析，以掌握被审计对象的前因后果，了解被审计对象的差距。也可以运用因素分析法、趋势分析法等数据计量分析法，在分析多种因素影响的变动时，观察某一因素变动的影响而将其他因素固定下来，如此逐项分析，逐项替代，以分析对被审计对象产生的影响，使审计工作更具科学性和准确性。

（2）大数据审计法。在审计工作中，审计人员面对的审计对象比较复杂，被审计单位的产品、业务流程和信息内容也千差万别。因此，审计人员应创新审计组织方式和技术方法等，可以借助接触单位多、审计领域广的特点，及时整合各类信息资源，构建审计大数据分析平台，深入开展数据关联分析，不断拓展审计的广度和深度。借助大数据审计平台，审计人员应多角度、多层次收集与被审计单位相关的数据和资料，拓宽审计思路，监测各类财务、业务电子数据及资料间的关联关系，充分运用云计算进行数据筛查和分析，找出被审计单位的疑点或问题，严实求证，以大数据得出客观、公正的审计结论。

（3）联网实时审计法。对被审计单位进行审计，审计人员可采用联网实时的审计方法，主要通过建立联网审计数据中心，与被审计单位数据中心通过专门通道实现实时联网，审计人员通过与审计数据中心相连，由被审计单位开放权限和数据，最终实现与被审计单位数据和信息的实时联网，这样审计人员就可以根据需要，定期对新增数据运用审计方法体系或模型开展全部扫描和系统体检，及时发现倾向性问题，提醒审计人员关注意平时查找到的问题。联网实时审计法通过网络对被审计单位进行实时审计，可以提高对被审计单位生产经营了解和掌握的全面性和时效性，可以及时发现被审计单位生产经营中存在的问题、疑点和异常，以便在实地现场审计中加以核实。

2.3　抽样技术在审计中的应用

2.3.1　审计抽样的意义

抽样技术已运用于政治、经济、科学文化及社会生活的各个领域，并发挥着重要作用。抽样技术运用于审计工作是审计理论和实践的重大突破，实现了审计从详查到抽查的历史性飞跃。

审计抽样是指先对特定对象总体抽取部分样本进行审查，然后以其审查结果来推断该总体的一种方法。审计抽样是指审计人员对某类交易或账户余额中低于百分之百的项目实施审计程序，使所有抽样单元都有被选取的机会。在审计历史上，先后出现过任意抽样、判断抽样和统计抽样三种类型。

1. 任意抽样

任意抽样是当审计从详查向抽查演变时最先运用的一种抽样方法。当时审计人员运用这种抽样方法纯粹是为了减少工作量，而对于抽样的规模、技术和内容等均无规律可循，只是任意抽取样本。由于任意抽样是任意地抽取样本，故以其审查结果推断总体数量缺乏科学性和可靠性，所以，这一方法后来被判断抽样所替代。

2. 判断抽样

判断抽样是根据审计人员的经验判断，有目的地从特定审计对象总体中抽查部分样本进行审查，并以样本的审查结果来推断总体的抽样方法。采用这种方法能否取得成效，取决于审计人员的经验和判断能力。正确的判断只能来自周密的调查和对实际情况的研究分析。因此，审计人员必须深入实际掌握各方面的情况，才有可能作出正确的判断。但是，由于判断抽样只凭审计人员的经验和主观判断，判断正确了，就会有成效；判断不准，缺乏客观性，就会影响审计工作的效果，因此，现代审计常用统计抽样。

3. 统计抽样

统计抽样是审计人员运用概率论原理，遵循随机原则，从审计对象总体中抽取一部分有效样本进行审查，然后以样本的审查结果来推断总体的抽样方法。运用统计抽样可以使总体中的每一单位都有被抽查的机会，使样本的特征尽可能接近总体的特征。在抽样过程中，要使样本的特征接近总体特征，必须有一定数量的样本。抽查的样本越多，则越可能接近总体的特征，但需要花费更多的时间；反之，抽查的样本过少，虽能节省时间，但抽查的误差必然大。而正确地运用统计抽样就可以做到抽查适度的样本数量，使其既取得较好的效果，又花费较少的时间，还能科学地评价审计结果的可靠程度。但是，统计抽样运用难度大，要求审计人员具有较高的数学和统计学水平。此外，内部控制无效，资料残缺不全的被审计单位以及揭露贪污舞弊的财经法纪审计，均不宜采用统计抽样。

现代审计广泛采用统计抽样有其合理的理论依据：一是有充分的数学依据。统计抽样要利用高等数学方法。抽查时，如选择样本适当，那么根据审查样本的结果，运用概率论的原理，可以通过样本显示出与总体性质近似的特征，即可以通过抽取的样本推断总体。二是有有效的内部控制系统依据。公司具有有效的内部控制系统，则会计上发生错误和弊端的可能性必然减少，即使发生了错误和弊端也能尽早发现。所以，运用统计抽样必须以公司有效的内部控制系统为前提。三是有合理的经济依据。现代公司机构庞大，业务频繁，在这种情况下，如采用详查法，既费时间又耗精力，同时还要支出大量的审计费用，为节约审计资源，也需要以统计抽样进行抽查代替详查。

统计抽样的意义在于：（1）统计抽样能够科学地确定抽样规模；（2）统计抽样中总体各项目被抽中的机会是均等的，可以防止主观判断；（3）统计抽样能计算抽样误差在预先给定的范围内其概率有多大，并根据抽样推断的要求，把这种误差控制在预先给定的范围之内；（4）统计抽样便于审计工作规范化。

尽管统计抽样有上述优点，解决了判断抽样法难以解决的问题，但是统计抽样的产生并不意味着判断抽样的消亡。因为在运用统计抽样时，存在许多不确定因素，要凭借审计人员的正确判断加以确定，所以统计抽样并不排斥审计人员的经验判断。在实际工作中，把统计抽样和判断抽样结合起来运用才能取得较好的效果。

抽样技术在审计工作中的具体应用，主要有属性抽样和变量抽样。

2.3.2 抽样风险和非抽样风险

审计人员在运用抽样技术进行审计时，有两方面的不确定性因素，其中一方面的因素直接与抽样相关，另一方面的因素与抽样无关。我们将直接与抽样相关的因素造成的不确定性称为抽样风险，将与抽样无关的因素造成的不确定性称为非抽样风险。

1. 抽样风险

抽样风险是审计人员依据抽样结果得出的结论与审计对象总体特征不相符合的可能性。抽样风险与样本量成反比，样本量越大，抽样风险越小。

（1）审计人员在进行控制测试时，应关注以下抽样风险：

1）信赖不足风险。这是指抽样结果使审计人员没有充分信赖实际上应予信赖的内部控制的可能性。

2）信赖过度风险。这是指抽样结果使审计人员对内部控制的信赖超过了其实际上可予信赖程度的可能性。

（2）审计人员在进行实质性测试时，应关注以下抽样风险：

1）误受风险。误受风险也称“β 风险”，是指抽样结果表明账户余额不存在重大错报而实际上存在重大错报的可能性。

2）误拒风险。误拒风险也称“α 风险”。与误受风险相反，误拒风险是指抽样结果表明账户余额存在重大错报而实际上不存在重大错报的可能性。

上述这些风险都将严重影响审计的效率与效果。信赖不足风险与误拒风险一般会导致审计人员执行额外的审计程序，降低审计效率；信赖过度风险与误受风险很可能导致注册会计师形成不正确的审计结论。

可见，信赖过度风险和误受风险对审计人员来说是最危险的风险，因为它使审计无法达到预期的效果。而信赖不足风险和误拒风险则属于保守型风险，出现这两种风险后，审计效率虽不高，但其效果一般都能保证。

2. 非抽样风险

非抽样风险是指审计人员因采用不恰当的审计程序或方法，或因误解审计证据等而未能发现重大误差的可能性。产生这种风险的原因主要有：

（1）人为错误，如未能找出样本文件中的错误等。

（2）运用了不切合审计目标的程序。

（3）错误解释样本结果。

非抽样风险无法量化，但审计人员应当通过对审计工作适当的计划、指导和监督，坚持质量控制标准，力争有效地降低非抽样风险。非抽样风险对审计工作的效率和效果都有一定影响。

2.3.3 属性抽样

属性抽样是指在精确度界限和可靠程度一定的条件下，为了测定总体特征的发生频率而采用的方法。

现代审计的一大特征是以内部控制系统测试和评价为基础，其重要步骤之一是要对内部控制系统进行控制测试，以便了解实际执行的内部控制系统是否与规定一致，是否有效或一贯地执行。属性抽样是用于控制测试方面的统计抽样法。在控制测试中，审计人员只要求作出某种属性的总体发生率是多少的结论，而不必作出总体错误数额大小的估计。因此，采取属性抽样，要通过对样本的审核，以证明被审计单位的内部控制系统是否有效地执行，并与以前比较，核实内部控制系统是在改善还是在恶化。

运用属性抽样的方法，主要应包括下列几个步骤：

1. 确定预计差错发生率

属性抽样是推断错误或舞弊的发生频率，即估计账目或内部控制系统出现错误或异常的频率，用百分比表示就是预计差错发生率。

预计差错发生率与被审计单位的内部控制系统以及会计核算质量有密切关系。如果内部控制制度无效、会计核算质量差，则预计差错发生率就要高，那么抽样的规模势必要大，抽取的样本就更多一些；反之，则抽取的样本可以少一些。因此，差错发生率与样本数量是成正比例的关系。

审计人员在确定预计差错发生率时，可按下列三种情况来确定：（1）在参考前期审计工作底稿的基础上确定，也就是在参考历史资料的基础上确定；（2）抽查少量样本并在加以测试的基础上确定；（3）根据审计人员对情况的了解和判断来确定。

2. 确定精确度

在控制测试中，审计人员必须事先确定精确度。因为样本的预计差错发生率不一定等于总体的实际差错率，它可能略大于或小于实际差错率，所以有必要根据样本结果，以一定的正数和负数为界限设立一个区间。这个区间也就是抽样误差的容许界限，而这个容许界限就叫精确度。因此，我们可以样本结果为基础，设定一个偏差区间，比如±1%，±1%就是精确度。在样本结果上加减一定的精确度，就构成精确度的界限，界限两端为精确度的上限和下限。假设样本结果预计差错发生率为3%，精确度为±1%，则精确度的上限为4%（即3%+1%），下限为2%（即3%−1%）。假定总体差错率处于2%～4%，都是可以接受的，2%～4%就称为精确度界限。精确度除用相对数表示外，也可用绝对数表示，如±1 000元。精确度越低，即差错的容许界限越大，则抽查的样本数量越少；反之，提高精确度，即差错的容许界限越小，则抽查的样本数量越多。

精确度的高低往往取决于审计项目的重要性。审查重要项目时，应提高精确度，对差错的容许界限严加限制，审查一般项目则可放宽一些。精确度的高低与抽取样本的多少成反比例的关系。

3. 确定可靠程度

可靠程度又称置信度，是测定抽样可靠性的尺度。因为样本毕竟不是总体，根据样本计算出来的差错率并不能百分之百地代表总体的实际差错率。可靠程度就是表明样本性质能够代表总体性质的可靠性程度。

可见，根据可靠程度可以判断样本代表总体的可信水平，同样也可以估计样本不能代表总体的可能性。如果可靠程度定为95%，表示总体的真实特征有95%的可能性落在特定的精确度范围内，另外还有5%的可能性不在精确度界限内，这里的5%就称为风险度。例如，在95%的可靠程度下，精确度为±1%的含义是：总体某特征的真实发生率在样本发生率±1%范围内的概率为95%，或审计人员有95%的把握保证总体某特征的真实发生率在样本发生率±1%的范围内，另外还存在5%的风险，即有5%的可能总体某特征的真实发生率不在样本发生率±1%的范围内。因此，风险度与可靠程度是两个相互对立的概念，二者互为补充，5%的风险度和 95%的可靠程度表达的是同一个问题的两个不同方面。

可靠程度是测定样本可信水平的尺度，要求样本的可靠程度越高，就必须有较大的样本容量作保证，当样本容量等于总体容量时，样本的可靠程度达到 100%，这时的可信度最高。所以可靠程度越高，样本量也就越大，显然，可靠程度成为影响样本量的又一重要因素。

可靠程度主要取决于被审计单位的内部控制系统有效性。内部控制系统越有效，则可靠程度越高。

4. 确定样本数量

确定了差错发生率、精确度和可靠程度之后，就可以通过确定样本容量的统计表来确定样本数量。详见表 2－1、表 2－2 和表 2－3。

表 2－1　　**样本量确定表**

（可靠程度：90%）

预计差错率（%）	精确度上限（%）															
	0.5	1	2	3	4	5	6	7	8	9	10	12	14	16	18	20
0.00	460	230	120	80	60	50	40	40	30	30	25	**	**	**	**	**
0.25	*	400	200	140	100	80	70	60	50	50	40	40	30	30	**	**
0.50		800	200	140	100	80	70	60	50	50	40	40	30	30	30	**
1.0			400	180	100	80	70	60	50	50	40	40	30	30	30	**
1.5			*	320	180	120	90	60	50	50	40	40	30	30	30	**
2.0				600	200	140	90	80	50	50	40	40	30	30	30	**
2.5				*	360	160	120	80	70	60	40	40	30	30	30	**
3.0					800	260	160	100	90	60	60	50	30	30	30	**
3.5					*	400	200	140	100	80	70	50	40	40	30	**
4.0						900	300	200	100	90	70	50	40	40	30	**
4.5						*	550	220	160	120	80	60	40	40	30	**
5.0							*	320	160	120	80	60	40	40	30	**
5.5							*	600	280	160	120	70	50	40	30	30
6.0								*	380	200	160	80	50	40	30	30
6.5								*	600	260	180	90	60	40	30	30
7.0									*	400	200	100	70	40	40	40
7.5									*	800	280	120	80	40	40	40
8.0										*	460	160	100	50	50	40
8.5										*	800	200	100	70	50	40
9.0											*	260	100	80	50	40
9.5											*	380	160	80	50	40
10.0												500	160	80	50	40
11.0												*	280	140	70	60
12.0													550	180	90	70
13.0													*	300	160	90
14.0														600	200	100
15.0														*	300	140
16.0															650	200

续前表

预计差错率（%）	精确度上限（%）															
	0.5	1	2	3	4	5	6	7	8	9	10	12	14	16	18	20
17.0															*	340
18.0																700
19.0																*

说明：* 大于 1 000；* * 小于 25。

表 2-2　　样本量确定表

（可靠程度：95%）

预计差错率（%）	精确度上限（%）															
	0.5	1	2	3	4	5	6	7	8	9	10	12	14	16	18	20
0.00	600	300	150	100	80	60	50	50	40	40	30	30	* *	* *	* *	* *
0.25	*	650	240	160	120	100	80	70	60	60	50	40	40	30	30	30
0.50		*	320	160	120	100	80	70	60	60	50	40	40	30	30	30
1.0			600	260	160	100	80	70	60	60	50	40	40	30	30	30
1.5			*	400	200	160	120	90	60	60	50	40	40	30	30	30
2.0				900	300	200	140	90	80	70	50	40	40	30	30	30
2.5				*	550	240	160	120	80	70	70	40	40	30	30	30
3.0					*	400	200	160	100	90	80	60	50	30	30	30
3.5					*	650	280	200	140	100	80	70	50	40	40	30
4.0						*	500	240	180	100	90	70	50	40	40	30
4.5						*	800	360	200	160	120	80	60	40	40	30
5.0							*	500	240	160	120	80	60	40	40	30
5.5							*	900	360	200	160	90	70	50	50	30
6.0								*	550	280	180	100	80	50	50	30
6.5								*	1 000	400	240	120	90	60	40	30
7.0									*	600	300	140	100	70	50	40
7.5									*	*	460	160	100	80	50	40
8.0										*	650	200	100	80	50	50
8.5										*	*	280	140	80	70	50
9.0											*	400	180	100	70	50
9.5											*	550	200	120	70	50
10.0												800	220	120	70	50
11.0												*	400	180	100	70
12.0													900	280	140	90
13.0													*	460	200	100
14.0														1 000	300	160
15.0														*	500	200
16.0															*	300
17.0															*	550
18.0																*
19.0																*

说明：* 大于 1 000；* * 小于 25。

表 2-3　　样本量确定表

（可靠程度：99%）

预计差错率（%）	精确度上限（%）															
	0.5	1	2	3	4	5	6	7	8	9	10	12	14	16	18	20
0.00	920	460	230	160	120	90	80	70	60	50	50	40	40	30	30	30
0.25	*	*	340	240	180	140	120	100	90	80	70	60	50	40	40	40
0.50		*	500	280	180	140	120	100	90	80	70	60	50	40	40	40
1.0			*	400	260	180	140	100	90	80	70	60	50	40	40	40
1.5			*	800	360	200	180	120	120	100	90	60	50	40	40	40
2.0				*	500	300	200	140	140	100	90	70	50	40	40	40
2.5				*	1 000	400	240	200	160	120	100	70	60	40	40	40
3.0					*	700	360	260	160	160	100	90	60	50	50	40
3.5					*	*	550	340	200	160	140	100	70	50	50	40
4.0						*	800	400	280	200	160	100	70	50	50	40
4.5						*	*	600	380	220	200	120	80	60	60	40
5.0							*	900	460	280	200	120	80	60	60	40
5.5							*	*	650	380	280	160	90	70	70	50
6.0								*	1 000	500	300	180	100	80	70	50
6.5								*	*	800	400	200	120	90	70	60
7.0									*	*	600	240	140	100	70	70
7.5									*	*	800	280	160	120	80	70
8.0										*	*	400	200	140	100	70
8.5										*	*	500	240	140	100	70
9.0											*	700	300	180	100	90
9.5											*	1 000	360	200	140	90
10.0												*	420	220	140	90
11.0												*	800	300	180	140
12.0													*	500	240	160
13.0													*	600	360	200
14.0														*	500	280
15.0														*	900	360
16.0																500
17.0															*	1 000
18.0																*
19.0																*

说明：* 大于 1 000。

假定审计人员确定的预计差错发生率为 2%，可靠程度为 95%，精确度上限为 4%，则可以根据表 2-2 所列样本量确定表查得样本数量为 300。

5. 选择随机抽样方法

当样本数量确定以后，就要选择适当的抽样方法抽取足够的样本。适当的样本数量对以最低的代价保证样本的代表性固然重要，解决了“抽多少”的问题，但仅有这一点是不够的，要产生恰当的样本，关键在于“如何抽”，即依照什么原则采用什么方法来抽取样本。一般说来，依照随机原则进行抽样，能够使抽取的样本具有广泛的代表性，并能避免人为的偏见。随机原则是指在抽样时，总体项目被抽中与否必须完全由随机率因素决定，即完全是盲目的、偶然的，不让主观因素起任何作用，因而每一个总体项目都有同等被抽中的机会。所以，在审计过程中一旦确定了抽取样本的数量和方法，任何人来抽取都能保证样本具有充分的代表性。在审计工作中运用的随机抽样方法主要有随机数表法、系统抽样法、分层抽样法和整群抽样法。

（1）随机数表法。利用随机数表抽取样本是最简便的方法，因而普遍采用。所谓随机数表，亦称乱数表，就是任意组成五位数字，同时把这五位数字完全随机地纵横排列所构成的一种表格。

表2－4就是随机数表。

表2－4　　随机数表

栏行	1	2	3	4	5	6	7	8	9	10
1	32044	69037	29655	92114	81034	40582	01584	77184	85762	46505
2	23821	96070	82592	81642	08971	07411	09037	81530	56195	98425
3	82383	94987	66441	28677	95961	78346	37916	09416	42438	48432
4	68310	21792	71635	86089	38157	95620	96718	79554	50209	17705
5	94856	76940	22165	01414	01413	37231	05509	37489	56459	52983
6	95000	61958	83430	98250	70030	05436	74814	45978	09277	13827
7	20764	64638	11359	32556	89822	02713	81293	52970	25080	33555
8	71401	17964	50940	95753	34905	93566	36318	79530	51105	26952
9	38464	75707	16750	61371	01523	69205	32122	03436	14489	02086
10	59442	59247	74955	82835	98378	83513	47870	20795	01352	89906
11	11818	40951	99279	32222	75433	27397	46214	48872	26536	41042
12	65785	06837	96483	00230	58220	09756	00533	17614	98144	82427
13	05933	69834	57402	35168	84138	44850	11527	05692	84810	44109
14	31722	97334	77178	70361	15819	35037	46319	21085	37957	05102
15	95118	88373	26934	42991	00142	90852	14199	93593	76028	23664
16	14347	69760	76797	91159	85189	84766	88814	90023	62928	14789
17	64447	95461	85772	84261	82306	90347	97519	03144	16530	52542
18	82291	62993	83884	69165	14135	25283	35685	47029	62941	37099
19	45631	73570	53937	02803	60044	85567	10497	26882	50000	47039
20	59594	78376	47900	30057	94668	04629	10087	13562	13800	15764
21	72010	44720	92746	82059	42361	54456	66999	77103	47491	65161
22	35419	04632	07000	25529	72128	90494	05118	34453	42189	82994
23	71750	86044	76982	81606	93646	00776	06017	10638	08818	94242
24	84739	48460	08613	88344	27585	44997	58464	68682	56828	78191
25	38929	79307	78252	14446	21545	34737	48625	61374	32181	17834
26	67690	88918	06316	08110	24591	38729	53296	64295	87158	64938
27	64601	76493	91280	23056	21242	26983	34203	40045	82157	65050
28	72065	44093	88240	17510	73412	88774	96914	05702	17130	20916
29	90225	74930	08500	64177	13202	15085	15734	57555	63812	57696
30	28621	05997	60429	26054	65632	27972	42932	81090	49530	35918

表 2 - 4 所列数都是五位数字，在使用时不限于五位数字，可以用两位，也可以用三位、四位数字。使用这种方法的程序是，先确定抽样数量，然后将总体项目的编号与随机数表的数字相对照，最后挑选出需要抽样的数量。例如，审查银行存款支出凭证，凭证编号为 0001～1000，审计人员打算从其中随机抽出 100 张。选择数字时，可以从表的任何地方开始，但必须遵循一定的顺序。假定从随机数表的第一行开始，从左至右选择，则可选出 320，690，296，921，810，405，015，771，857 和 465 十个数字。第一行用完后，就可以从第二行、第三行等继续挑选，直至抽满 100 个数字为止。

利用随机数表抽取样本项目，可以避免主观成分。选择数字时，既可以从随机数表的任何方向开始选择，又可以从任何地方开始选择。

（2）系统抽样法。系统抽样法又称间隔抽样法，亦称等距抽样法，是以总体中某一标志排列为出发点，按照固定的顺序，每隔一个固定的间隔抽出一个单位组成样本的一种随机抽样方法。这种方法比随机数表法要简便一些，不过总体的排列必须是完全处于随机状态。

确定间隔数的公式如下：

$$M=\frac{N}{n}$$

式中，M 为抽样间隔数；N 为总体数量；n 为抽样数量。

例 2 - 2

从 2 500 张凭证中抽取 500 张凭证审查，则抽样间隔数为：

$$M=\frac{2\,500}{500}=5$$

那么，从前 5 张凭证中随机选定一张凭证，如从第 $3^{\#}$ 开始，每间隔 5 张凭证抽取一张，即 $3^{\#}$，$8^{\#}$，$13^{\#}$，$18^{\#}$，$23^{\#}$，$28^{\#}$，…，直到抽完 500 张凭证为止。

（3）分层抽样法。分层抽样法是按照一定标准将总体划分为若干层次，然后对每一层次进行随机抽样的方法。

分层抽样法的特点是依据审计人员的判断，将总体分成若干性质相近的层次，然后再进行随机抽样。审查各层次时，对每一层次所使用的方法并不局限于随机抽样法。例如，审计人员审查某企业库存材料时，将库存材料分为三类：第一类是价值高、使用频繁的重要材料；第二类是价值中等、比较重要的材料；第三类是价值低的一般材料。运用分层抽样法，第一类材料为第一层次，该层次要全部审查；第二类材料为第二层次，该层次可利用随机数表进行抽查；第三类材料为第三层次，该层次可按系统抽样法抽取样本。

分层抽样法的优点主要在于，它使审计人员将样本选择与总体中的关键项目联系起来，并能对不同的层次采用不同的审计方法，可以提高样本的代表性和审计的有效性。因此，分层抽样法可理解为判断抽样与统计抽样的综合运用。

（4）整群抽样法。整群抽样法是先将总体项目按某一标志分成若干群，然后使用随机数表抽样或系统抽样法抽样，整群地抽取样本项目的方法。

例2-3

将全年的现金支出凭证按旬划分为36个群，现要从中抽出4个旬进行审查。

假设从随机数表中选出32，29，15，7四个随机数，那么样本就由第7，15，29，32四旬的现金支出凭证所组成。

整群抽样法的优点是抽选单位比较集中，避免了样本过于分散，简化了审计工作。但以群为单位进行抽样，显著地影响了总体中各单位分配的均匀性，抽样误差较大，代表性较低。

6. 评价抽样结果，推断总体特征

样本项目抽出后，通过对样本项目的审查，就能得到样本差错率。比较样本差错率与确定样本时所使用的预计差错发生率的差异，并确定是否要对抽样规模作适当的调整。具体情况有：（1）样本差错率与预计差错发生率大致相同，说明样本规模符合抽样要求；（2）样本差错率小于预计差错发生率，说明样本规模较大，但这时样本都已审查完毕，已无必要缩小样本；（3）样本差错率大于预计差错发生率，说明样本规模过小，这时就应以样本差错率代替预计差错发生率重新确定样本规模，并抽取和审查新增的样本项目，重新计算样本差错率，直至样本差错率等于或小于计算样本规模时所使用的预计差错发生率为止。

评价抽样结果后，样本实际差错率等于或小于预计差错发生率，审计人员便可接受样本结果结束测试，并进一步作出推断。属性抽样的审计结论，通常是以一定的可靠程度确信总体差错率不超过某一百分比，这个百分比就是样本差错率加上精确限度所形成的精确度上限。在属性抽样中，只要根据所确定的可靠程度、已审查的样本规模和在审查样本中发现的差错数，就可直接从样本结果评价表上查找精确度上限百分比。

样本结果评价详见表2-5、表2-6和表2-7。

例2-4

确定的可靠程度为95%，审计人员在审查了被审计单位300张现金支出凭证后，发现有6张现金支出凭证有差错，则从表2-6的样本规模300那一行往右查到6个差错所在的栏次，该栏4%就是总体差错率的精确度上限。因此，审计人员可以作出如下审计结论：以95%的把握，确信全部现金支出凭证的差错率不超过4%。

查阅样本结果评价表时，如果审查的样本规模位于两行中间，则要使用较小的样本规模那一行；如果样本中发现的差错数在两列中间，则要使用较高的差错发生数那一列。只有这样，才能使审计结论较为可靠。

表 2-5

样本结果评价表

（可靠程度：90%）

样本规模	精确度上限（%）															
	0.5	1	2	3	4	5	6	7	8	9	10	12	14	16	18	20
25											0				1	
30									0				1		2	
40							0				1		2	3		4
50						0			1			2	3	4	5	
60					0			1		2		3	4	5	6	7
70					0		1		2		3	4	5	6	8	9
80				0		1		2		3	4	5	6	8	9	10
90				0		1	2		3	4		6	7	9	11	12
100				0	1		2	3	4		5	7	9	10	12	14
120			0	1	2	3	4	5	6	7	9	11	13	15	17	
140			0	1	2	3	4	5	6	7	9	11	13	16	18	21
160			0	1	2	4	5	6	8	9	10	13	16	19	22	25
180			0	2	3	4	6	7	9	10	12	15	18	22	25	28
200			1	2	4	5	7	8	10	12	14	17	21	24	28	32
220			1	2	4	6	8	10	12	13	15	19	23	27	31	35
240		0	1	3	5	7	9	11	13	15	17	21	26	30	35	49
260		0	1	3	5	8	10	12	14	17	19	24	28	33	38	43
280		0	2	4	6	8	11	13	16	18	21	26	31	36	41	46
300		0	2	4	7	9	12	14	17	20	22	28	33	39	45	50
320		0	2	5	7	10	13	16	18	21	24	30	36	42	48	54
340		0	3	5	8	11	14	17	20	23	26	32	38	45	51	58
360		0	3	6	9	12	15	18	21	25	28	34	41	48	55	61
380		0	3	6	9	13	16	19	23	26	30	37	44	51	58	65
400		1	4	7	10	14	17	21	24	28	31	39	46	54	61	69
420		1	4	7	11	14	18	22	26	29	33	41	49	57	65	73
460	0	1	4	8	12	16	20	24	28	33	37	45	54	63	71	80
500	0	1	5	9	13	18	22	27	31	36	40	50	59	69	78	88
550	0	2	6	10	15	20	25	30	35	40	45	55	56	76	87	97
600	0	2	7	12	17	22	28	33	39	44	50	61	72	84	95	107
650	0	2	8	13	19	24	30	36	42	48	54	66	79	91	104	116
700	0	3	8	14	20	27	33	39	46	52	59	72	85	99	112	126
800	0	4	10	17	24	31	38	46	53	61	68	83	99	114	129	145
900	0	4	12	20	28	36	44	52	61	69	78	95	112	129	146	164
1 000	1	5	13	22	31	40	49	59	68	77	87	106	125	144	164	183

表2-6

样本结果评价表

（可靠程度：95%）

样本规模	精确度上限（%）															
	0.5	1	2	3	4	5	6	7	8	9	10	12	14	16	18	20
25												0				1
30											0			1		2
40									0			1		2		3
50							0				1		2	3	4	5
60						0			1			2	3	4	5	6
70						0		1		2		3	4	5	7	8
80					0		1		2		3	4	5	7	8	9
90					0		1	2		3	4	5	6	8	9	11
100				0		1		2	3	4		6	8	9	11	13
120				0	1		2	3	4	5	6	8	10	12	14	16
140				0	1	2	3	4	5	6	7	10	12	14	17	19
160			0	1	2	3	4	5	6	8	9	12	14	17	20	23
180			0	1	2	3	5	6	8	9	11	14	17	20	23	26
200			0	1	3	4	6	7	9	11	12	16	19	23	26	30
220			0	2	3	5	7	8	10	12	14	18	22	25	29	33
240			1	2	4	6	8	10	12	14	16	20	24	28	33	37
260			1	3	4	7	9	11	13	15	17	22	26	31	36	41
280			1	3	5	7	10	12	14	17	19	24	29	34	39	44
300		0	1	3	6	8	11	13	16	18	21	26	31	37	42	48
320		0	2	4	6	9	11	14	17	20	22	28	34	40	45	51
340		0	2	4	7	10	12	15	18	21	24	30	36	42	49	55
360		0	2	5	8	10	13	17	20	23	26	32	39	45	52	59
380		0	2	5	8	11	14	18	21	24	28	34	41	48	55	62
400		0	3	6	9	12	15	19	22	26	29	37	44	51	59	66
420		0	3	6	9	13	16	20	24	27	31	39	46	54	62	70
460		0	4	7	11	15	18	22	26	31	35	43	51	60	68	77
500		1	4	8	12	16	21	25	29	34	38	47	56	66	75	84
550		1	5	9	14	18	23	28	33	38	43	53	63	73	83	94
600	0	1	6	10	15	20	26	31	36	42	47	58	69	80	92	103
650	0	2	6	12	17	23	28	34	40	46	52	64	76	88	100	112
700	0	2	7	13	19	25	31	37	43	50	56	69	82	95	108	122
800	0	3	9	15	22	29	36	43	51	58	65	80	95	110	125	141
900	0	4	10	18	26	34	42	50	58	66	74	91	108	125	142	159
1 000	1	4	12	20	29	38	47	56	65	74	84	102	121	140	159	178

表 2－7

样本结果评价表

（可靠程度：99%）

样本规模	精确度上限（%）															
	0.5	1	2	3	4	5	6	7	8	9	10	12	14	16	18	20
25																0
30														0		
40												0		1		2
50										0			1	2		3
60									0			1	2	3		4
70								0			1	2	3	4	5	6
80							0			1		2	4	5	6	7
90						0			1		2	3	5	6	7	9
100						0		1		2	3	4	6	7	9	10
120					0		1	2		3	4	6	8	9	11	13
140					0	1	2	3		4	5	7	10	12	14	16
160				0		1	2	3	5	6	7	9	12	14	17	20
180				0	1	2	3	4	6	7	8	11	14	17	20	23
200				0	1	3	4	5	7	8	10	13	16	19	23	26
220				0	2	3	5	6	8	10	11	15	18	22	26	30
240			0	1	2	4	6	7	9	11	13	17	21	25	29	23
260			0	1	3	5	6	8	10	12	14	19	23	27	32	36
280			0	2	3	4	7	9	12	14	16	21	25	30	35	40
300			0	2	4	6	8	10	13	15	18	23	28	33	38	43
320			0	2	4	7	9	11	14	17	19	24	30	35	41	47
340			1	3	5	7	10	13	15	18	21	26	32	38	44	50
360			1	3	6	8	11	14	16	19	22	28	35	41	47	54
380			1	3	6	9	12	15	18	21	24	30	37	44	50	57
400			1	4	7	10	13	16	19	22	26	32	39	46	54	61
420			2	4	7	10	14	17	20	24	27	35	42	49	57	64
460		0	2	5	8	12	15	19	23	27	31	39	47	55	63	72
500		0	3	6	10	13	17	21	26	30	34	43	52	60	70	79
550		0	3	7	11	15	20	24	29	34	38	48	58	68	78	88
600		0	4	8	13	17	22	27	32	37	43	53	64	78	86	97
650		0	4	9	14	19	25	30	36	41	47	58	70	82	94	106
700		1	5	10	16	21	27	33	39	45	51	64	76	89	102	115
800		1	7	13	19	25	32	39	46	53	60	74	98	103	118	133
900		2	8	15	22	29	37	45	53	61	69	85	101	118	135	152
1 000	0	2	9	17	25	34	42	51	60	69	78	96	114	133	151	170

2.3.4 变量抽样

虽然属性抽样对控制测试极有用处，但它并不提供货币价值数量的资料，不适用于变量总体。由于在审计工作中存在大量的变量总体，使变量抽样在审计实验中得以广泛运用。审计人员用来估计总体金额的统计抽样称为变量抽样，它适用于对企业存货、应收账款等的估计。变量抽样是用于实质性测试方面的统计抽样方法，它通过检查财务报表各项目数据的真实性和正确性，来取得作出审计结论所需的直接证据。变量抽样有平均值估计、差异估计和比率估计等多种形式，下面主要介绍平均值估计和差异估计。

1. 平均值估计

平均值估计是利用样本平均值估计总体平均值，然后对总体的金额进行推断估计的一种变量抽样方法。平均值估计的步骤如下：

（1）确定审计的总体范围。

（2）拟订所需精确度和可靠程度，并将估计总体所需精确度换算成单位平均精确度。

$$\text{单位平均精确度}(\bar{p})=\frac{\text{估计总体所需精确度}(P)}{\text{总体单位}(N)}$$

（3）估计总体标准离差。总体标准离差是指各个数值与总体平均数的平均偏离程度。公式为：

$$\delta_X=\sqrt{\frac{\sum(\bar{X}-X)^2}{N}}$$

式中，δ_X为总体标准离差；$\bar{X}=\sum X/N$，为总体平均值；$\bar{X}-X$为总体平均值与各个数值之差。

估计总体标准离差的初始样本标准离差的公式为：

$$\sigma_X=\sqrt{\frac{\sum(\bar{X}-X)^2}{n-1}}$$

式中，σ_X为估计总体标准离差；$\bar{X}=\sum X/n$，为初始样本平均值；$\bar{X}-X$为初始样本平均值与各个数值之差。

（4）根据要求的可靠程度确定标准正态离差系数。标准正态离差系数与可靠程度的关系为：

可靠程度（%）	标准正态离差系数（$\pm t$）
70	1.04
75	1.15
80	1.28
85	1.44
90	1.64
95	1.96
99	2.58

（5）计算所需样本容量。在不放回的抽样方式下样本容量计算公式为：

$$n=\frac{N}{1+\frac{N\bar{p}^2}{t^2\sigma^2}}$$

（6）选取样本。

（7）审查样本的各个项目，计算审定样本的实际平均数 $\overline{X}=\frac{\sum X}{n}$ 。

（8）以样本的平均数作为总体平均数的估计，对总体的总金额进行区间估计。

$$N\overline{X}=N\overline{X}\pm P$$

（9）得出审计结论。当样本结果可以接受时，利用可靠程度和精确度对总体进行推断，形成审计结论，即审计人员在事先要求的可靠程度下，保证实际总值在$N\overline{X}-P$与 $N\overline{X}+P$ 之间。

例 2-5

甲材料 40 000 件，其账面价值总额为 5 901 600 元。审计人员决定对甲材料进行抽查，并以 95%的可靠程度来估计总体的价值，所设定的精确度为±50 000 元。

审查前，选取 30 件甲材料作为估计总体标准离差的初始样本，假设初始样本的标准离差为 8，则样本量可计算如下：

$$n=\frac{40\ 000}{1+\frac{40\ 000\times 1.25^2}{1.96^2\times 8^2}}\approx 157(件)$$

随机抽取 157 件甲材料进行详细审查，假定审定价值为 23 550 元，则审定样本的平均值为 150 元。根据每单位平均值估计抽样的特点，可推断总体平均值的估计值为 150±1.25 元，则 40 000 件甲材料的估计金额为 6 000 000 元±50 000 元。于是，审计人员可以作出这样的结论：有 95%的把握保证 40 000 件甲材料的真实金额在 5 950 000 元～6 050 000 元之间。

2. 差异估计

差异估计是利用审查样本所获得的样本平均差错额，去推断总体差错额或正确额的一种统计抽样方法。它适用于能获得书面记录值，并且被审计总体存在较大差错的情况。差异估计的步骤如下：

（1）确定审计的总体范围。

（2）拟订所需精确度和可靠程度。精确度要以金额表示，并且还要用到精确度下限。

（3）确定总体标准差。在变量抽样中，一般采用先抽取初始样本，以初始样本的标准差为预计总体标准差的办法。样本标准差计算公式为：

$$S=\sqrt{\frac{\sum_{i=1}^{n}d_i^2-\bar{d}^2n}{n-1}}$$

式中，d_i代表差错额，为正数时表示缩小差错，为负数时表示扩大差错；$\bar{d}$ 代表样本平均差错额，$\bar{d}=\sum_{i=1}^{n}d_i/n$。

（4）计算所需样本容量。计算公式为：

$$n'=\left(\frac{t\cdot S\cdot N}{P}\right)^2$$

$$n=\frac{n'}{1+\frac{n'}{N}}$$

式中，t 代表可靠程度系数（标准正态离差系数）；S 代表预计的总体标准差；N 代表总体容量；P 代表精确度；n'代表放回抽样的样本量；n 代表不放回抽样的样本量。

（5）审查样本项目。

（6）根据样本审查结果推断总体。差异估计是根据总体记录额（Y）加上总体差错额（D）去估计总体正确额。总体差错额的计算公式为：

$$D=\bar{d}\cdot N$$

总体正确额的点估计（T）为：

$$T=Y+D$$

总体正确额精确区间（Δ）的计算公式为：

$$\Delta=t\cdot\frac{S}{\sqrt{n}}\cdot N\sqrt{1-\frac{n}{N}}$$

例 2-6

审计人员在审查宏达股份公司2018年12月31日的原材料账时，原材料账余额为1 850 000元，由500个明细账户组成。确定的可靠性水平为95%，精确度为90 000元，使用随机数表从500种原材料明细账中抽出30种原材料明细账户作为初始样本，在审查初始样本时发现5个错误项目（见表2-8）。

表 2-8

项目号	审定额	记录额	差错额（d）	d^2
3	2 867.20	2 355.20	512.00	262 144
7	4 902.00	5 282.00	−380.00	144 400
11	3 475.00	3 675.00	−200.00	40 000
14	2 919.00	5 699.00	−2 780.00	7 728 400
23	2 884.00	2 678.00	206.00	42 436
合计	17 047.20	19 689.20	−2 642.00	8 217 380

根据初始样本审查结果，可计算出初始样本的标准差：

$$\bar{d}=\frac{\sum_{i=1}^{n}d_i}{n}=\frac{-2\ 642.00}{30}=-88.07(\text{元})$$

$$S=\sqrt{\frac{\sum_{i=1}^{n}d_i^2-\bar{d}^2\cdot n}{n-1}}$$

$$=\sqrt{\frac{8\ 217\ 380-30\times(-88.07)^2}{30-1}}=524.72$$

因为已审查了 30 个样本项目，所以只需再抽取 1 个样本（根据概率论原理，超过 30 个项目的样本为大样本）。假设再抽取的 1 个样本项目，经审查没有发现差错，所以应重新计算 31 个项目的样本平均差错额和样本标准差。

$$\bar{d}=\frac{\sum_{i=1}^{n}d_i}{n}=\frac{-2\ 642.00}{31}=-85.23(元)$$

$$S=\sqrt{\frac{\sum_{i=1}^{n}d_i^2-\bar{d}^2\cdot n}{n-1}}$$

$$=\sqrt{\frac{8\ 217\ 380-31\times(-85.23)^2}{31-1}}$$

$$=516.14$$

所以　$D=\bar{d}\cdot N=(-85.23)\times500=-42\ 615(元)$

$T=Y+D=1\ 850\ 000+(-42\ 615)$

$=1\ 807\ 385(元)$

$$\Delta=t\cdot\frac{S}{\sqrt{n}}\cdot N\sqrt{1-\frac{n}{N}}$$

$$=1.96\times\frac{516.14}{\sqrt{31}}\times500\times\sqrt{1-\frac{31}{500}}=87\ 986(元)$$

最后可作出这样的审计结论：以 95%的把握确信宏达股份公司 2018 年 12 月 31 日的原材料正确额在 1 807 385 元±87 986 元之间，即在 1 719 399 元～1 895 371 元之间。

2.4　信息技术对审计的影响

信息技术是指利用电子计算机和现代通信手段实现获取信息、传递信息、存储信息、处理信息、显示信息、分配信息等的相关技术。现代信息技术是指 20 世纪 70 年代以来，随着微电子技术、计算机技术和通信技术的发展，围绕信息的产生、收集、存储、处理、检索和传递，形成的一个全新的、用以开发和利用信息资源的技术系统。

2.4.1　信息技术对审计过程的影响

在计算机产生以前，企业内部的信息处理最初是以手工处理的方式进行的。一个企业的会计部门，通过不同岗位之间的分工协作，将日常经营活动中产生的财务资料进行加工处理，形成企业内部和外部需要的各种纸质会计信息。

随着计算机的普及尤其是微型计算机的大众化，一些企业开始用计算机来处理部分会计资料。例如，企业内部自行开发的工资管理程序、存货管理程序等，逐步用机器代替了部分人工劳动。但由于计算机处理的范围比较小，注册会计师可以忽略计算机的存在，直接对打印出来的纸质文档进行审计。

随着会计信息技术的普及，大多数企业的会计处理已经实现信息化。审计人员开始意识到信息技术对审计的重要性，但这时人们对信息技术的认识还停留在对财务数据的采集和分析阶段，审计人员仍然可以绕过信息系统，对财务报表进行核实，以获取审计证据。

伴随着会计信息化的成熟，以ERP为代表的企业信息系统的高度集成逐渐兴起。这时的企业信息系统已不仅仅是一个孤立的系统，而是集财务、人事、供销、生产为一体的综合系统，财务信息只是这个系统所处理信息的一部分，因此，审计人员必须在规划和执行审计工作时对企业信息技术进行全面考虑。

应该指出的是，信息技术在企业中的应用并不改变审计人员制定审计目标、进行风险评估和了解内部控制的原则性要求，审计准则和财务报告审计目标在所有情况下都适用。但是，审计人员必须更深入了解企业的信息技术应用范围和性质，因为系统的设计和运行对审计风险的评价、业务流程和控制的了解、审计工作的执行以及需要收集的审计证据的性质都有直接的影响。具体地说，信息技术对审计过程的影响主要体现在以下几个方面：

1. 对审计线索的影响

审计线索对审计来说极其重要。传统的手工会计系统，审计线索包括凭证、日记账、分类账和报表。审计人员通过顺查和逆查的方法来审查记录，检查和确定其是否正确地反映了被审计单位的经济业务，检查企业的会计核算是否合理、合规。而在信息技术环境下，从业务数据的具体处理过程到财务报表的输出都由计算机按照程序指令完成，数据均保存在磁性介质上，从而会影响审计线索，如数据存储介质、存取方式以及处理程序等。

2. 对审计技术手段的影响

过去，审计人员实施审计都是手工进行的，但随着信息技术的广泛应用，若仍以手工方式进行审计，显然已经难以满足工作的需要，难以达到审计的目的。因此，注册会计师需要掌握相关信息技术，把信息技术当作一种有力的审计手段。

3. 对内部控制的影响

现代审计技术中，审计人员会对被审计单位的内部控制进行审查与评价，以此作为制定审计方案和决定抽样范围的依据。随着信息技术的发展，内部控制在形式及内涵方面发生了变化。在高度电算化的信息环境中，业务活动和业务流程引发了新的风险，具体控制活动的性质有所改变。

4. 对审计内容的影响

在信息化条件下，审计内容发生了相应的变化，在信息化的会计系统中，各项会计事项都是由计算机按照程序进行自动处理的，信息系统的特点及固有风险决定了信息化环境下审计的内容包括对信息化系统的处理和相关控制功能的审查。对于特定的财务报表审计项目，审计人员必须考虑其数据准确性以支持相关审计结论，因而需要对其基于信息系统的数据来源及处理过程进行审查。

5. 对审计人员的影响

信息技术在被审计单位的广泛应用要求审计人员一定要具备相关信息技术方面的知识。因此，审计人员要成为知识全面的复合型人才，不仅要有丰富的会计、审计、经济、法律、管理等方面的知识和技能，还要熟悉信息系统的应用技术、结构和运行原理，有必要对信息化环境下的内部控制做出适当的评价。

因此，审计人员必须对信息系统的风险和控制都非常熟悉，对审计的策略、范围、方法和手段做出相应的调整，以获取充分、适当的审计证据，出具审计报告。

2.4.2 信息技术对确定审计范围的影响

被审计单位的流程和信息系统可能拥有各自不同的特点，因此审计人员应按各自特点制定审计计划中包含的信息技术审计内容；另外，如果审计人员计划依赖自动控制或自动信息系统生成的信息，那么就需要适当扩大对信息技术审计的范围。

因此，审计人员在确定审计范围时，需要结合被审计单位业务流程复杂程度、信息系统复杂程度、系统生成的交易数量、信息和复杂计算的数量、信息技术环境规模和复杂程度等五个方面，对信息技术审计范围进行重点考虑。信息技术审计范围的确定，与被审计单位在业务流程及信息系统相关方面的复杂程度成正比。在具体评估复杂程度时，可以从以下几个方面予以考虑。

1. 评估业务流程的复杂程度

对业务流程复杂程度的评估并不是一个纯粹客观的过程，需要审计人员的职业判断。审计人员可以通过考虑某流程涉及过多人员及部门且界限不清、某流程涉及大量操作及决策活动、某流程的数据处理过程涉及复杂的公式和大量的数据录入操作、某流程需要对信息进行手工处理，以及对系统生成的报告的依赖程度，对业务流程的复杂程度作出适当判断。

2. 评估信息系统的复杂程度

与评估业务流程的复杂程度相类似，对企业信息系统复杂程度的评估也不是一个纯粹客观的过程，评估过程包含大量的职业判断，也受到所使用系统类型（如商业软件或自行研发系统）的影响。具体来说，评估商业软件的复杂程度应当考虑系统复杂程度、市场份额、系统实施和运行所需的参数设置范围以及企业化程度。而对于自行研发系统复杂程度的评估，应当考虑系统复杂程度、距离上一次系统架构重大变更的时间、系统变更对财务系统的影响结果，以及系统变更之后的系统运行情况及运行期间。

3. 评估信息技术环境的规模和复杂程度

评估信息技术环境的规模和复杂程度，主要应当考虑产生财务数据的信息系统数量、信息部门的结构与规模、网络规模、用户数量、外包及访问方式。信息技术环境复杂并不一定意味着信息系统是复杂的，反之亦然。在具体审计过程中，审计人员除了考虑以上所提及的复杂程度外，还需要充分考虑系统在实际应用中存在的问题，评价这些问题对审计范围的影响程度。

2.4.3 信息技术对内部控制评价的影响

在信息技术环境下，传统的手工控制越来越多地被自动控制所替代。同时，对自动控制的依赖也可能给企业带来下列财务报告的重大错报风险：信息系统或相关系统程序可能会对数据进行错误处理，也可能会去处理那些本身就错误的数据；自动信息系统、数据库及操作系统的相关安全控制如果无效，会增加对数据信息非授权访问的风险；数据丢失风险或数据无法访问风险，如系统瘫痪；不适当的人工干预，或人为绕过自动控制。

因此，被审计单位采用信息系统处理业务，并不意味着手工控制被完全取代，信息系统对控制的影响，取决于被审计单位对信息系统的依赖程度。由于被审计单位信息技术的特点及复杂程度不同，被审计单位的手工及自动控制的组合方式往往会有所区别。

在信息技术环境下，手工控制的基本原理与方式在信息环境下并不会发生实质性的改变，审计人员仍需要按照标准执行相关的审计程序，而对于自动控制，应从信息技术一般性控制与信息技术应用控制两方面考虑对内部控制评价的影响。

1. 信息技术一般性控制对内部控制评价的影响

信息技术一般性控制是指为了保证信息系统的安全，对整个信息系统以及外部各种环境要素实施的对所有的应用或控制模块具有普遍影响的控制措施，它通常会对实现部分或全部财务报表认定做出间接贡献。在有些情况下，信息技术一般性控制也可能对实现信息处理目标和财务报表认定做出直接贡献。这是因为，有效的信息技术一般性控制确保了应用系统控制和依赖计算机处理的自动会计程序得以持续有效地运行。如果审计人员计划依赖自动应用控制、自动会计程序或依赖系统生成信息的控制时，就需要对相关的信息技术一般性控制进行审查。

信息技术一般性控制包括程序开发、程序变更、程序和数据访问以及计算机运行四个方面，审计人员应对这四个方面的内部控制进行评价。

（1）程序开发。程序开发领域的目标是确保系统的开发、配置和实施能够实现管理层的应用控制目标。程序开发控制的一般要素包括：对开发和实施活动的管理，项目启动、分析和设计，对程序开发实施过程的控制软件包的选择，测试和质量确保，数据迁移，程序实施，记录和培训，职责分离。

（2）程序变更。程序变更领域的目标是确保对程序和相关基础组件的变更是经过请求、授权、执行、测试和实施，以达到管理层的应用控制目标。程序变更控制一般包括以下要素：对维护活动的管理，对变更请求的规范、授权与跟踪，测试和质量确保，程序实施，记录和培训，职责分离。

（3）程序和数据访问。程序和数据访问这一领域的控制目标是确保分配的访问程序和数据的权限是经过用户身份认证并经过授权的。程序和数据访问的子组件一般包括安全活动管理、安全管理、数据安全、操作系统安全、网络安全和物理安全。

（4）计算机运行。这一领域的目标是确保生产系统根据管理层的控制目标完整准确地运行，确保运行问题被完整准确地识别并解决，以维护财务数据的完整性。计算机运行的子组件一般包括计算机运行活动的总体管理、批调度和批处理、实时处理、备份和问题管理以及灾难恢复。

2. 信息技术应用控制对内部控制评价的影响

信息技术应用控制一般要经过输入、处理及输出等环节，和手工控制一样，自动系统应用控制同样关注信息处理目标的四个要素，即完整性、准确性、授权以及访问权限。

（1）完整性控制，包括顺序标号，可以保证系统每笔日记账都是唯一的，并且系统不会接受相同编号，或者在编号范围外的凭证。还包括编辑检查，以确保无重复交易录入，比如发票付款的时候，检查发票编号。

（2）准确性控制，包括编辑检查，即限制检查、合理性检查、存在性检查和格式检查等；将客户、供应商、发票和采购订单等信息与现有数据进行比较。

（3）授权控制，包括交易流程中必须包含恰当的授权，将客户、供应商、发票和采购订单等信息与现有数据进行比较。

（4）访问权限控制，一是对于某些特殊的会计记录的访问，必须经过数据所有者的正式授权，管理层必须定期检查系统的访问权限来确保只有经过授权的用户才能够拥有访问权限，并且符合职责分离原则。二是访问控制必须满足适当的职责分离，如交易的审批和处理必须由不同的人员来完成。三是对每个系统的访问控制都要单独考虑，密码必须定期更换，并且在规定次数内不能重复；定期生成多次登录失败导致用户账号锁定的报告，管理层必须跟踪这些登录失败的具体原因。

2.4.4 计算机辅助审计技术和电子表格的运用

1. 计算机辅助审计技术

计算机辅助审计技术，是指用计算机和相关软件，使审计测试工作实现自动化的技术。计算机辅助审计技术可以在现有手工执行的审计测试自动化、手工方式不可能执行的测试或分析等方面使审计工作更富效率和效果。

计算机辅助审计技术不仅能够提高审阅大量交易的效率，而且计算机不会受到过度工作的影响。从这个意义上讲，计算机辅助审计技术可以使审阅工作更具效果，还可以减少审计工作量，节省审计时间和成本。

最广泛地应用计算机辅助审计技术的领域是实质性测试，特别是在与分析程序相关的方面。除此以外，计算机辅助审计技术还能用于详细测试以及对审计抽样的处理。计算机辅助审计技术使得对系统中的每一笔交易进行测试成为可能，用于在交易样本量很大的情况下替代手工测试。

与其他控制测试相同，计算机辅助审计技术也可用于测试内部控制的有效性，选择少量的交易，并在系统中进行穿行测试，或是开发一套集成的测试工具，用于测试系统中的某些交易。在控制测试中使用计算机辅助审计技术的优势是，可以对每一笔交易进行测试，从而确定是否存在内部控制失效的情况。

2. 电子表格

在信息化程度很高的环境下，由于系统限制等原因，财务信息和财务报表的生成往往还需要借助电子表格来完成。

所谓电子表格，是指利用计算机作为表格处理工具，以实现制表工具、计算工具以及表格结果保存的综合电子化的软件。目前普遍使用的电子表格通常包括 Excel 等软件，通过电子表格可以进行数据记录、计算与分析，并能对输入的数据进行各种复杂统计运算后显示为可视性极佳的表格。因此，审计人员在对信息系统进行审计时，需要谨慎地考虑电子表格中的控制，以及电子表格控制设计与执行的有效性，从而确保这些内嵌控制持续的完整性。电子表格的特性以及编制使用电子表格的环境特性，增加了电子表格所生成的数据存在错误的风险，从而对审计工作产生影响。

在高度信息化的企业中，重要的财务电子表格用来在重要的流程中（即自动控制或步骤）生成财务数据，或用来生成用于关键手工控制的财务或其他数据。因此，审计人员应该了解评估范围内重要的流程和账户，并识别用来支持这些流程或账户的相关的电子表格的可靠性。

2010 年 10 月国家标准化管理委员会和财政部正式发布可扩展商业报告语言（XBRL）技术规范系列国家标准和企业会计准则通用分类标准，并自 2011 年 1 月 1 日起实施。两套标准规定了 XBRL 语言的基本要素和按照企业会计准则编制 XBRL 财务报告的基本要求，为构建科学完善、国际通行的会计信息化标准体系奠定了基础。

信息技术的广泛应用对于审计所包含的内容产生了重大影响。随着信息技术的发展，未来的审计一定会越来越依赖先进的信息技术，服务的内容也将从传统审计扩展为包括财务信息、内部控制等在内的综合信息。这一切都将给审计从业人员带来挑战，审计人员不仅需要具备专业知识，而且需要具备涉及信息技术领域的知识，还应配备信息技术专业人员从事审计工作。

2.5 审计程序

审计程序包括总体审计程序和具体审计程序。

总体审计程序是审计人员对审计项目从开始到结束的整个过程中所采取的系统性工作步骤。具体审计程序是指风险评估程序、控制测试程序和实质性测试程序。

为了使审计工作有组织、有计划、有步骤地进行，保证审计工作的质量和提高审计工作效率，审计人员执行审计业务时，都必须遵循一定的审计程序，选用一定的审计方法来获取审计证据，以支持其对被审计单位的财务状况和经营成果发表审计意见和作出审计结论。

不论是政府审计、内部审计，还是民间审计，也不论是财政财务审计、经济效益审计，还是经济责任审计，总体审计程序一般包括准备、实施和完成三个阶段，每个阶段又包括若干具体的工作内容。审计程序各个阶段的具体工作内容，由于审计种类的不同而有所不同。本节主要说明民间审计组织（会计师事务所）在实地审计方式下进行财务报表审计的审计程序及其特点。

2.5.1　审计的准备阶段

审计的准备阶段是整个审计过程的起点，其工作主要包括了解被审计单位的基本情况，初步评价被审计单位的内部控制系统，分析审计风险，签订审计业务约定书，编制审计计划等。

1. 了解被审计单位的基本情况

会计师事务所通过初步调查，在接受被审计单位的委托之前，应对被审计单位的基本情况做初步的了解，包括被审计单位行业状况、法律环境与监管环境以及其他外部因素，被审计单位的性质，被审计单位对会计政策的选择和运用，被审计单位的目标、战略以及相关经营风险，被审计单位财务业绩的衡量和评价，被审计单位的内部控制，等等。注册会计师了解了被审计单位基本情况后，以此决定是否接受审计委托。

2. 初步评价被审计单位的内部控制系统

在审计工作开始前，必须初步了解和评价被审计单位的内部控制系统，包括了解和评价被审计单位有关的规章制度、业务处理程序和人员职责分工等是否合理，处理每一项经济业务的程序和手续是否科学等情况，然后才能确定审计工作的重点。

3. 分析审计风险

审计风险是在审计准备阶段必须认真分析的一个重要问题。所谓审计风险，是指审计人员通过审计工作未能发现财务报表中存在的重大错报而签发无保留意见审计报告的风险。

一般而言，审计风险由重大错报风险和检查风险组成，它们之间的关系是：

审计风险＝重大错报风险×检查风险

重大错报风险是指财务报表在审计前存在重大错报的可能性。在设计审计程序以确定财务报表整体是否存在重大错报时，注册会计师应当从财务报表层次和各类交易、账户余额、列报认定层次考虑重大错报风险。注册会计师应当评估财务报表层次的重大错报风险，并根据评估结果确定总体应对措施。注册会计师应当评估认定层次的重大错报风险，并根据既定审计风险水平评估的认定层次重大错报风险确定可接受的检查风险水平。

4. 签订审计业务约定书

审计业务约定书是指会计师事务所在接受被审计单位委托的审计项目时提交给被审计单位的正式文件，以此来明确委托项目的接受，以及对约定事项的理解。审计业务约定书具有合同的性质，一经被审计单位签字认可，即成为会计师事务所与被审计单位之间在法律上生效的合同。因民间审计进行审计时通常要收费，所以被审计单位又称客户。

会计师事务所在签约之前，应当首先与被审计单位就审计项目的性质和目的、审计范围有无限制、审计收费以及被审计单位应协助的主要工作等问题进行商谈。

审计业务约定书的具体内容可能因被审计单位的不同而存在差异，但主要应当包括下列方面：

（1）财务报表的审计目标。

（2）管理层对财务报表的责任。

（3）管理层编制财务报表采用的会计准则。

（4）审计责任与审计范围，包括指明在执行财务报表审计业务时应遵守的审计准则。

（5）执行审计工作的安排，包括出具审计报告的时间要求。

（6）审计报告格式以及对审计结果的其他沟通形式。

（7）由于测试的性质和审计的固有限制以及内部控制的固有限制，不可避免地存在着某些重大错报可能未被发现的风险。

（8）管理层为注册会计师提供必要的工作条件和协助。

（9）注册会计师不受限制地接触任何与审计有关的记录、文件以及所需要的其他信息。

（10）管理层对其作出的与审计有关的声明予以书面确认。

（11）注册会计师对执业过程中获知的信息保密。

（12）审计收费，包括收费的计算基础和收费安排。

（13）违约责任。

（14）解决争议的方法。

（15）签约双方法定代表人或其授权人的签字盖章，以及签约双方加盖的公章。

（16）签约的日期。

5. 编制审计计划

经过上述工作后，会计师事务所和注册会计师便可以拟订审计计划。审计计划是根据审计任务和具体情况所拟订的审计工作的具体步骤。其内容一般包括：被审计单位的概况、被审计单位委托审计的目的和出具报告的要求、参加审计组的人员、审计重要性考虑、审计风险评价、审计范围、为被审计单位提供其他服务的性质和内容、时间预算等。审计计划一般包括总体审计策略和具体审计计划。

2.5.2 审计的实施阶段

审计的实施阶段是审计全过程的中心环节，其主要工作是按照审计计划的要求，对被审计单位内部控制系统的建立及其遵守情况进行检查，对财务报表项目实施重点、细致的检查，收集审计证据。

1. 进驻被审计单位

注册会计师在实施审计之前，先要进驻被审计单位。进驻以后，应通过与被审计单位的管理人员和其他员工的接触，进一步了解被审计单位的情况，并使相关员工了解审计的目的、内容、起讫时间等，争取员工的信任、支持和协助。

2. 测试和评价内部控制系统

对内部控制系统的测试和评价是实施审计的基础。因此，在执行审计业务时首先必须对被审计单位的内部控制系统进行检查并作出评价，有利于促进被审计单位内部控制系统的改进，加强管理；同时，通过评价被审计单位内部控制系统的有效性，确定下一步审计工作的范围和重点内容。内部控制系统的检查和评价包括：检查和评价被审计单位的内部控制系统设计是否有效；检查和评价被审计单位的内部控制系统执行是否有效。

3. **测试财务报表及其所反映的经济活动**

注册会计师通过测试财务报表，对被审计单位财务收支及其他经济活动的合法性和公允性进行全面或重点检查，这是审计实施阶段的一项重要工作。对财务报表的实质性测试，主要通过审阅观察，复核财务报表内相关数据填列是否符合要求，抽查核对各报表项目金额是否与总账、明细账、会计凭证和实物相一致，分析各报表项目所反映的内容是否真实正确，揭示财务报表项目中违反会计准则的重大错报等来进行。

4. **收集审计证据**

审计证据是注册会计师对审计对象的实际情况作出判断、表明意见，并作出审计结论的依据。事实上，注册会计师执行审计业务的过程就是一系列收集、评价审计证据的活动过程。收集审计证据一是通过测试被审计单位的财务报表，取得必要的证据；二是通过审查其他有关资料，获取相关证据；三是通过查阅有关文件，取得审计证据。

2.5.3 审计的完成阶段

审计的完成阶段主要工作有：整理、评价审计过程中收集到的审计证据，复核审计工作底稿，编写审计报告，后续跟踪。

1. **整理、评价审计证据**

为了使在审计实施阶段收集的分散的个别证据结合起来形成具有充分证明力的证据，有效地用来评价被审计单位的经营管理活动，得出正确的审计意见和结论，必须对收集的证据进行整理和评价。整理和评价审计证据的过程，从根本上说，也是注册会计师依据法规、专业知识和个人实践经验对证据进行分析研究的过程。通过整理和评价，选出若干最适宜、最有说服力的证据，作为编制审计报告的依据。

2. **复核审计工作底稿**

审计工作底稿是注册会计师在审计工作中汇总、综合分析、整理与审计问题有关的资料所形成的书面文件。当审计程序进入完成审计工作阶段时，审计工作底稿已编写完成，但尚不能形成最后结论。审计工作底稿是注册会计师根据自己的取证记录独立编写的，因而在一定程度上存在着主观性与片面性，其编写质量受注册会计师的素质影响很大。为此，必须对注册会计师编写的审计工作底稿进行复核，然后根据审计工作底稿反映的有关问题，与被审计单位进行商议，听取对审计证据的真实性与准确性予以认可的反馈意见。复核审计工作底稿，这对形成正确的审计结论有着重要的意义。

3. **编写审计报告**

审计报告是审计工作的最终成果，是注册会计师完成审计任务、向被审计单位提出审计情况、形成审计意见的书面文件。审计报告主要应根据审计证据和审计工作底稿，通过对各类审计资料认真加以整理、分析和综合，经过取舍和删补，选择其中与审计目的和重点有关的素材，并按编制要求与规定格式编写。

4. **后续跟踪**

审计报告发出后，会计师事务所和注册会计师还应对影响审计报告的后续事项进行跟踪。会计师事务所和注册会计师应关注被审计单位的期后事项，视其对审计报告的影响程度，决定是否修改审计报告。

2.6 管理层认定与审计程序

通常情况下，审计人员应以财务报表审计的目标为指导，以管理层的认定为基础，根据被审计单位的具体情况确定各类交易、账户余额和列报的审计程序。审计人员接受委托对财务报表进行审计，首先必须取得被审计单位的财务报表，这就意味着管理层对财务报表做出了认定。这些认定反映了被审计单位管理层在处理各项经济交易与事项时，遵循会计准则及相关会计法规的范围、程度及其结果。

2.6.1 管理层认定的含义和内容

管理层认定，是指管理层在财务报表中做出的明确或隐含的表达，审计人员将其用于考虑可能发生的不同类型的潜在错报。管理层认定的重要意义在于：

（1）认定反映了财务报表中数据完整的经济含义。

（2）认定反映了管理层所承担的全面的财务报告责任。

（3）认定是确定具体审计程序的基础。

（4）认定决定了错报的性质和类型，财务报表错报都是因为违反了管理层的一项或多项认定而造成的。

审计人员对所审计期间的各类交易和事项运用的认定通常分为下列类别：

1. 与资产负债表相关的认定

（1）存在：记录的资产、负债和所有者权益是存在的。

（2）权利和义务：记录的资产由被审计单位拥有或控制，记录的负债是被审计单位应当履行的偿还义务。

（3）完整性：所有应当记录的资产、负债和所有者权益均已记录。

（4）计价和分摊：资产、负债和所有者权益以恰当的金额包括在财务报表中，与之相关的计价或分摊调整已恰当记录。

2. 与利润表相关的认定

（1）发生：记录的交易和事项已发生且与被审计单位有关。

（2）完整性：所有应当记录的交易和事项均已记录。

（3）准确性：与交易和事项有关的金额及其他数据已恰当记录。

（4）截止：交易和事项已记录于正确的会计期间。

（5）分类：交易和事项已记录于恰当的账户。

3. 与列报和披露相关的认定

（1）发生及权利和义务：披露的交易、事项和其他情况已发生，且与被审计单位有关。

（2）完整性：所有应当包括在财务报表中的披露均已包括。

（3）分类和可理解性：财务信息已被恰当地列报和描述，且披露内容表述清楚。

（4）准确性和计价：财务信息和其他信息已公允披露，且金额恰当。

管理层在财务报表上的认定有些是明确表达的，有些则是隐含表达的。例如，管理层在资产负债表中列报存货及其金额，意味着做出了下列明确的认定：(1) 记录的存货是存在的；(2) 存货以恰当的金额包括在财务报表中，与之相关的计价或分摊调整已恰当记录。同时，管理层也做出下列隐含的认定：(1) 所有应当记录的存货均已记录；(2) 记录的存货都由被审计单位拥有。

2.6.2 管理层认定的发展

1980 年，美国注册会计师协会（AICPA）发布了 SAS31，第一次提出了管理层认定要求，并将其分为五大类：存在或发生、完整性、估价或分摊、权利和义务、表达和披露，指出为了更好地设计和实施实质性测试，审计人员可将管理层认定进一步演变为具体审计目标。对某一报表项目或交易事项而言，具体审计目标可以分为以下九项：总体合理性、存在性、完整性、所有权、估价、截止、机械准确性、披露、分类。我国注册会计师执业准则从 1996—2006 年沿用了 AICPA 关于管理层认定及具体审计目标的观点。

在 AICPA 发布 SAS31 正式提出管理层认定概念后，1982 年国际审计实务委员会公布的《ISA8——审计证据》指出，管理层财务报表认定包括存在、权利和义务、发生、完整性、估价、计量、表达和披露七个方面。审计人员应明确了解管理当局认定，结合认定拟订具体审计目标用于指导审计取证和测试工作。可以看出，其基本内容与 SAS31 大体一致。

2003 年，国际审计实务委员会发布了《ISA500——审计证据》，将管理层认定概念拓展为交易、账户余额以及表达与披露三层次的管理层认定框架，并不再界定具体审计目标，具体审计目标由各个认定相应推导出来。从此，管理层认定与具体审计目标的关系渐行渐远，而与审计程序的关系日益紧密。

2.6.3 管理层认定与审计程序

管理层认定与审计程序密切相关，审计的基本职责就是确定被审计单位管理层对其财务报表的认定的合法性和公允性。审计人员了解了管理层认定，就很容易确定每个项目的审计程序。通过考虑可能发生的不同类型的潜在错报，审计人员实施风险评估，并据此设计审计程序以应对评估风险。

审计人员为获取充分、适当的审计证据，应当实施风险评估程序，以此作为评估财务报表层次和认定层次重大错报风险的基础。审计人员应当在了解被审计单位及其环境的整个过程中识别风险，并考虑识别的风险是与特定的某类交易、账户余额、列报的认定相关，还是与财务报表整体广泛相关，进而影响多项认定。如果是后者，则属于财务报表层次的重大错报风险。对财务报表层次的重大错报风险，审计人员应采取总体应对措施，而且要考虑报表层次错报风险对认定层次总体审计方案的影响。对认定层次的重大错报风险，采取进一步审计程序，包括实施控制测试以确定被审计单位内部控制在防止或发现并纠正认定层次重大错报方面的有效性，以及实施实质性程序直接用以发现认定层次重大错报。可见，风险评估程序主要是识别和评估哪些认定可能出错，而控制测试和实施实质性程序是验证认定是否出错。

因此，审计证据准则引入认定概念，并要求审计人员详细运用管理层认定来设计和确定进一步的审计程序。这样环环相扣，形成了一个结构严谨的获取审计证据的新思路，为以可接受的低审计风险对财务报表整体发表审计意见提供了合理的基础。

审计准则中指出管理层认定影响审计程序的设计与实施，但审计准则中对于这种影响却没有给出具体的解释，需要审计人员做出职业判断。

审计准则中所指的管理层认定，是指管理层对财务报表组成要素的确认、计量、列报的明确或隐含的表达，它包括对交易与事项、账户余额、列报的认定。因此，管理层认定与审计程序存在对应关系，并且对应的审计程序也包括对各类交易、账户余额、列报的实质性测试程序。

由图 2-1 可知，管理层认定反映了会计处理的全过程，审计实务操作流程实际上也是围绕着会计处理的全过程展开的，审计程序实际上就是针对会计处理全过程进行的再认定。

管理层认定		会计反映		实质性测试程序
交易与事项	←→	确认（定性）	←→	交易实质性测试程序
账户余额	←→	计量（定量）	←→	余额实质性测试程序
列报	←→	列报（表达）	←→	列报实质性测试程序

图 2-1　管理层认定内容与实质性测试程序的对应关系

根据审计准则中关于交易与事项、账户余额、列报的具体内容，管理层认定的三方面内容又与财务报表中的利润表、资产负债表及会计报表附注存在对应关系，如图 2-2 所示。

管理层认定		实质性测试程序
交易与事项（发生、完整、准确、截止、分类）	←→	利润表
账户余额（存在、权利和义务、完整性、计价与分摊）	←→	资产负债表
列报（发生及权利和义务、完整性、分类和可理解性、准确性和计价）	←→	报表附注

图 2-2　管理层认定内容与财务报表的对应关系

不同的审计程序，应对特定认定错报风险的效力不同。因此，针对不同的交易和事项、期末账户余额以及列报所产生的认定层次的重大错报风险，适用的审计程序也有差别。如对于与收入完整性认定相关的重大错报风险，控制测试通常更能有效应对；对于与收入发生认定相关的重大错报风险，实质性程序通常更能有效应对；实施应收账款的函证程序可以为应收账款在某一时点存在的认定提供审计证据，但通常不能为应收账款的计价认定提供审计证据，对应收账款的计价认定，审计人员需实施其他更为有效的审计程序，如审查应收账款账龄和后续收款，了解欠款客户的信用情况等。

由于管理层认定与审计程序密切相关，并直接影响审计程序，审计人员的基本职责就是确定被审计单位管理层对其财务报表的认定是否合法、公允。因此，深入理解管理层认定对审计程序的影响，有助于审计理论更好地指导审计实务，更好地开展审计工作，保证风险导向审计准则的落实与实施。

习　题

思考题

1. 为什么要研究审计种类？说明其对审计实践的指导意义。
2. 现代审计采用抽样技术的意义有哪些？说明采用抽样技术的理论依据。
3. 信息技术从哪些方面影响审计工作？
4. 总体审计程序主要包括哪些阶段？说明各个阶段的主要工作。
5. 管理层认定怎样影响审计程序？

计算分析题

1. 宏达股份有限公司 2018 年 12 月 31 日产成品羊毛衫明细账结存数量如下：

单位：件

品种	一等品	二等品	三等品
男式	640	160	50
女式	880	220	100
童式	450	120	30

应审计人员袁强的要求，该厂于 2019 年 1 月 15 日上午进行了盘点，结果如下：

单位：件

品种	一等品	二等品	三等品
男式	608	216	46
女式	857	255	58
童式	414	56	20

查阅产成品仓库卡片，1 月 1—14 日收付记录如下：

单位：件

品种	收入			发出		
	一等品	二等品	三等品	一等品	二等品	三等品
男式	1 240	160	50	1 172	204	54
女式	1 430	170	100	1 393	195	142
童式	640	160	50	666	224	60

要求：根据2019年1月15日的实际盘点结果，用调节法核实2018年12月31日结存数，并与原明细账结存数量核对，检查原记录的正确性。

2. 宏达股份有限公司应收账款的编号为0001～3500，审计人员拟选择其中30张进行函证。

要求：

（1）如利用随机数表（下表为随机数表的开始部分），从第2行第1个数字起，自左往右，以各数的后四位数为准，审计人员选择的最初5个样本的号码分别是哪些？

1	04734	39426	91035	54939	76873
2	10417	19688	83404	42038	48226
3	07514	48374	35658	38971	53779
4	52305	86925	16223	25946	90222
5	96357	11486	30102	82679	57983
6	92870	05921	65698	27993	86406
7	00500	75924	38803	05286	10072
8	34826	93784	52709	15370	96727
9	25809	21860	36790	76883	20435
10	77487	38419	20631	48694	12638

（2）如采用系统选择的方法，并确定随机起点为0005，审计人员选择的最初5个样本的号码分别是哪些？

3.（1）注册会计师刘林领导的审计组在对紫金股份有限公司的销售业务实施内部控制测试中，将发票等销售相关的单据上的价格确定、金额计算等的内部核对作为控制措施进行检查，测试中利用了审计抽样方法，对内部控制的测试确定的属性是内部核对的存在性。由于内部控制被认为良好，刘林确定的可信赖程度为95%、预期总体误差率为1%、可容忍误差定为5%。

（2）在对抽取的样本实施测试中，刘林发现销售相关单据中的2个样本没有核对标记，表明未经过内部核对。

（3）要审查的销售发票共有5 000张，对首次控制测试中选出的样本，刘林让助手计算了发票金额的标准差，结果为150，他准备以此作为预计的总体标准差。可容忍误差确定为100 000元。刘林根据以往的经验，预计销售发票总体误差为35 000元。刘林要求的可靠性程度为95%。假设对抽取的样本进行审查计算后确定的样本总金额为835 200元，样本标准差为120。

要求：

（1）请问刘林确定据此计算的样本规模应为多少？

（2）刘林确定内部控制存在性属性的误差率上限为多少？根据计算结果确定内控是否可以接受，若可以接受，下一步应执行什么审计程序？如果误差率上限超过可容忍误差率，刘林应该怎么办？

（3）请据此推断这5 000张发票总体值应落入的区间。

4. 下列内容是长江精品股份有限公司管理层对 2018 年度财务报表中部分项目的认定：

管理层认定	财务报表项目	应实施的审计程序
存在	存货确实存在	
权利和义务	应收账款归属于公司	
完整性	销售收入均已入账	
计价和分摊	其他应收款的金额记录于财务报表中，计价或分摊正确	
截止	销售收入记录在恰当的期间	

要求：根据上述情形，请指出审计人员应实施的审计程序。

第3章

我国审计的组织形式

根据《中华人民共和国宪法》（以下简称《宪法》）、《中华人民共和国审计法》（2006 年修正）（以下简称《审计法》）和《中华人民共和国注册会计师法》（以下简称《注册会计师法》）的规定，我国组建的审计组织形式，主要有政府审计机关、部门和单位内部审计机构以及民间审计组织。

3.1 政府审计机关

3.1.1 政府审计机关及其人员

政府审计机关是代表政府依法行使审计监督权的行政机关，它具有宪法赋予的独立性和权威性。现行《宪法》第九十一条规定：“国务院设立审计机关，对国务院各部门和地方各级政府的财政收支，对国家的财政金融机构和企事业组织的财务收支，进行审计监督。审计机关在国务院总理领导下，依照法律规定独立行使审计监督权，不受其他行政机关、社会团体和个人的干涉。”

政府审计机关实行统一领导、分级负责的原则。国务院设审计署，在总理领导下，负责组织领导全国的审计工作，对国务院负责并报告工作。审计署设审计长一人，副审计长若干人。审计长由国务院总理提名，全国人民代表大会决定，国家主席任命。副审计长由国务院任命。

县级以上各级人民政府设立审计机关。地方各级审计机关分别在省长、自治区主席、市长、州长、县长、区长和上一级审计机关的领导下，组织领导本行政区的审计工作，负责领导本级审计机关审计范围内的审计事项，对上一级审计机关和本级人民政府负责并报告工作。地方各级审计机关负责人的任免，应当事先征求上一级审计机关的意见。

审计署根据工作需要，可以在重点地区、部门设立派出机构，进行审计监督。审计署向重点地区、城市和计划单列市派出的代表人员，在该地区和城市组成审计特派员办事处，代表审计署执行审计业务，监督某些地方审计局难以监督的审计项目。

审计署根据工作需要，可以在国务院各部委设立派出机构，进行审计监督。

审计署还可按工作内容和范围分设财政、金融、外贸外资、农林水利、基本建设、科教卫生等职能审计部门，开展对行政机关、企业、事业、团体等部门的各种专业性审计工作。另外，审计署还可设置审计科研培训机构，开展审计科学研究和培训审计人员。

审计署对地方各级审计机关（包括审计特派员办事处）实行业务上的领导，主要包括：

（1）地方各级审计机关对本级人民政府和上一级审计机关负责并报告工作，审计业务以上级审计机关领导为主。

（2）审计署根据国家方针、政策作出的审计工作决定和颁发的审计规章，地方各级审计机关要遵照执行。

（3）审计署制定的工作计划，组织的全国性行业审计、专项审计，交办和委托办理的审计任务，地方各级审计机关要认真办理。

（4）各省、自治区、直辖市和计划单列市审计局的审计工作情况，查出的重要违纪问题以及其他有关文件资料，应及时向审计署报告和提供。

（5）审计署有权纠正地方审计机关作出的不适当的审计结论和处理决定。

（6）地方审计机关在审计监督中，对涉及中央财政收支的审计项目以及办理审计署委托的审计项目所作出的审计结论、处理决定，必须报审计署备案，重大的必须报经审计署同意。

3.1.2　政府审计机关的职责权限

政府审计机关是依照宪法规定建立的，实行的是法定审计，承担着繁重的审计任务，为此，《审计法》明确规定了其职责和权限。

1. 政府审计机关的主要职责

中央审计委员会第一次会议强调了政府审计的定位是“党和国家监督体系的重要组成部分”，要求审计机关自觉在思想和行动上与中央保持一致，拓展审计监督广度和深度，消除监督盲区，加大对党中央重大政策措施贯彻落实情况跟踪审计力度，加大对经济社会运行中各类风险隐患揭示力度，加大对重点民生资金和项目审计力度。

政府审计机关应按有关法律法规规定的审计客体的范围，对各单位的下列事项进行审计监督：

（1）审计机关对本级各部门（含直属单位）和下级政府的预算执行情况和决算以及其他财政收支情况，进行审计监督。

（2）审计署在国务院总理的领导下，对中央预算执行情况和其他财政收支情况进行审计监督，向国务院总理提出审计结果报告。地方各级审计机关分别在省长、自治区主席、市长、州长、县长、区长和上一级审计机关的领导下，对本级预算执行情况和其他财政收支情况进行审计监督，向本级人民政府和上一级审计机关提出审计结果报告。

（3）审计署对中央银行的财务收支，进行审计监督。审计机关对国有金融机构的资产、负债、损益，进行审计监督。

（4）审计机关对国家的事业组织以及使用财政资金的其他事业组织的财务收支，进行审计监督。

（5）审计机关对国有企业的资产、负债、损益，进行审计监督。

（6）对国有资产占控股地位或者占主导地位的金融机构的审计监督，由国务院规定。

（7）审计机关对政府投资和以政府投资为主的建设项目的预算执行情况和决算，进行审计监督。

（8）审计机关对政府部门管理的和其他单位受政府委托管理的社会保障基金、社会捐赠资金以及其他有关基金、资金的财务收支，进行审计监督。

（9）审计机关对国际组织和外国政府援助、贷款项目的财务收支，进行审计监督。

（10）审计机关按照国家有关规定，对国家机关和依法属于审计机关监督对象的其他单位的主要负责人，在任职期间由本地区、本部门或者本单位的财政收支、财务收支以及有关经济活动应负经济责任的履行情况，进行审计监督。

（11）除《审计法》规定的审计事项外，审计机关对其他法律、行政法规规定的应当由审计机关进行审计的事项，依照《审计法》和有关法律、行政法规的规定进行审计监督。

（12）审计机关有权对与国家财政收支有关的特定事项，向有关地方、部门、单位进行专项审计调查，并向本级人民政府和上一级审计机关报告审计调查结果。

（13）审计机关根据被审计单位的财政、财务隶属关系或者国有资产监督管理关系，确定审计管辖范围。

（14）依法属于审计机关审计监督对象的单位，应当按照国家有关规定建立健全内部审计制度，其内部审计工作应当接受审计机关的业务指导和监督。

（15）社会审计机构审计的单位依法属于审计机关监督对象的，审计机关按照国务院的规定，有权对该社会审计机构出具的相关审计报告进行核查。

2. 政府审计机关的权限

政府审计机关在审计过程中，行使下列权限：

（1）审计机关有权要求被审计单位按照审计机关的规定提供预算或者财务收支计划、预算执行情况、决算、财务会计报告，运用电子计算机存储、处理的财政收支、财务收支电子数据和必要的电子计算机技术文档，在金融机构开立账户的情况，社会审计机构出具的审计报告，以及其他与财政收支或者财务收支有关的资料，被审计单位不得拒绝、拖延、谎报。

（2）审计机关进行审计时，有权检查被审计单位的会计凭证、会计账簿、财务会计报告和运用电子计算机管理财政收支、财务收支电子数据的系统，以及其他与财政收支或财务收支有关的资料和资产，被审计单位不得拒绝。

（3）审计机关进行审计时，有权就审计事项的有关问题向有关单位和个人进行调查，并取得有关证明材料。有关单位和个人应当支持、协助审计机关工作，如实向审计机关反映情况，提供有关证明材料。

（4）审计机关进行审计时，被审计单位不得转移、隐匿、篡改、毁弃会计凭证、会计账簿、财务会计报告以及其他与财政收支或者财务收支有关的资料，不得转移、隐匿所持有的违反国家规定取得的资产。

审计机关对被审计单位正在进行的违反国家规定的财政收支、财务收支行为，有权予以制止；制止无效的，经县级以上审计机关负责人批准，通知财政部门和有关主管部门暂停拨付与违反国家规定的财政收支、财务收支行为直接有关的款项，已经拨付的，暂停使用。采取该项措施不得影响被审计单位的合法业务活动和生产经营活动。

（5）审计机关认为被审计单位所执行的上级主管部门有关财政收支、财务收支的规定与法律、行政法规相抵触的，应当建议有关主管部门纠正；有关主管部门不予纠正的，审计机关应该提请有权处理的机关依法处理。

（6）审计机关可以向政府有关部门通报或者向社会公布审计结果。

审计机关公布或者通报审计结果，应当依法保守国家秘密和被审计单位的商业秘密，遵守国务院的有关规定。

（7）审计机关履行审计监督职责，可以提请公安、监察、财政、税务、海关、价格、工商行政管理等机关予以协助。

对违反财经法规的被审计单位，应按下列规定处理：

（1）被审计单位违反《审计法》规定，拒绝或者拖延提供与审计事项有关的资料的，或者提供的资料不真实、不完整的，或者拒绝、阻碍检查的，审计机关责令改正，可以通报批评，给予警告；拒不改正的，依法追究责任。

（2）被审计单位违反《审计法》规定，转移、隐匿、篡改、毁弃会计凭证、会计账簿、财务会计报告以及其他与财政收支、财务收支有关的资料，或者转移、隐匿所持有的违反国家规定取得的资产，审计机关认为对直接负责的主管人员以及其他直接责任人员依法应当给予处分的，应当提出给予处分的建议，被审计单位或者其上级机关、监察机关应当依法及时作出决定，并将结果书面通知审计机关；构成犯罪的，依法追究刑事责任。

（3）对本级各部门（含直属单位）和下级政府违反预算的行为或者其他违反国家规定的财政收支行为，审计机关、人民政府或者有关主管部门在法定职权范围内，依照法律、行政法规的规定，区别情况采取下列处理措施：

1）责令限期缴纳应当上缴的款项。

2）责令限期退还被侵占的国有资产。

3）责令限期退还违法所得。

4）责令按照国家统一的会计制度的有关规定进行处理。

5）其他处理措施。

（4）对被审计单位违反国家规定的财务收支行为，审计机关、人民政府或者有关主管部门在法定职权范围内，依照法律、行政法规的规定，区别情况采取前条规定的处理措施，并可以依法给予处罚。

（5）审计机关在法定职权范围内作出的审计决定，被审计单位应当执行。审计机关依法责令被审计单位上缴应当上缴的款项，被审计单位拒不执行的，审计机关应当通报有关主管部门，有关主管部门应当依照有关法律、行政法规的规定予以扣缴或者采取其他处理措施，并将结果书面通知审计机关。

（6）被审计单位对审计机关作出的有关财务收支的审计决定不服的，可以依法申请行政复议或者提起行政诉讼。被审计单位对审计机关作出的有关财政收支的审计决定不服的，可以提请审计机关的本级人民政府裁决，本级人民政府的裁决为最终决定。

（7）被审计单位的财政收支、财务收支违反国家规定，审计机关认为对直接负责的主管人员和其他直接责任人员依法应当给予处分的，应当提出给予处分的建议，被审计单位或者其上级机关、监察机关应当依法及时作出决定，并将结果书面通知审计机关。

（8）被审计单位的财政收支、财务收支违反法律、行政法规的规定，构成犯罪的，依法追究刑事责任。

（9）报复陷害审计人员的，依法给予处分；构成犯罪的，依法追究刑事责任。

（10）审计人员滥用职权、徇私舞弊、玩忽职守或者泄露所知悉的国家秘密、商业秘密的，依法给予处分；构成犯罪的，依法追究刑事责任。

3. 政府审计机关审计监督活动的原则

（1）合法性原则。审计工作从开始到送交审计报告整个过程应按照审计法规的规定进行；审计机关在审计时应按照法律规定的权限，依法取证，保证所取得审计证据的合法性；审计工作以国家法规、制度为监督依据；审计机关在法律规定的权限内，根据以事实为依据，以法律为准绳的原则，依法作出审计决定。

（2）独立性原则。审计机关不参与被审计单位的经济活动，与被审计者没有任何经济利害关系，所处地位比较客观、公正，具有职能上的独立性。我国《宪法》第九十一条规定："审计机关在国务院总理领导下，依照法律规定独立行使审计监督权，不受其他行政机关、社会团体和个人的干涉。"这就从组织上、法律上为政府审计的独立性提供了保证。

（3）强制性原则。审计机关的审计活动是具有强制性的国家经济监督活动，被审计单位和有关人员必须积极配合审计机关的工作；审计机关作出的审计结论和决定，被审计单位和有关人员必须执行；审计结论和决定涉及其他有关单位的，有关单位应当协助执行。

3.1.3 政府审计的新要求与新发展

2018年5月23日，中央审计委员会召开第一次全体会议，中央审计委员会主任习近平主持会议，并发表重要讲话。中央审计委员会的成立，是推进国家治理体系和治理能力现代化的一场深刻变革，是推进审计管理体制改革的伟大创举，是我国审计改革和发展的里程碑，对加强党对审计工作的领导、做好新时代审计工作具有重大的现实意义和深远的历史意义。我国政府审计迎来了前所未有的发展机遇期，党和国家对政府审计的发展提出了新要求，需要政府审计的新发展。

1. 我国政府审计的新要求

我国政府审计实务工作者和理论研究者应加强学习，明确新要求，更好地发挥政府审计在党和国家监督体系中的重要作用。

（1）加强党对审计工作的领导。习近平主任在中央审计委员会第一次会议上强调，改革审计管理体制，组建中央审计委员会，是加强党对审计工作领导的重大举措。审计是党和国家监督体系的重要组成部分，要落实党中央对审计工作的部署要求，加强全国审计工作统筹，优化审计资源配置，做到应审尽审、凡审必严、严肃问责，努力构建集中统一、全面覆盖、权威高效的审计监督体系，更好发挥审计在党和国家监督体系中的重要作用。

各级政府审计机关和广大审计干部要落实党中央对审计工作的部署要求，要坚持以习近平新时代中国特色社会主义思想为指导，深入贯彻落实习近平主任关于审计工作的重要讲话精神，加强党对审计工作的领导，坚持围绕中心、服务大局，依法全面履行审计监督职责，为产业发展、民生建设、环境保护等重点工作保驾护航，更好发挥审计监督在国家治理体系中的重要作用。

（2）拓展政府审计监督的广度和深度。习近平主任在中央审计委员会第一次会议上指出，要拓展审计监督广度和深度，消除监督盲区，加大对党中央重大政策措施贯彻落实情况跟踪审计力度，加大对经济社会运行中各类风险隐患揭示力度，加大对重点民生资金和项目审计力度。

政府审计机关和广大审计干部应通过揭露社会经济运行中存在的问题，提出完善党和国家治理的整改措施，推动党和国家各项政策和决策部署有效实施，围绕公共资金、国有资产、国有资源和领导干部履行经济责任情况、促进党风廉政建设、促进党和国家重大决策部署落实等方面实施审计，确保一切经济活动都在审计监督下规范进行。

（3）深化政府审计体制、制度改革。习近平主任在中央审计委员会第一次会议上要求，深化审计制度改革，解放思想、与时俱进，创新审计理念，及时揭示和反映经济社会各领域的新情况、新问题、新趋势。加强对全国审计工作的领导，强化上级审计机关对下级审计机关的领导，加快形成审计工作全国一盘棋。

政府审计机关要优化和整合监督资源力量，建立在党中央统一领导下的政府审计机构，改革审计管理体制，优化审计署职责，构建集中统一、全面覆盖、权威高效的审计监督体系和审计工作机制，保障政府审计依法独立行使审计监督权；要整合审计监督力量，减少职责交叉分散，避免重复检查和监督盲区，增强监督效能，将国家经济领域的监督力量整合起来，把监督资源集中起来，攥指成拳，形成合力。优化审计署职责，实现对公共资金、国有资产、国有资源和领导干部履行经济责任情况的审计全覆盖。

（4）增强审计监督体系的合力。习近平主任在中央审计委员会第一次会议上提出，政府审计要加强对内部审计工作的指导和监督，调动内部审计和社会审计的力量，增强审计监督合力。

政府审计加强对内部审计工作的指导和监督是推进国家治理体系和治理能力现代化，是实现审计全覆盖，推动实现经济高质量发展的需要。内部审计机构和人员可以推动党中央、国务院重大决策部署在本部门本单位的有效落实，审查和评价本部门本单位的业务活动及其内部控制、风险管理的适当性、合法性和有效性，促进本部门本单位改善公司治理和公司管理。各级政府审计机关和广大审计干部要充分利用内部审计的工作，形成审计监督合力。

社会审计发挥职能的主要领域在于企业的财务报告和内部控制的审计，通过独立、客观、权威的财务信息和内部控制的鉴证活动，增强资本市场整体的信息透明度，帮助市场精准、合理地配置资源，提高市场效率。各级政府审计机关和广大审计干部要充分利用社会审计的工作，增强审计监督合力。

（5）切实落实审计整改建议。习近平主任在中央审计委员会第一次会议上要求，各地区各部门特别是各级领导干部要积极主动支持配合审计工作，依法自觉接受审计监督，认真整改审计查出的问题，深入研究和采纳审计提出的建议，完善各领域政策措施和制度规则。中央审计委员会各成员单位更要带头接受审计监督。

各地区各部门特别是各级领导干部要及时、准确、完整地提供同本单位本系统履行职责相关的资料和电子数据，不得制定限制向审计机关提供资料和电子数据的规定，已经制定的要坚决废止。对有意设置障碍、推诿拖延的，要进行批评和通报；造成恶劣影响的，要严肃追责问责。对各类审计发现的问题，要建立台账，严格落实整改责任，加强督促检查，限期整改到位，定期对账销号。要严肃整改纪律，对整改不力、屡审屡犯，敷衍了事、拒不整改，弄虚作假、违法违纪的严肃问责。

（6）加强政府审计信息化建设。习近平主任在中央审计委员会第一次会议上指示，要坚持科技强审，加强审计信息化建设。创新审计方法和组织协调模式，坚持科技强审，不断强化大数据审计思维，提升大数据审计能力，切实提高审计效率和精准度。

推进审计信息化发展是国家审计改革、创新的内在要求，是各级政府审计机关、全体审计人员的共同责任，要全员参与，统筹谋划，以信息化推动新时代政府审计事业新发展。各级政府审计机关要坚持科技强审，向信息化要资源，向大数据要效率，积极拓展大数据技术运用，大力推广数字化审计模式，推进大数据审计应用全覆盖。全体审计人员要解放思想，形成大数据审计思维，努力提升大数据审计能力，积极推动大数据审计的实践运用。

（7）加强政府审计干部队伍建设。习近平主任在中央审计委员会第一次会议上希望加强审计机关自身建设，以审计精神立身，以创新规范立业，以自身建设立信。审计机关各级党组织要认真履行管党治党政治责任，努力建设信念坚定、业务精通、作风务实、清正廉洁的高素质专业化审计干部队伍。

各级政府审计机关要加强审计干部理想信念和社会主义核心价值观教育，引导审计人员树立正确的世界观、人生观、道德观和价值观，切实增强审计干部抵御各种风险和诱惑的能力；要严格遵守各项纪律，坚持依法审计、文明审计、廉洁审计，持之以恒加强作风建设，努力建设高素质专业化审计干部队伍，为做好审计工作提供坚强保障。

2. 我国政府审计的新发展

我国政府审计现在正处在最好的发展时期，党和国家对政府审计提出的新要求，对政府审计的发展具有巨大的促进作用，促进政府审计的新发展。

（1）提高政府审计人员的政治站位。在新形势下，政府审计人员要不断增强政治敏锐性和政治鉴别力，要以政治眼光提升政府审计的视野境界，以政治立场校准政府审计的方向路径，把讲政治贯穿政府审计全过程。政府审计机构和人员要正确把握党和国家的大政方政，以及我国经济发展的新趋势、新变化，牢固树立政府审计工作围绕党和国家的中心工作、服务大局的职能定位，始终把政府审计工作放在党和国家工作的大局中去谋划、去部署。善于从全局性、前瞻性来看待和分析问题，着力分析和贯彻落实党和国家重大政策措施情况，客观揭示社会经济运行中面临的关键问题和突出矛盾。针对审计过程中发现的党和国家重大政策措施不落实、不衔接、不配套等问题，及时提出整改和完善措施。

在新的历史时期，政府审计机构和人员要适应党和国家对审计工作的新要求，把促进社会经济可持续发展作为政府审计工作的最高目标。在审计工作中，注重从微观入手、宏观着眼，注意揭示具有普遍性、倾向性、苗头性的问题，使政府审计在促进贯彻落实党和国家重大政策措施、健全法规制度、推动社会经济发展中发挥更大的作用；要始终坚持有重点、有步骤、有深度、有成效地推进审计全覆盖，把有限的审计资源聚焦于重大决策、重大部署、重大事项上来。

（2）强化对党和国家重大政策措施落实的跟踪审计。开展对党和国家重大政策措施落实的跟踪审计是党和国家赋予政府审计机构和人员的一项新的重要职责。习近平主任强调，要加大对党中央重大政策措施贯彻落实情况跟踪审计力度，加大对经济社会运行中各类风险隐患揭示力度。对党和国家重大政策措施落实的跟踪审计是一项全新的审计工作，需要政府审计机关和人员探索多样的审计方法，以提高审计质量，发挥审计的综合性监督作用。

政府审计机关和人员要持续组织对党和国家重大政策措施和宏观调控部署落实情况的跟踪审计，着力监督检查各地区各部门落实党和国家重大政策措施、促进深化改革、防范和化解风险等政策措施的具体部署、执行进度、实际效果等情况，促进党和国家重大政策措施落地生根和不断完善。政府审计机关和人员要向党中央看齐，向国家工作部署看齐，增强政治责任感、历史使命感、时代方位感，把政府审计监督作为党和国家监督体系的组成部分，是党中央赋予国家审计机关新的职责和使命，是促进国家治理现代化的重要保障，切实增强主动性和适应性，利用好审计这个抓手，当好重大政策落实的“督查员”。对党和国家重大政策措施落实的跟踪审计的内容和重点，必须紧扣党和国家改革发展大局，突出政策措施落实与完善、重大项目落地与重要资金保障等，聚焦监督重点，推动国家重大政策措施落实。

（3）进一步深化扶贫攻坚工作审计。习近平总书记关于打赢脱贫攻坚战三年行动的重要指示是下一步脱贫攻坚工作的根本遵循，也是我们进一步做好扶贫审计工作的行动指南，政府审计机关和人员必须把思想和行动统一到习近平总书记重要指示精神上来。要深刻认识加强扶贫攻坚审计工作的极端重要性，切实把政府审计人员的思想认识统一到党和国家的部署和要求上来，将扶贫攻坚审计作为未来三年政府审计机关十分重要的一项审计工作，加大审计监督力度，把对深化扶贫攻坚工作审计的具体要求贯彻落实到位。

政府审计机关要加强对扶贫攻坚工作审计的统筹谋划，要重点通过对财政、社保、金融、企业、投资等其他方面的审计，将相关扶贫政策落实情况作为一项重要审计内容；要进一步聚焦“精准”，持续关注扶贫对象精准、项目安排精准、资金使用精准、措施到户精准、因村派人精准、脱贫成效精准落实情况，促进精准扶贫、精准脱贫方略贯彻落实；要进一步聚焦“安全”，循着资金流向，盯住关键环节，严肃揭示和查处作风不实、谋取私利和侵害贫困群众切身利益等扶贫领域的腐败和作风问题；要进一步聚焦“绩效”，加大对深度贫困地区和重点群体扶贫脱贫质量的审计力度，着力揭示扶贫资金和项目重大损失浪费、无法实现预期脱贫效果等问题。

（4）加强对国有企业、国有资本审计。加强国有企业和国有资本审计，是贯彻落实习近平总书记在中央审计委员会第一次会议上的重要讲话精神的具体举措，是促进经济高质量发展、推动国企改革、促进完善现代企业制度、促进权力规范运行和反腐倡廉的需要，是更好发挥审计在党和国家监督体系中重要作用的重要举措。我国政府审计对国有企业、国有资本的审计不但不会弱化和退出，还要进一步加强。各级政府审计机关要提高政治站位，深刻认识做好国有企业、国有资本审计的重要意义。

各级政府审计机关要以习近平新时代中国特色社会主义思想为指导，持续深化国有企业、国有资本审计。有序推进国有企业领导人员经济责任审计全覆盖，科学制定中长期规划和年度审计计划，结合实际研究细化经济责任审计的具体内容。根据工作需要，适时组织开展专项审计或审计调查，及时揭示和反映改革发展中的新情况、新问题、新趋势，服务中央宏观决策，为地方党委、政府部署工作提供参考依据。党的十八大以来，我国经济进入增长速度从高速转向中高速的新常态，国有企业审计的内容和重点是坚决贯彻落实党中央、国务院要求，以维护国有资产安全，对国有企业、国有资本和国有企业领导人员履行经济责任情况实行审计全覆盖。

（5）扎实推进国家重大风险防控审计。政府审计作为党和国家监督体系的重要组成部分，有责任、有义务，也有能力在推动防范化解重大风险、维护国家经济安全中发挥应有的作用。政府审计机关发现问题、提出建议有助于进一步推动防控金融风险工作，对打赢“防范化解重大风险”攻坚战具有重要作用。一是切实防范地方政府债务风险，积极稳妥化解存量、严控增量；二是结合金融监管机构改革，统筹抓好金融领域风险防范，完善金融机构绩效评价体系；三是尽快建立企业职工基本养老保险基金中央调剂制度及配套措施，积极推进养老保险全国统筹。

政府审计要积极主动适应新形势，紧盯资产管理、理财等金融创新业务，关注互联网金融发展、跨境资本流动、人民币国际化、信息科技领域带来的新风险，及时把握风险积累过程及成因，尽早将不利因素化解在源头。防范化解重大风险的重点是防控金融风险，防控金融风险的重点则是控制国有企业杠杆率、地方政府隐性债务规模和金融机构信用过度扩张。

（6）实施国家经济信息安全审计。随着移动互联网、物联网、大数据、云计算、智能化等应用的持续拓展，未来中国经济信息安全威胁将持续扩大。因此，必须迅速建立起国家、社会、企业三位一体的经济信息安全审计体系。

国家经济信息安全审计应由政府审计机关依据国家法律，特别是针对计算机网络本身的各种安全技术要求，对广域网上经济信息安全实施审计。财政、金融、社会保障、地方政府债务、国有企业和国有金融机构等审计应由政府审计机关实施。注册会计师审计对企业计算机网络环境的安全提供审计服务，会计师事务所等社会中介机构是对企业计算机网络系统的安全作出评价的机构。企业管理层应正视网络系统可能带来的潜在损失，要通过内部审计机构对安全性作出检查和评价。内部审计机构和人员对网络的安全控制进行审计，帮助企业对相应的信息处理系统的安全性、可靠性作出正确判断。

（7）实行联网实时审计的新技术。联网实时审计是近年来兴起的一项现代审计技术，它是指通过网络与被审计单位或者项目信息系统进行互联后，进行实时、远程监控的行为。实行联网实时审计，加强对业务和交易发生过程中的动态审计，提高政府审计服务的及时性和效率，实现政府审计从“结果导向型”向“过程控制型”转变。这是现代审计技术发展的新趋势。

联网实时审计给政府审计人员提供了前所未有的审计数据，政府审计领域空前扩大，对于促进政府审计预警机制建立、实现政府审计关口前移起着重要的作用，可以充分发挥政府审计“全覆盖”的功能。与现场审计相比，联网实时审计具有全面性、时效性以及审计成本低、效率高和规范性强等方面的优势。联网实时审计通过对审计对象相关业务数据和资料的不间断调集、整理和分析，查找经营管理中存在的问题、疑点和异常，评价经营管理状况、内部控制状况和风险程度，为现场审计提供线索和资料，为编制审计计划、安排审计资源提供支持。

（8）深入采用大数据审计技术方法。政府审计运用大数据技术是通过对被审计单位基础数据的挖掘与分析，对其运行和财务状况提供更为详细的数据证明。在现阶段，审计人员通过大数据技术，有效聚焦高风险领域，建立大数据审计执行的一致性和标准化，为各类常规审计提供多维度的合规、完整性、准确性的确认。在审计的每个阶段都可以使用大数据技术，包括计划及风险评估、控制测试、实质性测试和评价审计结果。

政府审计工作利用大数据技术，在审计流程中，可以分析被审计单位付款行为、评估信用等级、洞察信用风险、预测信用额度等。政府审计工作利用大数据技术手段后，事前风险分析、事中数据分析、事后业绩分析等都将成为新的审计内容。政府审计工作通过大数据技术可以获取大量的非结构化和半结构化数据，这些数据能够实现量变到质变的转换，从非结构化和半结构化数据中发现相关性，为政府审计获取更多相关和可靠的审计证据。

（9）不断提高审计的智能化水平。人工智能技术以及各种机器学习的形式，为政府审计人员提供了诸多令人耳目一新的可能性。并行处理、获取海量数据以及算法优化等人工智能技术看似遥不可及，其实已经开始逐步走进政府审计实务中。人工智能把审计工作中“人”做的工作与“机器人”能做的工作分离出来，也就是让智能机器人来执行那些工作量大但不涉及判断的数据收集活动，从而让审计人员能够集中精力关注更加复杂的问题，进而提升审计质量和价值。

利用人工智能技术，不仅能够提高政府审计工作的针对性和灵活性，而且有助于：

1）降低差错率。人工智能使分析的一致性和准确度提高，避免了人为判断的主观影响，改善了决策制定流程。

2）提高审计效率。为政府审计人员对海量交易进行高速、有效分析并发现风险提供技术支持，能够监控交易活动并发现舞弊行为。

（10）提高政府审计人员的素质和能力。“打铁必须自身硬”，这对于保障新时代政府审计发挥作用、取得成效而言尤为重要。政府审计机关和人员要坚定以习近平新时代中国特色社会主义思想为指导，认真贯彻习近平总书记关于深化审计体制改革的重要论述，聚焦中心任务，强化责任担当，激发改革效能，切实担负起审计监督的责任。

中央和地方党组织审计委员会要强化政府审计人员的继续教育与培训，有计划地提高政府审计人员的政治素养、专业素质和职业胜任能力；多渠道引进和多途径培养政府审计人员，从严管理政府审计干部队伍，打造一支政治素质高、业务能力强的政府审计干部队伍；加强政府审计队伍思想和作风建设，强化理论武装，坚定理想信念；发挥国家治理的基石作用，不断提高政府审计人员的依法审计能力，努力建设信念坚定、业务精通、作风务实、清正廉洁的高素质专业化政府审计干部队伍。

3.1.4 政府审计是高层次的经济监督

要使社会主义市场经济体制有序运行，必须建立健全经济监督体系。在经济监督体系中，与财政、税务、金融、工商行政管理等经济监督相比，与民间审计、内部审计相比，政府审计是高层次的经济监督。

1. 政府审计的对象决定了它是高层次的经济监督

新中国成立以后，在较长的时期内，我国参照苏联模式，设立了财政、税务、金融、工商行政管理等经济监督，这些经济监督也确实发挥了一定的作用。但是，这些经济监督主要是从某个侧面对微观经济活动进行的监督，无法对整个国民经济进行有效的监督。民间审计是接受委托的审计，没有强制性，内部审计是单位内部的经济监督，监督范围较窄。而政府审计监督则是根据法律、制度、党和国家的决定，对党和国家重大决策部署的执行、国务院各部门和地方各级人民政府及其各部门的财政收支、银行信贷、重大投资项目进行审计监督，促使国家数以亿计的货币资金、财产物资以及宝贵的人力、物力资源得到合理有效的使用，从而保证在经济活动中有决定影响的部门及企业的经济效益。可见，政府审计监督是高层次的经济监督。

2. 政府审计的地位和性质也决定了它是高层次的经济监督

财政、税务、金融等经济监督机构都有自身的目的性和价值观，即都有本身的业务及由之决定的要求。民间审计是一种社会中介服务，有其自身的利益，实施审计是要收费的；内部审计是为本单位的业务和目标服务的，并不超越所在单位的利益。而政府审计则不是以本部门的利益为目标，它的唯一目标就是维护政府和全体人民的利益。这也决定了政府审计是高层次的经济监督。因此，政府审计对计划、预算执行情况、决算、信贷、重大项目的客观公正的监督是任何其他经济监督部门和其他审计所不能替代的，对中央与地方、国家与企业有关资金分配、使用等问题的监督、执法作用也胜于其他任何经济监督部门和其他审计形式。

3. 政府审计实施了对国民经济的全面经济监督

政府审计机关通过遍布全国的各级审计机构，依照法律、制度、规定，对一切影响国民经济正常运行的单位和事项，用分别作出没收其非法所得、处以罚款、停止财政拨款等处理方法，强行和及时制止一切损害政府利益的错误行为，解决那些普遍存在的，或者有重大影响的倾向性问题。政府审计机关还向党和国家提供重大决策部署的执行情况，向政府及有关部门提供预算执行情况和国民经济管理中各项资金的使用状况、财经法纪执行情况及经济效益等信息，使有关部门能够及时采取措施，防止重大损失。

3.1.5 最高审计机关国际组织

截至2018年年底，世界上已有210多个国家和地区设置了适应各自国情的政府审计机关，有198个国家和地区的政府审计机关加入了国际性的审计组织——最高审计机关国际组织。

最高审计机关国际组织是联合国经济和社会理事会下属的一个由联合国成员国的最高审计机关组成的非政府间的永久性国际审计组织。这个组织是经过长期筹备才建立的。由一些国家的政府审计机关发起，先后于1953年、1956年、1959年、1962年和1965年，在哈瓦那、布鲁塞尔、里约热内卢、维也纳和耶路撒冷等地召开会议，筹建政府审计机关的国际组织。1968年在东京举行大会，制定了组织章程，通过了《东京宣言》，正式宣布最高审计机关国际组织成立。

最高审计机关国际组织规定联合国组织及其任何一个专门机构中的所有成员国的最高审计机关均可参加，但各国政府对国际审计组织不承担任何义务。该组织的宗旨是互相介绍情况，交流经验，推动和促进各国最高审计组织更好地完成该国的审计工作。该组织每三年召开一次代表大会，各国可将有关问题、意见和建议提交大会讨论。经国务院批准，我国于1982年派代表参加了该组织在马尼拉召开的第十一届代表大会，并于1983年我国审计署成立后正式加入了该组织。我国审计署加入这一国际组织，有利于与外国审计机关交流经验，互通信息，有利于借鉴国外审计理论和方法，加速我国审计事业的发展。2013年10月，最高审计机关国际组织在北京召开第21届代表大会，通过了《北京宣言》。

最高审计机关国际组织设有代表大会、理事会、秘书处等机构。总部设在奥地利首都维也纳。该组织的机关刊物是《国际政府审计杂志》，创刊于1974年1月，由美国、加拿大和委内瑞拉三国合办，编辑部设在美国华盛顿特区，以英、法、西班牙、德、阿拉伯五种文字向世界各国出版发行。

最高审计机关国际组织目前主要有9个专业委员会和3个工作小组。9个专业委员会为：(1) 审计准则委员会；(2) 会计准则委员会；(3) 内部控制准则委员会；(4) 数据处理委员会；(5) 公共债务委员会；(6) 计算机审计委员会；(7) 财务与管理委员会；(8) 知识分享委员会；(9) 能力建设委员会。3个工作小组为：(1) 环境审计工作小组；(2) 项目评估工作小组；(3) 民营化工作小组。

最高审计机关国际组织目前拥有以下7个区域组织：(1) 最高审计机关拉丁美洲

和加勒比海组织；（2）最高审计机关非洲组织；（3）最高审计机关阿拉伯组织；（4）最高审计机关亚洲组织；（5）最高审计机关南太平洋联盟；（6）最高审计机关加勒比海组织；（7）最高审计机关欧洲组织。

3.2 内部审计机构

3.2.1 内部审计机构及其特征

内部审计是指由部门或单位内部相对独立的审计机构和审计人员对本部门或本单位的财政财务收支、经营管理活动及其经济效益进行审核和评价，查明其真实性、正确性、合法性、合规性和有效性，提出意见和建议的一种专门活动。其主要目的是通过审计加强风险管理、健全内部控制系统、查错揭弊、改善经营管理和提高经济效益。

1. 内部审计机构

我国的内部审计机构是根据审计法规和其他财经法规的规定设置的，主要包括部门内部审计机构和单位内部审计机构。

（1）部门内部审计机构。国务院和县级以上地方各级人民政府各部门，应当建立内部审计监督制度，根据审计业务需要，分别设立审计机构并配备审计人员，在本部门主要负责人的领导下，负责本部门和所属单位的财务收支及其经济效益的审计。

（2）单位内部审计机构。大中型企事业单位应当建立内部审计监督制度，设立审计机构，在本单位董事会下设的审计委员会或本单位主要负责人的领导下，负责本单位的财务收支及其经济效益的审计。内部审计机构在董事会下设的审计委员会或本单位主要负责人领导下开展内部审计工作。审计业务少的单位和小型企事业单位，可设置专职的内部审计人员，而不设独立的内部审计机构。

不管是部门内部审计机构还是单位内部审计机构，都有其专职业务，其性质与会计检查和其他专业检查并不相同，因此必须单独设立，并受单位党组织、董事会下设的审计委员会或本单位主要负责人的领导。内部审计机构不应设在财会部门之内，受财会负责人的领导，因为这样设置机构难以有效开展内部审计工作。

2. 内部审计的特征

我国内部审计的特征，有些是与西方企业的内部审计基本相似的，有些则是中国特色社会主义市场经济体制下所特有的。我国内部审计一般具有如下特征：

（1）服务上的内向性。内部审计是为加强内部经济管理和控制服务的，内部审计人员是部门、单位领导在经济管理和经济监督方面的参谋和助手。服务上的内向性是国内外内部审计共同的基本特征。无论是西方企业的内部审计还是我国企业的内部审计，其主要职责都是代表董事会或主要负责人监督企业及其各部门贯彻管理层的意图，维护本单位的利益，为实现企业目标服务。

（2）审查范围的广泛性。内部审计是作为部门、单位领导在经济管理和经济监督方面的参谋和助手来进行的，其审计报告不具有法律效力。它既可进行内部财务审计、经济责任审计和经济效益审计，又可对下属单位进行财经法纪审计；既有制约作用，又有促进作用。而且，一般都能满足管理层的要求，管理层要求审查什么，内部审计人员就审查什么。与外部审计相比，这种业务范围的广泛性，是国内和国外内部审计的共同特征。

(3) 作用的稳定性。随着经济的发展，西方的内部审计已冲破只起制约作用的范围，扩展到改善经营管理和提高风险控制水平等的促进作用方面。我国内部审计亦如此，一方面它必须以法律为准绳，履行财务审计的监督职能，发挥审计的制约作用；另一方面它还要履行经济责任审计和经济效益审计的评价职能，促使部门或单位改善经营管理，增强风险控制能力，提高经济效益，充分发挥审计的促进作用。我国内部审计的制约性和促进性两项作用，在相当长的时间内会同时存在。所以，审计作用的稳定性又是国内外内部审计的共同特征。

(4) 微观监督与宏观监督的统一性。我国内部审计代表部门、单位的管理层执行审计监督，防止差错弊端，为加强内部管理服务，这是微观监督的性质，也是内部审计的主要工作内容。与此同时，内部审计还应从党和国家利益出发，对党和国家重大决策部署的执行情况，本部门本单位是否遵守国家的政策、法律、法令和规章制度进行审查，又具有宏观监督的性质。所以，微观监督与宏观监督的统一，是我国内部审计独有的特征。

3.2.2 内部审计机构的职责权限

我国部门和单位内部审计机构是依据审计法规和其他财经法规而建立的，为了便于其行使审计监督权，在法规中对其职责权限也作了明确规定。

1. 内部审计机构的职责

2018年1月12日，修订后的《审计署关于内部审计工作的规定》正式发布，其中规定了现代内部审计的权限。内部审计机构或者履行内部审计职责的内设机构应有下列权限：

(1) 要求被审计单位按时报送发展规划、战略决策、重大措施、内部控制、风险管理、财政财务收支等有关资料（含相关电子数据，下同），以及必要的计算机技术文档；

(2) 参加单位有关会议，召开与审计事项有关的会议；

(3) 参与研究制定有关的规章制度，提出制定内部审计规章制度的建议；

(4) 检查有关财政财务收支、经济活动、内部控制、风险管理的资料、文件和现场勘察实物；

(5) 检查有关计算机系统及其电子数据和资料；

(6) 就审计事项中的有关问题，向有关单位和个人开展调查和询问，取得相关证明材料；

(7) 对正在进行的严重违法违规、严重损失浪费行为及时向单位主要负责人报告，经同意作出临时制止决定；

(8) 对可能转移、隐匿、篡改、毁弃会计凭证、会计账簿、会计报表以及与经济活动有关的资料，经批准，有权予以暂时封存；

（9）提出纠正、处理违法违规行为的意见和改进管理、提高绩效的建议；

（10）对违法违规和造成损失浪费的被审计单位和人员，给予通报批评或者提出追究责任的建议；

（11）对严格遵守财经法规、经济效益显著、贡献突出的被审计单位和个人，可以向单位党组织、董事会（或者主要负责人）提出表彰建议。

2. 内部审计机构的权限

公司党组织、董事会及其审计委员会或者主要负责人在管理权限范围内，授予内部审计机构以下必要的处理、处罚权。

（1）被审计单位不配合内部审计工作、拒绝审计或者提供资料、提供虚假资料、拒不执行审计结论或者报复陷害内部审计人员的，公司董事会及其审计委员会或者主要负责人应当及时予以处理。构成犯罪的，移交司法机关追究刑事责任。

（2）被审计单位无正当理由拒不执行审计结论的，内部审计机构应当责令其限期改正。拒不改正的，报请公司董事会及其审计委员会或主要负责人依照有关规定予以处理。

（3）对被审计单位违反财经法规、造成严重损失浪费行为负有直接责任的主管人员和其他直接责任人员，构成犯罪的，依法追究刑事责任。不构成犯罪的，依照有关规定予以处理。

（4）报复陷害内部审计人员，构成犯罪的，依法追究刑事责任。不构成犯罪的，依照有关规定予以处理。

3. 对被审计单位和内部审计机构的责任追究

被审计单位有下列情形之一的，由单位党组织、董事会（或者主要负责人）责令改正，并对直接负责的主管人员和其他直接责任人员进行处理：

（1）拒绝接受或者不配合内部审计工作的；

（2）拒绝、拖延提供与内部审计事项有关的资料，或者提供资料不真实、不完整的；

（3）拒不纠正审计发现问题的；

（4）整改不力、屡审屡犯的；

（5）违反国家规定或者本单位内部规定的其他情形。

内部审计机构或者履行内部审计职责的内设机构和内部审计人员有下列情形之一的，由单位对直接负责的主管人员和其他直接责任人员进行处理；涉嫌犯罪的，移送司法机关依法追究刑事责任：

（1）未按有关法律法规和内部审计职业规范实施审计导致应当发现的问题未被发现并造成严重后果的；

（2）隐瞒审计查出的问题或者提供虚假审计报告的；

（3）泄露国家秘密或者商业秘密的；

（4）利用职权谋取私利的；

（5）违反国家规定或者本单位内部规定的其他情形。

内部审计人员因履行职责受到打击、报复、陷害的，单位党组织、董事会（或者主要负责人）应当及时采取保护措施，并对相关责任人员进行处理；涉嫌犯罪的，移送司法机关依法追究刑事责任。

3.2.3　内部审计的新使命与新发展

习近平主任在中央审计委员会第一次会议上强调，要加强对内部审计工作的指导和监督，调动内部审计的力量。习近平主任的讲话不仅说明了内部审计工作的重要性，而且要求发挥内部审计更大的作用，我国内部审计迎来了前所未有的发展机遇。因此，我们必须深刻领会、准确把握习近平主任重要讲话和有关会议文件精神，深入落实党和国家对内部审计提出的新使命，深层次研究和指明我国内部审计新的发展路径。

1. 我国内部审计的新使命

中国特色社会主义进入了新时代，我国内部审计承载了新使命。我国内部审计理论研究者和实务工作者应深刻理解和深入研究内部审计的新使命，为理论研究和实际工作提供指导。

（1）习近平主任赋予内部审计的新使命。习近平主任在中央审计委员会成立大会上指出，要求构建集中统一、全面覆盖、权威高效的审计监督体系，要加强对内部审计工作的指导和监督，调动内部审计和社会审计的力量，增强审计监督合力。习近平主任强调，要深化审计制度改革，解放思想、与时俱进，创新审计理念，及时揭示和反映经济社会各领域的新情况、新问题、新趋势。要努力建设信念坚定、业务精通、作风务实、清正廉洁的高素质专业化审计干部队伍。

内部审计人员应深刻领会、准确把握习近平主任的重要讲话，要以习近平新时代中国特色社会主义思想为指针，贯彻落实习近平主任赋予我国内部审计机构和内部审计人员的新使命，将新使命、新要求落实到具体内部审计实务工作中，结合工作实际，调整工作视角，改变工作思路，以新姿态、新举措、新作为，促进内部审计工作高质量发展。

（2）全国内部审计工作座谈会赋予内部审计的新使命。2018 年 9 月 11 日，全国内部审计工作座谈会在京召开，中央审计委员会办公室主任、审计署党组书记、审计长胡泽君发表了重要讲话。她在讲话中强调，要提高政治站位，站在党和国家事业全局的高度，要加强党对内部审计工作的全面领导，扎实推进党和国家重大决策部署的全面落实。

加强内部审计工作是落实党和国家重大决策部署的重要内容之一，是实现内部审计转型升级发展的需要。对于内部审计机构和内部审计人员而言，要深入把握和不断总结内部审计工作的规律和经验，改革内部审计组织领导体制和审计模式，坚守党和国家对内部审计工作的职责定位，推动内部审计工作，促进我国经济高质量发展。我国内部审计只有把握大局、明辨方向、找准路子、扎实工作，才能完成新使命，取得新发展，实现新作为，开创新局面。

（3）审计署赋予内部审计工作的新使命。2018 年 1 月《审计署关于内部审计工作的规定》发布，赋予了内部审计新使命，并于 2018 年 3 月 1 日起正式实施。新使命将内部审计的职责范围从“财政财务收支、经济活动”扩展到了“内部控制评价与风险管理审计”，并对内部审计提出了新使命：贯彻落实党和国家重大决策部署跟踪审计、公司发展规划和发展战略审计、公司“三重一大”决策程序审计、公司年度业务计划执行情况审计、公司涉及的履行管理自然资源资产和保护生态环境责任的审计、境外审计等内容。对于内部审计和组织管理，要求国有企业和国有控股企业建立总审计师制度，总审计师在公司党组织、董事会领导下具体管理内部审计工作。

为贯彻落实《审计署关于内部审计工作的规定》，内部审计机构和内部审计人员应充分认识内部审计的新使命，增强内部审计职业的自信心；深入贯彻落实《审计署关于内部审计工作的规定》的内在自觉心，做好制度对接；深层次研究内部审计在新时期的新特点，发挥内部审计的确认和咨询作用；切实履行内部审计的新使命、新要求，切实提高内部审计质量和成效。

（4）改革内部审计领导体制赋予内部审计的新使命。我国国有企业的党组织是企业的政治核心、领导核心、决策核心。国有企业重大决策必须先由党组织研究提出意见建议，涉及“三重一大”等事项，必须经党组织研究决定后，再由董事会、经理班子作出决定。因此，国有企业和国有控股企业的内部审计机构应当提高政治意识、大局意识，根据企业党组织、董事会（或者主要负责人）的要求和部署，实施内部审计计划，开展内部审计工作。坚持党对内部审计的全面领导，公司在党组织系统中成立审计委员会，由党组织书记担任审计委员会主任，党组织全面领导内部审计工作，保证和落实国有企业党组织在内部审计工作中的主导作用。

国有企业内部审计机构和人员在企业党组织领导下，实现审计干部、机构编制、审计业务全面管理，构建新的内部审计监督体系，促进内部审计发挥综合监督的功能，逐步推进内部审计工作全覆盖，提高内部审计的地位和权威。国有企业内部审计机构和内部审计人员要把推动党和国家重大决策部署的有效落实放在首位，认真查处党和国家重大决策部署不落实、落实不到位等问题，并对相关责任人进行问责，促进党和国家重大决策部署在本单位的有效落实。

（5）科学技术发展赋予内部审计的新使命。在数字经济时代，如果离开数字化技术和方法，将无法提高内部审计工作效率。科学技术进步正逐步取代部分内部审计人员，内部审计行业的岗位需求将逐步下降。科技在某些方面可以模仿人类甚至可以超过人类，但内部审计人员并不会毫无用处。内部审计重要发展方向之一就是要细分工作职能，挑选适合的“人”去实施相应的“事”。

科学技术发展赋予内部审计新使命，要求内部审计机构和内部审计人员加强对科技能力的培养和运用，要用科技武装内部审计人员的头脑，让内部审计插上科技的翅膀。在现代科学技术飞速发展的时代，内部审计人员应采用大数据技术了解被审计单位情况，利用互联网了解内部控制的有效性，建立智能化的内部审计工作流程，采用区块链技术控制内部审计质量。因此，内部审计机构和内部审计人员要坚持科技强审，向互联网要信息，向大数据要资源，向智能化要效率，用高科技推动内部审计工作的现代化。

（6）建设内部审计队伍赋予内部审计的新使命。“打铁必须自身硬”，建设一支政治素质过硬、业务素质精湛的内部审计队伍，对于保障新时代内部审计完成新使命、取得成效而言尤为重要。内部审计人员要提高政治思想水平，深入学习、认真贯彻习近平新时代中国特色社会主义思想，要坚定理想信念，精通内部审计业务，拥有过硬的工作作风，廉洁奉公；强化担当意识，勇于改革创新，激发内部审计工作效能，肩负起新时代内部审计的新使命。

内部审计机构和内部审计人员应强化共产主义理想信念和实现中华民族伟大复兴中国梦的教育，使内部审计人员树立既有远大理想又脚踏实地工作，既能抵御各种诱惑又能客观公正待人处事；既能严格遵守各项纪律又能坚持文明审计、和谐审计，努力建设一支高标准、高素质、专业化的内部审计队伍，为实现新时代的内部审计新使命提供人力资源保障。

2. 我国内部审计的新发展

目前，我国内部审计正处于最好的发展时期，党和国家赋予了内部审计新的使命，这必将促进我国内部审计新的发展，促进我国内部审计发展的转型升级。

（1）提高内部审计人员的政治站位。传统内部审计人员，两眼只盯着被审计单位的被审计事项，根据审计结果对照审计标准，仅提出专业性的审计意见和审计结论，只见树木不见森林，政治敏锐性不够强，政治站位不够高。在新形势下，内部审计人员要不断增强政治敏锐性和政治鉴别力，要以政治意识提升内部审计的政治站位，以大局意识校准内部审计的方向路径，把内部审计工作的全过程纳入讲政治的轨道上来。

内部审计机构和内部审计人员要认真学习习近平新时代中国特色社会主义思想和党的十九大报告精神，深入把握党和国家的重大决策部署，深刻认识我国社会经济发展的新情况和新特征，坚持围绕公司党组织要求和中心工作来谋划内部审计工作，始终将有效落实党和国家的重大决策部署、公司党组织和董事会要求作为内部审议工作的重点去部署。内部审计人员要善于从大局着眼，从全局性来看待和分析内部审计发现的问题，着力分析单位长远发展和健康发展存在的问题，并提出改进和完善的意见和建议；要善于从细节着手，客观揭示单位经营管理中面临的问题和矛盾，及时提出整改和完善措施。内部审计机构和内部审计人员要始终坚持把握大局，有重点、有深度、有科技含量地推进内部审计工作全覆盖，促进党和国家、单位的重大决策、重大部署、重大事项的有效落实。

（2）强化对党和国家重大政策落实情况审计。内部审计机构和内部审计人员实施对党和国家重大政策落实情况的审计是新时代内部审计的新使命。《审计署关于内部审计工作的规定》明确要求：对本单位及所属单位贯彻落实党和国家重大政策措施情况进行审计。我国实行的是中国特色的社会主义制度，从根本上说，党和国家的利益与企事业单位的利益是一致的。只有党和国家的利益得到保障，企事业单位才能有更好的发展前景。因此，内部审计机构和内部审计人员要持续组织对党和国家重大决策部署的有效落实进行审计，重点监督检查本单位落实党和国家重大决策部署、深化改革开放举措、防范和化解重大风险等的执行进度、实际效果等情况，针对发现的问题，及时提出改进和完善的措施和建议。

对党和国家重大决策部署有效落实情况的审计内容和重点，必须紧扣党和国家重大决策部署和企事业单位改革发展大局，突出党和国家重大决策部署有效落实、企事业单位重大改革落地等，聚焦存在不落实和落实不到位的问题并提出整改措施，推动党和国家重大决策部署、党和企事业单位改革发展落实到位。内部审计机构和内部审计人员要关注本单位的重大改革措施的实施情况，将影响本单位可持续发展和员工利益的改革措施和领域纳入内部审计的范围，及时了解和掌握改革措施的推进情况，发现改革过程中出现的问题，及时向本单位党组织和董事会报告并提出意见和建议，促进本单位重大改革措施的顺利进行。

（3）加大对公司发展规划的审计力度。对公司发展规划审计作为新时代对内部审计提出的新要求，已受到越来越多公司的重视。由经营审计向发展规划审计转变，是内部审计发展的重要趋势。对公司发展规划进行审计，可以提高制定和实施发展规划的水平，充分发挥内部审计增加公司价值的作用，推动进一步完善公司治理和公司管理。对公司发展规划进行审计应涵盖制定和实施公司发展规划的全过程，其审计内容应包括总体规划、业务发展规划和资源保障规划有关的资料，应重点审计制定三个层次发展规划所依据的基础和假设的可靠性、可行性以及三个层次发展规划执行的效果。

对公司发展规划进行审计是内部审计人员按照规定的审计程序，根据既定的标准，对制定和实施公司发展规划的正确性和有效性做出判断，发现其中存在的问题，深入分析其中的原因，并提出整改措施和建议的过程。对公司发展规划进行审计分为制定发展规划审计和实施发展规划审计。制定公司发展规划审计包括的内容有：制定公司三个层次的发展规划的存在性审计；制定每一个发展规划的正确性审计；制定三个层次发展规划的一致性审计。实施发展规划审计可分为实施发展规划存在的问题审计和实施发展规划取得的效果审计。实施发展规划存在的问题审计是指审计实施发展规划过程中存在问题的多少、能否妥善解决以及比照同类先进公司的发展规划指标的差距。实施发展规划取得的效果审计是指审计实施发展规划的实际效果的好坏及其是否偏离了发展规划。

（4）实施公司信息系统安全的审计。随着互联网、移动互联网、云计算、大数据、物联网、人工智能等应用的持续发展，企业信息系统安全威胁将日益严峻。由于信息系统的脆弱性、技术的复杂性、操作的人为因素，信息系统存在固有风险和操作风险；信息系统的设计和管理者聚焦于设计、开发和使用信息系统，而对信息系统面临的威胁和不安全关注不够。因此，公司应建立内部审计对公司信息系统安全进行审计的制度和机制。信息系统安全审计是对与信息系统设计、运行和维护安全相关的活动进行确认、识别、分析和认证，确认和认证与信息安全有关的活动主体和责任主体，并对信息系统设计、运行和维护安全提出完善建议和意见。

信息系统安全审计作为一种可以确保信息系统的安全、可靠及高效运行的新的审计模式，受到世界各国的普遍重视。在数字经济时代，公司信息系统安全被提到了前所未有的高度，加快发展信息系统安全审计具有重要意义。信息系统安全审计包括实施信息系统审计流程，信息系统生命周期有效性、高效性和安全性审计，各种应用软件合法性、正确性、安全性审计。对公司信息系统安全的审计应由内部审计机构和内部审计人员依据国家法规和技术标准，对公司依赖的信息系统和相关的硬件、软件应用的安全性实施的审计。通过内部审计机构和内部审计人员对信息系统安全性的审计，可以帮助公司提高信息系统的安全性、可靠性和效率。

（5）实行非现场联网审计的新技术。传统内部审计业务中，内部审计人员对被审计事项进行抽样的事后审计，审计对象只是一部分样本和数据，以样本的性质和特征推断总体的性质和特征存在抽样风险。实行非现场联网审计，可以对被审计事项的所有数据和信息进行审计，并能对业务和交易发生时的数据和信息进行审计，极大地提高了内部审计发现问题的及时性和内部审计工作的效率，实现现代内部审计从“注重业务结果的审计模式”向“关注业务过程的审计模式”转变。

非现场联网审计是指内部审计人员通过审计信息系统与被审计单位信息系统进行联网后，进行非现场、远程实时监控的行为。非现场联网审计给内部审计人员提供了新的审计方式，可以大量收集审计数据和信息，审计时间提前，审计领域扩大，审计关口前移，有利于及时发现被审计业务和管理中发生的问题，促进单位建立风险预警机制和实施全面风险管理审计，能充分发挥内部审计在单位风险管理中的重要作用。非现场联网审计通过网络对被审计对象进行实时审计，可以提高内部审计的全面性和时效性，可以及时发现经营管理、内部控制状况和风险管理中存在的问题、疑点和异常，督促被审计单位及时整改和完善，促进单位健康、可持续发展。

（6）积极采用大数据审计技术。与传统的内部审计技术方法相比，内部审计运用大数据审计技术方法是通过对公司内外部数据的挖掘与分析，对公司的经营成果、财务状况和现金流量提供更为详细的信息。在现阶段，内部审计人员应积极采用大数据审计技术，建立行业和企业大数据库，确定高风险的业务和领域并进行有效应对，为各类常规审计和风险管理提供多维度、多样化、多种类的数据。内部审计工作的每个阶段都可以使用大数据审计技术，包括审前风险评估阶段的计划及风险评估、审计实施阶段的控制测试、实质性测试和审计报告阶段确定审计结果。

内部审计人员采用大数据审计技术的方法有：分析一个时间段的数据；互相使用多个数据集，挖掘其中的关系；比较不同数据集的数据，确认数据的可靠性；从数据中获取相关性，进行规律总结和趋势预测。内部审计人员实施大数据审计技术的程序如下：首先，从360度广泛收集与被审计事项相关的数据，形成数据库。其次，针对数据库，深度挖掘和分析各种数据之间的关系，发现并推断各种数据之间的未知关系。最后，根据数据分析结果，结合被审计事项的实际情况，得出审计结论。内部审计工作利用大数据技术手段后，审计的事前风险分析、事中审计数据核实测试、事后审计结论的确定都可以采用大数据审计技术。

（7）实施对区块链应用的审计。区块链是一个带有时间戳的账务记录系统，具有可靠性、可信性、开放性等特点，已经在比特币发行和交易中得到成功应用。目前，区块链技术开始向会计、审计、证券、票据、数字资产、产权登记、能源交易等应用领域延伸。对于内部审计而言，区块链技术的广泛采用，为其充分发挥积极作用提供了广阔的舞台。事实上，鉴于区块链技术的复杂性，公司内部各部门应用区块链会碰到很多技术问题，风险管理部门会关注区块链应用的合规性，董事会和经理层也会关注区块链应用的安全性。因此，内部审计对区块链应用的审计就有其必然性和必要性。

外部审计是鉴证公开披露财务报表信息的合法性和公允性。区块链技术的准确、完整、透明和安全，可能导致外部审计作用的弱化。内部审计对区块链技术应用的审计，应对数据录入的及时性、准确性等进行审计；对区块链中智能化合约的合法性、区块链分布式账本设置的合理性进行审计；对区块链应用系统和相关网络可能受到入侵和攻击的安全性进行审计。在区块链系统中，内部审计人员可以通过只读方式实时访问区块链上的数据，来获取审计所需要的信息；某区块中记录了一类重要交易，内部审计人员可以通过软件实现持续监控该区块，来实现持续审计；内部审计人员可以通过审计加密存储在区块链中的合同、协议、采购订单和发票等辅助文件，确认这些辅助信息，从而提高审计工作流程的效率。

（8）更新内部审计人员的理念和思维。传统内部审计人员认为不用现代审计理念与技术方法，同样可以查出问题线索，出具审计报告。虽然现在以抽样为主体的内部审计技术和方法可以发现被审计事项存在的一些问题，但必然会增加内部审计的风险。在新时代，利用内部审计软件进行审计已转变为信息安全审计，事后审计已转变为实时联网审计，抽样审计已转变为大数据全面审计，危险品的存货盘点已转变为虚拟现实方法、大量核对已智能化。内部审计人员只有拥有现代审计理念和数字化思维，才能将内部审计工作的作用发挥到极致。

更新内部审计人员理念和思维，促使其充分认识到现代审计理念和数字化思维在内部审计工作中发挥的作用，实现现代审计理念和数字化思维在内部审计工作中的广泛应用。在数字化技术广泛应用的时代，大数据的存在且以电子数据的方式存储，只有加强云计算、区块链、人工智能等技术的应用才能促进内部审计工作的顺利开展。现代审计理念和数字化思维是内部审计人员综合能力的体现，内部审计机构要加强对内部审计人员现代审计理念和数字化思维的培训，培养内部审计人员现代审计理念和数字化思维的能力。

3.2.4 国际内部审计机构

西方国家很多部门和企业都设有内部审计机构。如美国联邦各部以及很多大中型公司都设有内部审计机构；英国、日本、加拿大等国也很重视内部审计，很多单位都设有内部审计机构，不仅进行财务审计，还进行绩效审计和风险管理审计。西方国家内部审计机构的隶属关系，一般有以下几种类型：

（1）受本单位主计长领导。

（2）受本单位总裁或总经理领导。

（3）受本单位董事会下属的审计委员会领导。

（4）受本单位董事会下设的审计委员会和主计长双重领导。

内部审计在世界范围内发展很快，国际交流日益增多。1941年，美国内部审计师协会在纽约正式成立，标志着传统内部审计开始向现代内部审计发展。这一年也被称为内部审计的奠基年。B. Z. 布林克（B. Z. Brink）发表了最早的关于内部审计的单行本——《内部审计——它的性质、职能、程序和方法》。美国内部审计协会自成立以来发展迅速。1944年美国内部审计师协会在加拿大多伦多设立分会，开始跨越国境开展活动。1948年又在伦敦设立分会，到20世纪50年代逐步发展成国际性组织。1947年该协会制定了《内部审计师职责条例》，规定内部审计人员的职责和工作范围。同时，一些审计专著也相继问世。虽然协会成立时只有24名会员，但它意味着内部审计已经产生相当的社会影响，条例的制定和专著的出版，则表明当时内部审计已经从实践上升为理论，为其发展奠定了基础。

20 世纪 60 年代，内部审计师协会的成员已发展到 4 600 人，代表着 2 000 多个企业。到 20 世纪 70 年代后期，内部审计有了更大的发展。1978 年 6 月，内部审计师协会拟订了《内部审计专业实务准则》，对内部审计的含义、职责、独立性、机构和人员，以及工作范围和工作程序等都作了原则性的规定。1972 年开始实行注册内部审计师制度，取得注册内部审计师资格需经过考试，考试科目有：内部审计理论、内部审计手续和技术、经营管理理论和内部审计规章制度等。考试合格者可以取得注册内部审计师的资格。内部审计师协会主管注册内部审计师的考试、建立职业道德规范和制定内部审计的实务标准。这些都充分说明了内部审计在多年实践的基础上，已具备了更加完备的行为规范和工作标准。

到 2018 年年底，内部审计师协会已发展为拥有 200 多个分会和 7 万多名会员的国际性学术团体，分布在 100 多个国家和地区，每年定期召开一次国际会议，讨论内部审计的学术问题。1985 年 7 月在澳大利亚悉尼召开的第 44 次会议特邀我国代表列席参加。1987 年，内部审计师协会在美国纽约举行了理事会，批准中国内部审计协会以国家分会形式加入该组织。从此，中国内部审计协会成为国际内部审计师协会的成员国，标志着中国内部审计步入了国际化的轨道。

内部审计师协会（Institute of Internal Auditors，IIA），也称国际内部审计师协会，在联合国经济和社会理事会享有顾问地位，是最高审计机关国际组织的常任观察员，是国际政府财政管理委员会、国际会计师联合会的团体会员。IIA 自 1974 年起在全球指定地点举行注册内部审计师资格考试，考试合格者颁发注册内部审计师证书，授予“注册内部审计师”称号。CIA 是国际注册内部审计师（certified internal auditor）的英文简称，它不仅是国际内部审计领域专家的标志，也是目前国际审计界唯一公认的职业资格。1998 年中国内部审计协会与 IIA 签订协议，将 IIA 在国际上举办的国际注册内部审计师考试引入中国。

国际内部审计师协会的机构主要有理事会、执行委员会、国际委员部和总部，总部设在美国佛罗里达州。

国际内部审计师协会出版的主要刊物有：

（1）《内部审计师》（*The Internal Auditor*）。

（2）《今日内部审计师协会》（*The IIA Today*）。

（3）《国际内部审计师协会教育者》（*The IIA Educator*）。

3.3 民间审计组织

3.3.1 民间审计组织及人员

民间审计也称注册会计师审计或者独立审计，是商品经济发展到一定阶段的必然产物。只要商品经济发展到一定阶段，公司中存在所有权与经营权分离，存在不同利益的集团和阶层，民间审计就有存在和发展的必要。我国民间审计的振兴，始于1980年注册会计师制度的恢复和重建。在我国，民间审计组织是指会计师事务所，民间审计人员是指注册会计师。目前，无论从会计师事务所的数量上看，还是从注册会计师的数量上看，我国民间审计都得到了飞速的发展。

1. 会计师事务所

会计师事务所是指经国家批准、注册登记，依法独立承办审计业务和会计咨询业务的单位。会计师事务所由注册会计师组成，是其承办法定业务的工作机构。它不是国家机关的职能部门，经济上也不依赖国家或其他任何单位。

会计师事务所实行自收自支，独立核算，依法纳税，具有法人资格。但合伙设立和特殊普通合伙设立的会计师事务所不具有法人资格。注册会计师必须加入会计师事务所才能承办业务。按规定，成立会计师事务所应报经财政部或省级财政厅（局）审查批准，并向当地工商行政管理机关办理登记，领取执照后，方能开业。注册会计师和会计师事务所的行业管理机关，在全国为财政部，在各地区为省、自治区、直辖市财政厅（局）。注册会计师职业实行行业自律，成立了行业组织。全国性的注册会计师行业组织为中国注册会计师协会。

2. 注册会计师

在我国，取得执业注册会计师资格主要通过考试和考核实际工作经验年限两方面确定。

根据《注册会计师法》及《注册会计师全国统一考试办法》的规定，具有下列条件之一的中国公民，可报名参加考试：（1）高等专科以上学历；（2）会计或者相关专业（指审计、统计、经济）中级以上专业技术职称。

目前，注册会计师资格考试分为两个阶段：第一阶段为专业考试，考试科目有：会计、审计、财务成本管理、经济法、税法和公司战略与风险管理；第二阶段为综合考试。专业考试和综合考试每年进行一次。专业考试部分科目合格者，取得由全国注册会计师考试委员会统一印制的单科合格证明，其合格成绩在取得单科成绩合格凭证后的5年内有效。专业考试全科合格成绩长期有效。专业考试全科合格者可以参加综合考试。综合考试合格者取得由全国注册会计师考试委员会统一印制的全科合格证书。取得全科合格证书者，可申请成为中国注册会计师协会非执业会员；具有两年以上实际工作经验，可申请注册成为执业注册会计师。

在我国，注册会计师考试合格者只取得成为注册会计师的资格，只有加入会计师事务所，从事审计业务工作两年以上，并具备相应的业务能力，才能准予注册成为执业注册会计师。所以，经注册会计师考试合格的人员，应由其申请加入的会计师事务所报财政部或省级财政厅（局）批准注册。经批准注册的注册会计师，由财政部统一制发注册会计师证书。

3. 中国注册会计师协会

中国注册会计师协会是在财政部领导下，经政府批准成立的注册会计师的职业组织，成立于1988年。一方面，它对会计师事务所和注册会计师进行自我教育和自我管理；另一方面，它又是联系政府机关和会计师事务所、注册会计师的桥梁与纽带。中国注册会计师协会作为一个独立的社会团体，对外发展与外国和国际会计职业组织之间的相互交往，为我国注册会计师步入国际舞台发挥作用；对内拟订会计师事务所管理制度和注册会计师专业标准，组织注册会计师业务培训和考试等方面的工作。

中国注册会计师协会的宗旨是：以经济建设为中心，坚持四项基本原则，坚持改革开放，引导注册会计师在工作中正确执行国家的法律法规，不断完善注册会计师队伍的自身建设，维护合法的职业权益，交流工作经验，沟通业务信息，增进国内外交往，促进注册会计师事业的发展，为建设社会主义服务。

中国注册会计师协会的最高权力机构是全国会员代表大会，凡重大事项，必须经会员代表大会讨论决定。协会执行机构为理事会，理事会由全国会员代表大会选举出的若干名理事组成。协会的常设办事机构由秘书长、副秘书长若干人并配备必要数量的专职人员组成。

截至2018年9月30日，中国注册会计师协会有执业会员106 020人、非执业会员141 548人，个人会员总数达到247 568人。会计师事务所8 847家，会计师事务所从业人员超过30万人。

3.3.2 注册会计师的业务范围

注册会计师的业务范围十分广泛，涉及经济生活的各个方面，主要包括：

1. 鉴证业务

鉴证业务是指注册会计师对某一主体负责编制的书面认定资料的可靠性进行查证。注册会计师查证后，要签发一份书面报告，以反映鉴证结果。近年来，社会日益认同注册会计师的专业知识、技能和经验，对各种鉴证业务的需求日益增加。鉴证业务可进一步分为四种：

（1）审计业务。审计业务是通过取得和评价某一会计主体历史财务报表的证据，以便对该主体管理当局在这些财务报表中所作的认定是否按照会计准则公允表达发表审计意见。注册会计师从事的主要审计业务是财务报表审计。注册会计师根据审计准则的要求，完成了必要的审计程序，取得了相应的审计证据后，应编制和出具审计报告。审计报告主要表述注册会计师的审计意见，具有法定证明效力。注册会计师及其所在的会计师事务所对其出具的审计报告要承担相应的法律责任。

（2）审阅业务。审阅业务是指注册会计师对某一会计主体所作的认定是否符合既定标准或惯例进行查证，并发表意见。这类业务有：1）审查未来财务信息（如财务预测或计划）所依据的假设是否合理，未来财务信息是否根据这种假设所编制，未来财务信息与历史财务信息的基础是否一致；2）审查确定某一会计主体的内部控制系统是否科学，是否符合政府或管理当局所建立的标准，等等。一般来说，审阅的范围通常比审计要小，审阅实施的程序比审计要少。

（3）复核业务。复核业务主要涉及复核某一财务报表、比较分析财务信息等业务。复核业务的范围又比审计和审阅的范围要小。复核的目的是为认定的可靠性提供“消极保证”，这与审计所提供的“积极保证”恰好相反。因此，复核人员复核财务报表后，在所提出的意见中，不是说“财务报表按照会计准则公允地表达……”而是提出复核人员“没有发现财务报表不符合会计准则公允表达……”一般情况下，对非公开上市公司的财务报表，为了特定目的需要，可以进行复核。

（4）保证业务。美国注册会计师协会的审计保证业务特别委员会将保证业务定义为“为企业或个体决策者提供的能改进信息质量或内容的那种独立专业业务的总称”。信息技术的发展与创新，特别是互联网技术的发展，使得注册会计师的工作对象有了较大的变化，因此，美国注册会计师协会强调今后的保证业务不限于财务报表和传统报告，并提出了它认为有推广潜在新业务系列的可能性的几个领域：电子商务保证、保健效果评估、经营主体绩效评估、信息系统质量评估、综合风险估量、养老工作保证等。

2. 管理咨询业务

管理咨询业务是指注册会计师为客户提供管理建议与技术协助，以帮助客户改善其能力和合理利用资源，并实现其预定的目标。在执行管理咨询业务时，注册会计师扮演的是一个公司外部专家或顾问的角色。因此，注册会计师不能替代董事会和经理层作任何管理决策。在规模较大的会计师事务所内，都设立单独的管理咨询部门从事管理咨询业务。目前，管理咨询业务所获得的收入，已成为很多会计师事务所总收入中重要且日益增长的部分。为指导注册会计师执行管理咨询业务，不少国家的注册会计师职业团体制定了从事管理咨询业务的准则或说明书。

为什么在第二次世界大战以后，注册会计师会突然对管理咨询业务感兴趣呢？这是由一系列因素造成的，归结到一点，就是许多注册会计师的委托人不仅需要其在通常的范围内提供帮助，而且需要注册会计师提供更多的专业服务。与此同时，20世纪出现了以泰罗为代表的较为成熟的科学管理理论。这一理论给公司管理的各个方面造成了极大的影响，更新了许多进入新兴会计行业的年轻人的思想和观点。自然，注册会计师更容易接受科学管理的召唤。对他们来说，注册会计师业务不仅包括传统的服务项目，而且包括许多科学管理范畴内的服务。当时，就有很多会计师事务所试行这种范围广泛的服务方式。第二次世界大战以后，具有美国特色的超越会计、审计业务的管理咨询服务被越来越广泛地接受。

管理咨询业务的兴起和发展，为注册会计师行业向纵深发展提供了广阔而美好的前景。时至今日，国际会计师事务所从事的咨询业务有了长足的发展，业务种类繁多，而且逐步细化。但是，21世纪初随着美国上市公司会计丑闻的不断爆发，美国通过法案对会计师事务所从事管理咨询业务作了限制，规定从事上市公司财务报表审计业务的会计师事务所不能同时为该上市公司提供管理咨询服务。

3. 税务服务业务

各国政府为了实现其职能，都通过了很多税收法规，复杂繁多的税收法规使注册会计师和其他税务专家的服务业务必不可少。纳税人，特别是作为公司的法人纳税人，不仅要依法纳税，认真履行纳税义务，而且应充分享受纳税人的权利，关心自己的纳税负担是否合理合法，能否享受本国以及外国的税收优惠政策，考虑税收筹划，为提高公司的利润水平服务。

很多国家都明确规定，注册会计师可以从事税务服务业务。税务服务是注册会计师的重要业务之一，是会计师事务所的主要业务收入来源之一。

4. 会计服务业务

会计服务业务是各国中小会计师事务所的主要业务，主要包括代理记账、编制财务报表、工资单处理等。

近年来，法务会计服务成为会计师事务所的重要业务。由于企业财务舞弊已成为世界各国企业界的一种公害，因此，借助注册会计师的专业能力来减少公司财务舞弊现象的发生，也成为市场经济中的热点问题。与此同时，市场经济本质上就是法制经济，由于会计天生具有的经济后果性，会计解释上的法律争端也成为法律界一个令人头痛的问题。迎合这种市场需要，注册会计师创立了法务会计，提供法务会计服务业务。

5. 其他服务业务

注册会计师提供的服务业务很多，除上述业务外，还包括：

（1）商定程序服务。对财务信息执行商定程序的目标是注册会计师对特定财务数据、单一财务报表或整套财务报表等财务信息执行与特定主体商定的具有审计性质的程序，并就执行的商定程序及其结果出具报告。注册会计师执行商定程序业务，仅报告执行的商定程序及其结果，并不提出鉴证结论。

（2）其他服务业务。主要包括个人理财服务、诉讼支持服务（专家证人）等。为了更好地提供个人理财和诉讼支持服务，有些国家新设了相关的资格证书。

3.3.3　会计师事务所的组织形式

会计师事务所是注册会计师依法承办业务的组织。综观注册会计师行业在各国的发展，会计师事务所主要有独资、普通合伙、有限责任公司、有限责任合伙等组织形式。我国会计师事务所有普通合伙、有限责任公司和特殊普通合伙等组织形式。

1. 独资会计师事务所

独资会计师事务所由具有注册会计师执业资格的个人独立开业，承担无限责任。它的优点是，对执业人员的需求不多，容易设立，执业灵活，能够在代理记账、代理纳税等方面很好地满足小型企业对注册会计师服务的需求，虽承担无限责任，但实际发生风险的程度相对较低。缺点是，无力承担大中型公司的鉴证业务和咨询业务，缺乏发展后劲。

2. 普通合伙会计师事务所

普通合伙会计师事务所是由两位或两位以上注册会计师组成的合伙组织，合伙人以各自的财产对会计师事务所的债务承担无限连带责任。它的优点是，在风险牵制和共同利益的驱动下，促使会计师事务所强化专业发展，扩大规模，提高规避风险的能力。缺点是，建立一个跨地区、跨国界的大型会计师事务所要经历一个漫长的过程。同时，任何一个合伙人执业中的错误与舞弊行为，都可能给整个会计师事务所带来灭顶之灾，可能一夜之间土崩瓦解。

3. 有限责任公司会计师事务所

有限责任公司会计师事务所是由注册会计师认购会计师事务所股份，并以其所认购股份对会计师事务所承担有限责任。会计师事务所以其全部资产对其债务承担有限责任。它的优点是：可以通过公司制形式迅速聚集一批注册会计师，建立规模较大的会计师事务所，承办大中型公司鉴证和咨询业务。缺点是：降低了风险责任对执业行为的高度制约，弱化了注册会计师的个人责任。

4. 有限责任合伙会计师事务所

有限责任合伙会计师事务所是会计师事务所以全部资产对其债务承担有限责任，各合伙人对个人执业行为承担无限责任。它的最大特点在于，既融入了合伙和有限公司会计师事务所的优点，又摒弃了它们的不足。这种组织形式是为顺应经济发展对注册会计师行业的要求，于20世纪90年代初期兴起的。到1995年年底，原六大国际会计师事务所在美国的执业机构已完成了向有限责任合伙的转型，在其他国家和地区的执业机构的转型也基本完成。同时，在它们的主导下，许多国家和地区的大中型会计师事务所也陆续开始转型。有限责任合伙会计师事务所已成为当前的发展趋势。

5. 特殊普通合伙会计师事务所

我国现行的特殊普通合伙会计师事务所，在性质上相当于西方国家的有限责任合伙会计师事务所。2010年7月，发布《财政部 工商总局关于推动大中型会计师事务所采用特殊普通合伙组织形式的暂行规定》。该暂行规定指出：采用特殊普通合伙组织形式的会计师事务所，一个合伙人或者数个合伙人在执业活动中因故意或者重大过失造成合伙企业债务的，应当承担无限责任或者无限连带责任，其他合伙人以其在合伙企业中的财产份额为限承担责任。合伙人在执业活动中非因故意或者非重大过失造成的合伙企业债务以及合伙企业的其他债务，由全体合伙人承担无限连带责任。

6. 国际四大会计师事务所

在会计师事务所前冠以“国际”两字，主要原因是：（1）这些会计师事务所为世界上大部分跨国公司提供以审计业务为主的专业服务；（2）这些会计师事务所雇用的注册会计师来自各个国家；（3）这些会计师事务所被认为是除跨国公司以外的另一重要经济力量。

国际会计师事务所是世界先进会计师事务所的典型代表。这些国际会计师事务所也是由若干中小型会计师事务所逐步扩充发展而成的。20世纪40年代以后，作为这些国际会计师事务所前身的几个中小事务所以办理企业的破产、合并业务和担任跨国公司审计为契机，扩大了其在世界上的影响，由于业务的增多，它们一方面在世界各地设立分支机构，一方面兼并其他会计公司，走上了扩张之路。当今活跃在国际民间审计舞台上的“超级大国”，主要是由英美两国主宰的声名赫赫的国际四大会计师事务所，它们几乎垄断了世界上所有跨国公司的审计业务，它们就像大章鱼，把触须伸向任何可能的角落。早在20世纪80年代末，有人就提出，在全世界，原“六大”几乎无处不在；在欧洲每一个重要的商业城市中都可以找到至少一家属于原“六大”的会计师事务所。原“六大”成员机构遍布全世界，业务范围从早期的代理记账、审计、税务服务发展到如今的业务开发、合同谈判、公司改造、安排上市、管理顾问、公司秘书等，几乎包揽了各种商务活动。各大会计师事务所在服务对象上也各有侧重，形成了专门化。如解体前的安达信以员工训练和公用事业业务著称，较多地拥有石油和天然气工业的委托单位；德勤在政府业务和大型项目服务上有特色；安永在医疗保健及财务服务方面占有很大优势；毕马威在银行方面具有很强的竞争力；永道在通信电子工业中称雄；普华则以处理国际性事业机构业务为优。

1997年9月，原“六大”之中的永道、普华宣布合并成为普华永道国际会计师事务所，实力超强的原“六大”变成了“五大”。2002年，因涉嫌美国安然公司财务欺诈案，安达信会计师事务所被撤销。至此，著名的“五大”变成“四大”。

目前，国际四大会计师事务所包括：

（1）德勤（Deloitte & Touche）。

（2）普华永道（Price Waterhouse Coopers）。

（3）安永（Ernst & Young）。

（4）毕马威（KPMG）。

3.4　注册会计师的职业道德和法律责任

3.4.1　注册会计师的职业道德

道德是社会为了调整个人之间以及和社会之间的关系所提倡的行为规范的总和。它通过各种形式的教育和社会舆论的力量，使人们具有善和恶、荣誉和耻辱、正义和非正义等概念，并逐渐形成一定的习惯和传统。所谓注册会计师的职业道德，是指对注册会计师的职业品德、执业纪律、业务能力、工作规则及所负的责任等思想方式和行为方式所作的基本规定和要求。中国注册会计师职业道德守则用来规范中国注册会计师职业道德行为，提高职业道德水准，维护职业形象。

任何一种专门职业，在任何一个国家，为使其从业人员能切实担负起应有的责任，都强调专业人员的职业道德，大都制定本职业的职业道德守则。注册会计师从事的职业活动，必须和其他职业一样，遵守职业道德规范。注册会计师的职业道德是在审计职业活动中产生的，具有审计职业特有的道德要求。与其他专业相比，注册会计师职业的责任尤为重要，比如医师、律师发生过失，受损害者往往只是患者和个别委托人，而注册会计师发生过失则可能使成千上万人受到牵连、蒙受损失。因此，为促使注册会计师更好地履行职责，保持应有的职业行为规范，保证执业质量，在公众中树立起良好的职业形象和职业信誉，赢得社会公众的尊重和信任，强调注册会计师的职业道德就显得尤为重要。

注册会计师的职业道德包含了丰富的内容，下面主要介绍注册会计师职业道德的基本原则、业务能力和技术守则、对委托单位的责任、对同业的责任、业务承接等内容。

1. 注册会计师职业道德的基本原则

注册会计师为实现执业目标，必须遵守一系列基本原则。这些基本原则包括下列职业道德基本原则：诚信、独立性、客观和公正、专业胜任能力和应有的关注、保密、良好的职业行为。

（1）诚信。诚信是指诚实、守信，是指一个人言行与内心思想一致，不虚伪，能够履行与别人的约定而取得对方的信任。诚信原则要求注册会计师应当在所有的职业关系和商业关系中保持正直和诚实，秉公处事、实事求是。

注册会计师如果认为业务报告、申报资料或其他信息存在下列问题，则不得与这些有关问题的信息发生牵连：

1）含有严重虚假或误导性的陈述；

2）含有缺乏充分根据的陈述或信息；

3）存在遗漏或含糊其词的信息。

注册会计师如果注意到已与有问题的信息发生牵连，应当采取措施消除牵连。在鉴证业务中，如果注册会计师依据执业准则出具了恰当的非标准业务报告，不被视为违反上述要求。

（2）独立性。独立性是指不受外来力量控制、支配，按照一定的规则行事。独立性原则通常是对执业注册会计师提出的明确要求。在执行鉴证业务时，注册会计师必须保持独立性。如果注册会计师不能与客户保持独立，而是存在经济利益、关联关系，或屈从于外界压力，就很难取信于社会公众。

注册会计师执行审计和审阅业务以及其他鉴证业务时，应当从实质上和形式上保持独立性，不得因任何利害关系影响其客观性。

会计师事务所在承办审计和审阅业务以及其他鉴证业务时，应当从整体层面和具体业务层面采取措施，以保持会计师事务所和项目组的独立性。

（3）客观和公正。客观是指按照事物的本来面目去考察，不添加个人的偏见。公正是指公平、正直，不偏袒。客观和公正原则要求注册会计师应当公正处事、实事求是，不得由于偏见、利益冲突或他人的不当影响而损害自己的职业判断。如果存在导致职业判断出现偏差，或对职业判断产生不当影响的情形，注册会计师不得提供相关专业服务。

（4）专业胜任能力和应有的关注。专业胜任能力和应有的关注原则要求注册会计师通过教育、培训和执业实践获取和保持专业胜任能力。注册会计师应当持续了解并掌握当前法律、技术和实务的发展变化，将专业知识和技能始终保持在应有的水平，确保为客户提供具有专业水准的服务。

注册会计师作为专业人士，在许多方面都要履行相应的责任，保持和提高专业胜任能力就是其中的重要内容。专业胜任能力是指注册会计师具有专业知识、技能和经验，能够经济有效地完成客户委托的业务。注册会计师如果不能保持和提高专业胜任能力，就难以完成客户委托的业务。事实上，如果注册会计师在缺乏足够的知识、技能和经验的情况下提供专业服务，就构成了一种欺诈。一个合格的注册会计师，不仅要充分认识自己的能力，对自己充满信心，更重要的是，必须清醒地认识到自己在专业胜任能力方面存在的不足。如果注册会计师不能认识到这一点，承接了难以胜任的业务，就可能给客户乃至社会公众带来危害。

专业服务要求注册会计师在应用专业知识和技能时，应当合理运用职业判断。专业胜任能力可分为两个独立阶段：1）专业胜任能力的获取；2）专业胜任能力的保持。注册会计师应当持续了解和掌握相关的专业技术和业务的发展，以保持专业胜任能力。持续职业发展能够使注册会计师发展和保持专业胜任能力，使其能够胜任特定业务环境中的工作。

应有的关注要求注册会计师勤勉尽责，保持应有的关注，遵守执业准则和职业道德规范的要求，勤勉尽责，认真、全面、及时地完成工作任务。在审计过程中，注册会计师应当保持职业怀疑态度，运用专业知识、技能和经验，获取和评价审计证据。同时，注册会计师应当采取措施以确保在其授权下工作的人员得到适当的培训和督导。在适当情况下，注册会计师应当使客户、工作单位和专业服务的其他使用者了解专业服务的固有局限性。

（5）保密。注册会计师能否与客户维持正常的关系，有赖于双方能否自愿而又充分地进行沟通和交流，不掩盖任何重要的事实和情况。只有这样，注册会计师才能有效地完成工作。但是，注册会计师与客户的沟通，必须建立在为客户信息保密的基础上。这里所说的客户信息，通常是指涉密信息。一旦涉密信息被泄露或被利用，往往会给客户造成损失。因此，许多国家规定，在公众领域执业的注册会计师，在没有取得客户同意的情况下，不能泄露任何客户的涉密信息。

保密原则要求注册会计师应当对因职业关系和商业关系而获知的信息予以保密，不得有下列行为：

1）未经客户授权或法律法规允许，向会计师事务所以外的第三方披露其所获知的涉密信息；

2）利用所获知的涉密信息为自己或第三方谋取利益。

注册会计师在社会交往中应当遵循保密原则。注册会计师应当警惕无意泄密的可能性，特别是向主要近亲属和其他近亲属以及关系密切的商业伙伴无意泄密的可能性。主要近亲属是指配偶、父母或子女。其他近亲属是指兄弟姐妹、祖父母、外祖父母、孙子女、外孙子女。

注册会计师还应当对拟接受的客户或拟受雇的工作单位向其披露的涉密信件保密，在终止与客户或工作单位的关系之后，注册会计师仍然应当对在职业关系和商业关系中获知的信息保密。如果变更工作单位或获得新客户，注册会计师可以拥有以前的经验，但不应利用或披露任何由于职业关系和商业关系获得的涉密信息。注册会计师应当明确在会计师事务所内部或工作单位内部保密的必要性，采取有效措施，确保其下级员工以及为其提供建议和帮助的人员遵循保密原则。

注册会计师在下列情况下可以披露客户的涉密信息：

1）法律法规允许披露，并且取得客户或工作单位的授权；

2）根据法律法规的要求，为法律诉讼、仲裁准备文件或提供证据，以及向有关监管机构报告发现的违法行为；

3）法律法规允许的情况下，在法律诉讼、仲裁中维护自己的合法权益；

4）接受注册会计师协会或监管机构的执业质量检查，答复其询问和调查；

5）法律法规、执业准则和职业道德规范规定的其他情形。

在决定是否披露涉密信息时，注册会计师应当考虑下列因素：

1）如果客户或工作单位同意注册会计师披露涉密信息，是否为法律法规所禁止；

2）如果客户或工作单位同意注册会计师披露涉密信息，是否会损害利害关系人的利益；

3）是否已了解和证实所有相关信息；

4）信息披露的方式和对象；

5）可能承担的法律责任和后果。

（6）良好的职业行为。良好的职业行为原则要求注册会计师应当遵守相关法规，避免发生任何损害职业声誉的行为。

在推介自身和工作时，注册会计师应当客观、真实、得体，不得损害职业形象。注册会计师应当诚实、实事求是，不得有下列行为：

1）夸大宣传提供的服务、拥有的资质或获得的经验；

2）贬低或无根据地比较其他注册会计师的工作。

2. 注册会计师的业务能力和技术守则

注册会计师要向社会公众提供高质量的专业服务，除了必须具备良好的职业品质外，还应具备较强的业务能力，遵守一定的技术守则。业务能力和技术守则要求是注册会计师职业道德中的另一项重要内容。

注册会计师业务能力要求包括：

（1）注册会计师必须具备有关法规规定的专业教育水平和专业工作经历。

（2）注册会计师应按照注册会计师教育要求和培训制度的规定，不断接受继续教育，保持和更新专业知识，充实和发展专业技能。

（3）注册会计师应避免承担和从事不能胜任或不能按时完成的业务。对于需要其他专业人员协助才能胜任的业务，注册会计师应考虑所委派专业人员的业务能力。

（4）注册会计师的助理人员在执行业务之前，须经过专门培训。注册会计师对于委派给助理人员的工作，必须切实予以指导、监督和检查，并对其工作的结果负责。

注册会计师技术守则包括：

（1）注册会计师执行业务时，必须依据我国有关的法律、法规和会计准则，遵循中国注册会计师执业准则。对于我国法律、法规、制度和执业准则中未作规定的重要事项，应根据国际惯例处理。

（2）注册会计师在执行审计业务过程中，发现虚假、舞弊、不实等情况，应当向委托单位明确指出，并在出具的报告中予以揭示。

（3）注册会计师在执行审计业务中，发现委托单位会计账目和财务报表的数据、内容或处理方法有错误，应当提请调整或改正；对于未作调整或改正的，应在审计报告中予以说明。

（4）注册会计师在执行审计业务时，遇到委托单位示意作不实或不当证明、对需要检查的事项不提供必要的文件和资料或有意提供伪证的、有意阻挠查验工作正常进行等情况，应当予以拒绝或中止审计工作，并说明理由。

（5）注册会计师应当在完成审计程序，认真研究审计记录和证据的基础上，形成审计报告，并以恰当的、不致使人误解的方式陈述报告意见。未经规定的审计程序，未取得必要的审计证据，不得为财务报表和其他会计资料签发报告或出具其他证明性文件。注册会计师应对其出具审计报告内容的真实性、合法性负责。

（6）对于委托单位的预测、计划等含有不确定因素的未来事项，注册会计师不得就其可实现程度作出保证。但不限制注册会计师以咨询的方式协助或代替委托单位从事预测、计划或可行性研究工作。

（7）注册会计师在提供专业服务时，不得代行委托单位管理职能，应避免承担管理决策的责任。

3. 注册会计师对委托单位的责任

注册会计师职业道德在强调注册会计师对社会公众负责的同时，也规定了其对委托单位所负的特殊责任。

（1）按时按质完成委托业务的责任。会计师事务所承接业务时，应与委托单位签订业务约定书，明确业务的范围、要求以及双方各自的责任。注册会计师应恪守各项约定，按时按质完成所委托的各项业务。

（2）保密的责任。注册会计师（包括已脱离会计师事务所的原注册会计师）对于执业过程中得到的资料和情况，应当严格保守秘密。除得到委托单位的书面允许或法律、法规要求公布者外，不得将任何资料和情况提供或泄露给外人。

（3）按标准收费的责任。会计师事务所提供审计业务时，应以工作量大小和专业要求高低为主要依据，按规定的标准收费，不得以服务成果的大小决定收取费用的高低，另有规定者除外。

4. 对同业的责任

同业之间能否保持一种良好的关系，关系到整个职业界在公众中的形象和信誉。各会计师事务所之间应当以大局为重，相互尊重，团结协作，共同维护和增进本行业的职业信誉。会计师事务所对同业的责任，具体包括：

（1）各会计师事务所应树立“以质量求信誉，以信誉求发展”的宗旨，相互尊重，团结协作，共同维护和增进本行业的职业道德和职业信誉。

（2）会计师事务所可以跨地区承接和执行业务，所跨地区的同业不得以任何方式进行阻挠或排斥。

（3）委托单位变更委托的会计师事务所时，后任注册会计师在接受委托之前，应与前任注册会计师联系，相互了解和介绍变更的情况和原因。

（4）委托单位变更委托后，前任注册会计师应对后任注册会计师的工作予以支持和合作，包括需要时提供以前年度的审计工作底稿等资料。

5. 业务承接中的职业道德

能否争取到业务、拥有较多的委托单位，关系到会计师事务所的生存和发展，因而在业务承接环节也最易发生败坏职业声誉的行为。因此，各会计师事务所在业务承接过程中应遵循职业道德。具体包括：

（1）注册会计师执行的各项业务，均应由会计师事务所统一接受委托。注册会计师及其他有关人员不得以个人名义承接业务。

（2）会计师事务所与委托单位之间的业务委托关系，应实行双向自愿选择的原则，不得以任何方式限定或干预委托单位对会计师事务所的选择或会计师事务所在业务承接上的自主权。

（3）会计师事务所不得在电台、电视台、报纸、杂志等新闻媒介上直接或间接地作诋毁同业或自我夸张、内容虚假、容易引起误解的广告，也不能向委托单位或其他组织散发具有上述倾向的函件。但会计师事务所与注册会计师的名称、姓名、地址、电话、业务范围、开业声明、迁址之类的公告不在此限。

（4）会计师事务所不得以任何名义向帮助取得委托业务的其他单位或个人支付介绍费、佣金、手续费或回扣等，也不得向得到本会计师事务所帮助取得委托业务的其他会计师事务所收取介绍费、佣金、手续费或回扣等。

（5）会计师事务所不得以降低收费的方式招揽业务。

（6）对应由会计师事务所从事的法定审计业务，会计师事务所不得与其他机构进行收益分成式的业务合作，但会计师事务所聘请其他机构有关专业人员协助工作以及各会计师事务所之间的业务合作不在此限。

（7）注册会计师和所在的会计师事务所不得允许其他单位和个人借用本人或本组织的名义承接、执行业务。

注册会计师非执业会员在提供专业服务时，应当遵守《中国注册会计师协会非执业会员道德守则》以及其他相关法律法规的有关规定。投资者、债权人、工作单位、政府部门和社会公众等都可能依赖非执业会员的工作。非执业会员可能单独或与其他人员一起负责编报财务信息及其他信息（这些信息可能为工作单位和第三方利用），也可能负责从事财务管理工作或提供各种与企业经营有关的建议。

注册会计师非执业会员，可能是领取报酬的雇员，也可能是合伙人、执行董事或非执行董事、业主（经理）、志愿者，或者为一家或多家组织服务的人员。他们与工作单位之间关系的法律形式不影响其应承担的道德责任。

注册会计师非执业会员有责任促进工作单位实现其合法的目标。职业道德守则并不妨碍非执业会员恰当履行上述职责，但注册会计师非执业会员应当避免在履行上述职责时可能损害遵循职业道德基本原则的情形。注册会计师非执业会员可能在组织中处于高级职位，职位越高就越有影响力。因此，注册会计师非执业会员应当在工作单位中倡导以职业道德为基础的文化，以促使高级管理层重视职业道德行为。

3.4.2 注册会计师的法律责任

随着我国社会主义市场经济体制的确立和民主法制的不断加强，我国经济生活正从人治向法治转变，经济法规不断建立和健全，各种专业人员的法律责任相继明确。

注册会计师的审计活动是一种有目的、独立、公正、具有权威性的鉴证活动。在审计业务过程中，不仅涉及有关经济单位的利益，还涉及某些人的经济责任和法律责任，是一项极为严肃的工作，其结论正确与否对有关单位或个人影响极大。因此，明确我国注册会计师的法律责任，对于促使注册会计师讲究职业道德，保证审计结论的正确性和公正性，都具有重要的意义。

1. 注册会计师应承担的法律责任

注册会计师在执行审计业务时，应当按照审计准则的要求审慎执业，保证执业质量，控制审计风险。否则，一旦出现审计失败，就有可能承担相应的责任。

注册会计师如果因过失或违约而没有提供服务，或没有提供合格的服务，应当承担对客户的责任。在某些情况下，注册会计师可能要对客户以外的其他人承担责任，如对“已预见”将依赖财务报表的有限第三者承担责任。除了普通法以外，注册会计师还可能依据成文法对第三者承担责任。如在美国，1933年《证券法》和1934年《证券交易法》包含的一些条款，都可以作为起诉注册会计师的依据。在极少的情况下，注册会计师可能还要承担刑事责任。因此，无论是按照普通法还是成文法，注册会计师都可能因执业原因承担相应的法律责任。法律责任的出现，通常是因为注册会计师在执业时没有保持应有的职业谨慎，并因此导致了对他人权利的损害。应有的职业谨慎，指的是注册会计师应当具备足够的专业知识和业务能力，按照执业准则的要求执业。

注册会计师承担的责任，通常是由被审计单位的经营失败所引发的。所谓经营失败，是由于经济或经营条件的变化而无法实现投资者的预期。被审计单位发生经营失败时，可能会连累注册会计师。很多会计和法律专业人士认为，财务报表使用者控告会计师事务所的主要原因之一，是不理解经营失败和审计失败之间的区别。众所周知，资本投入或借给企业后就面临某种程度的经营风险，可能会发生经营失败。审计失败则是指注册会计师由于没有遵守审计准则的要求而发表了不恰当的审计意见。例如，注册会计师可能指派了不合格的助理人员去执行审计任务，未能发现应当发现的财务报表中存在的重大错报。审计风险是指财务报表中存在重大错报，而注册会计师发表不恰当审计意见的可能性。由于审计的固有限制影响注册会计师发现重大错报的能力，注册会计师不能对财务报表整体不存在重大错报获取绝对保证。特别是，如果被审计单位管理层精心策划和掩盖舞弊行为，注册会计师尽管完全按照审计准则执业，有时还存在不能发现某项重大舞弊行为的可能性。

在绝大多数情况下，当注册会计师未能发现重大错报并出具了错误的审计报告时，就可能产生注册会计师是否恪守应有的职业谨慎这一法律问题。如果注册会计师在审计过程中没有尽到应有的职业谨慎，就属于审计失败。在这种情况下，法律通常允许因注册会计师未尽到应有的职业谨慎而遭受损失的各方，获得由审计失败导致的部分或全部损失的补偿。但是，由于审计业务的复杂性，判断注册会计师未能尽到应有的谨慎也是一件困难的工作。尽管如此，注册会计师如果未能恪守应有的职业谨慎，通常需要承担由此产生的责任，并可能致使会计师事务所也遭受损失。

2. 不断加重的注册会计师法律责任

（1）注册会计师法律责任不断加重的原因。从目前情况看，注册会计师涉及法律诉讼的数量和金额都呈上升趋势。由于审计环境发生了很大变化，企业规模扩大、业务全球化以及企业经营的错综复杂性，会计业务更加复杂，审计风险增大。同时，政府监管部门保护投资者的意识日益增强，监管措施日益完善，处罚注册会计师的力度日益加大。在这种情况下，利益相关者起诉注册会计师的案件逐渐增多，注册会计师败诉的案例也日益增多。这使得律师有非常强烈的动机，以或有收费为基础向利益相关者提供法律服务，无论是否有道理，都将注册会计师作为起诉的对象。

总体来说，注册会计师法律责任逐步加重的社会原因可归结为以下几个方面：

1）消费者利益的保护主义兴起。随着美国20世纪30年代早期《证券法》的通过和证券市场的发展，投资者、债权人和其他利益相关者开始更多使用经审计的财务报表作为决策依据。这种现象提高了社会公众对注册会计师工作的期望，也极大增强了依赖注册会计师工作的投资者和债权人由于遭受损失而向注册会计师获取补偿的欲望。这可以视为对消费者权益与商业利益之间出现利益失衡进行的一种补偿，表明人们开始逐渐认识和重视消费者的利益。

2）有关审计保险论的运用。社会公众将注册会计师看作财务报表的保证人。因此，当会计师事务所作为一个拥有经济实力的团体时，投资者、债权人和其他利益相关者在每次遭遇困境时，往往将会计师事务所和注册会计师作为索取赔偿的对象，当作承担责任的“深口袋”，这就是所谓的“深口袋”理论。注册会计师越来越明显地被看作是担保人而非独立、客观的审计者和报告者。

3）注册会计师日益拓展在商业领域的业务。注册会计师除了从事传统的审计业务外，还从事审阅、复核和各种保证业务，管理咨询和税务、会计服务业务也不断增长。业务领域的不断拓展，使注册会计师面临新业务的风险，并不断加重应承担的法律责任。

（2）注册会计师法律责任不断加重的表现。诉讼爆炸是注册会计师责任不断加重的主要表现形式。近十多年来，企业经营失败或者因管理层舞弊造成破产倒闭的事件剧增，投资者、债权人和其他利益相关者蒙受重大损失，注册会计师因而被指控未能及时揭示或报告这些问题，并被要求赔偿有关损失。迫于社会的压力，许多国家的法院判决逐渐倾向于扩大注册会计师在这些方面的法律责任。

注册会计师法律责任的不断扩大，履行责任的对象随之拓宽，这些都使得注册会计师很容易被指控为民事侵权，诉讼爆炸也由此产生。在目前的法律环境下，注册会计师职业引人关注的一个问题是，指控会计师事务所和注册会计师执业不当的诉讼案件和赔偿金额日益增多。20世纪90年代，由于法律诉讼和赔偿金额的激增，美国会计师事务所应对诉讼的直接费用支出占其审计业务收入的20%左右。诉讼赔偿不仅是大型会计师事务所面临的问题，也是中小型会计师事务所提供鉴证业务应当考虑的问题。

在国外，政府和民间诉讼者一样，也越来越多地就注册会计师执业不当提起诉讼，并从法律上要求进行赔偿。例如，美国联邦储备局和美国司法部联合对与一家主要金融机构审计失败有关的会计师事务所提起诉讼，英国政府也曾经在美国起诉一家与一个现已不存在的汽车制造公司有关的会计师事务所，以求弥补损失。起诉注册会计师的案件不断增长这一现象不仅出现在美国，在其他国家和地区也是如此。

保险危机是注册会计师责任加重的另一种表现形式。伴随着诉讼迅速增长的趋势，出现了另外一个重要的现象：职业过失保险赔付急剧增长，而保险赔付的增加又不可避免地导致保险费用的攀升。例如，在美国，在对执业不当的审判中，凡涉及大额赔付的，陪审团裁决的基础就是认为赔偿金额通常由保险公司而非被告承担。陪审团的裁决表明他们已先入为主地认为被告都事先投了保。很明显，在陪审团眼中，保险金额的支付就像天上掉下来的馅饼。

早期的司法制度倾向于限定注册会计师对第三方的法律责任，但自 20 世纪 70 年代末以来，不少法官已放弃上述判例原则，转而规定注册会计师对已知的第三方使用者或财务报表的特定用途必须承担法律责任。当注册会计师涉及民事侵权案件时，诉讼带来的直接后果就是赔偿金额的持续上涨，这又导致注册会计师由于支付高额保险费用而不断提高服务收费。

3. 对注册会计师法律责任的认定

对会计师事务所和注册会计师法律责任的认定，主要包括违约、过失和欺诈责任。

（1）所谓违约，是指合同的一方或多方未能履行合同条款规定的义务。当违约给他人造成损失时，注册会计师应负违约责任。比如，会计师事务所在商定的期间内未能提交审计报告，或违反了与被审计单位订立的保密协议等。

（2）所谓过失，是指没有保持应有的职业谨慎。评价注册会计师的过失，是以其他合格注册会计师在相同条件下可以做到的谨慎为标准。当过失给他人造成损失时，注册会计师应负过失责任。过失可按程度不同区分为普通过失和重大过失。

普通过失，有的也称一般过失，通常是指没有保持职业上应有的谨慎，对注册会计师而言则是指没有完全遵循执业准则的要求。比如，未对特定审计项目获取充分、适当的审计证据就出具审计报告的情况，可视为一般过失。

重大过失是指连起码的职业谨慎都没有保持。对注册会计师而言，则是指根本没有遵循执业准则或没有按执业准则的基本要求执行审计。

（3）欺诈，又称舞弊，是一种以欺骗或坑害他人为目的的故意的错误行为。具有不良动机是欺诈的重要特征，也是欺诈与普通过失和重大过失的主要区别之一。对于注册会计师而言，欺诈就是为了达到欺骗他人的目的明知委托单位的财务报表有重大错报，却加以虚伪的陈述，出具不恰当的审计报告。

与欺诈相关的另一个概念是推定欺诈，又称涉嫌欺诈，是指虽有故意欺诈或坑害他人的动机，但却存在极端或异常的过失。推定欺诈和重大过失这两个概念的界限往往很难界定，在美国，许多法院曾经将注册会计师的重大过失解释为推定欺诈，特别是近年来有些法院放宽了欺诈一词的范围，使得推定欺诈和欺诈在法律上成为等效的概念。这样，具有重大过失的注册会计师的法律责任就进一步加大了。

4. 注册会计师承担法律责任的种类

注册会计师因违约、过失或欺诈给被审计单位或其他利害关系人造成损失的，按照有关法律规定，可能被判承担行政责任、民事责任或刑事责任。这三种责任可单处，也可并处。行政责任，对注册会计师而言，包括警告、暂停执业、罚款、吊销注册会计师证书等；对会计师事务所而言，包括警告、没收违法所得、罚款、暂停执业、撤销等。民事责任主要是指赔偿受害人损失。刑事责任是指触犯刑法所必须承担的法律后果，其种类包括罚金、有期徒刑以及其他限制人身自由的刑罚等。

5. 中国注册会计师的法律责任

随着社会主义市场经济体制在我国的建立和完善，注册会计师在社会经济生活中的地位越来越重要，发挥的作用越来越大。如果注册会计师工作失误或犯有欺诈行为，将会给客户或依赖经审计财务报表的第三者造成重大损失，严重的甚至导致经济秩序的混乱。因此，强化注册会计师的法律责任意识，严格注册会计师的法律责任，以保证职业道德和职业质量，就愈来愈重要。近年来我国颁布的经济法律法规中，都有专门规定会计师事务所、注册会计师法律责任的条款，其中比较重要的有《注册会计师法》《违反注册会计师法处罚暂行办法》《公司法》《证券法》及《刑法》等。

6. 注册会计师法律责任的预防

与注册会计师法律责任相适应，注册会计师必须在执业中遵循执业准则和有关要求，尽量减轻自己的责任，尽力避免或减少法律诉讼。具体措施主要有：

（1）遵循执业准则和职业道德要求。只要注册会计师严格遵守执业准则和职业道德的要求，执业时保持认真与谨慎，一般不会发生过失，至少不会发生重大过失。因此，注册会计师一定要理解和掌握执业准则和职业道德的要求，并在执业时严格遵守。

（2）谨慎选择委托单位。委托单位如果对其顾客、职工、国家机关和其他方面没有正直的品格，出现法律纠纷的可能性就比较大。因此，会计师事务所在接受委托之前，应当采取必要的措施获得对委托单位的基本了解，评价其品格，一旦发现委托单位缺乏正直的品格，应尽量拒绝接受委托。

（3）招收合格的助理人员。对于大多数审计项目来说，相当多的工作是由经验不足的助理人员完成的，因而注册会计师要承担较大的风险。因此，必须严格助理人员的条件，对他们进行适当、有效的培训，注册会计师在工作过程中还要对他们进行必要的监督和指导。

（4）严格签订审计业务约定书。严格签订审计业务约定书是确定会计师事务所和委托单位责任的重要文件，不论执行何种审计业务，都要在执行业务之前与委托单位签订审计业务约定书，明确业务的性质、范围以及双方的责、权、利，这样才能在发生法律诉讼时减少无休止的争执。

（5）深入了解委托单位的业务。在审计过程中，注册会计师之所以未能发现重大错报，一个重要原因就是他们不了解委托单位所在行业的情况及委托单位的业务。所以，注册会计师必须熟悉委托单位的经济业务和生产经营业务，对于陷入财务困境的委托单位要特别注意。周转不灵或濒临破产的公司的股东或债权人总想为他们的损失寻找替罪羊，历史上绝大多数涉及注册会计师的诉讼案，都集中在濒临破产的委托单位。

（6）聘请懂行的律师。在审计过程中，注册会计师应聘请熟悉注册会计师法律责任的律师，详细讨论所有潜在的风险情况并仔细考虑律师的建议。一旦发生法律诉讼，也要聘请有经验的律师参与诉讼。

另外，投保充分的责任保险是会计师事务所一项极为重要的预防措施，这项措施能防止或减少诉讼失败时会计师事务所的经济损失。

习　题

思考题

1. 为什么说政府审计是高层次的经济监督形式?
2. 国际内部审计发展的新趋势包括哪些内容?
3. 会计师事务所的组织形式有哪些? 说明各自的优缺点。
4. 注册会计师职业道德的基本要求有哪些?
5. 注册会计师如何预防法律风险?

案例分析题

1. 长城会计师事务所注册会计师赵明和王华按照审计准则的规定完成了 2018 年利民股份有限公司年度财务报表的审计任务，出具了标准无保留意见审计报告。但是该公司管理层采取了十分隐蔽的舞弊手段，导致赵明和王华未能发现财务报表中的重大错报。这一错报是高估存货，而且这种虚报存货的舞弊行为实际不止一年，其结果是掩盖了公司财务状况日益恶化的情形。

这一舞弊行为在 2019 年财政部组织的会计信息质量检查中被检查人员发现，并很快通知了中国证监会。随后的调查显示，公司已经濒临破产。该公司股价也在短短 3 个月内从 26 元下跌为 5 元。蒙受损失的投资者对包括赵明和王华所在的会计师事务所在内的有关方面提起诉讼。

要求:

(1) 请说明谁应当承担财务报表重大错报的责任。

(2) 赵明和王华如何应对提起的诉讼?

2. 建英股份有限公司是建筑行业的上市公司，该公司委托厚信会计师事务所对其 2018 年度财务报表实施审计。双方已于 2018 年 12 月签订了审计业务约定书。其他相关情况如下:

(1) 因该项审计业务是经审计项目组成员杜英的姑父介绍的，为表示感谢并保持独立性，厚信会计师事务所通过杜英向其姑父支付了 10 000 元劳务费，并将杜英调离审计项目组。

(2) 为促使双方提高财务信息质量和审计质量，双方约定按审计发现的错报金额和性质收取审计费用：发现的错报金额越大、性质越严重，审计收费越高。

(3) 承接业务后，审计项目合伙人立即要求人力资源部门协助审计项目组招聘基建会计与审计方面的专家，以保证审计项目组人员具备足够的专业胜任能力。

（4）2018年12月，厚信会计师事务所接受建英公司的委托，指派项目组以外的其他注册会计师提供了与会计系统相关但与财务报告无关的内部审计服务。

（5）在审计过程中，建英公司对三建公司提起违约诉讼，要求审计项目组提供诉讼支持服务。审计项目组仅同意基于违约行为对财务报表的重大影响估计建英公司的损失金额。

（6）审计结束前，建英公司向审计项目组成员赠送了一批礼品。因价值不高，加之外勤审计工作即将结束，审计项目合伙人认为对独立性的影响在可接受水平之内，故没有退还礼品。

要求：请逐一考虑上述每种情况，指出是否符合中国注册会计师职业道德相关规范，并简要说明理由。

第4章

审计准则和审计依据

4.1 审计准则

审计准则是审计理论的重要组成部分，它反映了审计工作的基本要求，是人们在长期的审计实践中摸索、总结出来的，它既是一个审计范畴，又是一个历史范畴。它是从理论上对审计实践的总结，反过来又指导审计实践，服务于审计实践，成为指导审计工作的原则和规范。

4.1.1 审计准则的含义和作用

1. 审计准则的含义

审计准则，又称审计标准，或称执业准则，是专业审计人员在实施审计工作时必须恪守的最高行为准则，它是审计工作质量的权威性判断标准。

审计准则的概念包括如下含义：

(1) 审计准则是制约审计人员的行为准则。审计人员在工作过程中，围绕审计任务，在选择和确定审计程序时，应明确哪些是可以做的，哪些是不能做的；哪些是应该加强和深入去做的，哪些是可以只作了解的。审计准则正是起到衡量标准的作用。

(2) 审计准则既对审计人员的素质提出要求，同时也对社会提供审计工作质量保证。一般的审计准则无不对审计人员的业务技能和职业道德提出一个较高的标准，而且把独立性视为审计工作的灵魂。这对树立审计人员在社会上的公正、正直、客观形象有重要的作用，有利于社会信任审计工作的质量。

(3) 审计准则是通过审计人员执行审计程序体现出来的。所以，一般的审计准则都对审计人员的专业知识、业务能力、工作行为和应该实施的审计程序提出严格要求。

(4) 审计准则是审计人员签署最终审计意见时的客观保证。一般来说，审计人员在形成审计意见之后，会主动地与被审计单位交换意见，然后才签发自己的审计报告，其目的是希望较快地完成审计任务。但是，如果双方发生意见分歧，审计准则就为审计人员坚持自己的意见提供了客观上的保证。

在西方国家，审计准则是20世纪40年代才开始出现的。那时，各个公司的会计处理方法不统一，注册会计师进行审计工作，需要对公司会计处理方法的评价有一个统一的依据，才能证明财务报表是否公允合法，这就是会计准则兴起的原因。注册会计师有了会计准则，对其审计工作提供了判断依据。但是，各个注册会计师对审计工作的进行，往往由于审计程序、审计方法、审计内容和审计报告的编写等方面存在不统一的情况，导致审计工作的质量难以衡量，于是在注册会计师之间就产生了对一个包含统一的审计工作程序、方法、要求等内容的审计准则的需要。美国在1947年就开始研究和制定审计准则；日本在1964年也制定了审计准则；国际会计师联合会的国际审计实务委员会于1980年颁布了《国际审计准则》；澳大利亚、加拿大、德国等国已经颁布和实施了审计准则；我国于1996年1月1日起实施《中国注册会计师独立审计准则》。

总之，审计准则的实质就是社会对审计工作所寄予的期望。一个国家的审计准则无疑反映出这个职业在该国的地位，在根本上制约着审计作用的发挥和这一职业的发展。

2. 审计准则的作用

实施审计准则使审计人员在从事审计工作时有了规范和指南，便于考核审计工作质量，推动了审计职业的发展。审计准则的主要作用有：

（1）实施审计准则可以赢得社会公众的信任。注册会计师在财务报表审计报告中，一般均要写明“我们的审计工作是根据审计准则的要求进行的”，这也就是向委托单位的股东、债权人和其他利益相关者等有关方面表明，审计工作已达到了规定的质量标准，审计结论是可以充分信赖的，以取信于社会。

（2）实施审计准则可以提高审计工作质量。审计准则中一般都规定有审计人员的任职条件及其在工作中应保持的态度、审计工作的基本程序和方法以及审计报告的撰写方式和要求等，这就可以促使审计人员谨慎工作，依照审计准则办事，有助于提高审计工作质量。

（3）实施审计准则可以维护审计组织和人员的合法权益。审计准则中规定了审计人员的工作范围，审计人员只要能按照审计准则的要求办理，就算是尽到了职责。当审计委托人与审计组织对审计意见发生纠纷，审计人员受到不公正的指责和控告时，即可运用审计准则维护自己的合法权益。

（4）实施审计准则可以促进国际审计经验交流。审计准则是审计实践经验的总结和升华，已成为审计理论的一个重要部分。审计准则的实施和发展，促进了审计理论水平的提高。通过各国审计准则的协调，便于开展国际审计经验交流。特别是国际审计准则的制定和协调工作，对各国审计经验和学术交流都起到了重要的推动作用。

4.1.2 审计准则的结构内容

从现行世界各国的审计准则来看，其内容大体上包括一般准则、工作准则和报告准则三个部分。有些国家和国际组织所制定的审计准则虽然章节和标题不一，但主要内容都不外乎上述三大部分。西方国家民间审计的审计准则大都是以美国的审计准则为蓝本加以补充、修正而成的；民间审计国际组织和地区组织制定的审计准则，以国际会计师联合会的国际审计实务委员会制定的国际审计准则最具代表性。

1. 美国的民间审计准则

美国的民间审计准则称为《一般公认审计准则》，从1947年就开始研究和制定。它主要适用于民间审计所从事的财务报表审计。这个准则除为美国民间审计所遵循外，对民间审计领域以外的各种审计，对其他国家乃至国际审计准则的建立，都产生了巨大的影响。

早在1947年10月，美国注册会计师协会就提出了《审计准则试行方案》。在该方案中明确指出审计准则与审计程序的区别。审计程序是必须执行的，即必须实施的行为，而审计准则仅是关于实施行为质量的衡量尺度，以及运用审计程序必须达到的目标。这一准则在1954年进行了修订补充，形成了三部分，共10条。这10条一般公认审计准则一直沿用至今。审计准则的第一部分为一般准则，共3条，主要对人提出要求；第二部分为工作准则，共3条，主要是指出实施审计行为的准则；第三部分为报告准则，共4条，主要是对审计报告提出要求。

一般公认审计准则的内容如下：

（1）一般准则。

1）审计应由经过充分技术培训并精通审计实务的人员担任。

2）审计人员在执行工作时，必须保持独立的意志和态度。

3）在执行审计工作和撰拟审计报告时，应保持职业人员应有的严谨态度。

（2）工作准则。

1）审计工作必须妥善地进行计划安排，如有助理人员，必须加以监督和指导。

2）应适当地研究和评价现行的内部控制系统，以确定可资信赖的程度，并以此作为决定审计程序和测试范围的依据。

3）运用检查、观察、查询、函证等方法，以获取充分而确切的证据，作为对所审计的财务报表发表意见的合理根据。

（3）报告准则。

1）审计报告应说明财务报表是否按照一般公认的会计准则编制。

2）审计报告应说明本期所使用的会计政策是否与上期一致。

3）除非报告中另有说明，财务报表中所提供的资料应被视为合理和充分。

4）审计报告应就整个财务报表发表意见，或断然表明不能发表意见。如属后者，应说明理由。在任何情况下，财务报表一经审计人员签署，即应在报告中明确表示审计的性质与其所负责任的程度。

美国注册会计师协会根据《一般公认审计准则》的框架，至今已发布100多个具体审计准则。

2. 国际审计准则

第二次世界大战以后，国际经济进入一个新的发展阶段，国际商品、资金、技术、知识、劳动力、信息的交流达到了前所未有的规模，各国在经济上相互依存、相互促进的关系日益明显。经济关系的国际化使得民间审计走出国界，参与国际市场竞争。为了使审计报告和被审计的财务报表能够取得各有关国家社会公众的信任，需要协调审计准则和实务，消除各国审计准则和实务中的分歧，所以需要一套适用于各国的审计准则。为了适应这种新形势的需要，协调各国审计组织并组织处理国际审计问题，一些国际性组织开始着手研究制定国际审计准则，目前已取得的主要成果是国际审计准则。

国际审计准则为国际会计师联合会（IFAC）所颁布。国际会计师联合会是世界上的主要民间审计组织，成立于1977年10月7日，代表澳大利亚、加拿大、法国、日本、墨西哥、荷兰、菲律宾、爱尔兰等49个国家的63个职业审计团体。该协会下设国际审计实务委员会（现改为国际审计与鉴证准则理事会），代表联合会的理事会负责拟订并颁布国际审计准则。自1980年6月开始至今，已先后颁布了数十项国际审计准则文件。这些文件可分为一般准则、工作准则和报告准则三个部分。

（1）一般准则。一般准则是关于审计人员资格条件和执业行为的准则，主要包括以下几方面的内容：

1）对审计人员应具备的技术条件所作的规定。包括：专业知识——审计人员从事审计工作必须具备的学历和职业培训；实践经验——要求具有一定年限的工作经验并通过专门考试；工作能力——审计人员应具备的分析、判断和表达能力。

2）对审计人员应具备的身份条件所作的规定。主要是要求审计人员必须具备超然、独立的立场，在陈述与表达意见时持公正态度，等等。

3）对审计人员应具备的职业道德条件所作的规定。

（2）工作准则。工作准则是审计人员在执行财务报表审计过程中应遵守的准则，主要包括以下几方面的内容：

1）对规划审计计划所作的规定。包括：审计计划的可行性研究；审计的工作程序；审计的人员与工作分工，等等。

2）对确立审计范围所作的规定。包括：审计财务报表；了解被审计单位的环境；了解、研究内部控制系统，确定扩大、深入检查或采用其他审计方法的时间和范围，等等。

3）对获取审计证据所作的规定。包括：采用各种有效的方法以获取充分适当的证据；充分考虑审计对象的重要性、风险程度及其他影响因素，为审计财务报表和提出公正的审计意见提供合理的依据，等等。

4）对实施审计行为所作的规定。包括执行审计的必要条件和手续；实际执行的审计业务，等等。

在国际审计准则中，有关工作准则的说明和解释占了相当大的比例。工作准则涉及面广，执行起来弹性较大，因而往往需要根据不同的情况加以判断。

（3）报告准则。报告准则是审计人员编制审计报告、选择表达方式和记载必要事项的准则，主要包括以下几方面的内容：

1）对审计报告应记载事项的规定。

2）对发表审计意见的规定。

3）对补充记载事项的规定。

4）对审计报告报送对象及报送时间的规定。

国际审计准则任何时候都可以应用于民间审计的审计进程中。这就是说，在对任何单位的财务会计资料进行审计时，不论这个单位是否以盈利为目的，不论其规模大小，也不论其法定组织形式，凡进行的审计是以发表审计意见为目的的，均适合使用国际审计准则。在适当的情况下，国际审计准则也可应用于审计人员的其他有关活动。

21世纪初，出现了一系列上市公司财务欺诈案，投资者遭受重大损失，严重动摇了社会公众对民间审计组织和人员的信任。因此，世界银行及其他国际组织极力促使国际会计师联合会更加积极地关注公共利益问题，扮演监管角色，国际会计师联合会对此给予了积极的回应。2002年3月，国际会计师联合会将国际审计实务委员会改组为国际审计与鉴证准则理事会（International Auditing and Assurance Standards Board）。国际审计与鉴证准则理事会的目标主要包括：针对财务报表制定审计准则和指南，使其能够在世界范围内被注册会计师、政府、证券监管者等所接受，从而加强公众对全球审计职业的信心；针对财务信息和非财务信息制定鉴证准则；发布关于审计和鉴证业务的其他文告，促使公众了解注册会计师的作用和责任。

国际审计与鉴证准则理事会已将审计纳入鉴证业务，将注册会计师的业务分为鉴证业务和相关服务。鉴证业务的对象主要包括财务报表和财务信息、非财务信息、系统与过程、行为等。针对财务报表的鉴证业务，有财务报表审计和审阅业务；针对财务信息的鉴证业务，有财务信息审阅和复核业务。上述业务提供的保证程度有所不同，审计提供的保证程度最高。相关服务针对的对象是财务信息，包括商定程序以及信息编制业务，两者不提供鉴证意见。为了重树社会公众对注册会计师行业的信心，降低审计风险，提高审计质量，国际审计与鉴证准则理事会正在修订和起草一系列审计准则。

4.1.3 中国注册会计师执业准则

我国的注册会计师执业准则作为规范注册会计师执行业务的权威性标准，对提高注册会计师的执业质量，降低执业风险，维护社会公众利益具有重要的作用，其建设经历四个阶段。

1. 制定执业规则阶段（1991—1993年）

中国注册会计师协会成立后，非常重视执业规则的建设。1991—1993年，先后发布了《注册会计师检查验证会计报表规则（试行）》等7个执业规则。这些执业规则对我国注册会计师行业走向正规化、法制化和专业化起到了积极作用。

2. 建立审计准则体系阶段（1994—2005年）

1993年10月31日，第八届全国人民代表大会常务委员会第四次会议通过《中华人民共和国注册会计师法》，规定中国注册会计师协会依法拟订执业准则、规则，报国务院财政部门批准后施行。经财政部批准同意，中国注册会计师协会自1994年5月开始起草独立审计准则。

到2005年，中国注册会计师协会先后制定了6批独立审计准则，包括1个准则序言、1个独立审计基本准则、28个独立审计具体准则和10个独立审计实务公告、5个执业规范指南，此外，还包括3个相关基本准则（职业道德基本准则、质量控制基本准则和后续教育基本准则），共计48个项目。

3. 与国际审计与鉴证准则趋同阶段（2006—2010年）

为完善中国注册会计师执业准则体系，加速实现与国际审计与鉴证准则趋同，中国注册会计师协会遵循科学、民主、公开的准则制定程序，经过艰苦而卓有成效的工作，拟订了22项新准则，并对26项已颁布的准则进行了必要的修订和完善，已于2006年2月15日由财政部发布。这48个准则项目已自2007年1月1日起在所有会计师事务所施行。这些准则的发布标志着我国已建立起一套适应社会主义市场经济发展要求，顺应国际趋同大势的中国注册会计师执业准则体系。

4. 与国际审计与鉴证准则全面趋同阶段（2012年开始）

中国注册会计师审计准则体系自2007年正式实施以来，总体运行情况良好。但由于当前审计环境发生了重大变化，注册会计师审计实务面临一些新问题和新困难。同时，我国执业准则也需要和国际准则实行持续全面趋同。中国注册会计师协会2009年开始着手研究并启动中国审计准则的修订工作。2010年11月1日，由财政部发布修订后的38项中国注册会计师执业准则，并自2012年1月1日起施行。

为了提高注册会计师审计报告的信息含量，满足资本市场改革与发展对高质量会计信息的需求，保持我国审计准则与国际准则的持续全面趋同，2016年12月23日财政部发布了《中国注册会计师审计准则第1504号——在审计报告中沟通关键审计事项》等12项准则。对于A＋H股公司出具的审计报告，应于2017年1月1日起执行本批准则。对于股票在沪深交易所交易的上市公司其财务报表审计业务，应于2018年1月1日起执行本批准则。对于股票在全国中小企业股份转让系统公开转让的非上市公众公司（新三板公司）中的创新层挂牌公司、面向公众投资者公开发行债券的公司，其财务报表审计业务应于2018年1月1日起执行本批准则。

在审计与鉴证准则的内容上，我国审计与鉴证准则体系充分采用了国际审计与鉴证准则所有的基本原则和核心程序，在审计的目标与原则、风险的评估与应对、审计证据的获取和分析、审计结论的形成和报告，以及注册会计师执业责任的设定等所有重大方面，均与国际审计与鉴证准则保持一致。

4.1.4 中国政府审计准则

中国政府审计准则的研究和制定始于20世纪90年代。1996年审计署发布了38个审计规范，2000年审计署修订、发布了《中华人民共和国国家审计基本准则》和一系列通用审计准则、专业审计准则，2004年审计署颁布了《审计机关审计项目质量控制办法（试行）》。

这一时期，政府审计准则体系由一个政府审计基本准则、若干个通用审计准则和专业审计准则构成。这种体系结构比较零散，相关准则间的内容存在交叉，不利于审计人员系统学习和掌握。

2010年9月，审计署审计长刘家义签署第8号中华人民共和国审计署令，公布新修订的《中华人民共和国国家审计准则》。修订后的《中华人民共和国国家审计准则》

包括总则、审计机关和审计人员、审计计划、审计实施 、审计报告、审计质量控制和责任、附则，共七章。修订后的国家审计准则于 2011 年 1 月 1 日起施行。

此次修订，将原有政府审计基本准则和通用审计准则规范的内容统一纳入政府审计准则，形成一个完整单一的政府审计准则。在政府审计准则下研究开发政府审计指南，进一步细化相关审计业务操作的具体要求。

4.1.5 中国内部审计准则

中国内部审计协会自成立以来，致力于内部审计工作的规范化和法制化，不断研究和探索建立中国内部审计准则体系。

2003 年 3 月 4 日，审计署发布了新的《关于内部审计工作的规定》，要求中国内部审计协会、各企事业单位及社会团体自 5 月 1 日起遵照执行。根据这个规定和《审计法》及相关法律法规，中国内部审计协会组织有关方面的专家、内部审计实务工作者、法律工作者，制定了一套既符合国际内部审计惯例，又适合中国国情的内部审计准则。

近年来，国际内部审计师协会（IIA）根据内部审计实务的最新发展变化，多次对内部审计实务框架的结构和内容进行更新和调整。这些修订和完善充分反映了内部审计发展的最新理念，更加重视内部审计在促进组织改善治理、风险管理和内部控制中发挥作用，以及重视内部审计的价值增值功能等。为此，中国内部审计协会根据中国内部审计的发展情况和国际内部审计的发展变化情况，对以前发布的中国内部审计准则做了大规模的修订、补充和完善，于 2013 年 8 月发布了新的《中国内部审计准则》体系，该准则体系自 2014 年 1 月 1 日起施行。修订后的《中国内部审计准则》体系由内部审计基本准则、内部审计人员职业道德规范、具体准则、实务指南构成。

中国内部审计协会在发布了新的《中国内部审计准则》体系后，近年来，陆续发布了经济责任审计、审计档案、内部审计外包管理等方面的具体审计准则和审计报告指南、经济责任审计指南等应用指南，极大丰富了内部审计执业规范。

4.2 审计依据

审计是一项客观、公正的工作，提出审计意见，作出审计结论，必须有明确的依据。审计依据是提出审计意见、作出审计结论的衡量尺度。有依据的审计意见和结论才能令人信服，才能被社会公众所接受。

4.2.1 审计依据的含义

所谓审计依据，是指对所查明的被审计单位的行为和事实做出判断的根据，是据以作出审计结论、提出审计意见的标准。

审计依据与审计准则是两个既有联系又有区别的概念。审计准则解决如何进行审计的问题，是审计人员行动的指南和规范；审计依据则解决审计人员根据什么标准去判别被审计单位的财务状况、经营成果和现金流量的合法或非法、公允或非公允，并据以作出审计结论、提出审计意见和建议的根据。

在整个审计工作过程中，都存在一个评价判断问题，特别是在审计工作从实施阶段转入完成阶段，必须对被审计单位的经济活动及其结果进行评价、判断，作出结论，提出有益的意见和建议。在审计实施阶段，按照审计准则的要求，把被审计单位的被审计项目、问题和情况查实了、查清了，证据确凿了，如何对这些查清、查实了的被审计事项进行评价，判断它们是否真实、合法、合理，是否有效及有效的程度，这就必须有一套合适的审计依据。审计人员根据审计依据提出审计意见，作出审计结论，才能令人信服，取信于社会公众，才能提高审计组织和审计人员的威望，有利于审计事业的发展。因此，审计人员在实施审计行为时，除了要根据审计准则进行审计工作之外，还需要一套科学、合理的审计依据。

目前，我国财政财务审计的依据比较明确，经济效益审计和经济责任审计的审计依据正在探索之中。开展财政财务审计，审计人员在审计工作结束时对被审计单位的财务报表及其反映的财务收支和经济活动的合法性、公允性作出评价判断时，必须有一套判断是非、高低、优劣、合法与非法的标准。经济活动是错综复杂的，审计依据也应是多方面的，如会计准则是判断财务报表和会计记录公允性、合法性的依据；各项财经法规是评价经济活动合法性的依据；各种经济指标如资产负债率、流动比率、速动比率、资本金利润率等，是评价企业偿债能力和盈利能力等财务状况优劣的依据。由此可见，审计依据对于被审计单位进行客观地判断和评价，具有重要的意义。

4.2.2 审计依据的种类

由于审计的目的不同，各种类型的审计所遵循的审计依据也不相同。不同种类的审计依据有不同的用途，进行适当的分类，有利于审计人员选用。

审计依据可以按不同标志进行分类。如按其来源，可分为被审计单位自己制定的审计依据和外部单位制定的审计依据；按其性质、内容，可分为宪法、法律、法规、政策，规章制度，预算、计划、经济合同，业务规范、技术经济标准等。但是，从审计实践看，审计依据主要是按审计目的进行分类，可以分为评价经济活动合法性的审计依据、评价经营管理活动效益性的审计依据和评价内部控制系统有效性的审计依据。

1. 评价经济活动合法性的审计依据

（1）国家颁布的法律和各种财经法规。法律是指由国家立法机关颁布的，由国家强制执行的行为规则。在我国，用作审计依据的主要有民法、经济合同法、涉外经济合同法、外商投资企业法、各种所得税法、会计法、公司法、企业破产法、民事诉讼法等。此外，还有企业会计准则等国务院及其所属部门颁发的规范性文件。国际机构制定的各种适用的经济法规则是涉外经济审计的重要审计依据。

（2）地方和主管部门颁布的财经法规。地方财经法规是由地方各级立法机构和人民政府依照国家颁布的经济法规，结合本地区的实际情况加以制定的；国务院各主管部门和地方各级主管部门，也可根据本部门的实际情况制定有关的经济政策、指示和规定。这些都可以作为审计的依据。

（3）规章制度。规章制度包括两种：一种是政府主管部门和上级单位制定的规章制度，如行业性的财务管理制度及各种管理办法等；另一种是被审计单位根据国家财经法规、地方财经法规并结合本企业生产经营管理的特点自行制定的规章制度。这些也是审计依据的重要组成内容。

2. 评价经营管理活动效益性的审计依据

除合法性审计外，现代审计的另一个重要活动领域是对被审计单位的经营管理活动的效益性进行评价。这方面的审计依据主要有：

（1）可比较的历史数据。可比较的历史数据包括两种：一种是反映被审计单位经营管理活动效益性的历史数据，如资本金利润率、存货周转率、应收账款回收率等，可以用作判断和评价被审计期间经营管理活动效益性好坏的依据；另一种是与被审计单位同行业中的经营性质、规模与其相近的单位的历史数据，可以将可比较单位的有关资料和数据作为判断和评价被审计单位经营管理活动效益性好坏的重要依据之一。

（2）计划、预算和经济合同。被审计单位编制的计划和预算、被审计单位与其他单位签订的经济合同等的完成与否，都是判断被审计单位经济管理活动效益性好坏的重要依据。

（3）业务规范、技术经济标准。被审计单位制定的原材料消耗定额、能源消耗定额、工时定额、生产设备利用定额、废品率、各种技术标准、产品质量标准等，都可以作为判断和评价被审计单位经营管理活动效益性的重要依据。

3. 评价内部控制系统有效性的审计依据

审计人员在进行审计时，要审查和评价被审计单位的内部控制系统的有效性，这是现代审计的一个重要特征。评价内部控制系统有效性方面的审计依据主要有：

（1）内部管理控制制度。内部管理控制制度是指根据规定的经营方针，为合理有效地进行经济活动而建立的各种控制制度，主要包括预算控制制度、信息管理制度、责权控制制度等。这些制度是否科学有效地实施，是评价内部控制系统有效性的重要依据。

（2）财务报告内部控制制度。建立财务报告内部控制制度，设置凭证的传递程序、账簿的核对制度、实物的盘点制度等，这些都是为了保证财务报告资料的正确性和可靠性而建立的控制制度。这些制度是评价内部控制系统有效性的又一重要依据。

（3）内部审计制度。内部审计具有控制的功能，它既要检查和评价其他各项内部控制要素的质量与效果，同时它本身又作为整个内部控制系统的一个组成部分，与其他各项内部控制一起，共同实现内部控制的各项目标。因此，内部审计制度也成为评价内部控制系统有效性的依据。

4.2.3　审计依据的特点

审计依据既不是捉摸不定的，又不是固定不变的。在一定的时间、地域和范围内，它是明确的和可行的，但审计依据会随着形势的发展、时间的推移和环境的变化而发展变化。因此，掌握审计依据的特点，有利于更好地开展审计工作。审计依据的特点主要有：

1. 层次性

根据适用范围和效力大小、制定单位管辖区域的大小，审计依据具有不同的层次，顺序如下：

（1）党和国家颁布的法律、法规，如法律、条例、政策部署等；

（2）国务院各部门颁布的各种规章和制度；

（3）地方各级人民政府制定和颁发的地方性法规等；

（4）被审计单位上级主管部门制定的规章制度，下达的计划和提出的技术经济指标等；

（5）被审计单位的股东代表大会、董事会等所作的决议，以及本单位各职能部门所制定的规章制度，作出的计划和决议。

从法规和规章制度的制定过程来看，低层次的法规、制度不能违反高层次的法规，只能在高层次法规原则规定的基础上，结合本地区和本部门的具体情况加以补充和具体化。这就是说，法规的层次越高，其覆盖面就越大，而层次越低的法规和制度等，其具体适用性却越强。因此，审计人员应注意尽量完整地收集有关被审计单位的具体法规和规章制度，这样有利于正确地判断所查明事实的是非曲直。但如遇低层次的规定与高层次的规定相抵触时，则应以高层次的规定为准，作出评价和判断。

2. 相关性

审计依据的相关性，是指审计依据要与审计结论相关联，审计人员可以利用审计依据提出审计意见和建议，并作出审计结论。审计依据的相关性是由审计工作的本质特性所决定的。因为审计工作的目的是对被审计单位所承担的受托经济责任作出评价，如果审计依据不利于审计人员评价受托经济责任，与审计结论无关，审计依据就失去了意义。因此，审计人员选用审计依据，一定要与作出的审计结论以及提出的审计意见和建议密切相关。如果有多种审计依据可供选择时，必须认真分析，深入解剖矛盾，抓住主要矛盾和矛盾的主要方面，选用最能揭示被审计单位有关事项本质的作为审计依据。

3. 时效性

各种审计依据都有一定的时效性，不是任何时期和任何条件下都能适用的。作为经济业务行为规范的各种审计依据，属于上层建筑的范畴。上层建筑要适应经济基础的不断发展变化而相应发展变化，各种审计依据就不可能是一成不变的，必须随着时间的推移而加以修订和变更。作为经济业务技术规范的各种审计依据，也会随着科学技术水平的发展而发生变化。这就要求审计人员在从事业务活动中，要密切关注各种审计依据的变化，注意其时效性，切忌用旧的审计依据来否定现行的经济活动，也不能用新的审计依据来否定过去的经济活动。

4. 地域性

从空间上看，许多审计依据还要受到地域的限制。各个国家的社会经济制度和生产力发展水平不同，其审计依据的内容当然各不相同。因此，我们不能不加分析地照搬别国的审计依据。即使在国内，不同地区、不同行业部门的发展水平也不尽相同，各地区、各行业部门都根据自己的实际情况和特点，制定了只适用于本地区、本行业部门的政策和规章。因此，不同地区、不同行业部门的审计依据也不会完全相同。所以，审计人员在进行判断时，应当注意到地区和行业的差别，要以该地区、该行业的有效法令、规定、技术标准等为根据，作出审计结论，提出审计意见和建议。

4.2.4 运用审计依据的原则

审计人员选用审计依据时，除应注意审计依据的层次性、相关性、时效性和地域性等特点外，还应注意掌握下列各项原则。

1. 具体问题具体分析的原则

在社会主义市场经济条件下，企业经济活动日益多样化和复杂化，合法的经济活动不一定是合理的；反之，有些突破了现有规章制度的合理的改革措施可能是不合法的。所以，审计人员选用审计依据时，必须从实际出发，具体问题具体分析，作出客观公正的评价。在遇到问题时，应坚持三个原则：

（1）有法依法。有法律法规作为审计依据的，应该严格依法，这是不容置疑的。

（2）无法可依从理。没有法律法规作为审计依据的，要重视一些经济行为的合理性和创造性的依据。判断一个单位的经济行为是否合理，应看其是否符合科学发展的大方向，是否促进了生产的发展和经济效益的提高。

（3）地方法规与国家法规发生矛盾时要慎重处理。正常情况下，应将国家法规作为最主要的审计依据。如当地方法规与国家法规不一致时，应贯彻凡是符合改革精神，有利于促进地区经济繁荣，有利于调动各方面的积极性，而对宏观经济、全局利益又无妨碍的地方法规应作为审计依据的原则；凡是违背国家法规、损害国家利益或侵犯企业合法权益的要坚决抵制。

2. 辩证分析问题的原则

企业经济活动是错综复杂的，经济情况也是瞬息万变的，影响经济活动的因素是多方面的、可变的。对某项被审计的经济活动，如果几种审计依据均适用，就要认真仔细地进行研究，辩证地分析问题，分析该项经济活动的主要影响因素和主要影响因素的主要方面，并分析该经济活动的结果和影响，要善于抓住主要矛盾，把握问题的实质，然后决定选用哪一项审计依据，并据以提出审计意见和建议，作出审计结论。

3. 利益兼顾原则

在运用审计依据时，要贯彻利益兼顾的原则，全面地分析问题。利益兼顾原则主要包括：

（1）国家、企业和个人利益兼顾。在审查评价被审计单位受托经济责任时，选择审计依据必须坚持国家、企业和个人利益兼顾的原则，维护各方的合法权益，处理好各方面的经济利益关系。为此，对企业单位自己制定的审计依据，就应进行适当选择，如果审计依据有弹性时，也要注意掌握分寸。

（2）眼前利益与长远利益兼顾。选用审计依据，不能只考虑眼前利益，还要考虑长远利益。如在选用成本、费用开支标准和利润分配时，不能只考虑目前的经济利益，还要考虑企业今后的发展和增强企业实力。只有处理好眼前利益和长远利益之间的关系，才能保证企业的发展和职工的长远利益，才能使企业更好地发展。

（3）企业经济效益与社会效益兼顾。在评价企业利润完成情况时，不能只考虑企业销售利润率、资本金利润率和成本费用利润率，还应考虑使企业利润增加的营业项目和生产的产品是否有社会效益。因此，在选用审计依据时，不能机械地照搬，而应考虑企业经济效益与社会效益相结合的原则。

4. 真实可靠原则

审计依据必须真实可靠，数字要准确，凡是引用的数字，一定要经过亲自核对，切忌照抄照搬；凡列举的技术标准，必须查证核实，均有文件资料，切勿主观推测；对于内部管理控制的各项制度，要深入查对，如无真凭实据，均不能作为审计依据；凡是法律法规，一定要找到原文，认真领会其精神，并抄录文字，切不可断章取义，盲目推论；一般的决议、指示等，如有必要还要复印列示于审计工作底稿中。

总之，合理地运用审计依据，对于作出客观公正的评价和正确的结论，对于促进审计质量的提高，都有重要的意义。否则，审计依据运用不当，将会造成判断失误、结论错误，影响审计工作质量。

习　题

思考题

1. 审计工作为什么要执行审计准则？审计准则的作用有哪些？
2. 审计准则应包括哪些内容？不同审计种类的审计准则是否相同？
3. 审计依据有哪些特点？
4. 运用审计依据的原则有哪些？

案例分析题

1. 成爱会计师事务所是依托成功集团设立的一家具有从事证券、期货业务许可证的会计师事务所，其主任会计师刘某两年前担任成功集团审计部主任。成爱会计师事务所2018年与成功集团签署了战略合作协议，协议内容包括：

（1）成功集团及其下属公司的年度财务报表的审计业务全部由成爱会计师事务所承办。为节省审计费用，审计程序可由集团内部审计实施，成爱会计师事务所负责出具审计报告。

（2）成爱会计师事务所与集团审计部建立长期业务合作关系，双方可互相帮助支持。审计部介绍集团系统外的业务成功后，会计师事务所应至少聘用三名审计部的人员共同组成审计小组，并向审计部支付该项业务收入30%的专家费。

（3）成爱会计师事务所应参加审计部每年的内部审计工作，做到随叫随到，其主任会计师刘某担任审计部的高级顾问。

（4）成爱会计师事务所在业务繁忙，人手、经验不足时，应优先安排审计部人员参加。

（5）集团审计部的三名原具有执业资格的注册会计师由成爱会计师事务所负责年检，仍应在审计部工作，对外挂牌为事务所的业务五部。

要求：请根据上述资料，简要回答成爱会计师事务所与成功集团签署的战略合作协议是否合法合规并说明理由。

第5章

审计证据和审计工作底稿

审计的整个工作过程，就是收集审计证据，并根据审计证据形成审计结论和审计意见的过程。因此，收集、鉴定和综合审计证据，是审计工作的核心。审计工作底稿则是审计过程和结果的书面证明，也是汇集审计证据和编写审计报告的依据。

5.1 审计证据

5.1.1 审计证据的含义和特性

1. 审计证据的含义

审计证据是审计人员在审计过程中采用各种方法获取的真实凭据，用于证实或否定被审计单位财务报表所反映的财务状况以及经营成果的合法性和公允性的一切资料。

审计证据是审计理论的一个重要组成部分，它是指审计人员在审计过程中，取得的可为自己对被审计单位的评价和审计结论提供证明的一系列事实凭据和资料。审计人员对被审计单位的财务报表及其反映的经济活动所做的分析、判断和评价，不仅要依靠各种审计依据，而且必须依靠一定的事实凭据，这种证据来源于公司经济行为本身，反映着公司经济活动的客观事实。

审计人员实施审计工作的最终目的是根据充分、适当的审计证据对被审计单位所负的受托经济责任发表意见。而审计人员发表的意见要令人信服，必须有充分、适当的证据作为根据。从一定意义上讲，审计证据是审计成败的关键。因为没有证据就没有发言权，审计意见也就无从谈起，所以，实施审计的过程实质上就是收集和评价审计证据的过程。审计人员运用适当的审计程序，采用各种审计方法无非都是围绕着收集审计证据这一目的进行的。通过审计证据的收集和评价以证明被审计单位财务报表的合法性和公允性，证明经济活动的合理性和效益性，并证明审计人员所作结论和所提意见的正确性。总之，审计证据是做好审计工作，合理提出审计报告，达到审计目标的重要条件。

2. 审计证据的特性

审计人员对被审计单位所作出的评价和所提出的审计结论是否客观、公正，取决于是否取得具有说服力的充分的审计证据。可见，为了正确评价被审计单位的受托经济责任，审计人员必须注重审计证据，这是审计人员的重要职责。能够作为审计证据的，必须具有以下特性：

（1）审计证据的客观性。审计证据的客观性是指审计证据是客观事实的真实反映，不能是臆断、猜测、估计、虚构的主观产物。作为审计人员发表审计意见的审计证据，应该保证其本身必须是客观存在的经济事实，它的来源是可靠的，不以人的意志为转移，那种凭主观臆断、推理、猜测和想当然的资料都不是独立存在的客观事物，不能作为审计证据。审计证据的客观性是审计证据能够胜任其佐证审计报告和审计意见的先决和必备的条件。

（2）审计证据的相关性。审计证据的相关性是指用作审计证据的事实凭据和资料必须与审计目标和应证事项之间有一定的逻辑关系。能够胜任审计证据的先决条件是审计证据的客观性，但并不是所有的客观真实的资料都能作为审计证据。事实和资料的客观性仅仅为成为审计证据提供了可能性，而成为审计证据的必要条件则是事实和资料与应证明的审计事项有着必然的联系。在审计工作中，真实客观的事实和资料有些是与审计事项相关联的，有些则与审计事项毫无联系。如果把与审计事项不相关，或者形式上有联系实际上不具备相关性的事实和资料作为审计证据，就可能导致审计人员判断上的错误，作出缺乏公允性的审计结论，甚至产生更严重的后果。因此，只有把与审计事项存在内在联系的证据作为审计证据，才能反映审计事项的真实情况，有利于作出正确的审计结论。

（3）审计证据的合法性。审计证据的合法性是指审计人员必须依照审计准则和有关法规规定的审计程序收集审计证据。有些经济事实和资料，虽然能证明其客观性，并与审计事项具有相关性，但未依照规定的审计程序收集和取得时，均不能作为审计证据。在审计工作中规定必要的审计程序，是取得合法性审计证据的保证。

审计证据的上述三个特性必须同时具备，才能帮助审计人员对种类繁多的经济事实和资料作出正确的判断，防止主观性和片面性。

5.1.2 审计证据的分类

审计证据分类的目的，在于找出更合理、更有效、更具有证明力的证据，以达到较好的证明效果，从而有利于审计工作的顺利完成。审计证据按照不同的标准，可以进行多种分类。

1. 按审计证据的表现形态分类

按审计证据的表现形态分类，可以分为实物证据、书面证据、口头证据和环境证据。

（1）实物证据。实物证据是指以实物的外部特征和内含性能来证明事物真相的各种财产物资。实物证据主要用以查明实物存在的实在性、数量和计价的正确性，如现金、存货、固定资产、在建工程等。实物证据的存在本身就具有很大的可靠性；所以实物证据具有较强的证明力。但应防止伪造和混淆实物证据，如核实物资的所有权是否转移，有无外单位寄存的材料、产品等物资，以及有无经营租入的固定资产等情况。

（2）书面证据。书面证据是以文字记载的内容来证明被审计事项的各种书面资料。如有关被审计事项的会计凭证、会计账簿和财务报表以及各种会议记录和合同，等等。审计工作过程中，收集得到最多的就是书面证据。书面证据的来源比较广泛，有由被审计单位以外的单位所提供，且直接送交审计人员的书面证据，如询证函等；由被审计单位以外的单位提供，但为被审计单位所持有的书面证据，如银行对账单、各种发票等；被审计单位自行编制并持有的书面证据，如工资发放表、会计记录、被审计单位声明书等。对这些书面证据，需要进行整理归类，其效用也需要进一步证实。

（3）口头证据。口头证据是指以视听资料，证人证词，有关人员的陈述、意见、说明和答复等形式存在的审计证据。它是以知情人陈述的事实来证明审计事项的真相。一般情况下，口头证据本身并不足以证明事物的真相，但审计人员往往通过口头证据发掘出一些重要线索，从而有利于对某些情况和事实作进一步的调查，以收集到其他更为可靠的审计证据。

（4）环境证据。环境证据是指对审计事项产生影响的各种环境事实。如当审计人员获知被审计单位有着良好的内部控制系统，并且日常经营管理又一贯严格遵守各项规定时，就可认为被审计单位现行的内部控制系统为财务报表项目的合法性、公允性提供了强有力的环境证据。环境证据一般不属于主要的审计证据，但它有助于审计人员了解被审计单位、被审计事项所处的环境，是进行判断所必须掌握的资料。

2. 按审计证据的相关程度分类

按审计证据的相关程度分类，可以分为直接证据和间接证据。

（1）直接证据。直接证据是指对审计事项具有直接证明力，能单独、直接地证明审计事项真相的资料和事实。如在审计人员亲自监督实物和现金盘点情况下的盘点实物和现金的记录，就是证明实物和现金实存数的直接证据。审计人员有了直接证据，无须再收集其他证据，就能根据直接证据得出审计事项的结论。

（2）间接证据。间接证据又称旁证，是指对审计事项只起间接证明作用，需要与其他证据结合起来，经过分析、判断、核实才能证明审计事项真相的资料和事实。如应证事项是销售收入的公允性，就应收账款而言，虽然应收账款是与销售收入相关的资料，但仅凭应收账款还不能证明销售收入的合法性和公允性，还须结合销售合同、产成品出库单和运输单据等证据，所以应收账款是对销售收入合法性和公允性证明的间接证据。

在审计工作中，单凭直接证据就能直接影响审计人员的意见和结论的情况并不多见。一般情况下，在直接证据以外，往往需要一系列的间接证据才能对审计事项作出完整的结论。当然，直接和间接是相对的，仍以凭证为例，凭证对于财务报表是间接证据，而对于会计账簿则是直接证据。

3. 按获取审计证据的来源分类

按获取审计证据的来源分类，可以分为自然证据和加工证据。

（1）自然证据。自然证据是指审计人员在其审计过程中获得的不需要加工的资料和事实。自然证据既可以从被审计单位内部获得，如被审计单位的会计凭证、会计账簿、财务报表和记录等，又可以从被审计单位以外的单位或个人获得，如向外询证的答复资料和购货发票等。

（2）加工证据。加工证据是指审计人员在审计过程中亲自对书面证据、实物证据等进行分析、整理、归类和制作所形成的较系统和明晰的资料，如应收账款函证回函表、审计差异调整表等。加工证据的可靠性和证明力比较强，也无须再作过多的检查和验证。但是，加工证据也不可避免地存在着人为的不确定性，审计证据的质量主要取决于审计人员的业务水平和判断能力。

审计人员在审计过程中可以得到许多自然证据，但往往不足以使其对一些审计事项作出判断并提出意见。在这种情况下，审计人员设法形成更多的加工证据，以对审计事项作出判断，避免使审计意见由于缺乏足够的证据而失去公允性。

4. 按审计证据的重要性分类

按审计证据的重要性进行分类，可以分为基本证据、辅助证据和矛盾证据。

（1）基本证据。基本证据是指对审计人员形成审计意见、作出审计结论具有直接影响的审计证据。如证明被审计单位财务状况好坏时，被审计单位的财务报表、会计账簿等就是基本证据。审计人员如果离开了基本证据，就无法提出审计意见和作出审计结论。

（2）辅助证据。辅助证据是作为基本证据的一种必要补充，补充说明基本证据的证据。如要证明账簿记录的真实性，各种记账凭证是基本证据。而附在记账凭证后面的各种原始凭证，是编制记账凭证的依据，它们补充说明记账凭证来证明账簿的真实性，因而它们是辅助证据。

（3）矛盾证据。矛盾证据是指证明的方向与基本证据相反，或证明的内容与基本证据不一致的证据。如被审计单位财务报表上的“固定资产”是 10 亿元，而会计账簿上的“固定资产”只有 9 亿元，那么“固定资产”会计账簿就是财务报表的矛盾证据。遇有矛盾证据，审计人员必须进一步收集审计证据，并加以深入分析和鉴定，以肯定或否定审计证据间的矛盾。

5.1.3　审计证据的收集

审计的主要工作是通过实质性测试来收集和整理审计证据，以此作为审计人员对被审计单位财务报表发表审计意见的基础。因此，收集审计证据是审计工作的核心，也是考核审计工作质量的重要环节，关系到审计工作的成败。

收集审计证据的途径很多，常见的有以下几种。

1. 监盘

监盘是指审计人员通过实地监督盘点取得审计证据。如审计人员对库存现金、材料、固定资产等实物的监盘，确定其实有额，证明账实相符情况。这是取得实物证据最有效的途径。

监盘是收集审计证据的重要途径，但也有其局限性，它只能对实物资产是否确实存在提供有力的审计证据，并不能保证被审计单位对该资产拥有所有权，也不能对该资产的价值和完整性提供审计证据。

2. 观察

观察是指审计人员亲赴现场，对被审计单位的环境状况和实施状况进行实地观察，从而取得审计证据。常用于对生产经营管理、财产物资保管、内部控制系统的遵守执行、资源的利用、劳动效率和工作纪律等情况的观察。审计人员通过亲眼看见的事实，可以获得较为可信的审计证据。

3. 询问

询问是指审计人员以书面或口头方式，向被审计单位内部或外部的知情人员获取财务信息和非财务信息，并对答复进行评价的过程。口头询问时，审计人员应作书面记录，并要求被询问人员签字作证。

4. 函证

函证是指审计人员为获取审计证据而向被审计单位以外的第三者发函，要求对方回函确认被审计单位的某一账户金额或某一笔业务是否正确真实的一种取证途径。

采用函证收集审计证据时，审计人员应事先考虑一个详尽的函证提纲，做好充分准备。对于函证，应要求对方将书面答复签章后直接寄给审计人员。

5. 检查

检查是指审计人员通过对被审计单位的书面资料和有形资产的审阅和复核，而获得审计证据的途径。在实际工作中，检查包括检查记录或文件和检查有形资产。

检查记录或文件是指审计人员对被审计单位内部或外部生成的，以纸质、电子或其他介质形式存在的记录或文件进行检查。检查记录或文件可提供可靠程度不同的审计证据，审计证据的可靠性取决于记录或文件的来源和性质。

检查有形资产是指审计人员对资产实物进行检查。检查有形资产可为其存在性提供可靠的审计证据，但不一定能够为权利和义务或计价认定提供可靠的审计证据。

6. 重新计算

重新计算是指审计人员对被审计单位的原始凭证及会计记录中的数据进行的验算或另行计算。一般而言，重新计算不仅包括对被审计的会计凭证、会计账簿和财务报表中有关数字的验算，而且包括对会计资料中有关项目的加总或其他运算。

7. 重新执行

重新执行是指审计人员以人工方式或使用计算机辅助审计技术，重新独立执行作为被审计单位内部控制组成部分的控制程序或控制流程。

8. 分析程序

分析程序是指审计人员对财务报表和其他会计资料中的重要比率或金额及其变动趋势进行分析、研究，并对发现的异常项目及异常变动进行调查，以获取审计证据。分析的内容主要包括：将本期与上期或前期的会计数据进行比较；将实际数与计划数或同行业平均数进行比较；对财务报表各重要项目间的关系进行分析，等等。分析程序贯穿于审计人员收集审计证据的整个过程。

审计证据是用来对审计事项作出审计结论的事实和资料。这些事实和资料必须在作出审计结论之前收集齐全。此外，收集审计证据时必须注意审计证据的目的性。

5.1.4　审计证据的鉴定

审计人员采取一定方法取得审计证据以后，接下来的工作是如何根据审计目标选择适当的审计证据，也就是要对审计证据的强弱作出鉴定。衡量审计证据强弱的标准主要有：

1. 审计证据的真实性

审计证据的真实性，主要是指审计证据所反映的内容是对客观存在的经济活动及其变化的真实描写。具体包括：

（1）审计证据必须是对经济活动完全真实的描写，不能在其中夹杂审计人员的主观意见。

（2）审计证据中的时间、地点、事实、当事人等都要正确无误。

（3）审计证据所描述的经济活动变化的环境、条件、因果关系也必须真实可靠。

（4）审计证据中各种数字、计量单位必须正确。

（5）审计证据的语言要求明晰、简洁。

2. 审计证据的重要性

审计证据的重要性是鉴定审计质量的一个重要标准。审计证据的重要性与该审计证据影响审计结论的程度有关，重要的审计证据能影响审计人员作出审计结论，不重要的审计证据则不会影响审计人员的审计结论，它也是审计人员决定审计证据取舍的标准。区分审计证据的重要性程度往往以价值（金额的大小）作为评价的依据。假如审计人员在对价值10万元的材料进行审查时，发现短缺的价值为50元，则通常认为这种情况是微不足道和不重要的，也不会影响审计人员关于存货管理的有关结论。事实上，价值的大小只是重要性的一个方面，并不是决定审计证据重要性的唯一因素。除价值因素之外，还应考虑审计证据本身的质量问题。审计证据的重要性是相对的，没有一个明确的划分标准可以告诉审计人员什么是重要的，什么是不重要的。鉴定审计证据是否重要的最高原则须视审计事项是否足以影响被审计单位财务报表使用者的判断而定。作为一个审计人员，应该了解哪些审计证据是重要的，哪些审计证据是不重要的。

3. 审计证据的可信性

审计证据因其来源不同其可信性也不一样，证据的可信性与提供证据的来源有关。审计证据的可信性包括两个方面的内容：一是审计证据的来源必须可靠；二是审计证据本身是确实可靠的。

通常确定审计证据的可信性有如下审计假定：

（1）来自独立第三方的审计证据，其所提供的可信性保证程度要比从被审计单位内部所取得的证据大得多，因为这种审计证据不受被审计单位的影响，被修改、加工、伪造的可能性较小。

（2）来自有效的内部控制系统的审计证据，其可信性程度要比来自无效的内部控制系统的审计证据更为可信。

（3）来自经过审计人员实地检查、观察、复核、调查等的第一手审计证据，其可信性比间接取得的审计证据要大。

（4）以文件记录形式存在的审计证据比口头形成的审计证据更可信。

（5）作为审计证据的原始文件要比复印本、草本更为可信。

4. 审计证据的充分性、适当性

审计证据的充分性是对审计证据数量的衡量，是指审计结论具有说服力而使人们完全相信（不存在任何怀疑）所需审计证据的数量。究竟需要多少审计证据才足够作为作出审计结论的依据？这在很大程度上取决于审计人员的主观判断和准备承担的审计风险。

审计证据的适当性是对审计证据质量的衡量，即审计证据在支持各类交易、账户余额、列报与披露的相关认定，或发现其中存在重大错报方面具有相关性和可靠性。

审计证据的充分性与适当性密切相关。审计人员所需获取的审计证据的数量不仅受到重大错报风险的影响，还受到审计证据质量的影响。重大错报风险越大，需要的审计证据可能越多；审计证据质量越高，需要的审计证据可能越少。对应证事项而言，仅仅靠获取更多的审计证据，可能仍然难以弥补审计证据质量上的缺陷。

审计人员应该明白，有些错误和舞弊是内部控制系统不能防止或觉察的，有些甚至是一般的审计程序也不能揭露的。为了克服不必要的审计风险，审计人员就必须收集足够多的审计证据，但这并不意味着审计证据的数量越多越好。在许多情况下，量多质低的审计证据和量少质高的审计证据所起的作用基本相同。在决定需要多少证据才是充分、适当的这个问题上，审计人员应掌握的界限是：必须获得充分的审计证据去满足一位明智的人所可能提出的一切合理的疑问。也就是说，审计证据的数量要达到能“胜过合理的怀疑”这样一种程度，这时可认为审计证据是充分、适当的。

5. 审计证据的证明力

审计证据的证明力是在上述真实性、重要性、可信性和充分性、适当性的基础之上形成的。审计证据的证明力不仅需要真实性，而且必须具备可信性、重要性、充分性和适当性。审计人员为支持其审计意见，就必须决定需要何种审计证据，这迫使审计人员首先应考虑审计证据证明力的强度。审计证据的种类是多种多样的，由于审计证据的种类不同，审计证据的证明力也不一样。即便是同一类审计证据，也会由于收集的目的及收集时的环境不同而使证明力存在差异。审计证据有直接的，也有间接的，证明力有强的，也有弱的。如果审计人员对证明力的差异不能加以正确鉴定，那么他所收集的审计证据有可能存在证明力不足的问题，因而也不能支持审计结论。因此，经验丰富、有能力的审计人员首先应该知道的是：对于审计事项，哪些审计证据具有较强的证明力，哪些审计证据的证明力是较弱的。审计人员的主要目标应放在收集证明力强的审计证据上。不仅如此，审计人员还应该对强弱不同的审计证据加以综合，既考虑作为审计证据的条件和取得的难易程度，又考虑审计事项的重要性和可信性及其他因素，使审计证据成为具有实质证明力价值的、有用的、综合性的审计证据。

一般来说，被审计单位对审计证据的支配力越小，其证明力越强；反之，对审计证据的支配力越大，其证明力就越弱。审计人员了解不同种类审计证据证明力的强弱，有助于其在选择审计证据时作出正确的判断。

6. 审计证据的经济性

从理论上讲，为了支持审计结论，审计人员应该取得足够具有说服力的审计证据。但从另一方面讲，审计人员不得不考虑审计证据的效用与收集、鉴定这些审计证据的成本之间的关系，这就是审计证据经济性的概念。有时往往考虑到由于收集和鉴定审计证据所需成本过高，审计人员不得不放弃“理想的审计证据”而代之以不很理想但仍可使用的证据。审计人员应该使用最有效又最经济的方法，从可以收集到的审计证据中挑选出合适的审计证据以支持其审计结论和审计意见。

审计证据的鉴定贯穿于审计工作的始终，从制定审计计划开始到发表审计意见、提出审计报告都有一个审计证据的鉴定问题。在制定审计计划时，审计人员首先应该了解审计目标，明确需要证明哪些事项，要证明这些事项需要什么类型的审计证据，需要多少审计证据，这样才能决定为收集这些审计证据应办理哪些审计手续，采取哪些审计程序。这种鉴定虽然是事前的，但仍然是必不可少的。审计的实施过程就是审计证据的收集和鉴定过程。当审计人员实施一定的审计程序并收集到关于审计事项的所有审计证据后，就应从真实性、重要性、可信性、充分性、适当性、证明力和经济性等各方面作出鉴定。鉴定的结果如果未达到上述标准，则应采取补充的或追加的审计程序并更改审计技术或扩大审计范围，直到取得具有足够证明力来支持审计结论的审计证据为止。在审计的完成阶段，在对审计证据进行鉴定的基础上，进一步对已收集的所有审计证据进行综合性的鉴定，通过综合鉴定，取得对被审计单位财务报表评价的客观依据。

5.2 审计工作底稿

5.2.1 审计工作底稿的含义

审计工作底稿，是指审计人员对制定的审计计划、实施的审计程序、获取的相关审计证据，以及得出的审计结论作出的记录。审计工作底稿是审计人员将在审计工作过程中所采用的方法、步骤和收集的用来证明审计事项真实情况的经济事实和资料，按照一定的格式编制的档案性原始文件。审计工作底稿是审计证据的汇集，可作为审计过程和结果的书面证明，也是形成审计结论的依据。

审计人员从接受审计任务，确立审计对象，到提出审计报告，要经历一个较长的过程。这一过程实际上就是收集审计证据，编制审计工作底稿，进而作出审计结论的过程。审计人员在审计过程中，都需要依照审计准则和法规规定的程序收集审计证据，审计证据的收集过程同时又是审计工作底稿的编制和整理过程。通过审计工作底稿的编制，把已收集的数量众多但不系统、没有重点的各种审计证据资料，完整无缺地、系统地和有重点地加以归类整理，经过审计人员适当的判断和推理，逐项验证审计结果，从而使审计结论建立在充分和适当的审计证据的基础之上。因此，开展审计工作都应该正确地编制审计工作底稿，这是高效率、高质量地完成审计任务的重要条件，也是审计人员业务素质和知识水平的具体体现。

5.2.2 审计工作底稿的作用

编制审计工作底稿，对审计人员执行审计任务，明确审计人员的责任，保证审计报告的质量具有十分重要的作用。

1. 有利于组织协调审计工作

审计人员在执行具体的审计业务时，审计工作小组内部均有明确的分工。如何在分工的基础上协调统一，提高审计工作小组的效率，圆满完成审计任务，关键在于编好审计工作底稿。审计工作小组的人员借助审计工作底稿，如实记录审查过程中出现的问题，可以提醒审计工作小组中其他成员注意；审计工作小组负责人借助审计工作底稿，可以掌握全组情况，协调小组的工作，使之顺利进行；审计组织的负责人借助审计工作底稿，可以了解各审计工作小组的工作进展情况，有利于全面、系统安排审计工作。编制审计工作底稿还有利于工作衔接。在执行审计业务过程中，有的审计人员由于特殊原因不得不中途停止工作，借助审计工作底稿，接替这一工作的审计人员就能较快地熟悉情况，避免人员变动影响整个审计工作计划的及时完成。

2. 有利于审计工作质量控制

审计人员执行审计业务，必须拟订审计计划，并根据审计计划调查和评价内部控制系统，有序地实施审计程序并充分指导和监督助理人员。但是，这一切只有在正确地编制审计工作底稿基础上才能完成。审计业务是否一开始就能按照审计计划执行，对审计人员的审计结论是否取得了必要、充分的证据，助理人员能否得到所指定的审计人员的有效指导和监督来正确执行其承担的业务等有关审计业务的所有问题，在审计工作底稿中都有明确记载。所以，审计人员可以根据审计工作底稿采取适当的措施控制审计工作质量，审计组织也可以根据审计工作底稿来检查审计工作质量，便于进一步提高审计工作质量。

3. 有利于考核审计工作业绩

审计工作底稿是审计工作情况的真实写照，通过对审计工作底稿的复核和检查，可以考核审计人员的工作业绩。对审计人员工作的评价，如果没有审计工作底稿，仅凭日常观察，甚至只凭印象，难免以偏概全，以致影响审计人员的积极性。编制审计工作底稿，审计组织的负责人就能据以对审计人员的工作业绩作出比较客观的评价。如考核审计人员的技术水平，审计组织负责人根据审计工作底稿，查阅其所使用的审计方法与采取的步骤、所发现的问题以及对问题的看法与建议等方面的记录，才有可能对其工作和能力作出比较客观的评价。如果审计人员在工作底稿中记载的问题不实，在追究责任时，也有一个客观依据。所有这些，审计工作底稿均有利于对审计人员工作业绩的考核，促使审计人员提高审计工作质量。

4. 便于编制、佐证和解释审计报告

审计人员提供的审计报告中所记载的任何事项都必须有审计工作底稿上所包含的

资料予以支持。审计工作底稿既是将审计人员的工作过程和审计报告联系起来的纽带，又是被审计单位的会计记录和审计报告之间的桥梁。审计报告记载着审计人员对被审计单位的财务报表及其反映的财务状况所作的审计结论和审计意见，不管是审计结论还是审计意见，都必须以充分和适当的审计证据作为根据，而这些审计证据均必须由审计工作底稿来提供。另外，审计报告的综合性和概括性的特征，决定了在审计报告中所揭示问题的陈述意见不可能非常详细具体，这就有必要借助审计工作底稿加以补充说明。审计工作底稿不仅可以佐证和解释审计报告所记载的事项，而且有利于审计人员编制审计报告。审计报告中所需的资料全部来自审计工作底稿，如果没有审计工作底稿，就很难编制出审计报告。

5. 便于制定以后各期的审计计划

审计工作底稿能提供永久性的历史记录以及采用过的审计程序和方法。在审计工作底稿中，既记录着审计人员所采用的具体方法与步骤，也收集了被审计单位的一些重要资料，如股权结构、职工编制、内部控制系统状况等。这些信息不仅对于同一性质的审计事项具有参考价值，而且可对该具体审计事项进行再次审计时提供指南，避免走弯路，便于掌握审计重点，提高审计工作效率。通常，被审计单位对审计组织审计业务的委托具有一定的连续性。因此，对某一被审计单位某一年度财务报表的审计所形成的审计工作底稿，能够为以后各期审计提供丰富的、具有重要参考价值的资料，作为制定以后各期审计计划的参考。

5.2.3 审计工作底稿的内容和格式

1. 审计工作底稿的内容

审计工作底稿可以以纸质、电子或其他介质形式存在。审计工作底稿通常包括总体审计策略、具体审计计划、分析表、问题备忘录、重大事项概要、询证函回函、管理层声明书、核对表、有关重大事项的往来信件（包括电子邮件），以及对被审计单位文件记录的摘要或复印件等。审计工作底稿通常不包括已被取代的审计工作底稿的草稿或财务报表的草稿、对不全面或初步思考的记录、存在印刷错误或其他错误而作废的文本，以及重复的文件记录等。

审计工作底稿包括审计人员记录、编制和收集的与审计事项相关的资料和文件等。对于具体的审计事项，由于性质、目的、要求以及采取的方法不同，与之相应的审计工作底稿也不尽相同。具体每一审计工作底稿的内容与审计工作底稿的不同种类有着密切关系。审计工作底稿按其内容的稳定性和使用期限划分，可以分为当期档案和永久性档案。

审计工作底稿的基本内容经常变动，只供当期审计使用和下期审计参考的资料，列入当期档案。审计工作底稿的当期档案包括组织管理、试算编报、金额验证、内部管理制度考核和综合分析等。

审计工作底稿中内容较少变动，具有长期使用价值，对以后审计具有重要参考价值的部分应列入永久性档案。审计工作底稿的永久性档案应当包括被审计单位基本情况、章程、重要合同与协议副本、有关的内部控制系统副本等。

此外，审计工作底稿按其类型划分，可以分为工作事项表、内部控制测试表、试算工作底稿、调整底稿、分析表、计算表和备忘录等。这些审计工作底稿所包含的内容，各有侧重，各不相同。

2. 审计工作底稿的格式

审计人员编制的审计工作底稿应包括下列基本内容：

（1）被审计单位名称。

（2）审计项目名称。

（3）审计项目时点或期间。

（4）审计过程记录。

（5）审计标识及其说明。

（6）审计结论。

（7）索引号及页次。

（8）编制者姓名及编制日期。

（9）复核者姓名及复核日期。

（10）其他应说明事项。

审计工作底稿的格式和繁简程度是审计工作详简程度的具体表现，合理确定其格式和繁简程度是保证审计工作质量不可忽视的方面。在确定审计工作底稿格式以及内容的繁简程度时，应根据实际工作需要，针对不同情况，采用多种格式。下面就各种主要审计工作底稿的常见格式介绍如下。

（1）工作事项表。工作事项表是以笔记方式记载审计过程中所发现的问题及疑点、线索、尚未查证事项的评语等。这些都必须在审计工作完成前予以澄清，并将处理经过或参考其他审计工作底稿的详情在工作事项表中作充分说明。工作事项表的格式详见表5-1。

表5-1　　工作事项表

被审计单位名称：　　编制人：

审计期间：　　复核人：　　（　）年审字第　号

年		审查项目	账页或凭证号码	发现的问题或线索	查证核实的经过情况	处理意见
月	日					

（2）内部控制测试表。内部控制测试表是主要就被审计单位内部控制的实施情况逐一列出，通过“是”或“否”的回答来评价被审计单位内部控制的完善程度和有效程度。测试题的设计往往是分门别类的，如以现金支出为标题设计一张测试表，这张表包括该项制度的控制目标、控制范围、由谁来控制、怎样控制以及这项控制制度在整个制度中的重要程度等。

（3）试算表工作底稿。试算表工作底稿是一张列有各分类账科目的金额、应调整的科目、调整的金额等的表格。其格式详见表5－2。

表5－2　　　　审计工作底稿——试算表

被审计单位名称：　　　　编制人：

日期：　　　　复核人：　　　　底稿号码：

会计科目	原试算表记录		审计人员调整科目		调整后试算表	
	借	贷	借	贷	借	贷

（4）调整工作底稿。审计人员在审计过程中发现的被审计单位的重大会计处理错误都必须加以调整。会计分录编错应调整，成本计算不正确应调整。这类调整有的可以在试算表工作底稿中得到反映，有的则不能。所以，审计人员除了编制试算表工作底稿外，还需编制调整工作底稿，这既是审计证据，又是被审计单位据以改正的依据。其格式常采用一般分类账登记方式，需调整的事项，逐笔记录并加以说明。

（5）分析表、计算表。分析表和计算表是重要的审计工作底稿，涉及的内容主要是对异常事项的分析及重要数据的复算。例如，对账户的分析使审计人员确定账户的性质及内容是否正常，诸如债权类账户出现贷差、债务类账户出现借差等，审计人员对此类情况应详细分析发生差错的原因，并作出判断和评价。

（6）盘点表。盘点表主要用于对财产物资的清查盘点，检查其账存数和实存数是否一致，并说明原因和理由。常用的核对盘点表有现金盘点表、材料盘点表和固定资产盘点表等。其格式详见表5－3。

表5－3　　　　审计工作底稿——材料盘点表

被审计单位名称：　　　　编制人：

日期：　　　　复核人：　　　　底稿号码：

编号	规格品种	计量单位	单价	账存		实存		盘盈		盘亏	
				数量	金额	数量	金额	数量	金额	数量	金额
原因分析： 盘盈：　　盘亏： 账外物资：　　其他：											

审计负责人：　　审计员：　　会计主管：　　保管：

（7）备忘录。审计过程中常遇到一些不能立即确定问题的性质或不能立即查明真相的情况，此时必须将问题先摘录下来，待以后查证，以便在审计工作结束前加以处理。

5.2.4 审计工作底稿的编制

在中国，编制审计工作底稿的文字应当使用中文。少数民族自治地区可以同时使用少数民族文字。中国境内的中外合作会计师事务所、国际会计师事务所的成员所和联系所可以同时使用某种外国文字。会计师事务所执行涉外业务时可以同时使用某种外国文字。

1. 审计工作底稿的编制原则

根据审计业务编制符合需要的审计工作底稿，这是审计人员执行审计业务的一项重要内容。为了保证审计人员编制的工作底稿符合审计业务要求，在编制审计工作底稿时应遵循如下原则：

（1）完整性原则。审计人员对已经收集的被审计单位概况资料、经济业务情况、内部控制系统及会计记录等，连同自己制定的审计计划、审计程序、审计日程表以及所采用的审计步骤、审计方法，都必须逐项编入审计工作底稿。每份审计工作底稿的内容也必须完整，如适当的标题、编制日期、资料来源及资料性质等基本要素都不得遗漏。

（2）重要性原则。完整性原则规定的目的在于保证审计资料的完整无缺，然而并非所有资料对于审计报告都具有重要的意义。因此，必须根据审计资料的性质去芜存菁，并在审计工作底稿中明确注明资料的性质及其与审计报告之间的关系，使一些重要事实在审计工作底稿中处于突出的地位，便于编制审计报告和提出审计意见时加以运用。审计人员在编制审计工作底稿时，应首先注重所有的重要资料，对于可以用来证实会计记录的合法性、公允性，支持审计报告所载事项的各项资料也都必须列入审计工作底稿，而对不重要的以及与审计事项没有必然联系的各种资料则可舍弃。

（3）真实性与相关性原则。审计工作底稿是支持审计结论和审计意见的支柱。因此，审计工作底稿的真实性与相关性直接影响审计结论的可信性和审计工作的成败。为此，审计人员在编制审计工作底稿时，必须将已确认为真实、客观的审计工作底稿，根据与审计结论和意见相关联的原则，作为支持审计结论和发表审计意见的主要依据。

（4）明确责任原则。审计工作底稿必须由审计人员、制表人签名盖章，并由审计项目负责人审批核实，以明确各自的责任。审计工作底稿是审计组织的内部工作资料，审计人员负有不向被审计单位和外单位泄露的责任。

2. 审计工作底稿的编制要求

一份较完整的审计工作底稿应该内容清楚、标题完整、一切资料来源均有说明；所列事项都应经过复核，而且有条理、有顺序、注意细节；重要事项和非重要事项有明确的区分。为提高审计工作底稿的质量，审计人员在编制审计工作底稿时，应注意以下问题：

（1）每一具体审计事项均应单独编制一份审计工作底稿，并在表头标明被审计单位的全称。

（2）所有审计过程中取得的审计证据，面谈询问过的人员，观察过的场所等，均应一一明确列示。编制人和复核者均应在审计工作底稿上签字，并注明日期。

（3）应编制一份工作备忘录，列明尚待解决的问题。因为在审计过程中，很可能会在追踪某一问题时发现其他问题，为使正在追踪的问题不被中断又不遗忘新发现的问题，审计人员有必要填制一份工作备忘录，将新发现的问题先记录下来，再统筹安排、适时查处，使每个问题均无遗漏。

（4）为了便于查阅，审计工作底稿应编制索引。编制索引的方法因不同的会计师事务所而异，并无定式。通常，一列审计报告底稿，二列财务报表草稿，三列计划工作底稿，后列各种测算表、试算表等。一般格式如下：

A. 审计报告底稿

B. 财务报表草稿

B－1 资产负债表草稿

B－2 利润表草稿

B－3 所有者权益变动表草稿

B－4 现金流量表草稿

C. 计划工作底稿

C－1 审计业务约定书

C－2 审计计划

C－2－1 审计工作小组

C－2－2 时间安排

C－2－3 工作事项

D. 内部控制系统测试底稿

D－1 现金管理测试

D－2 存货管理测试

E. 试算表工作底稿

（5）审计人员在编制审计工作底稿时，对其中的问题要中肯地表述自己的意见。

（6）审计人员在提出审计报告后，审计工作底稿应归入审计档案并妥善保管。

5.2.5　审计工作底稿的复核和保管

审计工作底稿由执行审计工作的人员填制后，负责人员必须进行复核。审计工作底稿是出具审计报告的依据，审计人员可据此作出审计结论和发表审计意见。审计工作底稿如有错误，会导致审计结论和意见不正确、不合理。所以，审计工作小组对于审计工作底稿务必十分重视，进行层层复核，通过对审计工作底稿的复核，考核具体审计工作的质量。

会计师事务所对审计工作底稿的复核，可以分为会计师事务所的主任会计师或主管合伙人、项目负责人和注册会计师三个层次的复核。注册会计师对审计工作底稿的复核属于技术性的复核，通常在每一份审计工作底稿完成后进行。复核的内容包括核实每一重要程序、步骤、数字，了解助理人员是否按规定的程序、步骤进行审计，审计的方法是否正确，作出的判断是否正确，结论表达是否清楚等。项目负责人的复核一般在审计业务接近尾声时实施。复核的内容不仅包括对各个注册会计师编制的审计工作底稿进行综合分析，还要对注册会计师在审计中是否遵守了国家有关规定进行检查。会计师事务所的主任会计师或主管合伙人应对审计工作底稿进行最终复核。复核的内容主要是检查注册会计师是否遵循了会计师事务所的内部管理制度，审计过程中是否存在重大遗漏，审计证据与审计结论是否存在不一致等情况。

审计工作底稿收集有被审计单位一些尚不宜公之于众的信息和机密，这就要求会计师事务所和注册会计师必须妥善保管审计工作底稿，防止泄密。注册会计师应当按照会计师事务所质量控制政策和程序的规定，及时将审计工作底稿归整为审计档案。审计工作底稿的归档期限为审计报告日后60天内。如果注册会计师未能完成审计业务，审计工作底稿的归档期限为审计业务中止后的60天内。

在审计报告日后将审计工作底稿归整为审计档案是一项事务性的工作，不涉及实施新的审计程序或得出新的结论。会计师事务所应当自审计报告日起，对审计工作底稿至少保存10年。如果注册会计师未能完成审计业务，会计师事务所应当自审计业务中止日起，对审计工作底稿至少保存10年。

审计工作底稿的所有权属于接受委托或委派进行审计的会计师事务所。对于保管期限届满的审计档案，审计组织可以决定将其销毁。销毁时，应履行必要的手续。

习　题

思考题

1. 收集审计证据的方法有哪些？
2. 衡量审计证据强弱有哪些指标？
3. 审计工作底稿有什么作用？
4. 会计师事务所对工作底稿的复核有哪些要求？

案例分析题

1. 注册会计师张杰在对恒基公司2018年度财务报表进行审计时，收集到以下6组证据：

（1）收料单与购货发票；

（2）销货发票副本与产品出库单；

（3）领料单与材料成本计算表；

（4）工资计算单与工资发放单；

（5）存货盘点表与存货监盘记录；

（6）银行函证回函与银行对账单。

要求：请分别说明每组证据中哪些审计证据较为可靠，并简要说明理由。

2. 宏大会计师事务所接受万通股份有限公司 2018 年度财务报表审计的委托，组成了以黄明为组长的 6 人审计项目小组。审计项目小组除黄明外，还有签字注册会计师陈涛、高级审计员刘海和 3 名实习大学生。2019 年 2 月 12 日，该审计项目实地开展对万通股份有限公司 2018 年度财务报表的审计。

在审计实施阶段，陈涛负责大多数主要的审计工作；刘海负责设计并实施对应收账款和银行存款的函证。3 名实习大学生作为辅助审计人员，负责协助陈涛、刘海工作。

进入审计完成阶段后，黄明安排刘海收集审计项目小组各成员编制的审计工作底稿，由刘海就审计定性和审计意见是否适当进行复核，并由陈涛签署复核意见和起草审计报告。陈涛撰写完审计报告后，由于万通股份有限公司急速需要审计报告召开董事会，黄明吩咐陈涛直接将审计报告传真给万通股份有限公司，审计工作圆满结束。

要求：请分析说明宏大会计师事务所在审计工作底稿复核中存在的问题，并提出改正意见。

第 6 章

审计计划、重要性与审计风险

6.1 审计计划

审计人员执行审计业务，应当编制审计计划，对审计工作作出合理安排。审计计划是指审计人员为了完成各项审计业务，达到预期的审计目标，在执行审计程序之前编制的工作计划。

6.1.1 审计计划的作用

审计计划通常由审计项目负责人在审计工作开始时起草，它仅是对审计工作的一种预先规划。在执行审计计划的过程中，情况会不断发生变化，常常会出现预期计划与实际不一致的情况。例如，在审计过程中通过检查，发现被审计单位某些内部控制系统执行效果不佳，导致原来制定的审计程序和时间预算需要改变时，就应及时对审计计划进行修订和补充。对审计计划的补充、修订贯穿于整个审计工作过程。审计人员在整个审计过程中，应当按照审计计划执行审计业务。

审计计划的作用主要有：

（1）通过制定和实施审计计划，可使审计人员能够根据具体情况收集充分、适当的审计证据。一般情况下，审计人员在审计计划的指导下，实施审计程序，收集审计证据，编制审计工作底稿，并据以发表审计意见。审计计划越周详，审计人员越能收集充分、适当的审计证据。

（2）通过制定审计计划，可以保持合理的审计成本，提高审计工作的效率和质量。通过审计计划，审计项目负责人可以全面了解审计工作的整体安排和各审计步骤的具体时间安排，适当掌握好审计工作的进程。助理审计人员也可以通过审计计划，明确自己在审计过程的各个阶段中应做的工作、要求以及时间安排等，做到心中有数，从而有利于做好审计工作。审计项目负责人可以通过预先的计划安排，使所有参加审计工作的人员有一个合理的分工搭配，协调一致地完成审计工作。

(3) 通过制定审计计划，可以避免与被审计单位之间发生误解。审计人员和审计组织在执行审计业务过程中，要想保持良好的信誉，最大限度地减轻自己的法律责任，最基本的一点就是要收集充分、适当的审计证据。制定合理的审计计划，对于审计组织与被审计单位保持良好的关系、以合理的成本完成审计工作，都很重要。比如，如果审计组织通知被审计单位，审计将于 3 月 31 日之前结束，但实际却由于工作人员计划不周而未能按期完成审计聘约，被审计单位可能就会对审计组织不满意，甚至可能控告其违约。

因此，对任何审计项目，对任何审计组织而言，不论其业务繁简，也不论其规模大小，审计计划都是至关重要的，只不过审计计划在不同情况下的繁简、粗细程度有所不同罢了。

6.1.2　审计计划的内容及编制

1. 审计计划的内容

审计计划通常包括对审计业务制定总体审计策略和具体审计计划。

(1) 总体审计策略。总体审计策略是对审计的预期范围和实施方式所作的规划，用以确定审计的范围、时间和方向，并指导具体审计计划。

总体审计策略的基本内容应当包括：

1) 确定审计业务的特征。主要是被审计单位的业务性质、经营背景、组织结构、主要管理人员简介及经营政策、人事和会计、财务管理等情况。

2) 明确审计业务的报告目标。主要说明所接受的是由董事会委托的例行年度财务报表审计，还是为拟上市公司首次发行股票审计，或者是其他的专项审计。

3) 重要会计问题及重点审计领域。这主要是根据被审计单位业务的复杂程度和账户的重要性、对重大错报风险的评价和审计人员以往的审计经验来决定。

4) 审计工作进度及时间、费用预算。这主要是指对审计工作中何时开始实施审计、有时间限制的审计程序（如存货盘点）什么时候执行、检查各个账户所需要的时间、财务报表截止日前后所要完成的工作、现场工作结束日及报告签发日等方面的规划和说明。

5) 审计小组组成及人员分工。这主要指在审计小组人员的选派上要充分考虑其数量、经历、经验，合理分工搭配。

6) 审计重要性的确定及审计风险的评估。

7) 对专家、内部审计人员及其他审计人员工作的利用。

8) 其他有关内容。

总体审计策略一经制定，审计人员应当针对总体审计策略中所识别的不同事项，制定具体审计计划，并考虑通过有效利用审计资源以实现审计目标。总体审计策略的详略程度应当随被审计单位的规模及该项审计业务的复杂程度的不同而变化。在小型被审计单位审计中，全部审计工作可能由一个规模较小的审计项目小组执行，项目组成员间容易沟通和协调，总体审计策略可以相对简单。

(2) 具体审计计划。具体审计计划是依据总体审计策略制定的，对实施总体审计策略所需要的审计程序的性质、时间和范围所作的详细规划与说明。审计人员应当为审计工作制定具体审计计划。具体审计计划比总体审计策略更加详细，其内容包括为获取充分、适当的审计证据以将审计风险降至可接受的水平，项目组成员拟实施的审计程序的性质、时间和范围。

具体审计计划应当包括各具体项目的以下内容：

1）审计目标。

2）审计步骤。

3）执行人及执行时间。

4）审计工作底稿的索引号。

5）其他有关内容。

审计计划的繁简程度取决于被审计单位的经营规模和预定审计工作的复杂程度。

2. 审计计划的编制

审计计划应由审计项目负责人编制。审计计划应形成书面文件，并在工作底稿中加以记录。审计计划的文件形式多种多样，表格式、问卷式和文字叙述这三种主要形式为许多审计组织普遍采用。无论采用哪一种形式，均不能生搬硬套，因为各个被审计单位的情况和审计目标千差万别，所以，计划文件的格式和内容也都需要酌情调整。

在编制总体审计策略中，时间预算是一个十分重要的内容。时间预算是就执行审计程序的每一步骤需要的人员和工作时间所做的计划。时间预算既是合理确定审计收费的依据，又是衡量审计工作进度、判断审计人员工作效率的依据。在执行审计业务的过程中，时间预算并不是一成不变的，当出现新问题或审计环境发生变化时，会影响原定的时间预算，就应重新规划必需的时间，进而修改时间和收费预算。因工作时间增减导致审计组织应收取的审计费用发生变化时应立即通知被审计单位，取得被审计单位的理解。如因被审计单位会计记录不完整，或因发生特殊情况而无法在时间预算内完成审计工作时，为保证审计工作的质量，不得随意缩短或省略审计程序来适应时间预算。典型的时间预算表格式详见表6-1。

表6-1 **时间预算表** 单位：小时

耗用时间 审计项目	上年实际耗用时间	本年预算	本年实际				本年实际与预算差异	差异说明
			总时数	其中：张×	李×	赵××		
现金	10	8	7	7			−1	
应收账款	40	35	36	8	28		+1	
存货	50	45	43	13	10	20	−2	
固定资产	15	13	14		4	10	+1	
应付账款	20	15	17	6	11		+2	
⋮	⋮	⋮	⋮	⋮	⋮	⋮	⋮	
总计								

如时间预算与实际耗用时间存在较大差异，审计人员应在“差异说明”栏内说明产生差异的原因。

对于具体审计计划，在实际工作中，一般是通过编制审计程序表的方式体现的。典型的审计程序表格式详见表 6－2。

表 6－2　　审计程序表

××公司　　总页次______索引号______

20××年 12 月 31 日　　编制人______日　期______

××账户　　复核人______日　期______

步骤	审计程序	执行人	日期	工作底稿索引
1				
2				
3				
4				
5				
6				
⋮				

按执业准则规定，审计人员可以与被审计单位的有关人员就总体审计策略的要点和某些审计程序进行讨论，并使审计程序与被审计单位有关人员的工作相协调，但独立编制审计计划仍是审计人员的责任。执业准则还规定，审计计划应当在具体实施前下达至审计小组的全体成员；审计人员应当根据审计情况的变化及时对审计计划进行修改、补充。计划修改、补充意见应经审计组织有关业务负责人同意，并记录于审计工作底稿。

6.1.3　审计计划的审核

按照执业准则规定，编制完成的审计计划，应当经审计组织的有关业务负责人审核和批准。

在审核总体审计策略时，应特别注意审核以下事项：

（1）审计目的、审计范围及重点审计领域确定的恰当性。

（2）时间预算的合理性。

（3）审计小组成员选派和分工的恰当性。

（4）对被审计单位内部控制系统信赖程度的恰当性。

（5）对审计重要性确定和审计风险评估的恰当性。

（6）对专家、内部审计人员及其他审计人员工作利用的恰当性。

在审核具体审计计划时，应特别注意审核以下主要事项：

（1）审计程序达到审计目标的可能性。

（2）审计程序适合各审计项目具体情况的适当性。

（3）重点审计领域中各审计项目审计程序的恰当性。

（4）重点审计程序制定的恰当性。

对在审核中发现的问题，应及时进行相应的修改、补充、完善，并在工作底稿中加以记载和说明。审计工作结束后，审计项目负责人还应就审计计划的执行情况，特别是对重点审计领域所实施审计程序的执行情况进行复核，找出并分析差异原因，以便将来制定出更行之有效的审计计划。

6.1.4 审计计划的记录

审计人员应当记录总体审计策略和具体审计计划，包括在审计工作过程中作出的任何重大更改。

审计人员对总体审计策略的记录，应当包括为恰当计划审计工作和向项目组传达重大事项而作出的关键决策。

审计人员对具体审计计划的记录，应当能够反映计划实施风险评估程序的性质、时间和范围，以及针对评估重大错报风险计划实施的进一步审计程序的性质、时间和范围。

审计人员可以就计划审计工作的基本情况与被审计单位治理层和管理层进行沟通。当就总体审计策略和具体审计计划中的内容与治理层、管理层进行沟通时，审计人员应当保持职业谨慎，防止由于具体审计程序易于被管理层或治理层所预见而损害审计工作的有效性。

6.2 重要性

审计项目负责人对被审计单位的基本业务情况进行了解和执行分析程序之后，应对审计工作作出规划。在编制审计计划时，审计人员还应当对重要性进行适当评估。

6.2.1 重要性的定义及适用范围

1. 重要性的定义

各国现有的审计重要性准则对重要性所作的定义大都沿用会计准则的定义。国际会计准则理事会（International Accounting Standards Board，IASB）对重要性的定义是："如果信息的错报或漏报会影响使用者根据财务报表采取的经济决策，信息就具有重要性。"美国财务会计准则委员会（Financial Accounting Standards Board，FASB）对重要性的定义是："一项会计信息的错报或漏报是重要的，指在特定环境下，一个理性的人依赖该信息所作的决策可能因为这一错报或漏报得以变化或修正。"英国会计准则委员会（Accounting Standards Board，ASB）对重要性的定义是："错报或漏报可能影响财务报表使用者的决策即为重要性。重要性可能在整个财务报表范围内、单个财务报表或财务报表的单个项目中加以考虑。"由此可以看出，各国对重要性的认识是基本一致的，即财务会计信息的错报或漏报可能影响财务报表使用者的决策就具有重要性。

在我国，企业会计准则亦要求企业会计核算必须遵循重要性原则，但并未对重要性作出明确的定义，仅规定对于重要的经济业务应单独反映，对不重要的经济业务可以合并反映。在会计实务中，重要性原则的运用随处可见。例如，在确定合并财务报表的合并范围时，如果子公司的资产总额、销售收入及当期净利润按照有关标准得出的比例均在20%以下，根据重要性原则，该子公司可以不纳入合并范围。可以预见，随着市场经济的发展和企业会计准则的完善，我国企业会计准则将会对重要性原则作出全面的规定。

财务报告编制基础通常从编制和列报财务报表的角度阐述重要性概念。如果合理预期错报单独或连同其他错报汇总起来可能影响财务报表使用者依据财务报表作出的经济决策，则通常认为该项错报是重要的。理解这一定义，必须注意以下几点：

(1) 重要性概念是针对财务报表而言的。判断一项业务重要与否，应视其在财务报表中的错报对财务报表使用者所作决策的影响程度而定。若一项业务在财务报表中的错报足以改变或影响财务报表使用者的判断，则该项业务就是重要的，否则就是不重要的。

(2) 重要性概念必须从财务报表使用者的角度来考虑，因为财务报表是为了满足财务报表使用者的信息需求而编制的。财务报表的使用者包括企业的投资者、债权人、政府、社会公众等。他们需要利用财务报表提供的信息作出各种经济决策。这里，财务报表使用者是指具有一定理解能力并能够理性地作出判断和决策的使用者。

(3) 重要性的判断离不开特定的环境。不同公司面临不同的环境，因而判断重要性的标准也不相同。例如，某一金额对某个公司的财务报表来说是重要的，对另一公司的财务报表而言则可能并不重要；而对某一特定公司而言，重要性也会随时间的不同而改变。

2. 重要性的适用范围

(1) 审计人员在执行财务报表审计时，包括对公司以及实行公司化管理的事业单位的年度和非年度财务报表进行的审计，应当运用重要性原则。

(2) 审计人员在执行其他鉴证业务时，如盈利预测审核等，涉及重要性原则的运用时，除非其他法规和准则有特定要求，应当参照重要性原则办理。

6.2.2 重要性的运用

1. 运用重要性原则的一般要求

对重要性的评估是审计人员的一种专业判断。在确定审计程序的性质、时间和范围及评价审计结果时，审计人员对运用重要性原则的一般要求，可以从以下几个方面来理解：

(1) 对重要性的评估需要运用专业判断。对重要性的判断离不开特定的环境。实际上，影响重要性的因素很多，不同公司的重要性不同，同一公司在不同时期的重要性也不同。审计人员在对某一公司进行审计时，必须根据该公司面临的环境，并考虑其他因素，才能合理确定重要性水平。但不同的审计人员在确定同一公司财务报表的重要性水平时，得出的结果可能不同，甚至相距甚远，其原因是不同审计人员对影响重要性的各种因素的判断存在差异。所以，审计人员需要运用专业判断来评估重要性。

(2) 审计人员在审计过程中应当运用重要性原则。在审计过程中运用重要性原则是基于这样的考虑：一是为了提高审计效率。由于社会经济环境的发展变化，公司规模的扩大，公司组织结构日趋复杂，详细审计已经不可能，在抽样审计下，审计人员为作出抽样决策，不得不涉及重要性水平。二是为了保证审计质量。在抽样审计方式下，审计人员对未审计部分是否存在错报要承担一定的风险，而风险的大小与重要性的判断有关。因此，审计人员为保证审计质量，必须对重要性作出恰当的判断。

（3）审计人员应当合理运用重要性原则。如果重要性原则运用不当，则往往导致审计成本过大，从而浪费人力和时间；或审计风险过大，得出错误的审计结论。应该说，后一种情况更为可怕，错误的审计结论往往使审计人员陷入法律诉讼的困境。

（4）在审计过程中，需要运用重要性原则的情形有两种：一是在确定审计程序的性质、时间和范围时。此时，重要性被看作审计所允许的可能或潜在的未发现错报的限度，即审计人员在运用审计程序以检查财务报表的错报时所允许的误差范围。二是评价审计结果时。此时，重要性被看作某一错报或汇总的错报是否影响财务报表使用者判断和决策的标准。

2. 金额和性质的考虑

审计人员在运用重要性原则时，应当考虑错报的金额和性质。也就是说，重要性具有数量和质量两个方面的特征。一般来说，金额大的错报比金额小的错报更重要；但在许多情况下，某项错报从量的方面看并不重要，从其性质方面考虑，却可能是重要的。

（1）涉及舞弊与违法行为的错报。被审计单位的舞弊与违法行为，反映了被审计单位管理当局或其他人员的诚实和可信性存在问题。对于财务报表使用者而言，蓄意错报比相同金额的笔误更重要。

（2）可能引起履行合同义务的错报。如某项错报使得公司的营运资金增加了几万元，从数量上看并不重要，但这项错报使营运资金从低于贷款合同规定的营运资金数变为稍稍高于贷款合同规定的营运资金数，影响了贷款合同所规定的义务，所以是重要的。

（3）影响收益趋势的错报。在其他情况下认为是不重要的错报，如果影响收益变动的趋势，则应引起注意。例如，某项错报使收益每年递增1%的趋势变为本年收益下降1%，使盈利变为亏损等，就具有重要性。

（4）不期望出现的错报。一般情况下，如果发现现金和股本账户存在错报，就应当引起高度重视。

小金额错报的累计，可能会对财务报表产生重大影响，审计人员对此应当予以关注。单独地看，一笔小金额的错报无论是在性质上还是在数量上都是不重要的。但财务报表是一个整体，如果公司每个星期均出现同样的小金额错报，原本几百元的错报全年累计起来，就有可能成为上万元的错报；公司许多账户或交易均存在小金额的错报，所有账户或交易累计起来，就有可能变成大金额的错报，在这种情况下，必然会对财务报表产生重大影响。对此，审计人员应当予以充分的关注。

3. 两个层次的重要性考虑

审计人员应当考虑财务报表层次和相关账户、交易层次的重要性。这就意味着，审计人员在审计过程中必须从两个层次来考虑重要性：

（1）财务报表整体的重要性。由于审计的目的是对财务报表的合法性、公允性发表审计意见，所以审计人员必须考虑财务报表整体的重要性。只有这样，审计人员才能得出财务报表是否合法、公允的整体性结论。

（2）账户和交易或披露的重要性。由于财务报表所提供的信息来源于各账户或各交易，审计人员只有通过审计各账户和各交易或披露才能得出财务报表是否合法、公允的整体性结论，因此还必须考虑账户和交易或披露的重要性。

4. 重要性与审计风险之间的关系

在计划审计工作时，审计人员应当考虑导致财务报表发生重大错报的原因。审计人员应当在了解被审计单位及其环境的基础上确定重要性，并随着审计过程的推进，评价对重要性的判断是否仍然合理。审计人员应当对各类交易、账户余额、列报认定层次的重要性进行评估，以有助于确定进一步审计程序的性质、时间和范围，将审计风险降至可接受的水平。

重要性与审计风险之间存在反向关系。审计人员应当考虑重要性水平与审计风险之间存在的反向关系：重要性水平越高，审计风险越低；重要性水平越低，审计风险越高。审计人员应当保持应有的职业谨慎，合理确定重要性水平。这可以从三个方面来理解：

（1）审计人员应当考虑重要性与审计风险之间的关系。因为审计风险的高低往往取决于重要性的判断，如果审计人员确定的重要性水平较低，审计风险就会增加，所以，审计人员必须通过执行有关审计程序来降低审计风险。

（2）重要性水平与审计风险之间呈反向关系。也就是说，重要性水平越高，审计风险越低；反之，重要性水平越低，审计风险越高。这里，重要性水平的高低指的是金额的高低，一般地，4 000 元的重要性水平比 2 000 元的重要性水平高。在理解两者之间的关系时必须注意，重要性水平是审计人员从财务报表使用者的角度进行判断的结果。如果重要性水平是 4 000 元，则意味着低于 4 000 元的错报不会影响财务报表使用者的判断与决策，审计人员仅需要通过执行有关审计程序查出高于 4 000 元的错报；如果重要性水平是 2 000 元，则金额在 2 000 元以上的错报会影响财务报表使用者的判断与决策，审计人员需要通过执行有关审计程序查出金额在 2 000 元以上的错报。显然，重要性水平为 4 000 元时的审计风险要比重要性水平为 2 000 元时的审计风险低。

（3）审计人员应当保持应有的职业谨慎，合理确定重要性水平。由于重要性与审计风险之间存在反向关系，如果原本 4 000 元的错报才会影响财务报表使用者的判断和决策，但审计人员将重要性水平确定为 2 000 元，这时审计人员就会扩大审计程序的范围或追加审计程序，而实际上没有必要，只能是浪费时间和人力。如果原本 2 000 元的错报就会影响财务报表使用者的判断或决策，但审计人员将重要性水平确定为 4 000 元，这时审计人员所执行的审计程序要比原本应当执行的审计程序少、审计范围要小，这会导致审计人员得出错误的审计结论。所以，重要性水平偏高或偏低均对审计人员不利，审计人员应当保持应有的职业谨慎，合理确定重要性水平。

6.2.3 重要性水平的确定

1. 对重要性评估的总体性要求

在编制审计计划时，应当对重要性水平作出初步判断，以确定所需审计证据的数量。重要性水平越低，应当获取的审计证据越多。这是对重要性评估所作的总体性要求，可以从以下几个方面来理解：

（1）编制审计计划时必须对重要性水平作出初步判断。在编制审计计划时，审计人员应当对审计重要性、审计风险进行适当评估。

（2）初步判断的目的是确定所需审计证据的数量。重要性是影响审计证据充分性的一个十分重要的因素。因此，审计人员在编制审计计划时，应当根据所确定的审计重要性水平，合理确定所需的审计证据，并据此决定审计程序的性质、时间和范围。

（3）重要性水平与审计证据之间呈反向关系。也就是说，重要性水平越低，应获取的审计证据越多。例如，为合理保证存货账户的错报不超过10 000元所需收集的审计证据，比为了保证该账户错报不超过20 000元所需收集的审计证据要多。在理解这一关系时必须注意，重要性水平不同于重要的审计项目。审计项目越重要，所需收集的审计证据越多，例如，存货占资产总额的30%时，比占20%时需要更多的审计证据。

2. 对重要性水平作出初步判断时应考虑的因素

审计人员应当综合考虑以下主要因素，并结合其审计经验，对重要性水平作出初步判断：

（1）以往的审计经验。以往审计中所运用的重要性水平如果较为适当，可以作为本年度确定重要性水平的重要依据。审计人员一定要小心谨慎地审计，以免涉及法律诉讼。如果公司管理层有权自由选择会计政策，审计人员必须从严确定重要性水平。

（2）被审计单位的经营规模及业务性质。公司的规模不同，其重要性水平也有所不同。规模大的公司，其重要性水平的绝对值一般比规模小的公司要大，但相对值一般要比规模小的公司小。公司所处行业的性质对重要性水平也有较大影响，因为不同行业的公司，其会计核算的工作组织以及所遵循的会计规范均存在较大的差异。

（3）内部控制与审计风险的评估结果。如果内部控制有效，可信赖程度高，可以将重要性水平定得高一些，以节约审计成本。由于重要性与审计风险之间呈反向关系，如果审计风险评估为高水平，则意味着确定重要性水平应较低，应收集较多的审计证据，以降低审计风险。

（4）财务报表各项目的性质及其相互关系。财务报表项目的重要程度是存在差别的，财务报表使用者对某些财务报表项目要比另外一些财务报表项目更为关心。一般而言，财务报表使用者十分关心流动性较高的项目，因此，审计人员应当从严确定重要性水平。由于财务报表各项目之间是相互联系的，审计人员在确定重要性水平时，必须考虑这种相互联系。

（5）财务报表各项目的金额及其波动幅度。财务报表项目的金额及其波动幅度可能成为财务报表使用者作出反应的信号，因此，审计人员在确定重要性水平时，应当深入研究这些金额及其波动幅度。

3. 财务报表整体重要性水平的确定

确定财务报表层次重要性水平的内容包括：

（1）判断基础和计算方法。审计人员应当合理选用重要性水平的判断基础，并采用固定比率、变动比率等计算方法确定财务报表层次的重要性水平。判断基础通常包括资产总额、净资产额、营业收入、净利润等，审计人员应当合理选用。例如，被审计单位净利润接近零时，不应将净利润作为重要性水平的判断基础；被审计单位净利润波动幅度较大时，不应将当年的净利润作为重要性水平的判断基础，而应选择近年的平均净利润；被审计单位属于劳动密集型公司时，不应将资产总额、净资产作为重要性水平的判断基础。

重要性水平的计算方法有固定比率、变动比率两种。

固定比率法，即在选定判断基础后，乘以一个固定百分比，计算出财务报表层次的重要性水平。但对于这个百分比是多少，世界各国的执业准则都没有作出规定，也无法作出规定。以下是实务中用来判断重要性水平的一些参考：

1）税前净利润的 5%～10%（净利润较小时用 10%，较大时用 5%）。

2）资产总额的 0.5%～1%（资产总额较小时用 1%，较大时用 0.5%）。

3）净资产的 1%。

4）营业收入的 0.5%～1%（营业收入较小时用 1%，较大时用 0.5%）。

变动比率法的基本原理是，规模越大的公司，允许的错报金额比率就越小。一般是根据资产总额或营业收入两者中较大的一项确定一个变动百分比。

（2）财务报表层次重要性水平的选取。如果同一期间各财务报表的重要性水平不同，审计人员应当取其最低者作为财务报表层次的重要性水平。审计人员应当首先对每张财务报表确定一个重要性水平。例如，将利润表的重要性水平确定为 100 万元，将资产负债表的重要性水平确定为 200 万元。但由于财务报表彼此相互关联，而且许多审计程序经常涉及两个以上的财务报表，比如，用以确定年底赊销是否正确地记录在适当期间的审计程序，不仅为资产负债表上的应收账款提供审计证据，而且为利润表上的销售收入提供审计证据。因此，在编制审计计划时，应使用被认为对任何一张财务报表都重要的最小错报总体水平。也就是说，审计人员应当选择最低的重要性水平作为财务报表层次的重要性水平。

（3）财务报表尚未编制完成时重要性水平的确定。在编制审计计划时，如果被审计单位尚未完成财务报表的编制，审计人员应当根据期中财务报表推算为年度财务报表，或者根据被审计单位经营环境和经营情况变动对上年度财务报表作出必要修正，以确定财务报表层次的重要性水平。审计人员通常在资产负债表日之前对重要性水平作出初步判断，此时，尚无法取得年末财务报表的数据。因此，审计人员应当根据期中财务报表或上年度财务报表，进行推算或作必要修正，得出年末财务报表数据，并据此确定财务报表层次的重要性水平。

4. 账户、交易或披露层次重要性水平的确定

审计人员在制定账户或交易的审计程序前，可将财务报表层次的重要性水平分配至各账户或各类交易，也可单独确定各账户或各类交易的重要性水平。对于账户或交易层次的重要性水平的确定，既可以采用分配的方法，也可以采用不分配的方法。

审计人员在确定各账户或各类交易的重要性水平时，应当考虑以下主要因素：

（1）各账户或各类交易的性质及错报的可能性。

（2）各账户或各类交易重要性水平与财务报表层次重要性水平的关系。

无论是否采用分配的方法，审计人员均应考虑上述因素。对于重要的账户或交易，审计人员应当从严确定重要性水平；对于出现错报可能性较大的账户或交易，可以将重要性水平确定得高一些。在采用分配方法时，各账户或交易层次的重要性水平之和应当等于财务报表层次的重要性水平。

以下举例说明账户或交易层次重要性水平的确定方法。

例6-1

（1）分配的方法。采用分配方法时，分配的对象一般是资产负债表账户。假设某公司总资产的构成详见表6-3，审计人员初步判断的财务报表层次的重要性水平为资产总额的1%，即140万元，也就是资产账户可容忍的错报为140万元。现审计人员按这一重要性水平分配给各资产账户，详见表6-3。

表6-3 **重要性水平的分配** 单位：万元

项目	金额	甲方案	乙方案
现　　金	700	7	2.8
应收账款	2 100	21	25.2
存　　货	4 200	42	70
固定资产	7 000	70	42
总　　计	14 000	140	140

在表6-3中，甲方案是按1%进行同比例分配，一般来说，这并不可行，审计人员必须对其进行修正。由于应收账款和存货错报的可能性较大，故分配较高的重要性水平，以节省审计成本，如乙方案。假定审计存货后仅发现错报40万元，且审计人员认为所执行的审计程序已经足够，则可将剩下的30万元再分配给应收账款。

（2）不分配的方法。这里介绍两种不分配的方法。一种方法是某著名国际会计师事务所采用的方法。假设财务报表层次的重要性水平为100万元，则可根据各账户或各类交易的性质及错报的可能性，将各账户或交易的重要性水平确定为财务报表层次重要性水平的20%～50%。审计时，只要发现该账户或交易的错报超过这一水平，就建议被审计单位调整。最后，编制未调整事项汇总表，若未调整的错报超过100万元，就应建议被审计单位调整。

另一种方法是境外某会计师事务所采用的方法。该会计师事务所规定，各账户或交易的重要性水平为财务报表层次重要性水平的1/6～1/3。假设财务报表层次的重要性水平为90万元，应收账款的重要性水平为这一金额的1/3，存货为1/5，应付账款为1/5，则其重要性水平的金额分别为30万元、18万元和18万元。

必须指出，在实际工作中，往往很难预测哪些账户可能发生错报，也无法事先确定审计成本的大小，所以，重要性水平的确定是一个非常困难的专业判断过程。

6.2.4 错报与重要性水平

1. 错报的定义

错报，是指某一财务报表项目的金额、分类、列报或披露，与按照适用的财务报告编制基础应当列示的金额、分类、列报或披露之间存在的差异；或根据审计人员的判断，为使财务报表在所有重大方面实现公允反映，需要对金额、分类、列报或披露作出的必要调整。错报可能是由于错误或舞弊导致的，具体原因包括：

（1）收集或处理用以编制财务报表的数据时出现错误；

（2）遗漏某项金额或披露；

（3）由于疏忽或明显误解有关事实导致作出不正确的会计估计；

（4）审计人员认为管理层对会计估计作出不合理的判断或对会计政策作出不恰当的选择和运用。

2. 累积识别出的错报

审计人员可能将低于某一金额的错报界定为明显微小的错报，对这类错报不需要累积，因为审计人员认为这些错报的汇总数明显不会对财务报表产生重大影响。这些明显微小错报，无论单独或者汇总起来，无论从规模、性质或其发生的环境来看都是明显微不足道的。“明显微小”不等同于“不重大”。如果不确定一个或多个错报是否明显微小，就不能认为这些错报是明显微小的。

为了帮助审计人员评价审计过程中累积的错报的影响以及与管理层和治理层沟通错报事项，可将错报分为事实错报、判断错报和推断错报。

（1）事实错报。事实错报是毋庸置疑的错报。这类错报产生于被审计单位收集和处理数据的错误，对事实的忽略或误解，或故意舞弊行为。例如，审计人员在审计测试中发现购入存货的实际价值为 50 000 元，但账面记录的金额为 40 000 元。因此，存货和应付账款分别被低估了 10 000 元，这里被低估的 10 000 元就是已识别的对事实的具体错报。

（2）判断错报。审计人员认为管理层会对会计估计作出不合理的判断或不恰当地选择和运用会计政策而导致的差异。判断错报产生于两种情况：一是管理层和审计人员对会计估计值的判断差异，例如，包含在财务报表中的管理层作出的估计值超出了审计人员确定的一个合理范围，导致出现判断差异；二是管理层和审计人员对选择和运用会计政策的判断差异，审计人员认为管理层选用会计政策造成错报，管理层却认为选用会计政策适当，导致出现判断差异。

（3）推断错报。审计人员对总体存在的错报作出的最佳估计数，涉及根据在审计样本中识别出的错报来推断总体的错报。推断错报通常包括：

1）通过测试样本估计出的总体错报减去在测试中发现的已经识别的具体错报。例如，应收账款年末余额为 4 000 万元，审计人员测试样本发现样本金额有 200 万元的高估，高估部分为样本账面金额的 20%，据此审计人员推断总体的错报金额为 800 万元（4 000×20%），那么上述 200 万元就是已识别的具体错报，其余 600 万元即推断误差。

2）通过分析程序推断出的估计错报。例如，审计人员根据被审计单位的预算资料及行业趋势等要素，对被审计单位年度销售费用独立作出估计，并与客户账面金额比较，发现两者间有 50%的差异；考虑到估计的精确性有限，审计人员根据经验认为 15%的差异通常是可接受的，而剩余 35%的差异需要有合理解释并取得佐证性证据；

假定审计人员对其中15%的差异无法得到合理解释或不能取得佐证，则该部分差异金额即为推断误差。

3. 对审计过程识别出的错报的考虑

错报可能不会孤立发生，一项错报的发现还可能表明存在其他错报。例如，审计人员识别出由于内部控制失效而导致的错报，或被审计单位广泛运用不恰当的假设或评估方法而导致的错报，均可能表明还存在其他错报。

抽样风险和非抽样风险可能导致某些错报未被发现。审计过程中累积错报的汇总数接近确定的重要性水平，则表明存在比可接受的低风险水平更大的风险，即可能未被发现的错报连同审计过程中累积错报的汇总数，可能超过重要性水平。

审计人员可能要求管理层检查某类交易、账户余额或披露，以使管理层了解审计人员识别出的错报的产生原因，并要求管理层采取措施以确定这些交易、账户余额或披露实际发生错报的金额，以及对财务报表作出适当的调整。例如，在从审计样本中识别出的错报推断总体错报时，审计人员可能提出这些要求。

4. 错报的沟通和更正

及时与适当层级的管理层沟通错报事项是重要的，因为这能使管理层评价这些事项是否为错报，并采取必要行动，如有异议则告知审计人员。适当层级的管理层通常是指有责任和权限对错报进行评价并采取必要行动的人员。法律法规可能限制审计人员向管理层或被审计单位内部的其他人员通报某些错报。例如，法律法规可能专门规定禁止通报某事项或采取其他行动，这些通报或行动可能不利于有关权力机构对实际存在的或怀疑存在的违法行为展开调查，在某些情况下，审计人员的保密义务与通报义务之间存在的潜在冲突可能很复杂。此时，审计人员可以考虑征询律师的意见。

管理层更新所有错报（包括审计人员通报的错报），能够保持会计账簿和记录的准确性，降低由于与本期相关的非重大且尚未更正的错报的累积影响而导致未来期间财务报表出现重大错报的风险。

审计人员应评价财务报表是否在所有重大方面按照适用的财务报告编制基础编制。这项评价包括考虑被审计单位会计实务的质量（包括表明管理层的判断可能出现偏向的迹象）。审计人员对管理层不更正错报的理由，可能影响其对被审计单位出具审计报告的类型。

5. 评价未更正错报对重要性的影响

未更正错报，是指审计人员在审计过程中累积的且被审计单位未予更正的错报。审计人员在确定重要性时，通常依据对被审计单位财务结果的估计，因为此时可能尚不知道实际的财务结果。因此，在评价未更正错报的影响之前，审计人员可能有必要依据实际的财务结果对重要性做出修改。如果在审计过程中获知了某项信息，而该信息可能导致审计人员确定与原来不同的财务报表整体重要性或者特定类别交易、账户余额或披露的一个或多个重要性水平，如适用，审计人员应当予以修改。因此，在审计人员评价未更正错报的影响之前，可能已经对重要性或重要性水平作出重大修改。但是，如果审计人员对重要性或者重要性水平进行的重新评价导致需要确定较低的金额，则应重新考虑实际执行的重要性和进一步审计程序的性质、时间安排和范围的适当性，以获取充分、适当的审计依据，作为发表审计意见的基础。

审计人员需要考虑每一单项错报，以评价其对相关类别的交易、账户余额或披露的影响，包括评价该项错报是否超过特定交易类别的交易、账户余额或披露的重要性水平。如果审计人员认为某一项错报是重大的，则该项错报不太可能被其他错报抵销。例如，如果收入存在重大高估，即使这项错报对收益的影响完全可被相同金额的费用高估所抵销，审计人员仍认为财务报表整体存在重大错报。对于同一账户金额或同一类别的交易内部的错报，这种抵销可能是适当的。然而，在得出抵销非重大错报是适当的这一结论之前，需要考虑可能存在其他未被发现的错报的风险。

确定一项分类错报是否重大，需要进行定性评估。例如，分类错报对负债或其他合同条款的影响，对单一财务报表项目或小计数的影响，以及对关键比率的影响。即使分类错报超过了在评价其他错报时运用的重要性水平，审计人员可能仍然认为该分类错报对财务报表整体不产生重大影响。如资产负债表项目之间的分类错报金额相对于影响的资产负债表项目金额较小，并且对利润表或所有关键比率不产生影响，审计人员可以认为这种分类错报在将其单独或连同在审计过程中累积的其他错报一并考虑时，审计人员也可能将这些错报评价为重大错报。

6.3 审计风险

审计人员应当通过计划和实施审计工作，获取充分、适当的审计证据，将审计风险降至可接受的水平。

6.3.1 审计风险的组成要素及其相互关系

风险是指发生伤害、毁损、损失的可能性。审计风险是指财务报表存在重大错报而审计人员发表不恰当审计意见的可能性。

在传统审计风险模式下，审计风险包括固有风险、控制风险和检查风险。它们之间的关系可用下列公式表示：

审计风险＝固有风险×控制风险×检查风险

固有风险是指假定不存在相关内部控制时，某一账户或交易类别单独或连同其他账户、交易类别产生重大错报的可能性。

控制风险是指某一账户或交易类别单独或连同其他账户、交易类别产生错报，而未能被内部控制防止、发现或纠正的可能性。

检查风险是指某一账户或交易类别单独或连同其他账户、交易类别产生错报，而未能被实质性测试发现的可能性。

在风险导向审计模型下，审计风险取决于重大错报风险和检查风险。它们之间的关系可用下列公式表示：

审计风险＝重大错报风险×检查风险

审计人员应当实施审计程序，评估重大错报风险，并根据评估结果设计和实施进一步审计程序，以确定和控制检查风险，最终将审计风险控制在可接受的水平。所谓重大错报风险，是指财务报表在审计前存在重大错报的可能性。

审计人员应当考虑已识别但未更正的单独或累积的错报是否对财务报表整体产生重大影响。审计人员应当关注财务报表的重大错报，但没有责任发现对财务报表整体不产生重大影响的错报。在设计审计程序以确定财务报表整体是否存在重大错报时，审计人员应当从财务报表层次以及各类交易、账户余额、列报、认定层次考虑重大错报风险。

财务报表层次的重大错报风险通常与控制环境有关，并与财务报表整体存在广泛联系，可能影响多项认定，但难以界定某类交易、账户余额、列报的具体认定。审计人员应当评估财务报表层次的重大错报风险，并根据评估结果确定总体应对措施，这些措施包括向项目组分派更有经验或具有特殊技能的审计人员、利用专家的工作或提供更多的督导等。

审计人员应当评估认定层次的重大错报风险，并根据既定的审计风险水平和评估认定层次重大错报风险来确定可接受的检查风险水平。在既定的审计风险水平下，可接受的检查风险水平与认定层次重大错报风险的评估结果呈反向关系。评估的重大错报风险越高，可接受的检查风险越低；评估的重大错报风险越低，可接受的检查风险越高。审计人员应当获取认定层次充分、适当的审计证据，以便在完成审计工作时，能够以可接受的审计风险对财务报表整体发表审计意见。

检查风险取决于审计程序设计的合理性以及执行的有效性。审计人员应当合理设计审计程序的性质、时间和范围，并有效执行审计程序，以控制检查风险。

6.3.2 识别重大错报风险

1. 识别两个层次的重大错报风险

审计人员应当识别和评估财务报表层次以及各类交易、账户余额、列报认定层次的重大错报风险。在识别和评估重大错报风险时，审计人员应当实施下列审计程序：

（1）在了解被审计单位及其环境的整个过程中识别风险，并考虑各类交易、账户余额、列报。

（2）将识别的风险与认定层次可能发生错报的领域相联系。

（3）考虑识别的风险的重大性。

（4）考虑识别的风险导致财务报表发生重大错报的可能性。

审计人员应当利用实施风险评估程序获取的信息，包括在评价控制设计和确定其是否得到执行时获取的审计证据，作为支持风险评估结果的审计证据。审计人员应当根据风险评估结果，确定实施进一步审计程序的性质、时间和范围。

下列事项和情况可能表明被审计单位存在重大错报风险，审计人员应当关注：在经济不稳定的国家或地区开展业务；在高度波动的市场环境中开展业务；在严厉、复杂的监管环境中开展业务；持续经营和资产流动性出现问题，包括重要客户流失，融资能力受到限制，行业环境发生变化；开发新产品或提供新服务，或进入新的业务领域；发生重大收购、重组或其他非经常性事项，复杂的联营或合资；重大的关联方交易；关键人员变动；内部控制薄弱；信息技术环境发生变化；经营活动或财务报告受到监管机构的调查；发生重大的非常规交易；存在未决诉讼和或有负债；等等。

审计人员应当确定，识别的重大错报风险是与特定的某类交易、账户余额、列报的认定相关，还是与财务报表整体广泛相关，进而影响多项认定。财务报表层次的重大错报风险很可能源于薄弱的控制环境。薄弱的控制环境带来的风险可能对财务报表产生广泛影响，难以限于某类交易、账户余额、列报，审计人员应当采取总体应对措施。在评估重大错报风险时，审计人员应当将所了解的控制与特定认定相联系。控制与认定直接或间接相关；关系越间接，控制对防止或发现并纠正认定错报的效果越小。审计人员可能识别出有助于防止或发现并纠正特定认定发生重大错报的控制。在确定这些控制是否能够实现上述目标时，审计人员应当综合考虑控制活动和其他要素。

2. 需要特别考虑的重大错报风险

作为风险评估的一部分，审计人员应当运用职业判断，确定哪些识别的风险是需要特别考虑的重大错报风险。在确定哪些风险是特别风险时，审计人员应当在考虑识别出的控制对相关风险的抵消效果前，根据风险的性质、潜在错报的重要程度以及发生的可能性，判断风险是否属于特别风险。

特别风险通常与重大的非常规交易和判断事项有关。非常规交易是指由于金额或性质异常而不经常发生的交易。由于非常规交易具有下列特征，与重大非常规交易相关的特别风险可能导致更高的重大错报风险：

（1）管理层更多地介入会计处理。

（2）数据收集和处理涉及更多的人工成分。

（3）复杂的计算或会计处理方法。

（4）非常规交易的性质可能使被审计单位难以对由此产生的特别风险实施有效控制。

由于下列原因，与重大判断事项相关的特别风险可能导致更高的重大错报风险：

（1）对涉及会计估计、收入确认等方面的会计原则存在不同的理解。

（2）所要求的判断可能是主观和复杂的，或需要对未来事项作出假设。

对于特别风险，审计人员应当评价相关控制的设计情况，并确定其是否已经得到执行。与重大非常规交易或判断事项相关的风险很少受到日常控制的约束，审计人员应当了解被审计单位是否针对该特别风险设计和实施了控制。如果管理层未能实施控制以恰当应对特别风险，审计人员应当认为内部控制存在重大缺陷，并考虑其对风险评估的影响。

3. 仅通过实质性程序无法应对的重大错报风险

作为风险评估的一部分，如果认为仅通过实质性程序获取的审计证据无法将认定层次的重大错报风险降至可接受的最低水平，审计人员应当评价被审计单位针对这些风险设计的控制，并确定其执行情况。在被审计单位对日常交易采用高度自动化处理的情况下，审计证据可能仅以电子形式存在，其充分性和适当性通常取决于自动化信息系统相关控制的有效性，审计人员应当考虑仅通过实施实质性程序不能获取充分、适当审计证据的可能性。

如果认为仅通过实施实质性程序不能获取充分、适当的审计证据，审计人员应当考虑依赖的相关控制的有效性。

4. 对重大错报风险评估的修正

审计人员对认定层次重大错报风险的评估应以获取的审计证据为基础，并可能随着不断获取审计证据而作出相应的变化。如果通过实施进一步审计程序获取的审计证据与初始评估获取的审计证据相矛盾，审计人员应当修正风险评估结果，并相应修改原计划实施的进一步审计程序。

6.3.3 检查风险的评估基础

审计风险要素之间存在着密切关系，重大错报风险的水平，决定着审计人员可接受的检查风险水平。评估的重大错报风险水平越高，审计人员可接受的检查风险水平也就越低，反之亦然。

鉴于重大错报风险的评估对检查风险有直接影响，重大错报风险的水平越高，审计人员就应实施越详细的实质性测试程序，并着重考虑其性质。例如，针对存货和产品销售成本项目，除实施分析程序外，还应对其余额（金额）进行实质性测试，以将检查风险降至可接受的水平。

6.3.4 检查风险对确定实质性测试性质、时间和范围的影响

不论重大错报风险的评估结果如何，审计人员都应当对各重要账户或交易类别进行实质性测试。然而，审计人员实施的实质性测试，其性质、时间和范围的决定，最终取决于根据重大错报风险水平所确定的可接受的检查风险。可接受的检查风险水平与实质性测试的性质、时间和范围的关系详见表6-4。

表6-4　检查风险与实质性测试的性质、时间和范围的关系

实质性测试 可接受的检查风险	性质	时间	范围
高	分析程序和交易测试为主	期中审计为主	较小样本 较少证据
中	分析程序、交易测试以及余额测试结合运用	期中审计、期末审计和期后审计结合运用	适中样本 适量证据
低	余额测试为主	期末审计和期后审计为主	较大样本 较多证据

6.3.5 检查风险与审计意见的类型

检查风险不仅影响审计人员所实施的实质性测试的性质、时间和范围，而且影响审计人员所发表审计意见的类型。如果经过实施有关实质性测试后，审计人员仍认为与某一重要账户或交易类别的认定有关的检查风险不能降至可接受的水平，那么，审

计人员就应当发表保留意见或无法表示意见。这是因为如果不能将重要账户或交易类别的检查风险降至可接受的水平，审计人员将难以确定有多少重大错报无法通过实质性测试予以发现，财务报表的部分或全部认定是否合法、公允也难以确定。在这种情况下，最明智的做法是发表保留意见或无法表示意见。

习　题

思考题

1. 编制审计计划的作用有哪些？
2. 如何理解审计的重要性？
3. 怎样理解审计的重要性与审计风险的关系？
4. 如何理解审计风险的要素及其相互关系？

案例分析题

1. 注册会计师王晶、马英负责对常年审计客户甲股份有限公司 2018 年度财务报表进行审计，撰写了总体审计策略和具体审计计划，部分内容摘要如下：

(1) 初步了解 2018 年度甲公司及其环境未发生重大变化，拟依赖以往审计中对管理层、治理层诚信形成的判断。

(2) 如对计划的重要性水平做出修正，拟通过修改计划实施的实质性程序的性质、时间和范围降低重大错报风险。

(3) 假定甲公司在收入确认方面存在舞弊风险，拟将销售交易及其认定的重大错报风险评估为高水平，不再了解和评估相关控制设计的合理性并确定其是否已得到执行，直接实施细节测试。

(4) 因甲公司 2017 年 9 月关闭某地办事处，并注销其银行账号，拟不再函证该银行账户。

(5) 因审计工作时间安排紧张，拟不函证应收账款，直接实施替代审计程序。

要求：针对上述 (1) ～ (5) 事项，逐项指出王晶、马英拟订的审计计划是否存在不当之处。如有不当之处，请简要说明理由。

2. 北京长江会计师事务所接受天使股份有限公司 2018 年度的财务报表审计的委托，指派注册会计师张强、赵敏负责该审计项目的审计。天使股份有限公司未经审计的 2018 年度的部分会计资料如下：

项目	金额（万元）
2018年度营业收入	50 000
2018年度营业成本	40 000
2018年度利润总额	10 000
2018年度净利润	6 700
2018年12月31日资产总额	120 000
2018年12月31日长期股权投资	18 000
2018年12月31日股东权益	40 000

张强、赵敏拟根据营业收入的1%和总资产的0.5%确定财务报表层次的重要性水平。

要求：张强、赵敏确定的财务报表层次的重要性水平应是多少？

第7章

内部控制及其评价与审计

内部控制是管理现代化的必然产物，内部控制系统的产生和发展，促使审计工作从全面详细审计发展成为以抽样测试为基础的系统导向审计。审查和评价被审计单位的内部控制系统，这是现代审计的重要发展。2001年美国安然等公司发生财务舞弊案件，引致了2002年美国《萨班斯-奥克斯利法案》公布实施，其中第404条款要求在美国证券交易委员会（SEC）备案的上市公司必须提交年度内部控制自我评价报告，作为向SEC提交的财务报告的组成部分。内部控制自我评价报告要求管理层评价公司内部控制的有效性，并要求负责财务报表审计的会计师事务所对财务报告内部控制加以审计，进入了财务报告内部控制审计的新时代。

7.1 内部控制系统

内部控制是由企业董事会、监事会、经理层和全体员工实施的旨在实现控制目标的过程。具体地说，内部控制系统是指一个单位的董事会、监事会、经理层，为了实现其发展战略，提高经营活动的效率，确保信息的正确可靠，保护财产的安全完整，遵循相关的法律法规，利用单位内部因分工而产生的相互制约、相互联系的关系，形成一系列具有控制职能的方法、措施、程序，并予以规范化、系统化，使之组成一个严密的、较为完整的体系。

7.1.1 内部控制的发展

内部控制是从内部牵制发展而来的，经历了较长的发展阶段，逐步形成了科学的体系。

1. 内部牵制阶段

20世纪40年代以前，人们习惯用内部牵制这一概念，其主要特点是：以任何个人或部门不能单独控制任何一项或一部分业务权力的方式进行组织的责任分工。一般来说，内部牵制的执行大致可分为以下四类：一是实物牵制。例如，把保险柜的钥匙交给两个以上工作人员持有。如果不同时使用这两把以上的钥匙，保险柜就打不开。二是机械牵制。例如，保险柜的门若非按正确程序操作就打不开。三是体制牵制。采用双重控制预防错误和舞弊的发生，如对原始记录进行备份。四是簿记牵制。定期将明细账与总账进行核对，如会计与出纳实施职责分离。在现代内部控制理论中，内部牵制仍占有重要地位，成为有关组织机构控制和职务分离控制的基础。

2. 内部控制阶段

20世纪40年代末，内部控制这一概念得到了重视。1949年美国注册会计师协会的审计程序委员会在《内部控制：一种协调制度要素及其对管理当局和独立注册会计师的重要性》的报告中，对内部控制首次作出权威性定义："内部控制包括组织机构的设计和企业内部采取的所有相互协调的方法与措施，以保护企业财产、检查会计信息的准确性、提高经营效率和推动企业坚持执行既定的管理政策和规章制度。"这一范围广泛的定义及其相应的解释，在当时被普遍认为是对理解内部控制这一概念的重大贡献，因为在此之前内部控制概念从未受到如此的重视。

3. 会计控制和管理控制阶段

1958年，美国注册会计师协会下属的审计程序委员会发布的《审计程序公告第29号》对内部控制定义重新进行表述，将内部控制划分为会计控制和管理控制。会计控制包括组织规划的所有方法和程序，这些方法和程序与财产安全以及财务记录可靠性有直接的联系。会计控制包括授权与批准制度、从事财务记录和审核与从事经营或财产保管职务分离的控制、财产的实物控制和内部审计。管理控制包括但不限于确保交易由管理当局授权的组织结构、程序及有关记录。内部管理控制包括组织规划的所有方法和程序，这些方法和程序主要与经营效率和贯彻管理方针有关，通常只与财务记录有间接关系。管理控制一般包括统计分析、时效研究即工作节奏研究、业绩报告、员工培训计划和质量控制。

4. 内部控制结构阶段

20世纪80年代以后，西方会计审计界研究的重点逐步从内部控制一般含义向具体内容深化。1988年美国注册会计师协会发布《审计准则公告第55号》，从1990年1月起取代1972年发布的《审计准则公告第1号》。该公告首次以"内部控制结构"代替"内部控制"，指出"企业的内部控制结构包括为提供取得企业特定目标的合理保证而建立的各种政策和程序"。内部控制结构是指为了对实现特定公司目标提供合理保证而建立的一系列政策和程序构成的有机整体，包括控制环境、会计系统及控制程序三个部分。

（1）控制环境，反映董事会、经理层、业主和其他人员对控制的态度和行为。具体包括管理哲学和经营作风、组织结构、董事会及审计委员会的职能、人事政策和程序、确定职权和责任的方法、经理层监控和检查工作时所用的控制方法。

（2）会计系统，规定各项经济业务的确认、归集、分类、分析、登记和编报方法。一个有效的会计系统包括以下内容：鉴定和登记一切合法的经济业务；对各项经济业务进行适当分类，作为编制财务报表的依据；计量经济业务的价值以使其货币价值能够在财务报表中记录；确定经济业务发生的时间，以确保它记录在适当的会计期间；

在财务报表中恰当地表述经济业务及有关的揭示内容。

（3）控制程序，指经理层制定的政策和程序，以保证达到一定的目的。它包括经济业务和活动的批准权；明确各员工的职责分工；充分的凭证、账单设置和记录；资产和记录的接触控制；业务的独立审核等。

5. 内部控制整合框架阶段

进入20世纪90年代，人们对内部控制的研究进入了全新的阶段。1992年，美国反对虚假财务报告委员会下属的由美国会计学会、美国注册会计师协会、美国国际内部审计师协会、美国财务经理协会和美国管理会计学会等组织参与的发起组织委员会（COSO）发布报告《内部控制——整合框架》，即“COSO报告”，该报告具有广泛的适用性。1996年美国注册会计师协会发布《审计准则公告第78号》，并从1997年1月起取代1988年发布的《审计准则公告第55号》，将内部控制定义为：由一个企业的董事会、经理层和其他人员实现的过程，旨在为下列目标提供合理保证：（1）财务报告的可靠性；（2）经营的效果和效率；（3）符合适用的法律和法规。审计准则将内部控制划分为五种要素，分别是：控制环境、风险评估、控制活动、信息与沟通、监控。这五种要素使内部控制成为一个整体。

（1）控制环境，构成一个单位的氛围，影响内部管理人员控制其他要素的基础。包括员工的诚实性和道德观、员工的胜任能力、董事会或审计委员会、管理哲学和经营方式、组织结构、授予权力和责任的方式以及人力资源政策和实施。

（2）风险评估，指经理层识别并采取相应的行动来管理对经营、财务报告、符合性目标有影响的内部或外部风险，包括风险识别和风险分析。

（3）控制活动，指对所确认的风险采取必要的措施，以保证单位目标得以实现的政策和程序，包括业绩评价、信息处理、实物控制和职责分离。

（4）信息与沟通，指为了使职员执行其职责，企业必须识别、捕捉、交流外部和内部信息。沟通是使员工了解其职责，保持对财务报告的控制，包括使员工了解在会计准则中他们的工作如何与他人相联系，如何对上级报告例外情况。沟通的方式有政策手册、财务报告手册、备查簿，以及口头交流或管理示例等。

（5）监控，指评价内部控制质量的进程，即对内部控制改革、运行及改进活动进行评价、监督和控制。包括内部审计以及与单位外部人员、团体进行交流。

上述五项要素实际上内容广泛，相互关联。控制环境是其他控制要素的基础，在规划控制活动时，必须对企业可能面临的风险进行细致的了解和评估；而风险评估和控制活动必须借助企业内部信息的有效沟通；最后，实施有效的监控以保障内部控制的实施质量。

6. 内部控制整合框架——风险管理阶段

2004年4月，美国COSO委员会在广泛吸收各国理论界和实务界研究成果的基础上，颁布了《企业风险管理框架》。该框架在1992年COSO的内部控制整合框架报告的基础上建立企业风险管理框架，将企业管理的重心由内部控制转向风险管理。相对于内部控制整合框架而言，新的COSO报告增加了一个观念即风险组合观，一个目标即战略目标，两个概念即风险偏好和风险容忍度，三个要素即目标制定、事项识别和风险反应。企业风险管理包括八个相互关联的要素，各要素贯穿于企业的管理过程中。

（1）内部环境。企业的内部环境是其他所有风险管理要素的基础，为其他要素提供规则和结构。内部环境包含的内容很多，包括企业员工的价值观、人员的胜任能力和发展计划、管理者的经营模式、权限和职责的分配方式等。董事会是内部环境的重要组成部分，对其他内部环境要素具有重要的影响。企业的管理者也是内部环境的一部分，其职责是建立企业风险管理理念。

（2）目标制定。经理根据企业确定的任务或预期制定企业的战略目标，选择战略并确定其他与之相关的目标进而在企业内层层分解和落实。而企业风险管理就是给企业经理提供一个适当的过程，既能够帮助制定企业的目标，又能够将目标与企业的任务或预期联系在一起，并且保证制定的目标与企业的风险偏好相一致。企业的目标包括战略目标、经营目标、报告目标以及合法性目标。

（3）事项识别。不确定性的存在，即经理不能确切地知道某一事项是否会发生、何时发生或者事项发生后的结果，企业的经理需要对这些事项进行识别。而潜在事项对企业可能有正面、负面的影响或者两者同时存在。

（4）风险评估。经理应从两个方面对风险进行评估——风险发生的可能性和影响。风险发生的可能性是指某一特定事项发生的可能性，影响则是指事项的发生将会带来的影响。对于风险的评估应从企业战略和目标的角度进行：首先，应对企业的固有风险进行评估；其次，经理层应在对固有风险采取有关管理措施的基础上对企业的剩余风险进行评估。

（5）风险反应。风险反应可以分为规避风险、减少风险、共担风险和接受风险四类。规避风险是指采取措施退出会给企业带来风险的活动。减少风险是指降低风险发生的可能性、降低风险的影响或两者同时降低。共担风险是指通过转嫁风险或与他人共担风险，降低风险发生的可能性或降低风险对企业的影响。接受风险则是不采取任何行动而接受可能发生的风险及其影响。

（6）控制活动。控制活动是帮助保证风险反应方案得到正确执行的相关政策和程序。控制活动是企业为实现其商业目标而执行的过程的一部分，通常包括两个要素：确定应该作出什么样的政策以及影响该政策的一系列程序。

（7）信息和沟通。来自企业内部和外部的相关信息必须以一定的格式和时间间隔进行确认、捕捉和传递，以保证企业的员工能够执行各自的职责。有效的沟通包括企业内自上而下、自下而上以及横向的沟通，还包括将相关信息与企业外部相关方的有效沟通和交换等。

（8）监控。对企业风险管理的监控是指评估风险管理要素的内容和运行以及一段时期的执行质量的一个过程。企业可以通过两种方式对风险管理进行监控——持续监控和个别评估。持续监控和个别评估都是用来保证企业的风险管理在企业内各经理和各部门持续得到执行。

7. 内部控制整合框架的发展——新风险管理阶段

2017年9月，COSO发布了新版（2017版）的企业风险管理框架：《企业风险管理——与战略和业绩的整合》。新版（2017 版）的企业风险管理框架包括企业风险管理五个要素。

第一要素：治理与文化。

治理确定了企业的基调，强调了企业风险管理的重要性和监督责任。文化则包含了道德价值观、理想行为以及对主体风险的理解。

（1）实行董事会对风险的监督。董事会对主体的风险监督负有首要责任。首先要确认董事会和经理对风险治理的责任分配。一般来说，董事会成员具有丰富的行业经验和技能，且独立于经理。这使得他们能提供风险治理的整体战略和独立视角，并将风险管理的日常责任交给经理或者风险管理委员会。

（2）建立治理与运营模式。在明确的责任分配下，企业应该建立完整的运营模式和汇报体系。影响企业建立运营模式的因素有很多，如企业的战略目标、规模、行业、区域分布、财务税务等方面的法律法规等。经理结合企业的使命、愿景和核心价值来计划、组织并执行企业战略。一般来说，董事会通过授权给特定委员会的形式来掌握、管理与战略相关的风险。对于大型企业来说，这样的委员会可能不止一个，这就需要不同的委员会之间明确权责分配并共享对风险的理解。明确权责十分重要，这能激发人们在授权范围内的能动性。而随着组织的发展，运营模式和授权报告体系也需要做出相应调整。

（3）定义所期望的文化。董事会和经理通过定义其期望的行为将企业核心价值和对风险的态度具体化。建立一个所有员工都接受的企业文化，对于企业抓住机遇、规避风险来说至关重要。企业对于期望行为的定义彰显了其所追求的文化理念。

（4）展现对核心价值的承诺。企业制定基调，建立员工行为准则并对偏离准则的行为做出回应。即使企业明确展示了对诚实和道德的核心价值的承诺，还是难免发生违背企业核心价值的行为。这种行为可能是好人犯了错误，好人一时意志软弱，或者坏人蓄意破坏。因此需要对行为进行详尽的评估并制定细节的应对措施。关键是将个体的行为和企业文化结合起来，这需要经理在日常工作中不断解读、强调和践行企业文化。

（5）吸引、培养并留住人才。企业需要建立在各个层级评价工作能力的机制。董事会评价经理的能力，经理评价各个业务单元或者职能部门的能力。经理通过在不同层面建立人力资源管理体系来吸引、培训、指导人才，评价和留住人才。

第二要素：风险、战略与目标设定。

战略规划过程中风险管理、战略和目标设定是密集联系的。风险偏好的设定以战略为基础，并与其保持一致；商业目标将战略付诸实践，并为识别、评估和应对风险提供基础。

（6）考虑风险与业务环境。企业应考虑业务环境对风险状况的潜在影响。企业要理解业务环境，考虑内部和外部的环境和不同的利益相关者。外部环境包括政治、经济、社会、科技、法律和环境等方面，内部环境包括资本、人力、流程和技术等方面。

（7）定义风险偏好。企业应在创造、保存和实现价值的过程中定义风险偏好。负责确定风险偏好的董事会和经理必须完全了解不同风险偏好所代表的取舍和利害关系。对于一些企业来说，“高风险偏好”或“低风险偏好”已经足够区分；对于另外一些企业来说，风险偏好必须是可以量化的。风险偏好可以有“目标”“范围”“上限”“下限”等不同的表达和设定方式。

（8）评估替代策略。企业应评估可替代的战略和对风险状况的影响。企业应明确战略的重要意义和不同战略选择所隐含的意义，将战略和风险偏好结合在一起考虑并依据不同情况和阶段调整战略。

（9）建立业务目标并考虑风险。企业应建立不同层次的业务目标以制定和支持战略，并同时考虑风险。业务目标可以是财务表现、客户满意度、优异运营、合规、效率提升或者领先行业的创新等。企业应理解不同的业务目标所隐含的意义并确定不同的绩效度量方式和目标。

第三要素：风险管理执行。

企业应识别并评估可能影响其实现战略和业务目标的风险，结合企业的风险偏好，对风险按照其严重程度区分优先次序，组织选择风险应对的方法并对绩效进行监控以做出调整。这样，企业对追求战略和业务目标时所面临的风险建立起一个组合的观念。组织将采取一种组合的视角对风险进行评估和应对。这一过程的结果将反馈给主要风险利益相关方。

（10）识别风险。企业识别执行过程中影响业务目标实现的风险。风险识别的方法包括专题研讨会、访谈、流程分析、关键风险指标和数据追踪等。风险和机遇并存，识别风险的过程也是识别机遇的过程。

（11）评估风险的严重程度。风险评估的重要工具是风险热力图，热力图从风险发生的可能性和影响程度两方面对风险进行评级。风险评价要从固有风险、目标剩余风险和实际剩余风险三个层级进行。

（12）风险排序。企业结合风险偏好，选定对风险排序等级的标准，然后对所有识别的风险进行排序，作为制定风险应对措施的基础。

（13）实施风险应对。风险响应有不同的方式，包括承受风险、回避风险、追逐风险、降低风险、分担风险等。经理应根据业务环境、性价比、法律法规、风险优先级、风险严重程度和风险偏好来选择和实施风险响应措施。一旦选择风险响应措施，就需要有效的控制活动来确保响应措施的实施。

（14）建立风险组合观。经理需要从企业整体角度考虑风险，将企业风险作为一个整体与实现绩效目标所需承受的风险进行对比，而不是将其视为一个个单独的、分散的风险。

第四要素：审查和修订。

通过审视主体的绩效情况，组织可以考虑如何利用企业风险管理的要素，根据重大变化发挥更为长期的作用，以及需要进行哪些修订。

（15）评估重大变化。如果不及时考虑有关变化，可能会造成与竞争对手的绩效鸿沟，或令有关战略的关键假设失效。对重大变化的监控应当纳入日常业务运营流程，并加以执行。

（16）评估风险和绩效。企业应关注风险管理绩效，以及对企业风险管理职能各大要素的长期有效性进行监控，尤其是在发生重大变更的情况下。有效的监控流程使企业领导得以深入了解风险和绩效之间的关系，以及战略风险如何影响绩效，并且识别与实现战略有关的新兴风险。

(17) 企业风险管理改进。与其他任何流程一样，企业风险管理也需要不断优化。即使是实施了成熟的企业风险管理流程的企业亦可以通过持续优化来获得事半功倍的价值贡献。在企业风险管理整合至整个企业后，嵌入的持续评估便可以自动识别改进机会。单独的评估活动（如由内部审计开展的）亦可提供机会优化企业风险管理流程。

第五要素：信息、沟通和报告。

企业风险管理需要一个持续的过程，获取和分享内部和外部的必要信息，这些信息可以自上而下或自下而上在整个企业里流转。沟通是在企业中不断迭代地取得并分享信息的过程。经理利用从内部和外部取得的有效信息来支持企业风险管理工作，组织利用信息系统来捕捉、处理和管理数据和信息。通过利用应用于所有组成部分的信息，组织就风险、文化和绩效做出报告。

(18) 利用信息系统。信息系统可以是正式的或者是非正式的。企业应该应用分类学来管理企业资源管理相关的信息，基于企业的规模大小、复杂程度将风险进行细分。经理要依据内外部环境及时地维护信息系统并做出调整。

(19) 沟通风险信息。沟通的对象既包括内部员工，也包括董事会、股东及其他外部利益相关者。沟通方法可以是电子信息、外部第三方材料、非正式口头材料、公共活动、培训和研讨会、内部文件。

(20) 对风险、文化和绩效进行报告。企业应在各个层级对风险、文化和绩效做出报告。首先，企业要确定这些报告的使用者和他们的职责。报告的形式和种类很多，包括风险的整体判断、风险图谱、原因分析、敏感度分析、对新兴及发生变化的风险的分析、关键业绩指标（KPI）、趋势分析、对意外事故及违规和损失的披露、对企业资源管理计划和倡议的追踪。经理需要确定报告的频率并对质量负责。

7.1.2　建立内部控制的必要性

内部控制作为一种有效的现代管理技术在企业得到了迅速发展和广泛应用，并且作为一门分支学科引起了一些专业学术团体和机构的高度重视。其原因在于，建立适当而有效的内部控制不仅是企业科学管理的要求，也是法律法规的要求，更是企业为应对风险而权衡成本与效益后的选择结果。

1. 科学管理的要求

第二次世界大战之后，科学技术飞速发展，经济的国际化趋势日益明显，生产和资本高度集中，企业的组织规模越来越大，经营业务也日趋复杂及多样化。拥有众多子公司的跨国公司大量涌现，管理跨度的扩大、经营地点的分散、控制权力层次的变化，使得跨国公司面临的管理任务更加艰巨。企业董事会和经理再也不能像过去那样对其控制下的各种经营业务进行直接的监督和检查，相反，他们只能借助各种财务报告、统计资料来分析考核各个部门和子公司的工作业绩、经营效率和效果。然而，企业管理当局获取的各种信息是否真实可靠，他们下达的计划、指令是否得到了有效的执行，这些都令人生疑。

随着企业规模的扩大和内部职能部门的增多，更需要企业内部协调一致，节约资源，防止工作差错和舞弊，提高经营效率，以便在激烈的市场竞争中立于不败之地，这就在客观上要求企业建立完善的包括组织结构和业务程序在内的具有自我控制和自我调节功能的管理机制。于是，内部控制作为一种有效的管理工具应运而生，它能够帮助企业董事会和经理层对其实现目标的各种活动进行有效的组织、制约、考核和调节，为各种信息的准确性和可靠性以及各类活动达到预期的目标提供合理的保证。

2. 法律法规的要求

企业是否建立内部控制以及在哪些方面设置内部控制，在相当长的时期，均由企业董事会和经理层根据需要自主决定。1977年12月美国国会通过的《反国外贿赂法》(Foreign Corrupt Practices Act，FCPA)，除规定禁止各种形式的行贿或具有行贿嫌疑的行为之外，还要求在证券交易委员会管辖下的每一家公司都应建立内部控制制度，必须拥有持续的内部会计控制，以合理保证所有交易事项都得到企业董事会和经理层的授权和认可。随着《反国外贿赂法》的颁布，1978年2月证券交易委员会发布了《证券交易法》第14478号公告，题为《颁布1977年反国外行贿法的通知》：对受该法约束的上市公司，要审查其会计程序、内部会计控制制度和营业惯例，以促使它们采取符合法律要求的必要措施。

《中华人民共和国会计法》(简称《会计法》)第二十七条规定，“各单位应当建立、健全本单位内部会计监督制度”。2001年6月22日，财政部以财会〔2001〕41号文件发布了《内部会计控制规范——基本规范（试行)》和《内部会计控制规范——货币资金（试行)》。2002年12月23日财政部又以财会〔2002〕21号文件发布了《内部会计控制规范——采购与付款（试行)》和《内部会计控制规范——销售与收款（试行)》。这四个规范的发布实施，对于深入贯彻《会计法》，强化单位内部会计监督，整顿和规范社会主义市场经济秩序，发挥了十分重要的作用。

2008年6月，中国财政部、证监会、审计署、银监会、保监会联合发布了《企业内部控制基本规范》；2010年5月，上述五部委联合发布了《企业内部控制配套指引》。至此，企业内部控制体系基本形成。2012年12月财政部发布《行政事业单位内部控制规范（试行)》，明确自2014年1月1日起行政事业单位将实施内部控制管理。

因此，企业建立有效的内部控制是应履行的一项法律责任，同时，检查和评价被审计单位的内部控制也成为审计人员进行审计不可缺少的内容，这也促使企业致力于建立健全内部控制，以赢得良好的社会声誉。

3. 成本-效益原则的要求

21世纪以来，企业处于不断变化的内外部环境之中，有些因素要求企业加强内部控制，有些因素则要求企业减少内部控制。因此，在建立内部控制的过程中，就要求企业针对所面临的风险，根据成本-效益原则的要求，选择能够实现“控制过度”与“控制不足”的总成本最小化的控制水平。

客观上要求企业加强内部控制的因素有：

(1) 避免违规。企业面临的潜在违规风险包括环境保护、职工安全等。如果企业事先设置了相关内部控制程序，可能就会避免这种违规损失。

（2）降低处罚。有些法律在对企业犯罪量刑时，依据犯罪的严重程度与企业内部控制的有效程度来决定对企业的处罚。如果企业设有能够预防和发现违法行为的有效内部控制制度，则可以大大降低对企业的处罚。

（3）减少欺诈。近年来，企业发生的内外部欺诈案件呈上升趋势。在这些发生内外部欺诈的公司中，内部控制薄弱是共同特征。如果企业内部控制制度有效，则可以大大减少欺诈。

（4）管理跨国公司风险。在海外经营的跨国企业会面临不同于国内的政治、经济、文化风险，由于交易活动的复杂性还会产生国际税收、汇率波动等风险，这就要求企业专门设立管理这些风险的内部控制制度。

（5）树立良好社会形象。由于信息透明度的增大，企业一旦发生欺诈行为、管理不善或违反法规、被处罚款，就会引起社会新闻媒介的广泛关注，造成公司股票价格的剧烈波动，甚至给公众留下公司管理失控的不良印象。内部控制有助于预防此类问题的发生，并且在问题发生时能够提供给新闻媒体已妥善处理的补救程序。

（6）加强政府管制。2001 年美国安然等公司发生财务舞弊案件，引致了 2002 年《萨班斯-奥克斯利法案》公布实施，其中第 404 条款要求在 SEC 备案的上市公司必须提交年度内部控制自我评价报告，作为向 SEC 提交的财务报告的组成部分。在这份内部控制自我评价报告中，要求管理层报告公司当前财务报告内部控制的质量，并要求负责财务报表审计的会计师事务所对财务报告内部控制加以审计。

控制不足可能导致财务信息不实、违反法律法规、资源使用无效率、财产损失、无法实现企业目标等，但控制过度又可能导致压抑雇员积极性、浪费有限资源、控制过程过分复杂、降低顾客满意度等。在动态的竞争环境中，这两方面都可能影响企业的竞争能力。企业必须确认自己所面临的风险，运用成本-效益分析，来选择使控制总成本最小化的最优控制水平，建立适合企业具体情况的内部控制。

7.1.3 内部控制的目标和要素

1. 内部控制的目标

在早期，人们对内部控制的理解仅限于内部牵制，且主要关注资产的保护。因此，内部控制的目标主要在于防止欺诈和舞弊的发生。1949 年，美国注册会计师协会审计程序委员会公布的内部控制权威定义中，提出了内部控制四大目标：保护企业财产安全；检查会计信息的准确性与可靠性；提高经营效率；促进企业遵循既定的管理政策。内部控制这四大目标为许多国家所接受和应用。

1992 年 COSO 报告在得到各界普遍认可的内部控制概念中提出的目标有三大类：一是营运目标，与企业资源使用的效率和效果有关，包括绩效和获利目标，以及保障资产的安全，使其免受损失。二是财务报告目标，与编制对外公布的财务报表的可靠性有关，包括防止对外公布财务报告的不实。三是遵循目标，与企业遵循相关法律法规有关，它们受外界因素影响，如环境保护法等影响。这些法令规定了企业的最低行为标准。

2008 年中国财政部、证监会、审计署、银监会、保监会联合发布的《企业内部控制基本规范》，提出内部控制的目标主要包括：

（1）确保企业战略的实现。战略是一个组织长期发展的方向和范围，它通过在不断变化的环境中调整资源配置来取得竞争优势，从而实现利益相关者的期望。因此，不管是战略执行的内在要求还是内部控制的发展方向，战略与内部控制的有机结合是其发展的必然要求。

（2）提高运营的效果和效率。重视经营的效果和效率对组织未来的成功是非常重要的。在最近几年，不同国家的管理者开始认识到一些组织没有理解效果和效率的重要性，并开始要求组织建立企业治理的政策和程序。

（3）确保财务报告的可靠性。组织的董事会和经理层有责任编制可靠的财务报告，包括中期和简明的财务报告，以及经财务报表挑选出来的财务数据，如已经公开发布的盈利报告等。

（4）保护资产的安全、完整。资产的稀缺性客观上要求组织通过有效的内部控制系统确保其安全和完整。组织应保护各种有形与无形的资产，一是确保这些资产不被损害和流失；二是要确保对资产的合理使用和必要的维护。

（5）符合相关的法律和法规。组织的董事会和经理层有责任确保遵守相关的法律和法规。不遵守相关的法律和法规可能导致行政处罚和罚款，这会损失组织运营的重要资源。

2. 内部控制的要素

2008年中国财政部、证监会、审计署、银监会、保监会联合发布的《企业内部控制基本规范》，提出内部控制要素有五大类：

（1）内部环境。内部环境提供企业纪律与架构，塑造企业文化，并影响企业员工的控制意识，是所有其他内部控制组成要素的基础。内部环境的因素具体包括：诚信的原则和道德价值观、评定员工的能力、董事会和审计委员会、管理哲学和经营风格、组织结构、责任的分配与授权、人力资源政策及实务。

（2）风险评估。每个企业都面临来自内部和外部的不同风险，这些风险都必须加以评估。评估风险的先决条件是制定目标。风险评估就是分析和辨认实现所定目标可能发生的风险。具体包括：目标、风险、环境变化后的管理，等等。

（3）控制活动。企业经理辨识风险，继之应针对这种风险发出必要的指令。控制活动，是确保管理层的指令得以执行的政策及程序，如核准、授权、验证、调节、复核营业绩效、保障资产安全及职务分工等。控制活动在企业内的经理层和职能部门之间都会出现，主要包括：经理人员对企业绩效进行分析、相关部门进行管理、对信息处理的控制、实体控制、绩效指标的比较、分工。

（4）信息与沟通。企业在经营过程中，需按某种形式辨识、取得确切的信息，并进行沟通，以使员工能够履行其责任。信息系统不仅处理企业内部所产生的信息，同时也处理与外部的事项、活动及环境等有关的信息。企业所有员工必须从管理层清楚地获取承担控制责任的信息，而且必须有向上级部门沟通重要信息的方法，并与外界顾客、供应商、政府主管机关和股东等做有效的沟通。

（5）内部监督。内部控制系统需要监督。内部监督是由适当的人员，在适当的基础上，评估控制的设计和运行情况的过程。内部监督活动由持续监控、个别评估组成，可确保企业内部控制能持续有效地运作。具体包括：持续的监控活动、个别评估、报告缺陷。

7.1.4　内部控制系统的种类

企业的内部控制系统涉及生产经营的各个环节和各个部门，各个环节和部门均可根据自身业务特点和工作范围建立内部控制系统。这些不同的内部控制系统可以按照不同的标志进行科学分类，以有利于加深对内部控制系统的认识。

1. 内部控制系统按要素分类

内部控制系统按要素分类，国际上通常分为控制环境、风险评估、控制活动、信息与沟通、监控。

（1）控制环境。控制环境是指对企业控制的建立和实施有重大影响的多种因素的统称。控制环境的好坏直接决定着企业其他控制要素能否实施或实施的效果。

（2）风险评估。每个企业都面临来自内部和外部的不同风险，这些风险都必须加以评估。评估风险的先决条件是制定目标。风险评估就是分析和辨别实现所定目标可能发生的风险。

（3）控制活动。控制活动是确保经理层的指令得以执行的政策及程序，如核准、授权、验证、调节、复核经营业绩、保障资产安全及职务分工等。

（4）信息与沟通。企业在其经营过程中，需按某种形式辨识、取得确切的信息，并进行沟通，以使员工能够履行其责任。企业所有员工必须从经理层那里清楚地获取承担控制责任的信息，而且必须有向上级部门沟通重要信息的方法，并与外界顾客、供应商、政府主管机关和股东等进行有效的沟通。

（5）监控。监控是由适当的人员评估控制的设计和运行情况的过程。监控活动由持续监督和个别评估组成，可确保企业内部控制能够持续有效地运行。

2. 内部控制系统按工作范围分类

内部控制系统按工作范围分类，可以分为内部管理控制系统和内部会计控制系统。

（1）内部管理控制系统。内部管理控制系统是以提高经营效率、工作效率为目的，用于行政和业务管理方面的方法、措施和程序。如劳动组织、劳动工资、人事内部控制系统，质量检验内部控制系统，技术设计内部控制系统，情报资料内部控制系统，电子计算机操作内部控制系统，材料供应、产品生产、产品销售内部控制系统，等等。

（2）内部会计控制系统。内部会计控制系统是以保护财产物资和确保会计资料可靠性为目的，用于会计业务和与之相关的其他业务管理方面的方法、措施和程序。如现金、银行存款内部控制系统，成本、费用管理内部控制系统，资产管理内部控制系统，利润及其分配管理内部控制系统，记账程序内部控制系统，会计凭证保管、整理、归档内部控制系统，会计电算化内部控制系统，等等。

3. 内部控制系统按建立的目的分类

内部控制系统按建立的目的分类，可以分为保护财产物资的内部控制系统、保证会计资料可靠性和正确性的内部控制系统，以及保证经济活动合法性和效益性的内部控制系统。

（1）保护财产物资的内部控制系统。保护财产物资的内部控制系统是以流动资产、固定资产和其他资产为对象，规定购入、验收、入库、保管、使用、维修、计量等职责和权限、手续和程序。如材料验收控制系统，入库、出库控制系统，限额领用控制系统，产品盘点控制系统，现金管理控制系统，机器设备维修、保养控制系统，等等。

（2）保证会计资料可靠性和正确性的内部控制系统。保证会计资料可靠性和正确性的内部控制系统是以会计凭证、会计账簿和财务报表为对象，规定了会计核算的组织形式、方法和程序，保证会计资料及其他信息资料的可靠性和正确性。如财产计价控制系统，成本计算规程控制系统，财产清查控制系统，记账程序控制系统，账证、账账、账表和账实核对控制系统，会计人员岗位责任控制系统，电算化会计操作控制系统，等等。

（3）保证经济活动合法性和效益性的内部控制系统。保证经济活动合法性和效益性的内部控制系统是以经济活动为对象，规定了经济活动必须遵守的规范和程序以及控制经济活动的方法、措施。这类控制系统范围较广，包括行政和业务部门的内部控制系统和会计部门的内部控制系统。如材料采购控制系统和现金控制系统，成本、费用控制系统，产品销售控制系统，目标利润控制系统，财务成果分配控制系统，基建工程控制系统，等等。

4. 内部控制系统按控制方式分类

内部控制系统按控制方式分类，可分为预防性内部控制系统与察觉性内部控制系统。

（1）预防性内部控制系统。预防性内部控制系统是指那些目的在于防止差错和舞弊行为的发生而设置的措施和程序。如出纳与会计必须由两个人担任，开具银行支票的必须与掌管印章的相分离，销售开发票的必须与收款的相分离等，都属于防患于未然的预防性内部控制系统。

（2）察觉性内部控制系统。察觉性内部控制系统是指当错弊行为发生后，能够立即自动发出信号，并及时采取纠正或补救的方法、措施和程序。如定期进行结账、对账，定期进行财产清查、核对账实，定期轮换工作人员等，都属于察觉性内部控制系统。

7.1.5 内部控制系统的内容

要对内部控制进行评审，首先必须充分了解其构成内容。每个单位的性质、业务、规模等不同，内部控制系统的具体内容也不尽相同。概括起来，内部控制的构成内容可分为如下几个方面：

1. 合规、合法性控制

建立健全企业内部控制系统必须符合国家法律、财经政策、法令和财经制度的规定，每一项经济业务活动必须控制在合规、合法的范围内。如一切会计凭证都必须由会计部门认真审核、把关，对不合规、不合法的经济业务应坚决予以揭露和制止；生产和销售的产品必须符合质量要求，不许以次充优或生产销售伪劣产品；等等。这些都是合规、合法性控制。

2. 授权、分权控制

企业规模不断扩大，环节日益增多，业务纷繁，董事会和经理不可能事必躬亲，包揽一切事务。因此，必须将事、权进行合理划分，对下级授权、分权，规定各级人员处理某些事务的权力。在授权、分权范围内，授权者或分权者有权处理有关事务；未经批准和授权，不得处理有关经济业务。这样，把各项经济业务在其发生之际就加以控制，使各级业务人员都能在其位谋其政。权和责是相互联系的，建立内部控制系统时，必须将每个单位或个人按其所授权力或所分权力与应负的责任相联系，制定岗位责任制，明确岗位应予履行的任务及其应负的责任，并定期进行检查，做到事事有人管，人人有专责，办事有标准，工作有检查，从而对各项经济业务进行控制。如一项经济业务从发生至结束的整个过程中，谁核准、谁经办、谁复核、谁验收、谁审批等都应在制度中予以充分说明，做到分工负责，权责分明。

3. 不相容职务控制

建立内部控制系统，必须对某些不相容职务进行分离，应分别由两人以上担任，以便相互核对、相互牵制、防止舞弊。所谓不相容职务，指集中于一人办理时，发生差错或舞弊的可能性就会增加的两项或几项职务。如经管现金和银行存款的出纳，与负责总账登记的会计，就属于不相容职务。企业对不相容职务，应该加以严格控制和分离。

（1）经济业务处理的分工。即一项经济业务的全过程不应由一个人或一个部门单独处理，应分割为若干环节，分属不同的岗位或人员管理。具体要求是：授权进行某项经济业务和执行该项业务的职务要分离，执行某项经济业务和审查该项业务的职务要分离，执行某项经济业务和记录该项业务的职务要分离，记录某项经济业务与审核该项经济业务的职务要分离。

（2）资产记录与保管的分工。实行这种分工的目的在于保护资产的安全完整。具体要求是：保管某项物资和记录该项物资的职务要分离，保管物资与核对该项物资账实是否相符的职务要分离，记录总账和记录明细账的职务要分离，登记日记账和登记总账的职务要分离，贵重物品仓库的钥匙由两个人分别持有。

（3）各职能部门具有相对独立性。这种独立性体现在：一是各职能部门之间是平级关系，而非上下级从属关系；二是各职能部门的工作有明确分工，不存在责任共担、成绩均享的关系。

4. 业务程序标准化控制

为了提高工作效率，实行科学化管理，现代企业一般将每一项业务活动，都划分为六个步骤：授权、主办、核准、执行、记录和复核。这种按照客观要求建立的标准化业务处理程序，不仅有利于实际业务活动按照事先规定的轨道进行，而且对实际业务活动做到了事前、事中和事后的控制。这种标准化处理程序可用成文的制度表示，如各种管理制度，也可以绘成流程图，如各种业务处理程序图。采取这种方式控制，不仅经办人员有章可循，能够按照科学的程序办事，而且可以避免职责不清、相互扯皮等现象。

按照标准化处理程序的要求，会计部门的每一个工作人员必须有严密的组织分工，会计资料力求做到统一格式、统一编号、专人填制、专人保管，防止混乱、丢失。如每项经济业务发生之后，都应取得或填制会计凭证，作为该项经济业务的书面证明；凭证的设计必须科学，力求标准格式；凭证的填写必须认真；凭证的传递必须合理，环环紧扣；凭证的复核、审查必须严格；需要套写的凭证，不准分别填写；需要事先连续编号的凭证，不准临时编号；填错的凭证，要按规定的程序和手续改正，不准任意涂改；每种凭证应按规定的要求和手续整理、归档、调阅、销毁；等等。

5. 复查核对控制

为了保证会计信息的可靠性，规定各项经济业务必须经过复查核对，以免发生差错和舞弊。对业已完成的经济业务记录进行复查核对是控制记录使其正确可靠的重要方法。复查核对一般分为两种：一种是将记录与所记的实物相核实；另一种是记录之间的相互复查核对。通过这两种复查核对，能进一步保证记录真实、完整、正确。复查核对的内容包括凭证之间的复查核对，凭证和账簿之间的复查核对，账簿和报表之间的复查核对，账簿之间的复查核对，账簿与实物之间的复查核对等。建立严格的复查核对制度，有利于及时发现并改正会计记录中的错误，做到证、账、表、实物相符。

6. 人员素质控制

内部控制系统实施是否有效，关键取决于实施内部控制系统人员的素质。要使内部控制系统的功能按预定的目标正常发挥，必须配备与承担的职务相适应的高素质人员。否则，即使内部控制系统本身十分完美，实施的效果也难以令人满意。人员的素质包括良好的思想品德和职业道德，较高的业务素质和专业技能，较广博的知识水平，还包括接受职业继续教育和培训。人员素质的控制，除了对人员本身的素质提出较高要求外，还应对人员的选择、使用和培训采取一定的措施和办法，以控制内部控制系统执行人员的素质。

对人员素质的控制，除上述内容外，还包括对人员的职务进行定期轮换，以增加对某项职务的全面复核，从而达到控制的目的。有关职务实行定期轮换，是实践中证明行之有效的控制措施，不仅使某项职务的承担人员发生的错弊能在短时间内被发现、纠正，而且可以促使工作人员兢兢业业工作，以便交接时经得起检查，从而增强内部控制的功能。

7.2 财务报告内部控制

财务报告由会计人员编制，是会计信息加工后对外公布的结果。它的产生依赖于会计核算系统、日常控制机制的运行，并受企业内部控制环境的影响。

7.2.1 内部控制对财务报告的影响

建立内部控制系统的目标之一就是保证财务报告的可靠性，但保证财务报告的可靠性并不是内部控制系统的全部。一方面，有效的内部控制系统只能合理保证财务报告的可靠性；另一方面，没有内部控制系统的企业财务报告不一定不可靠。但财务报告一旦不可靠，则企业的内部控制系统必定无效。

从经济业务的发生到形成凭证、账簿、报表需要一系列的控制活动：经济业务的发生需要经过适当的授权批准，记录在原始凭证上，保证真实性；经济活动每一步骤都需要在原始凭证上留下痕迹，并需要对原始凭证进行有效的控制，如连续编号并定期清点等，保证对所有经济业务都予以记录并且没有重复记录，为会计核算提供真实的原始依据；会计人员根据汇集的原始凭证编制记账凭证，作为记录账簿的依据，最后根据账簿编制财务报表，其中需要对原始凭证进行检查，明细账与总账分别由不同职员编制，并由其他职员进行定期复核，必要的职务分离等控制程序。由此可见，业务控制程序和活动并不是单独存在的，而是渗透于生产经营管理活动中。有效的内部控制能确保会计核算系统中确认、计量、记录、报告各步骤都具有真实合法的凭据，并减少核算中的差错，最终提供真实可靠的财务报告。无论哪一个控制环节出现问题，都可能会产生记录核算错误或者给不法分子以可乘之机，诱发舞弊，造成虚假的财务报告。

除了业务控制程序和活动外，内部控制其他组成部分也制约着财务报告的真实性、可靠性。要使业务控制程序和活动能够得到有效执行以保证会计信息的真实可靠，离不开合理的组织结构和过硬的人员素质。组织结构为企业的经营提供规划、执行、控制和监督活动的框架，是实施内部控制的载体，组织结构的合理与否直接影响内部控制的效果。良好的组织结构控制应该能够保证责任明确、授权适当、信息沟通顺畅，构成控制环境的重要组成部分。如果董事会和经理层在财务报告编报方面的权力过大，在缺乏有效的约束和监督机制的情况下，可以不执行或绕过内部控制系统，就会导致粉饰财务报告、操纵利润等行为发生。

内部审计负责检查评价内部控制系统设计和执行的有效性，内部审计人员在企业中地位的高低、职责履行的好坏对内部控制系统的运行以至于对会计核算系统都有重要的影响。

会计组织机构负责具体的账务会计处理，控制会计信息的产生。会计组织机构各方关系人权力和责任明确，逐层负责，及时发现和报告问题，才能有效履行监督控制机制。

即使有设计良好的内部控制系统，仍需要人来执行。员工的道德水准和价值观以及胜任能力是内部控制环境的重要因素，对内部控制的执行有效性起着至关重要的作用；董事会和经理层的管理理念和经营方针对塑造企业文化有着非同小可的影响，而健康的企业文化对于企业经营管理水平的提高显然具有不可忽视的作用，从而对内部控制的有效执行提供了有力保证。

组织结构、内部审计和人员素质因素对会计核算系统的影响尽管是间接的，但是任何一个因素出现问题都会严重影响内部控制系统甚至会计核算系统的有效运行，最终产生不可靠的财务信息。

7.2.2　财务报告内部控制的含义

21 世纪，随着法律法规对内部控制提出新要求，在内部控制的发展过程中，出现了财务报告内部控制（internal control over financial reporting）这一新提法。SEC在2002年发布的第33-8138号提案中首次对财务报告内部控制进行了解释，即财务报告内部控制的目的是确保公司设计的控制程序能为下列事项提供合理的保证：公司的业务活动经过合理的授权；保护公司的资产避免未经授权或不恰当的使用；业务活动被恰当地记录并报告，从而保证上市公司的财务报告符合公认会计原则的编报要求。该定义与《萨班斯-奥克斯利法案》第103条款中要求注册会计师进行内部控制审计的内容保持一致，并且符合美国注册会计师协会发布的审计准则公告第319条款的规定。

根据SEC 2003年6月正式发布的最终规则中的定义，财务报告内部控制是指由公司的首席执行官、首席财务官或者公司行使类似职权的人员设计或监管的，受到公司的董事会、经理和其他人员影响的，为财务报告的可靠性和满足外部使用者的财务报告编制符合公认会计原则提供合理保证的控制程序，具体包括以下控制政策和程序：

（1）保持详细程度合理的会计记录，准确公允地反映资产的交易和处置情况。

（2）为下列事项提供合理的保证：公司对发生的交易进行必要的记录，从而使财务报告的编制满足公认会计原则的要求；公司所有的收支活动经过经理层和董事会的合理授权。

（3）为防止或及时发现公司资产未经授权的取得、使用和处置提供合理保证，这种未经授权的取得、使用和处置资产的行为可能对财务报告产生重要影响。

另外，COSO在1994年对内部控制框架修订时，单独对保证财务报告可靠性的内部控制进行了说明，分析列举了内部控制五要素中对财务报告可靠性产生影响的因素。尽管内部控制三个目标之间存在重叠，各项控制措施几乎都服务于一个以上的目标，很难确定哪些控制是属于财务报告可靠性的内部控制，但是COSO报告仍然认为，应该对于保证财务报告可靠性的内部控制进行界定以确保对财务报告可靠性的内部控制能满足财务报告使用者的合理预期。

由此可见，财务报告内部控制是专为合理保证财务报告的可靠性这一目标而提出的，既然将财务报告内部控制这一概念单独从内部控制中分离出来，说明在保证财务报告可靠性方面，内部控制的确发挥着不可忽视的作用。

7.2.3 内部控制要素与财务报告认定的关系

内部控制与财务报告可靠性的关系，具体体现在内部控制五要素与财务报告的五大认定之间的关系。财务报告中所包含的有关董事会和经理的认定有：

（1）存在或发生。所有资产、负债和所有者权益在资产负债表项目中必须存在，并且所有利润表中的收入、费用和盈利都必须在当期发生。

（2）完整性。财务报告包括所有的交易、资产、负债和所有者权益。

（3）权利和义务。在财务报告中，企业享有拥有资产的权利和偿还负债的义务。

（4）估价或分摊。财务报告中的资产、负债、所有者权益、收入、费用、利润和亏损是根据公认的会计准则来估价或分摊的。

（5）表达与披露。财务报告中记录的数据按照公认的会计原则被合理地分类和披露。

特定的内部控制要素与财务报告认定的关系主要有：

（1）内部环境与财务报告认定的关系。内部控制中的基础性要素是控制环境，对财务报告各认定的实现有重大影响。如果董事会和经理缺乏正直的品格和良好的道德，加上面临改善盈余的内部或外部压力，则可能会有意错报，从而影响整个财务报告的认定。相反，如果董事会和经理层具有正直的品质和良好的道德，则会选择公允反映。完善的人力资源政策能够确保执行政策和程序的人员具有胜任能力和正直的品行。企业有一套良好的员工雇佣、训练、业绩考评及晋升等政策会导致员工不做有损企业利益的事。董事会和经理对风险的态度可能会影响财务报告的表述。

(2) 风险评估与财务报告认定的关系。如果企业面临重大的经营风险或财务风险，企业与成本、收益有关的经营目标通过努力无法实现时，则负责预算的员工可能会有意去粉饰实际结果，以达到预算目标。当员工的工资或薪水与预算的有利差异紧密相关时，这种错报的可能性就加大了。在这种情况下，存在或发生、完整性和估价认定的可靠性就值得怀疑。为减少这种可能性，企业必须客观地评估面临的风险，设置的计划和预算指标应满足如下条件：这种计划和预算所设立的目标应是可实现的，并清晰地说明达到目标的可靠性策略，这些目标和策略与负责具体预算的人确实相关。因此，在制定预算时，应仔细评估实现目标所存在的重要风险。

(3) 控制活动与财务报告认定的关系。用于防止和发现会计记录差错的控制活动加强了会计信息系统的功能，有助于产生更为可靠的财务报告，这些控制活动包括批准、授权、安全控制、职责分工等。安全控制用于保护企业的资产，以确保资产安全和记录可靠，与降低存在或发生、完整性、估价或分摊认定的控制风险有关。

(4) 信息和沟通与财务报告认定的关系。信息的确认和收集保证财务报告所提供信息的完整性；对信息的处理有助于信息的分类和记录，对记录的适当控制有助于估价认定的实现，对分类的适当控制有助于表达与披露、权利和义务认定的实现；信息的报告是企业编制财务报告的过程，影响财务报告质量的各个方面。沟通大大加强了各个认定的可靠性。财务报告有效的沟通还要求明确地将相关职责分配给执行控制程序的员工，使相关的员工清楚如何进行控制，以及自身在内部控制系统中的角色和责任，这同样会增强财务报告的可靠性。

(5) 内部监督与财务报告认定的关系。对内部控制进行内部监督的目的是确保其他内部控制要素如设计时一样得到有效执行。内部监督影响各个认定的实现。

7.3 内部控制的描述

为了评价被审计单位的内部控制，必须对其内部控制进行了解和描述。通过参阅被审计单位的规章制度、组织机构设置表和前一年度的审计工作底稿，或通过现场询问有关人员，以及通过审计人员的实地观察，可以了解和掌握被审计单位的内部控制详细情况。了解和掌握被审计单位的内部控制的详细情况，主要是了解和掌握被审计单位的销售与收款循环、购货与付款循环、生产与费用循环、筹资与投资循环等内部控制情况。在了解和掌握上述内部控制的详情以后，运用适当的方法将内部控制描述出来，供制定和修改审计计划和程序之用，或供日后查考之用。内部控制描述的方法通常有三种：文字表述法、调查表法和流程图法。

7.3.1 文字表述法

文字表述法是指审计人员对被审计单位内部控制设计有效性和执行有效性所做的文字叙述。这种文字叙述一般是按不同的循环环节，分别写明各个职务所完成的各种工作、办理业务时所经历的各种手续等，还应阐明各项工作的负责人、经办人员以及由他们编写和记录的文件凭证等。

在采用文字表述法时，审计人员通常向被审计单位的工作人员提出一系列问题，如你经办哪些业务和凭证？这些业务是如何发生的？要编制什么凭证？要经过什么审批手续？处理这些业务和凭证应编制什么会计分录？是否经过复核？如何登记账簿？将这些问题的答案逐一记录下来，并经审计人员实地观察和核实，然后整理、串联起来，即可形成文字表述的书面说明，以描述被审计单位内部控制的实际情况。表7-1是对某企业产成品收发环节的内部控制所作的文字表述。

表7-1　　××企业产成品收发的内部控制

2018年12月

产成品仓库由王老五师傅负责。产成品入库时，仓库会同质量检验处根据生产车间入库单的数量、等级验收产成品，并由仓库填写产成品验收入库单。验收入库单一式三联：第一联由仓库留存登记产成品卡片，第二联交销售处登记产成品明细账，第三联连同生产车间的入库单交会计处登记总账。各产成品销售部门均由专人负责签发出库单。产成品发出时，由销售部门填制出库单，凭一式三联的出库单向仓库要求发出产成品。仓库发出产成品后，将第一联出库单留存登记产成品卡片，第二联交销售处登记产成品明细账，第三联交会计处登记产成品总账和明细账。
产成品的收发采用永续盘存制记录，按计划成本计价。
销售处每月编制产成品收发存月报，并报送会计处。经管产成品明细账的会计员黄明根据销售处送来的收发存月报，与产成品明细账核对，并编制产成品收发汇总表。黄明根据产成品明细账登记产成品总账，并据以结转产品销售成本。发出和库存产成品的成本差异按月进行调整。
评价：产成品收发的内部控制系统不够健全。出库单的传递不尽合理，据以登记产成品总账和明细账的都是出库单的第三联，无法起到总账对明细账的驾驭作用。产成品总账和明细账都是由黄明登记，不相容职务未进行分离。
以上两点，说明产成品收发的内部控制系统存在明显的缺陷。
审计员：×××
2018年12月9日

文字表述法的优点是比较灵活，可对被审计单位内部控制的各个环节作出比较深入和具体的描述，不受任何限制。但文字表述法也有缺点：对内部控制的描述，有时很难用简明易懂的语言来详细说明各个细节，因而有时使用文字表述显得比较冗赘，不利于为有效地进行内部控制评价和控制风险评价提供直接的依据。文字表述法几乎适用于任何类型、任何规模的单位，特别适用于内部控制不够健全、内部控制程序比较简单和比较容易描述的小企业。

7.3.2 调查表法

调查表法是将那些与保证会计记录的正确性和可靠性以及与保证财产物资的完整

性有密切关系的事项列为调查对象，由审计人员设计成标准化的调查表，并利用表格形式，通过询问来了解内部控制的强弱程度。

采用调查表法，审计人员应根据内部控制的基本原则及其应达到的目的和要求，把企业各经营环节的关键控制点及主要问题，预先编制一套标准格式的调查表。在调查表中，为每个问题分设“是”“否”“不适用”“备注”四栏。其中，“是”表示肯定；“否”表示否定，还可在“否”这一栏中根据控制差的轻重程度，再细分“较轻”和“较重”两栏；“不适用”表示该问题不适用于被审计单位，“备注”栏用于记录回答问题的资料来源以及对有关问题的说明。

内部控制调查表中的“问题”，是针对内部控制是否有效，综合考虑各方面的因素提出的。问题的拟订应针对各项业务或业务循环的特点，既要抓住要害，又要便于回答。对表中提出的问题，要求被审计单位有关工作人员据实作出“是”“否”“不适用”的回答，借以查明被审计单位的实际情况。内部控制调查表的格式详见表 7-2。

表 7-2　内部控制情况调查表

被调查单位：宏达股份有限公司
调查内容：材料采购、入库的内部控制系统
调查时间：2018 年 12 月 10 日
被调查人：×××、×××、×××等

调查问题	调查结果				备注
	是	否		不适用	
		较轻	较重		
1. 材料采购是否按材料采购计划进行	√				
2. 每次采购材料的数量是否超过规定的储备定额		√			
3. 采购材料不存在舍近求远、质次价高的情况	√				
4. 不存在盲目采购、造成材料长期积压的情况	√				
5. 不存在代私人或单位套购材料	√				
6. 不存在整批购进、整批卖出的材料	√				
7. 材料入库是否有严格的验收制度	√				
8. 采购员与验收员有无明确的分工和相互监督制度	√				
9. 材料验收是否严格把住了数量、质量关	√				
10. 材料入库的凭证传递是否合理		√			

审计员：×××

调查表法的最大优点：一是简便易行，即使没有较高专业知识和专业技能的人员也能操作；二是能对所调查的对象提供一个概括说明，有利于审计人员分析评价；三是编制调查表省时省力，可在审计项目初期就较快地编制完成，可以减少审计人员的工作量；四是调查表“否”栏集中反映内部控制存在的问题，能引起审计人员的高度重视。但是，调查表法也存在一定的缺陷：对被审计单位某一环节的内部控制只能按所提问题分别考察，往往难以提供一个完整、系统、全面的分析评价；由于调查表格式固定，缺乏弹性，对于不同行业的被审计单位或是特殊情况，往往“不适用”栏填得太多，而使调查表法不太适用；此外，调查人员机械地照表提问，往往会使被调查人员漫不经心，流于形式，失去调查表的意义。

7.3.3 流程图法

流程图法是指用特定的符号和图形，将内部控制中的各种业务处理手续，以及各种文件或凭证的传递流程，用图解的形式直观地表现内部控制的实际情况。

现代企业内部各个部门与人员分工明确，协作紧密，均按照职责分工，分别从事各自的业务活动，并根据经合法审批的文件或凭证执行。这些文件、凭证在各部门人员之间的传递，既反映了各项业务的处理过程，又协调了各项业务活动，形成一种连续不断的流转过程。用特定的符号和图形，将这种过程以图解的方式描述出来，就是流程图。一般是每个主要经营环节应绘制一张流程图，将各个经营环节的流程图合并起来，就构成整个企业生产经营的流程图。

绘制流程图一般有两种方法：一种是纵向流程图；另一种是横向流程图。纵向流程图是将业务的处理过程按照先后次序，用一条主线垂直串联起来，并将经济业务发生的凭证编制、传递、记账程序等从上至下用图形符号描绘出来。横向流程图则横向表示业务处理程序，按业务部门设置若干竖栏，将业务处理程序由左到右，由上向下，用图形符号表示凭证的编制、传递、保管、记账、复核乃至编表的过程，并用流程线把各项业务活动串联起来。

无论采用何种方法绘制流程图都必须事先确定图形符号，同时，必须注意如下要求：

（1）采用平面制图法，图中标明业务处理流程经过的部门及负责人。

（2）流程图应绘制得简单明了，合乎逻辑，业务处理程序从发生的起点至进入永久性档案的终点应予以充分、完整的表达。

（3）流程图中少用叙事性说明，多用符号，符号力求标准、统一、直观，尽量使用事先规定好的符号绘图。

（4）当一个系统分布在几个方面时，应将最主要的路线画在主图上，其他路线画在分开的流程图上或用脚注说明。

（5）注明各种凭证、账册和报表的名称和份数及归档、保存的情况。

（6）标明各项业务的关键控制点和核对情况。

用流程图法描述内部控制系统颇受国内外审计人员的欢迎。美国、英国、加拿大、澳大利亚等国家的审计组织将流程图技术广泛应用到审计实务中，还专门制定了一套绘制流程图的方法和标准符号。我国已在审计实务中开始应用流程图方法和技术。

现以华胜股份有限公司材料收发业务处理为例，用横向流程图绘制方法说明如下。

例7-1

华胜股份有限公司材料收发业务处理手续和程序如下：

该公司设材料仓库一栋。有仓库保管员若干名，负责收料、发料和登记材料明细账。仓库收料时，根据供应科送来的发票和收料通知单验收材料，开出收料单两联，其中一联连同发票送财务科，财务科凭以付款和记账，一联留存据以登记材料明细账。

材料明细账定期与财务科的材料总账核对。

车间领用材料，领料员填制领料单，并经工段长审核批准。领料单一式三联，一联交仓库，一联送供应科，一联存查。每月终，仓库盘存材料一次，并编制盘存表两份，一份送供应科，一份留存。

供应科根据仓库送来的领料单，月终编制领料单汇总表，按计划成本计价，然后送财务科转账。

财务科根据收料单和领料单汇总表编制记账凭证并登记材料和其他总账。

根据上述资料，绘制材料收发业务流程图，如图7－1所示。

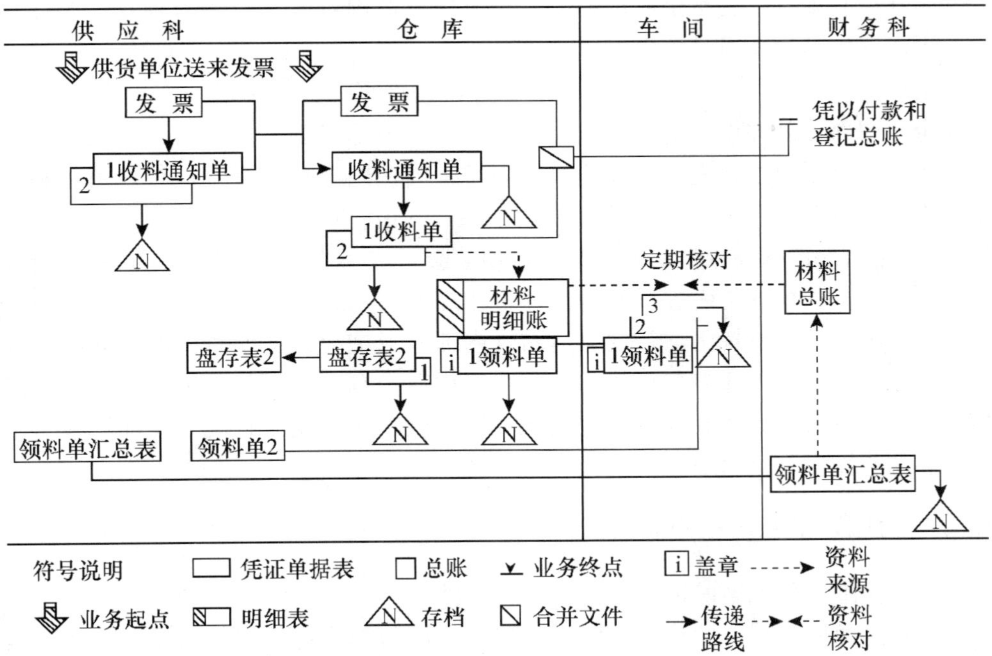

图7－1 材料收发业务流程图

绘制流程图仅是手段，而不是目的，其目的在于评价被审计单位的内部控制。评价的方法有两种：一是用特别符号或特殊颜色将应有而未予设置的控制缺陷在图上标明；二是用文字在图的下端对控制缺陷加以说明。

用流程图法描述内部控制，其主要优点有：流程图从整体的角度，以简明的形式描绘内部控制的实际情况，便于较快地检查出内部控制逻辑上的薄弱环节，也便于评价；流程图便于表达内部控制的特征，同时便于修改，在下次评价时，只要根据修改后的内部控制实际情况，稍微变动几根线条、几个符号，就能更新整个流程图。当然，与任何其他方法一样，流程图法也有不足之处：编制流程图需具备较娴熟的技术和较丰富的工作经验，颇费时间；流程图法不能将内部控制中的控制缺陷明显地标出来，在评价时，往往需要与其他两种方法结合使用。

描述内部控制的三种方法并不相互排斥，而是相互依赖、相互补充的。在描述某一单位内部控制时，可对不同业务环节使用不同的方法，也可同时使用两种或三种方法，三者结合使用往往比采用一种方法效果更好。

7.4 内部控制评价

2010年5月，财政部、证监会、审计署、银监会、保监会联合发布了《企业内部控制配套指引》。该配套指引包括《企业内部控制应用指引》《企业内部控制评价指引》《企业内部控制审计指引》，并规定自2011年1月1日起在境内外同时上市的公司执行，2012年1月1日起在上海证券交易所、深圳证券交易所主板上市公司执行。

内部控制评价，是指企业董事会或类似权力机构对内部控制的有效性进行全面评价、形成评价结论、出具评价报告的过程。

企业内部控制的评价工作，一般由企业的内部审计机构实施。

企业内部控制评价有助于促进企业全面评价内部控制的设计与运行情况，及时发现企业内部控制缺陷，提出和实施改进方案，确保内部控制有效运行，揭示和防范经营风险。

《企业内部控制评价指引》是为企业董事会对本企业进行内部控制自我评价提供的指引和要求，包括评价内容和标准、评价程序和方法、评价报告的出具和披露等。企业内部控制基本规范规定，企业应当结合内部监督情况，定期对内部控制的有效性进行自我评价，出具内部控制自我评价报告。内部控制自我评价的方式、范围、程序和频率，由企业根据经营业务调整、经营环境变化、业务发展状况、实际风险水平等自行确定。

7.4.1 内部控制评价的原则

企业实施内部控制评价应当遵循下列原则：

（1）全面性原则。评价工作应当包括内部控制的设计与运行，涵盖企业及其所属单位的各种业务和事项。

（2）重要性原则。评价工作应当在全面评价的基础上，关注重要业务单位、重大业务事项和高风险领域。

（3）客观性原则。评价工作应当准确地揭示经营管理的风险状况，如实反映内部控制设计与运行的有效性。

企业应当根据评价指引，结合内部控制设计与运行的实际情况，制定具体的内部控制评价办法，规定评价的原则、内容、程序、方法和报告形式等，明确相关机构或岗位的职责权限，落实责任制，按照规定的办法、程序和要求，有序开展内部控制评价工作。

企业董事会应当对内部控制评价报告的真实性负责。

7.4.2 内部控制评价的内容

企业应当根据《企业内部控制基本规范》、应用指引以及本企业的内部控制制度，围绕内部环境、风险评估、控制活动、信息与沟通、内部监督等要素，确定内部控制评价的具体内容，对内部控制设计与运行情况进行全面评价。

（1）内部环境评价。企业应当以组织架构、发展战略、人力资源、企业文化、社会责任等应用指引为依据，结合本企业的内部控制制度，对内部环境的设计及实际运行情况进行认定和评价。

（2）风险评估评价。企业应当以《企业内部控制基本规范》有关风险评估的要求，以及各项应用指引中所列主要风险为依据，结合本企业的内部控制制度，对日常经营管理过程中的风险识别、风险分析、应对策略等进行认定和评价。

（3）控制活动评价。企业应当以《企业内部控制基本规范》和各项应用指引中的控制措施为依据，结合本企业的内部控制制度，对相关控制措施的设计和运行情况进行认定和评价。

（4）信息与沟通评价。企业应当以内部信息传递、财务报告、信息系统等相关应用指引为依据，结合本企业的内部控制制度，对信息收集、处理和传递的及时性、反舞弊机制的健全性、财务报告的真实性、信息系统的安全性，以及利用信息系统实施内部控制的有效性等进行认定和评价。

（5）内部监督评价。企业组织开展内部监督评价，应当以《企业内部控制基本规范》有关内部监督的要求，以及各项应用指引中有关日常管控的规定为依据，结合本企业的内部控制制度，对内部监督机制的有效性进行认定和评价，重点关注监事会、审计委员会、内部审计机构等是否在内部控制设计和运行中有效发挥监督作用。

内部控制评价工作应当形成工作底稿，详细记录企业执行评价工作的内容，包括评价要素、主要风险点、采取的控制措施、有关证据资料以及认定结果等。评价工作底稿应当设计合理、证据充分、简便易行、便于操作。

7.4.3　内部控制评价的程序

企业内部控制评价程序一般包括制定评价工作方案、组成评价工作组、实施现场测试、认定控制缺陷、汇总评价结果、编报评价报告等环节。

企业可以授权内部审计部门或专门机构（以下简称“内部控制评价部门”）负责内部控制评价的具体组织实施工作。

（1）制定评价工作方案。企业内部控制评价部门应当拟订评价工作方案，明确评价范围、工作任务、人员组织、进度安排和费用预算等相关内容，报经董事会或其授权机构审批后实施。

（2）组成评价工作组。企业内部控制评价部门应当根据经批准的评价方案，组成内部控制评价工作组，具体实施内部控制评价工作。评价工作组应当吸收企业内部相关机构熟悉情况的业务骨干参加。评价工作组成员对本部门的内部控制评价工作应当实行回避制度。

企业可以委托中介机构实施内部控制评价。为企业提供内部控制审计服务的会计师事务所，不得同时为同一企业提供内部控制评价服务。

（3）实施现场测试。内部控制评价工作组应当对被评价单位进行现场测试，综合运用个别访谈、调查问卷、专题讨论、穿行测试、实地查验、抽样和比较分析等方法，充分收集被评价单位内部控制设计和运行是否有效的证据，按照评价的具体内容，如实填写评价工作底稿，研究分析内部控制缺陷。

（4）认定控制缺陷。内部控制缺陷包括设计缺陷和运行缺陷。企业对内部控制缺陷的认定，应当以日常监督和专项监督为基础，结合年度内部控制评价，由内部控制评价部门进行综合分析后提出认定意见，按照规定的权限和程序进行审核后予以最终认定。

内部控制评价工作组应当根据现场测试获取的证据，对内部控制缺陷进行初步认定，并按其影响程度分为重大缺陷、重要缺陷和一般缺陷。

重大缺陷，是指一个或多个控制缺陷的组合，可能导致企业严重偏离控制目标。

重要缺陷，是指一个或多个控制缺陷的组合，其严重程度和经济后果低于重大缺陷，但仍有可能导致企业偏离控制目标。

一般缺陷，是指除重大缺陷、重要缺陷之外的其他缺陷。

（5）汇总评价结果。企业内部控制评价工作组应当建立评价质量交叉复核制度，评价工作组负责人应当对评价工作底稿进行严格审核，并对所认定的评价结果签字确认后，提交企业内部控制评价部门。

企业内部控制评价部门应当编制内部控制缺陷认定汇总表，结合日常监督和专项监督发现的内部控制缺陷及其持续改进情况，对内部控制缺陷及其成因、表现形式和影响程度进行综合分析和全面复核，提出认定意见，并以适当的形式向董事会、监事会或者经理层报告。重大缺陷应当由董事会予以最终认定。

企业对于认定的重大缺陷，应当及时采取应对策略，切实将风险控制在可承受范围之内，并追究有关部门或相关人员的责任。

（6）编报评价报告。企业应当设计内部控制评价报告的种类、格式和内容，明确内部控制评价报告编制程序和要求，按照规定的权限报经批准后对外报出。

内部控制评价报告应当分别内部环境、风险评估、控制活动、信息与沟通、内部监督等要素进行设计，对内部控制评价过程、内部控制缺陷认定及整改情况、内部控制有效性的结论等相关内容作出披露。

公司年度内部控制评价报告应包括以下要素：

1）标题。年度内部控制评价报告标题统一为“××股份有限公司××年度内部控制评价报告”。

2）收件人。年度内部控制评价报告收件人统一为“××股份有限公司全体股东”。

3）引言段。年度内部控制评价报告引言段应当说明评价工作主要依据、内部控制评价报告基准日等内部控制评价基本信息。

4）重要声明。年度内部控制评价报告重要声明应当说明董事会、监事会及董事、监事、高级管理人员对内部控制及年度内部控制评价报告的相关责任，以及内部控制的目标和固有的局限性。

5）内部控制评价结论。年度内部控制评价报告应当分别披露对财务报告内部控制有效性的评价结论，以及是否发现非财务报告内部控制重大缺陷，并披露自内部控制评价报告基准日至内部控制评价报告发出日之间是否发生影响内部控制有效性评价结论的因素。

6）内部控制评价工作情况。年度内部控制评价报告应当披露内部控制评价范围、内部控制评价工作依据及内部控制缺陷认定标准，以及内部控制缺陷认定及整改情况。

内部控制评价范围应当从纳入评价范围的主要单位、业务和事项以及高风险领域三个方面进行披露，并对评价范围是否存在重大遗漏形成明确结论。如果评价范围存在重大遗漏或法定豁免，则应当披露评价范围重大遗漏的具体情况及对评价结论产生的影响以及法定豁免的相关情况。

内部控制评价工作依据及缺陷认定标准应当披露公司开展内部控制评价工作的具体依据以及进行缺陷认定的具体标准及其变化情况。公司应当区分财务报告内部控制和非财务报告内部控制，分别披露重大缺陷、重要缺陷和一般缺陷的认定标准。

内部控制缺陷认定及整改情况应当区分财务报告内部控制和非财务报告内部控制，分别披露报告期内部控制重大缺陷和重要缺陷的认定结果及缺陷的性质、影响、整改情况、整改计划等内容。

7）其他内部控制相关重大事项说明。公司应当在年度内部控制评价报告其他内部控制相关重大事项说明段中披露可能对投资者理解内部控制评价报告、评价内部控制情况或进行投资决策产生重大影响的其他内部控制信息。

企业应当以 12 月 31 日作为年度内部控制评价报告的基准日。内部控制评价报告应于基准日后 4 个月内报出。

例 7－2　内部控制评价报告范例

东盛股份有限公司 2018 年度内部控制评价报告

东盛股份有限公司全体股东：

根据《企业内部控制基本规范》及其配套指引的规定和其他内部控制监管要求（以下简称“企业内部控制规范体系”），结合本公司（以下简称“公司”）内部控制制度和评价办法，在内部控制日常监督和专项监督的基础上，我们对公司 2018 年 12 月 31 日（内部控制评价报告基准日）的内部控制有效性进行了评价。

一、重要声明

按照企业内部控制规范体系的规定，建立健全和有效实施内部控制，评价其有效性，并如实披露内部控制评价报告是公司董事会的责任。监事会对董事会建立和实施内部控制进行监督。经理层负责组织领导企业内部控制的日常运行。公司董事会、监事会及董事、监事、高级管理人员保证本报告内容不存在任何虚假记载、误导性陈述或重大遗漏，并对报告内容的真实性、准确性和完整性承担个别及连带法律责任。

公司内部控制的目标是合理保证经营管理合法合规、资产安全、财务报告及相关信息真实完整，提高经营效率和效果，促进实现发展战略。由于内部控制存在的固有局限性，故仅能为实现上述目标提供合理保证。此外，由于情况的变化可能导致内部控制变得不恰当，或对控制政策和程序遵循的程度降低，根据内部控制评价结果推测未来内部控制的有效性具有一定的风险。

二、内部控制评价结论

根据公司财务报告内部控制重大缺陷的认定情况，于内部控制评价报告基准日，不存在财务报告内部控制重大缺陷，董事会认为，公司已按照企业内部控制规范体系和相关规定的要求在所有重大方面保持了有效的财务报告内部控制。

根据公司非财务报告内部控制重大缺陷认定情况，于内部控制评价报告基准日，公司发现两个非财务报告内部控制重大缺陷。

自内部控制评价报告基准日至内部控制评价报告发出日之间未发生影响内部控制有效性评价结论的因素。

三、内部控制评价工作情况

（一）内部控制评价范围

公司按照风险导向原则确定纳入评价范围的主要单位、业务和事项以及高风险领域。纳入评价范围的主要单位包括：公司总部的各业务部门、公司家装子公司、公司工装子公司、公司五金子公司和公司木制作子公司，纳入评价范围单位资产总额占公司合并财务报表资产总额的82%，营业收入合计占公司合并财务报表营业收入总额的85%；纳入评价范围的主要业务和事项包括：客户承接、工程设计、工程施工、工程质量监督、内部关联交易、工程结算和会计核算；重点关注的高风险领域主要包括工程材料的采购、工程质量与验收。

上述纳入评价范围的单位、业务和事项以及高风险领域涵盖了公司经营管理的主要方面，不存在重大遗漏。

（二）内部控制评价工作依据及内部控制缺陷认定标准

公司依据企业内部控制规范体系及公司内部控制制度和操作手册组织开展内部控制评价工作。

公司董事会根据企业内部控制规范体系对重大缺陷、重要缺陷和一般缺陷的认定要求，结合公司规模、行业特征、风险偏好和风险承受度等因素，区分财务报告内部控制和非财务报告内部控制，研究确定了适用于本公司的内部控制缺陷具体认定标准，并与以前年度保持一致。公司确定的内部控制缺陷认定标准如下：

1. 财务报告内部控制缺陷认定标准

公司确定的财务报告内部控制缺陷评价的标准如下：

（1）定性标准。财务报告内部控制存在重大缺陷的迹象包括：控制环境无效；公司董事、监事和高级管理人员舞弊并给企业造成重要损失和不利影响；外部审计发现的重大错报不是由公司首先发现的；董事会或其授权机构及内审部门对公司的内部控制监督无效。

财务报告内部控制存在重要缺陷的迹象包括：未依照公认会计准则选择和应用会计政策；未建立反舞弊程序和控制措施；对于非常规或特殊交易的账务处理没有建立相应的控制机制或没有实施且没有相应的补偿性控制；对于期末财务报告过程的控制存在一项或多项缺陷且不能合理保证编制的财务报表达到真实、准确的目标。

一般缺陷：未构成重大缺陷、重要缺陷标准的其他内部控制缺陷。

（2）定量标准。符合下列条件之一的，可以认定为重大缺陷：

利润总额潜在错报：错报≥利润总额5%。

资产总额潜在错报：错报≥资产总额1%。

经营收入潜在错报：错报≥经营收入总额1%。

符合下列条件之一的，可以认定为重要缺陷：

利润总额潜在错报：利润总额 3%≤错报＜利润总额 5%。

资产总额潜在错报：资产总额 0.5%≤错报＜资产总额 1%。

经营收入潜在错报：经营收入总额 0.5%≤错报＜经营收入总额 1%。

符合下列条件之一的，可以认定为一般缺陷：

利润总额潜在错报：错报＜利润总额 3%。

资产总额潜在错报：错报＜资产总额 0.5%。

经营收入潜在错报：错报＜经营收入总额 0.5%。

2. 非财务报告内部控制缺陷的认定标准

非财务报告内部控制缺陷综合采用定性和定量相结合的方法予以认定。

（1）定性标准。非财务报告内部控制存在重大缺陷的迹象包括：决策程序导致重大失误；重要业务缺乏制度控制或系统性失效，且缺乏有效的补偿性控制；中高级管理人员和高级技术人员流失严重；内部控制评价的结果特别是重大缺陷未得到整改；其他对公司产生重大负面影响的情形。

非财务报告内部控制存在重要缺陷的迹象包括：决策程序导致出现一般性失误；重要业务制度或系统存在缺陷；关键岗位业务人员流失严重；内部控制评价的结果特别是重要缺陷未得到整改；其他对公司产生较大负面影响的情形。

非财务报告内部控制存在一般缺陷的迹象包括：决策程序效率不高；一般业务制度或系统存在缺陷；一般岗位业务人员流失严重；一般缺陷未得到整改。

（2）定量标准。

重大缺陷：直接损失在人民币 1 000 万元及以上。

重要缺陷：直接损失为人民币 500 万～1 000 万元。

一般缺陷：直接损失在人民币 500 万元以下。

（三）内部控制缺陷认定及整改情况

1. 财务报告内部控制缺陷认定及整改情况

根据上述财务报告内部控制缺陷的认定标准，报告期内公司不存在财务报告内部控制重大缺陷，重要缺陷一个。

重要缺陷为公司年度内将预收客户的收入确认为营业收入。公司已在年终做了调整，并将在 ERP 系统中修改相关的程序。

经过上述整改，于内部控制评价报告基准日，公司未发现未完成整改的财务报告内部控制重要缺陷。

2. 非财务报告内部控制缺陷认定及整改情况

根据上述非财务报告内部控制缺陷的认定标准，报告期内发现公司非财务报告内部控制重大缺陷两个。

具体的重大缺陷分别为：

缺陷 1：

（1）缺陷性质及影响。公司设计人员与施工人员之间没有规范的沟通程序，设计人员设计的方案不考虑能否施工，施工人员不按照设计方案施工，造成客户大量投诉，年度内赔偿损失超过 1 000 万元。

（2）缺陷整改情况。公司已开始整改，但整改效果不理想。因为施工人员都是非公司人员，与公司只是合作关系，无法进行实质性控制。施工人员普遍存在不按照设计方案施工、追加工程量、获取高额利润的现象。

(3) 整改计划。拟采取主要施工人员由公司聘用，但会增大公司费用。

缺陷2：

(1) 缺陷性质及影响。公司工程验收采用第三方验收方式，但实际上第三方验收人员与施工人员利益结合在一起，工程验收流于形式。造成客户大量投诉，年度内赔偿损失超过1 000万元。

(2) 缺陷整改情况。公司已开始整改，但整改效果不理想。因为验收人员都是非公司人员，与公司只是合作关系，无法进行实质性控制。验收人员普遍存在收取施工人员好处的现象。

(3) 整改计划。拟采取增加第三方验收单位，工程验收时采用临时抽签方式决定第三方验收人员。

经过上述情况，于内部控制评价报告基准日，公司存在未完成整改的非财务报告内部控制重大缺陷两个。

四、其他内部控制相关重大事项说明

本年度无其他与内部控制相关重大事项需要说明。

董事长：杨金生

二〇一九年三月八日

7.5 内部控制审计

企业内部控制审计，是指会计师事务所接受委托，对特定基准日内部控制设计与运行的有效性进行审计。

建立健全和有效实施内部控制，评价内部控制的有效性是企业董事会的责任。按照《企业内部控制审计指引》的要求，在实施审计工作的基础上对内部控制的有效性发表审计意见，是注册会计师的责任。

注册会计师应当对财务报告内部控制的有效性发表审计意见，并对内部控制审计过程中注意到的非财务报告内部控制的重大缺陷，在内部控制审计报告中增加“非财务报告内部控制重大缺陷描述段”予以披露。

企业内部控制审计报告应当与内部控制评价报告同时对外披露或报送。

7.5.1 内部控制审计程序

注册会计师可以单独进行内部控制审计，也可将内部控制审计与财务报表审计整合进行，即整合审计。在整合审计中，注册会计师应当对内部控制设计与运行的有效性进行测试，以同时实现下列目标：(1) 获取充分、适当的证据，支持其在内部控制审计中对内部控制有效性发表的意见。(2) 获取充分、适当的证据，支持其在财务报表审计中对控制风险的评估结果。

内部控制审计程序主要包括以下环节。

1. 计划审计工作

注册会计师应当恰当地计划内部控制审计工作，配备具有专业胜任能力的项目组，并对助理人员进行适当的督导。

在计划审计工作时，注册会计师应当评价下列事项对内部控制、财务报表以及审计工作的影响：

（1）与企业相关的风险。

（2）相关法律法规和行业概况。

（3）企业组织结构、经营特点和资本结构等相关重要事项。

（4）企业内部控制最近发生变化的程度。

（5）与企业沟通过的内部控制缺陷。

（6）重要性、风险等与确定内部控制重大缺陷相关的因素。

（7）对内部控制有效性的初步判断。

（8）可获取的、与内部控制有效性相关的证据的类型和范围。

注册会计师应当以风险评估为基础，选择拟测试的控制，确定测试所需收集的证据。内部控制的特定领域存在重大缺陷的风险越高，给予该领域的审计关注就越多。

注册会计师应当对企业内部控制自我评价工作进行评估，判断是否利用企业内部审计人员、内部控制评价人员和其他相关人员的工作以及可利用的程度，相应减少可能本应由注册会计师执行的工作。

注册会计师利用企业内部审计人员、内部控制评价人员和其他相关人员的工作，应当对其专业胜任能力和客观性进行充分评价。与某项控制相关的风险越高，可利用程度就越低，注册会计师应当更多地对该项控制亲自进行测试。

注册会计师应当对发表的审计意见独立承担责任，其责任不因为利用企业内部审计人员、内部控制评价人员和其他相关人员的工作而减轻。

2. 实施审计工作

注册会计师应当按照自上而下的方法实施审计工作。自上而下的方法是注册会计师识别风险、选择拟测试控制的基本思路。注册会计师在实施审计工作时，可以将企业层面控制和业务层面控制的测试结合进行。

注册会计师测试企业层面控制，应当把握重要性原则，至少应当关注：

（1）与内部环境相关的控制。

（2）针对董事会、经理凌驾于控制之上的风险而设计的控制。

（3）企业的风险评估过程。

（4）对内部信息传递和财务报告流程的控制。

（5）对控制有效性的内部监督和自我评价。

注册会计师测试业务层面控制，应当把握重要性原则，结合企业实际、企业内部控制各项应用指引的要求和企业层面控制的测试情况，重点对企业生产经营活动中的重要业务与事项的控制进行测试。注册会计师应当关注信息系统对内部控制及风险评估的影响。

注册会计师在测试企业层面控制和业务层面控制时，应当评价内部控制是否足以应对舞弊风险。

注册会计师应当测试内部控制设计与运行的有效性。如果某项控制由拥有必要授权和专业胜任能力的人员按照规定的程序与要求执行，能够实现控制目标，表明该项控制的设计是有效的。如果某项控制正在按照设计运行，执行人员拥有必要授权和专业胜任能力，能够实现控制目标，表明该项控制的运行是有效的。

注册会计师应当根据与内部控制相关的风险，确定拟实施审计程序的性质、时间安排和范围，获取充分、适当的证据。与内部控制相关的风险越高，注册会计师需要获取的证据应越多。注册会计师在测试控制设计与运行的有效性时，应当综合运用询问适当人员、观察经营活动、检查相关文件、穿行测试和重新执行等方法。

注册会计师在确定测试的时间安排时，应当在下列两个因素之间作出平衡，以获取充分、适当的证据：

（1）尽量在接近企业内部控制自我评价基准日实施测试。

（2）实施的测试需要涵盖足够长的期间。

注册会计师对于内部控制运行偏离设计的情况（即控制偏差），应当确定该偏差对相关风险评估、需要获取的证据以及控制运行有效性结论的影响。

在连续审计中，注册会计师在确定测试的性质、时间安排和范围时，应当考虑以前年度执行内部控制审计时了解的情况。

3. 评价控制缺陷

内部控制缺陷按其成因分为设计缺陷和运行缺陷，按其影响程度分为重大缺陷、重要缺陷和一般缺陷。

注册会计师应当评价其识别的各项内部控制缺陷的严重程度，以确定这些缺陷单独或组合起来，是否构成重大缺陷。

在确定一项内部控制缺陷或多项内部控制缺陷的组合是否构成重大缺陷时，注册会计师应当评价补偿性控制（替代性控制）的影响。企业执行的补偿性控制应当具有同样的效果。

表明内部控制可能存在重大缺陷的迹象，主要包括：

（1）注册会计师发现董事、监事和高级管理人员舞弊。

（2）企业更正已经公布的财务报表。

（3）注册会计师发现当期财务报表存在重大错报，而内部控制在运行过程中未能发现该错报。

（4）企业审计委员会和内部审计机构对内部控制的监督无效。

4. 完成审计工作

注册会计师完成审计工作后，应当取得经企业签署的对内部控制的书面声明。书面声明应当包括下列内容：

（1）企业董事会认可其对建立健全和有效实施内部控制负责。

（2）企业已对内部控制的有效性作出自我评价，并说明评价时采用的标准以及得出的结论。

（3）企业没有利用注册会计师执行的审计程序及其结果作为自我评价的基础。

（4）企业已向注册会计师披露识别出的所有内部控制缺陷，并单独披露其中的重大缺陷和重要缺陷。

（5）企业对于注册会计师在以前年度审计中识别的重大缺陷和重要缺陷，是否已经采取措施予以解决。

（6）企业在内部控制自我评价基准日后，内部控制是否发生重大变化，或者存在对内部控制具有重要影响的其他因素。

企业如果拒绝提供或以其他不当理由回避书面声明，注册会计师应当将其视为审计范围受到限制，解除业务约定或出具无法表示意见的内部控制审计报告。

注册会计师认为审计委员会和内部审计机构对内部控制的监督无效的，应当就此以书面形式直接与董事会和经理沟通。书面沟通应当在注册会计师出具内部控制审计报告之前进行。

注册会计师应当与企业沟通审计过程中识别的所有控制缺陷。对于其中的重大缺陷和重要缺陷，应当以书面形式与董事会和经理沟通。注册会计师应当对获取的证据进行评价，形成对内部控制有效性的意见。

注册会计师对在审计过程中注意到的非财务报告内部控制缺陷，应当区别具体情况予以处理：

（1）注册会计师认为非财务报告内部控制缺陷为一般缺陷的，应当与企业进行沟通，提醒企业加以改进，但无须在内部控制审计报告中说明。

（2）注册会计师认为非财务报告内部控制缺陷为重要缺陷的，应当以书面形式与企业董事会和经理沟通，提醒企业加以改进，但无须在内部控制审计报告中说明。

（3）注册会计师认为非财务报告内部控制缺陷为重大缺陷的，应当以书面形式与企业董事会和经理沟通，提醒企业加以改进；同时应当在内部控制审计报告中增加非财务报告内部控制重大缺陷描述段，对重大缺陷的性质及其对实现相关控制目标的影响程度进行披露，提示内部控制审计报告使用者注意相关风险。

5. 出具审计报告

注册会计师在完成内部控制审计工作后，应当出具内部控制审计报告。标准内部控制审计报告应当包括下列要素：

（1）标题。内部控制审计报告的标题应当统一规范为“内部控制审计报告”。

（2）收件人。内部控制审计报告的收件人是指注册会计师按照业务约定书的要求致送内部控制审计报告的对象，一般是指内部控制审计业务的委托人。内部控制审计报告应当载明收件人的全称。

（3）引言段。内部控制审计报告的引言段应当说明企业的名称和内部控制已经审计，并包括下列内容：

1）指出内部控制审计依据；

2）提及审计财务报告内部控制的有效性；

3）指明内部控制的评价截止日期。

（4）企业对内部控制的责任段。应当说明，按照《企业内部控制基本规范》《企业内部控制应用指引》《企业内部控制评价指引》的规定，建立健全和有效实施内部控制，并评价其有效性是企业董事会的责任。

（5）注册会计师的责任段。注册会计师的责任段应说明的责任是注册会计师在实施审计工作的基础上，对财务报告内部控制的有效性发表审计意见，并对注意到的非财务报告内部控制的重大缺陷进行披露。

（6）内部控制固有局限性的说明段。内部控制的固有局限性段应说明内部控制具有固有局限性，存在不能防止和发现错报的可能性。此外，由于情况的变化可能导致内部控制变得不恰当，或对控制政策和程序遵循的程度降低，根据内部控制审计结果推测未来内部控制的有效性具有一定风险。

（7）财务报告内部控制审计意见段。审计意见段应说明按照《企业内部控制基本规范》和相关规定在所有重大方面保持了有效的财务报告内部控制。

（8）非财务报告内部控制重大缺陷描述段。非财务报告内部控制重大缺陷描述段应说明在内部控制审计过程中，我们注意到公司的非财务报告内部控制存在重大缺陷。由于存在上述重大缺陷，注册会计师提醒本报告使用者注意相关风险。需要指出的是，注册会计师并不对公司的非财务报告内部控制发表意见或提供保证。

（9）注册会计师的签名和盖章。内部控制审计报告应当由注册会计师签名并盖章。

（10）会计师事务所的名称、地址及盖章。内部控制审计报告应当载明会计师事务所的名称和地址，并加盖会计师事务所公章。

（11）报告日期。内部控制审计报告应当注明报告日期。报告的日期不应早于注册会计师获取充分、适当的证据（包括管理层认可对内部控制及评估报告的责任且已批准评估报告的证据），并在此基础上对内部控制形成内部控制审计意见的日期。

6. 关注期后事项

对于企业内部控制自我评价基准日并不存在，但在该基准日之后至审计报告日之前内部控制可能发生变化，或出现其他可能对内部控制产生重要影响的因素，注册会计师应当询问是否存在这类变化或影响因素，并获取企业关于这些情况的书面声明。

注册会计师知悉对企业内部控制自我评价基准日内部控制有效性有重大负面影响的期后事项的，应当对财务报告内部控制发表否定意见。

注册会计师不能确定期后事项对内部控制有效性的影响程度的，应当出具无法表示意见的内部控制审计报告。

7. 记录审计工作

注册会计师应当编制内部控制审计工作底稿，完整记录内部控制审计工作情况。注册会计师应当在审计工作底稿中记录下列内容：

（1）内部控制审计计划及重大修改情况。

（2）相关风险评估和选择拟测试的内部控制的主要过程及结果。

（3）测试内部控制设计与运行有效性的程序及结果。

（4）对识别的控制缺陷的评价。

（5）形成的审计结论和意见。

（6）其他重要事项。

7.5.2　内部控制审计报告

注册会计师应当对获取的审计证据进行评价，形成对内部控制有效性的意见。注册会计师在完成内部控制审计工作后，应当出具内部控制审计报告。

注册会计师应根据对内部控制有效性的审计结论，出具下列内部控制审计意见之一的审计报告：

（1）无保留意见。

（2）带强调事项段的无保留意见。

（3）否定意见。

（4）无法表示意见。

在内部控制审计意见中没有保留意见，主要是保留意见的信息含量较低，且与否定意见的区分度不清晰，所以在国际上都没有保留意见的内部控制审计报告。

1. 无保留意见的内部控制审计报告

符合下列所有条件的，注册会计师应当对财务报告内部控制出具无保留意见的内部控制审计报告：

（1）企业按照《企业内部控制基本规范》《企业内部控制应用指引》《企业内部控制评价指引》以及企业自身内部控制制度的要求，在所有重大方面保持了有效的内部控制。

（2）注册会计师已经按照《企业内部控制审计指引》的要求计划和实施审计工作，在审计过程中未受到限制。

例 7－3

无保留意见的内部控制审计报告

环宇股份有限公司全体股东：

按照《企业内部控制审计指引》及中国注册会计师执业准则的相关要求，我们审计了环宇股份有限公司（以下简称环宇公司）2018 年 12 月 31 日的财务报告内部控制的有效性。

一、企业对内部控制的责任

按照《企业内部控制基本规范》《企业内部控制应用指引》《企业内部控制评价指引》的规定，建立健全和有效实施内部控制，并评价其有效性是企业董事会的责任。

二、注册会计师的责任

我们的责任是在实施审计工作的基础上，对财务报告内部控制的有效性发表审计意见，并对注意到的非财务报告内部控制的重大缺陷进行披露。

三、内部控制的固有局限性

内部控制具有固有局限性，存在不能防止和发现错报的可能性。此外，由于情况的变化可能导致内部控制变得不恰当，或对控制政策和程序遵循的程度降低，根据内部控制审计结果推测未来内部控制的有效性具有一定风险。

四、财务报告内部控制审计意见

我们认为，环宇公司按照《企业内部控制基本规范》和相关规定在所有重大方面保持了有效的财务报告内部控制。

五、非财务报告内部控制的重大缺陷

在内部控制审计过程中，我们注意到，环宇公司未来三年“再造一个环宇公司”的发展计划只是公司董事长张扬个人提出来的设想，未经公司战略委员会和董事会讨论和审议，也不符合公司所在行业的发展趋势。由于存在上述非财务报告内部控制的重大缺陷，我们提醒本报告使用者注意相关风险。需要指出的是，我们并不对环宇公司的非财务报告内部控制发表意见或提供保证。本段内容不影响对财务报告内部控制有效性发表的审计意见。

标志会计师事务所　　　　中国注册会计师：陈水晶（签名并盖章）
（盖章）　　　　中国注册会计师：刘海军（签名并盖章）
中国北京市　　　　二〇一九年三月二日

2. 带强调事项段的无保留意见内部控制审计报告

注册会计师认为财务报告内部控制虽不存在重大缺陷，但仍有一项或者多项重大事项需要提请内部控制审计报告使用者注意的，应当在内部控制审计报告中增加强调事项段予以说明。

注册会计师应当在强调事项段中指明，该段内容仅用于提醒内部控制审计报告使用者关注，并不影响对财务报告内部控制发表的审计意见。

例 7－4

带强调事项段的内部控制审计报告

华盛股份有限公司全体股东：

按照《企业内部控制审计指引》及中国注册会计师执业准则的相关要求，我们审计了华盛股份有限公司（以下简称华盛公司）2018 年 12 月 31 日的财务报告内部控制的有效性。

[“一、企业对内部控制的责任”至“五、非财务报告内部控制的重大缺陷”参见无保留意见的内部控制审计报告相关段落表述。]

六、强调事项

我们提醒内部控制审计报告使用者关注，公司有 60%的会计人员未经过系统的会计知识学习与培训，未取得会计人员资格证书，这有可能会影响内部控制和会计信息的质量。本段内容不影响已对财务报告内部控制发表的审计意见。

中超会计师事务所　　　　中国注册会计师：王朝阳（签名并盖章）
（盖章）　　　　中国注册会计师：路边林（签名并盖章）
中国重庆市　　　　二〇一九年二月二十八日

3. 否定意见内部控制审计报告

注册会计师认为财务报告内部控制存在一项或多项重大缺陷的，除非审计范围受到限制，应当对财务报告内部控制发表否定意见。

注册会计师出具否定意见的内部控制审计报告，还应当包括下列内容：

（1）重大缺陷的定义。

（2）重大缺陷的性质及其对财务报告内部控制的影响程度。

例 7－5

否定意见内部控制审计报告

春花股份有限公司全体股东：

按照《企业内部控制审计指引》及中国注册会计师执业准则的相关要求，我们审计了春花股份有限公司（下称春花公司）2018 年 12 月 31 日的财务报告内部控制的有效性。

［“一、企业对内部控制的责任”至“三、内部控制的固有局限性”参见无保留意见内部控制审计报告相关段落表述。］

四、导致否定意见的事项

重大缺陷，是指一个或多个控制缺陷的组合，可能导致企业严重偏离控制目标。

我们在内部控制审计中发现，公司对外投资业务较多，投资金额达到 34 256 万元，但缺乏相关的内部控制，从投资立项到资金投入都由总经理负责实施和审批，未按规定的程序实施。另外，公司产品对外销售的折扣审批缺乏相关的制度，公司总经理、副总经理可以随意审批。这些现象的存在，使公司的投资和销售业务缺乏监督，难以保证内部控制发挥作用。

有效的内部控制能够为财务报告及相关信息的真实完整提供合理保证，而上述重大缺陷使春花公司内部控制失去这一功能。

五、财务报告内部控制审计意见

我们认为，由于存在上述重大缺陷及其对实现控制目标的影响，春花公司未能按照《企业内部控制基本规范》和相关规定在所有重大方面保持有效的财务报告内部控制。

证林会计师事务所　　　　中国注册会计师：杜鹃花（签名并盖章）

（盖章）　　　　中国注册会计师：林海洋（签名并盖章）

中国广州市　　　　二〇一九年三月十五日

4. 无法表示意见内部控制审计报告

注册会计师审计范围受到限制的，应当解除业务约定或出具无法表示意见的内部控制审计报告，并就审计范围受到限制的情况，以书面形式与董事会进行沟通。

注册会计师在出具无法表示意见的内部控制审计报告时，应当在内部控制审计报告中指明审计范围受到限制，无法对内部控制的有效性发表意见。

例 7－6

无法表示意见内部控制审计报告

彩虹股份有限公司全体股东：

我们接受委托，对彩虹股份有限公司（下称彩虹公司）2018 年 12 月 31 日的财务报告内部控制进行审计。

[删除注册会计师的责任段，“一、企业对内部控制的责任”和“二、内部控制的固有局限性”参见无保留意见内部控制审计报告相关段落表述。]

三、导致无法表示意见的事项

在内部控制审计过程中，公司拒绝提供相关资料，致使我们无法取得公司原材料采购、成本费用计算、采用会计政策与会计估计等方面的制度，也无法取得公司董事会、总经理办公会的会议记录。

四、财务报告内部控制审计意见

由于审计范围受到上述限制，我们未能实施必要的审计程序以获取发表意见所需的充分、适当的证据，因此，我们无法对彩虹公司财务报告内部控制的有效性发表审计意见。

欧亚会计师事务所　　中国注册会计师：陆家风（签名并盖章）
（盖章）　　中国注册会计师：蒋经纬（签名并盖章）
中国成都市　　二〇一九年四月八日

习　题

思考题

1. 内部控制要实现哪些目标？
2. 内部控制的要素有哪些？
3. 描述内部控制的方法有哪些？
4. 简述内部控制的评价原则。
5. 简述内部控制的审计程序。

案例分析题

1. 新华有限责任公司财务科有A，B，C三名会计人员，他们要完成如下几项工作：

(1) 记录总账。

(2) 记录应付款明细账。

(3) 记录应收款明细账。

(4) 开具支票，以便主管人员签章，并记载现金日记账。

(5) 开具退货拒付通知书。

（6）调节银行对账单。

（7）处理并送存所收入的现金。

要求：现已知这三名会计人员均具有相当的能力，除了调节银行对账单、签发拒付通知书工作量较小外，其他几项会计工作量基本相当，如何将上述几项工作分配给A，B，C三名会计人员，使会计工作起到较好的内部控制作用，并使这三名会计人员的工作量基本相当？

2. 2018年5月，东方红股份有限公司根据《企业内部控制基本规范》及其相关配套指引，全面启动了内部控制体系建设工作。东方红股份有限公司决定聘请具有证券、期货业务资格的标志会计师事务所先对公司所属全资子公司内部控制建设情况进行抽样检查，为内部控制体系建设做好准备。标志会计师事务所抽取了E，F，G三家全资子公司，检查过程中发现以下问题：

E公司对外投资造成巨额损失。2017年3月，E公司原总经理经朋友介绍，从某信托公司购买了2亿元信托产品，预期年收益率为8%，期限1年。由于该信托产品预期收益率较高，E公司原总经理为抢占商机，指令投资部及时购入该信托产品，之后再补办有关手续。至2018年3月该信托产品到期时，由于该信托公司管理不善，致使E公司仅收回投资本金的1/3。

F公司对外销售价款被非法转移。F公司主要从事外贸出口业务，在美国设有H分公司。2017年1月以来，发往H分公司的商品数量逐月递增，但从H分公司汇回的销售价款却没有同比增加，反而呈下降趋势。经查，H分公司经理张某利用熟悉美国商业环境的优势，以自己的名义在美国注册了一家公司，F公司发往H分公司的部分商品价款流入张某自己的公司，至发现时已截留商品销售货款223万美元。

G公司的印度工程承包项目发生重大损失。G公司主要从事对外工程承包。2017年6月，G公司副总经理王某擅自以G公司名义任命其妻弟为印度工程承包项目经理，并违反国家有关规定，在未经请示的情况下，指令其妻弟以项目法人的名义向某国际金融公司申请商业贷款10亿卢比，年利率高达18%～21%，后因工程质量出现问题，无法如期偿还贷款，被诉诸法庭，最终被判承担巨额赔偿。这不仅给G公司造成巨额经济损失，也使公司在海外市场的形象受到极大损害。截止到检查时，该公司尚未采取有效措施挽回损失和声誉。

2018年7月，标志会计师事务所在检查工作结束后，向东方红股份有限公司董事会通报了有关情况，引起了公司董事会的高度关注。随即东方红股份有限公司召开董事会，审议通过了如下决议：第一，按照《企业内部控制基本规范》的要求，本着全方位、全过程、全员控制的原则，利用2～3年的时间，切实建立健全公司内部控制；第二，强化管理，将东方红股份有限公司所属全资子公司全部注销变为分公司；第三，有效加强公司资金内部管理，在东方红股份有限公司全面实行资金集中管理。

随后召开的股东大会审议通过了董事会决议，有关子公司注销的手续已办妥。据此，东方红股份有限公司召开由公司经理、各部门负责人参加的专门会议进行研究落实。

在讨论过程中，有关人员发言如下：

东方红股份有限公司总经理蒋某：第一，认真执行董事会决议，不惜成本搞好内部控制，并声明对建立与有效实施内部控制负责。第二，委托公司总会计师李某具体负责内部控制相关工作，并要求从2018年8月开始把工作先做起来。第三，将公司内部控制与风险管理有机结合，要求内部控制着力于抓好对具体业务流程的控制，并使之成为公司风险管理的重要组成部分。

东方红股份有限公司总会计师李某：第一，同意具体负责内部控制相关工作。第二，建议成立内部控制领导小组，由总经理蒋某任组长，本人任副组长，各职能部门负责人为领导小组成员；领导小组下设内部控制办公室（设在财务部），财务部牵头，审计部、法律部、人事部为成员单位，组织协调内部控制建设和实施工作；财务部对内部控制设计的有效性负责。第三，建议公司审计部牵头组织公司内部控制自我评价，对内部控制运行的有效性负责。

要求：

（1）根据《企业内部控制基本规范》及配套指引，分别指出东方红股份有限公司所属E，F，G子公司内部控制中主要存在哪些缺陷。

（2）根据《企业内部控制基本规范》，指出东方红股份有限公司总经理蒋某、总会计师李某在内部控制专门会议发言中的观点有哪些不当之处。

3. 中大国际有限公司是国有中央企业，2018年4月23日召开了公司董事会会议，主要议题是审议企业内部控制制度自我评价报告。董事会有关人员的发言要点如下：

董事长孙某：（1）内部控制制度非常重要，内部控制制度要绝对保证资产安全、经济效率提高、经营合法合规。（2）企业的资源有限，对于内部控制不可能面面俱到，比如文化建设，带不来明显的效益，所以不需要在这方面浪费人力物力。安全生产的投入会使得医疗费用支出下降，应当加大投入。

董事兼总经理张某：销售收入的增长是企业发展的根本，所以销售环节的控制可以减少，只需要加强应收账款的管理即可。

董事兼总会计师陈某：会计信息对企业非常重要。对于财务报告的内部控制，不应当考虑控制成本，只要是为保证信息及时、详细、真实、合法为目的的控制，企业均应当采用。

董事兼人力资源副总经理刘某：内部控制应建立高端人才的培养计划。低端人才由于流动性较大，为减少开支，企业可不进行培训。

公司内部控制总监范某介绍了内部控制评价的内容和要求：总经理应当每年组织一次对内部控制有效性的评价，并出具自我评价报告，评价报告主要是对内部控制设计的有效性进行评价；内部控制评价不应当考虑全面性，而应当体现重要性；主要关注财务报告内部控制缺陷，非财务报告内部控制缺陷不影响对内部控制是否有效的评价；评价报告经总经理最终审定后对外披露；由于年底事情太多，年度内部控制评价报告可以11月30日为基准日；企业授权内部审计部门作为内部控制评价部门，评价工作组成员应当主要来自内部审计部门、管理层，并需要对评价人员进行相关培训。

董事长孙某：应当由董事会定期组织有经验的经理人员对内部控制进行审计，并对内部控制的有效性发表审计意见。

要求：根据《企业内部控制评价指引》的要求，指出上述有关人员在会议发言中的观点有何不当之处，并分别简要说明理由。

4. 大同会计师事务所在对大象糖业股份有限公司2018年的内部控制审计报告中发表了否定意见。

内部控制审计报告

大同审字〔2019〕第110ZA1390号

大象糖业股份有限公司全体股东：

按照《企业内部控制审计指引》及中国注册会计师执业准则的相关要求，我们审计了大象糖业股份有限公司（以下简称“糖业股份”）2018年12月31日的财务报告内部控制的有效性。

一、企业对内部控制的责任

按照《企业内部控制基本规范》《企业内部控制应用指引》《企业内部控制评价指引》的规定，建立健全和有效实施内部控制，并评价其有效性是糖业股份公司董事会的责任。

二、注册会计师的责任

我们的责任是在实施审计工作的基础上，对财务报告内部控制的有效性发表审计意见，并对注意到的非财务报告内部控制的重大缺陷进行披露。

三、内部控制的固有局限性

内部控制具有固有局限性，存在不能防止和发现错报的可能性。此外，由于情况的变化可能导致内部控制变得不恰当，或对控制政策和程序遵循的程度降低，根据内部控制审计结果推测未来内部控制的有效性具有一定风险。

四、导致否定意见的事项

重大缺陷是内部控制中存在的、可能导致不能及时防止或发现并纠正财务报表出现重大错报的一项控制缺陷或多项控制缺陷的组合。

糖业股份公司蔗渣、原煤等大宗原材料的成本核算基础薄弱，部分暂估入账的大宗原材料缺少原始凭证（如包括原材料数量、供应商名称等信息的入库单），影响该等存货的发出成本结转与期末计价的正确性，与此相关的财务报告内部控制运行失效。

上述重大缺陷导致糖业股份公司2018年度未审财务报表的本期数据和前期比较数据中“营业成本”“应付账款”“存货”等项目存在重大会计差错。根据2019年4月12日董事会决议，糖业股份公司对前期比较数据相应进行了追溯重述，该等重大会计差错更正调减了2018年度净利润5 251.20万元，调增2018年年初留存收益11 663.42万元。

有效的内部控制能够为财务报告及相关信息的真实完整提供合理保证，而上述重大缺陷使糖业股份公司内部控制失去这一功能。

在糖业股份公司2018年财务报表审计中，我们已经考虑了上述重大缺陷对审计程序的性质、时间安排和范围的影响。本报告并未对我们在2019年4月12日对糖业股份公司2018年财务报表出具的审计报告产生影响。

五、财务报告内部控制审计意见

我们认为，由于存在上述重大缺陷及其对实现控制目标的影响，糖业股份公司于2018年12月31日未能按照《企业内部控制基本规范》和相关规定在所有重大方面保持有效的财务报告内部控制。

大同会计师事务所（特殊普通合伙）　　中国注册会计师　李明（签名并盖章）
（盖章）　　中国注册会计师　张青（签名并盖章）
中国北京市　　二〇一九年四月十二日

要求：根据企业内部控制审计指引的要求，指出上述内部控制审计报告对糖业股份公司内部控制评价报告和糖业股份财务报告审计报告的影响。

第8章

了解被审计单位及其环境

中国注册会计师自2007年起开始实施与国际审计与鉴证准则接轨的执业准则体系，开始全面推行风险导向审计。风险导向审计明确了审计工作以评估财务报表重大错报风险为起点和导向，将审计业务流程分为了解被审计单位及其环境（又称风险评估程序）、控制测试和实质性测试。

8.1 了解被审计单位及其环境

注册会计师应当从下列方面了解被审计单位及其环境：被审计单位行业状况及相关环境，被审计单位的性质，被审计单位对会计政策的选择与运用，被审计单位的目标、战略以及可能导致重大错报风险的相关经营风险，被审计单位财务业绩的衡量和评价。

8.1.1 被审计单位行业状况及相关环境

1. 行业状况

了解行业状况有助于注册会计师识别与被审计单位所处行业有关的重大错报风险。注册会计师应当了解被审计单位的行业状况，主要包括：

（1）所处行业的市场与竞争，包括市场需求、生产能力和价格竞争；

（2）生产经营的季节性和周期性；

（3）与被审计单位产品相关的生产技术；

（4）能源供应与成本；

（5）行业的关键指标和统计数据。

具体而言，注册会计师可能需要了解以下情况：

（1）被审计单位所处行业的总体发展趋势是什么？

（2）该行业处于哪一发展阶段，如起步、快速成长、成熟或衰退阶段？

（3）所处市场的需求、市场容量和价格竞争如何？

（4）该行业是否受经济周期波动的影响，以及采取了什么行动使波动产生的影响最小化？

（5）该行业受技术发展影响的程度如何？

（6）是否开发了新的技术？

（7）能源消耗在成本中所占比重，能源价格的变化对成本的影响。

（8）谁是被审计单位最重要的竞争者，它们各自所占的市场份额是多少？

（9）被审计单位与其竞争者相比主要的竞争优势是什么？

（10）被审计单位业务的增长率和财务业绩与行业的平均水平及主要竞争者相比如何？存在重大差异的原因是什么？

2. 法律环境与监管环境

因为某些法律法规或监管要求可能对被审计单位经营活动有重大影响，如不遵守将导致停业等严重后果；某些法律法规或监管要求（如环保法规等）规定了被审计单位某些方面的责任和义务；某些法律法规或监管要求决定了被审计单位需要遵循的行业惯例和核算要求，因此必须了解法律环境与监管环境。

注册会计师应当了解被审计单位所处的法律环境与监管环境，主要包括：

（1）会计原则和行业特定惯例；

（2）受管制行业的法规框架；

（3）对被审计单位经营活动产生重大影响的法律法规，包括直接的监管活动；

（4）税收政策（关于企业所得税和其他税种的政策）；

（5）目前对被审计单位开展经营活动产生影响的政府政策，如货币政策（包括外汇管制）、财政政策、财政刺激措施（如政府援助项目）、关税或贸易限制政策等；

（6）影响行业和被审计单位经营活动的环保要求。

3. 其他外部因素

注册会计师应当了解影响被审计单位经营的其他外部因素，主要包括总体经济情况、利率、融资的可获得性、通货膨胀水平或币值变动等。

具体而言，注册会计师可能需要了解以下情况：

（1）当前的宏观经济状况以及未来的发展趋势如何？

（2）目前国内或本地区的经济状况（如增长率、通货膨胀率、失业率、利率等）怎样影响被审计单位的经营活动？

（3）被审计单位的经营活动是否受汇率波动或全球市场力量的影响？

注册会计师应当考虑被审计单位所在行业的业务性质或监管程度是否可能导致特定的重大错报风险，考虑审计项目组是否配备了具有相关知识和经验的成员。

8.1.2 被审计单位的性质

1. 所有权结构

对被审计单位所有权结构的了解有助于注册会计师识别关联方关系并了解被审计单位的决策过程。注册会计师应当了解所有权结构以及所有者与其他人员或实体之间的关系，考虑关联方关系是否已经得到识别，以及关联方交易是否得到恰当核算。例如，注册会计师应当了解被审计单位是属于国有企业、外商投资企业、民营企业，还是属于其他类型的企业，还应当了解其直接控股母公司、间接控股母公司、最终控股母公司和其他股东的构成，以及所有者与其他人员或实体（如控股母公司控制的其他企业）之间的关系。注册会计师应当了解被审计单位识别关联方的程序，获取被审计单位提供的所有关联方信息，并考虑关联方关系是否已经得到识别，关联方交易是否得到恰当记录和充分披露。

同时，注册会计师可能需要对其控股母公司（股东）的情况作进一步的了解，包括控股母公司的所有权性质、管理风格及其对被审计单位经营活动及财务报表可能产生的影响；控股母公司与被审计单位在资产、业务、人员、机构等方面是否分开，是否存在占用资金等情况；控股母公司是否施加压力，要求被审计单位达到其设定的财务业绩目标。

2. 治理结构

良好的治理结构可以对被审计单位的经营和财务运作实施有效的监督，从而降低财务报表发生重大错报的风险。注册会计师应当了解被审计单位股东大会的运作情况；董事会的构成情况、董事会中是否有独立董事；治理结构中是否设有审计委员会或监事会及其运作情况。注册会计师应当考虑治理层是否能够在独立于管理层的情况下对被审计单位事务做出客观判断。

3. 组织结构

复杂的组织结构可能导致某些特定的重大错报风险。注册会计师应当了解被审计单位的组织结构。考虑复杂组织结构可能导致的重大错报风险，包括财务报表合并、商誉减值以及长期股权投资核算等问题。对于在多个地区拥有子公司、合营企业、联营企业或其他成员机构，或者存在多个业务分部和地区分部的被审计单位，不仅编制合并财务报表的难度增加，还存在其他可能导致重大错报风险的复杂事项，包括对于子公司、合营企业、联营企业和其他股权投资类别的判断及其会计处理等。

4. 经营活动

了解被审计单位经营活动有助于注册会计师识别预计在财务报表中反映的主要交易类别、重要账户余额和列报。注册会计师应当了解被审计单位的经营活动。主要包括：

（1）主营业务的性质；

（2）地区分布与行业细分；

（3）生产设施仓库和办公场地；

（4）关键客户和主要供应商；

（5）相关的产品市场和劳务市场的信息；

（6）研究与开发活动及其支出；

（7）关联方及关联方交易。

5. 投资活动

了解被审计单位投资活动有助于注册会计师关注被审计单位在经营策略和方向上

的重大变化。注册会计师应当了解被审计单位的投资活动。主要包括：

（1）近期拟实施或已实施的并购活动与资产处置情况，包括业务重组或某些业务的终止。注册会计师应当了解并购活动如何与被审计单位目前的经营业务相协调，并考虑它们是否会引发进一步的经营风险。

（2）证券投资、委托贷款的发生与处置。

（3）资本性投资活动，包括固定资产和无形资产投资，近期或计划发生变动，以及重大的资本承诺等。

（4）不纳入合并范围的投资。例如，联营、合营或其他投资，包括近期计划的投资项目。

6. 筹资活动

了解被审计单位筹资活动有助于注册会计师评估被审计单位在融资方面的压力，并进一步考虑被审计单位在可预见未来的持续经营能力。注册会计师应当了解被审计单位的筹资活动，主要包括：

（1）债务结构和相关条款，包括资产负债表外融资和租赁安排。

（2）主要子公司和联营企业（无论是否处于合并范围内）的重要融资安排。

（3）实际受益方及关联方。例如，实际受益方是国内的还是国外的，其商业声誉和经验可能对被审计单位产生的影响。

（4）衍生金融工具的使用。

8.1.3 被审计单位对会计政策的选择与运用

1. 重大和异常交易的会计处理方法

注册会计师应关注本期发生的企业合并的会计处理方法。某些被审计单位可能存在与其所处行业相关的重大交易，如银行向客户发放贷款、证券公司对外投资、医药企业的研发与开发活动等。注册会计师应当考虑对重大的和不经常发生的交易的会计处理方法是否适当。

2. 在缺乏权威性标准或共识、有争议的或新兴领域采用重要会计政策产生的影响

在缺乏权威性标准和共识的领域，注册会计师应当关注被审计单位选用了哪些会计政策、为什么选用这些会计政策以及选用这些会计政策产生的影响。

3. 会计政策的变更

如果被审计单位变更了重要的会计政策，注册会计师应当考虑变更的原因及其适当性，即考虑：

（1）会计政策变更是不是法律、行政法规或者会计准则和相关会计制度要求的变更；

（2）会计政策变更能否提供更可靠、更相关的会计信息；

（3）会计政策的变更能否得到恰当的处理和充分披露。

4. 新颁布的会计准则、法律法规

当新的企业会计准则颁布施行时，注册会计师应考虑被审计单位是否应采用新颁布的会计准则，如果采用，是否已按照新会计准则的要求做好衔接调整工作，并收集执行新会计准则需要的信息资料。当新的法律法规颁布施行时，注册会计师应评估法律法规对被审计单位的影响。

5. 财务报告

注册会计师应当考虑，被审计单位财务报告是否按照适用的会计准则和相关会计制度的规定恰当地进行了列报，并披露了重要事项。

（1）会计政策和行业特定惯例；

（2）收入确认惯例；

（3）公允价值会计核算；

（4）外币资产、负债与交易；

（5）异常或复杂交易。

8.1.4 被审计单位的目标、战略以及相关经营风险

1. 目标、战略与经营风险

企业董事会和经理一般会根据企业经营面临的外部环境和内部各种因素，制定合理可行的经营目标。战略是董事会为实现经营目标采用的方法，为了实现某一既定的经营目标，企业可能有多个可行战略。随着外部环境的变化，企业应对目标和战略作出相应的调整。

经营风险是指可能对被审计单位实现目标和实施战略的能力产生不利影响的重要状况、事项、情况、作为（或不作为）所导致的风险，或由于制定不恰当的目标和战略而导致的风险。不同企业可能面临不同的经营风险，这取决于企业经营的性质、所处行业、外部监管环境、企业的规模和复杂程度。

不能随环境的变化而做出相应的调整固然可能产生经营风险，但是调整的过程也可能导致经营风险。

2. 经营风险对重大错报风险的影响

经营风险与财务报表重大错报风险是既有联系又相互区别的两个概念。注册会计师了解被审计单位的经营风险有助于其识别财务报表重大错报风险。但并非所有经营风险都与财务报表相关，注册会计师没有责任识别或评估对财务报表没有重大影响的经营风险。

多数经营风险最终都会产生财务后果，从而影响财务报表。但并非所有经营风险都会导致重大错报风险。经营风险可能对某类交易、账户余额和披露的认定层次重大错报风险或财务报表层次重大错报风险产生直接影响。如贷款客户的企业合并导致银行客户群减少，使银行信贷风险集中，由此产生的经营风险可能增加与贷款计价认定有关的重大错报风险。同样的风险，在经济紧缩时，可能具有更为长期的后果，注册会计师在评估持续经营假设的适当性时需要考虑这一问题。注册会计师应当根据被审计单位的具体情况考虑经营风险是否可能导致财务报表发生重大错报。

8.1.5 被审计单位财务业绩的衡量和评价

被审计单位董事会和经理经常会衡量和评价关键业绩指标（包括财务的和非财务的）、预算及差异分析、分部信息和分支机构、部门或其他层次的业绩报告以及与竞争对手的业绩比较。此外，外部机构也会衡量和评价审计单位的财务业绩。

1. 了解主要业绩信息

在了解被审计单位财务业绩衡量和评价情况时，注册会计师应当关注下列信息：

（1）关键业绩指标（财务的或非财务的）、关键比率、趋势和经营统计数据；

（2）同期财务业绩比较分析；

（3）预算、预测、差异分析，分部信息与分部、部门或其他不同层次的业绩报告；

（4）员工业绩考核与激励性报酬政策；

（5）被审计单位与竞争对手的业绩比较。

2. 关注内部财务业绩衡量的信息

内部财务业绩衡量可能显示未预期到的结果或趋势。在这种情况下，董事会和经理经常会进行调查并采取纠正措施。与内部财务业绩衡量相关的信息可能显示财务报表存在错报风险，例如，内部财务业绩衡量可能显示被审计单位与同行业其他单位相比具有异常快的增长率或盈利水平，此类信息如果与业绩奖金或激励性报酬等因素结合起来考虑，可能显示董事会或经理在编制财务报表时存在某种倾向的错报风险。因此。注册会计师应当关注被审计单位内部财务业绩衡量所显示的未预期到的结果或趋势、董事会和经理的调查结果和纠正措施，以及相关信息是否显示财务报表可能存在重大错报。

3. 考虑财务业绩衡量指标的可靠性

如果拟利用被审计单位内部信息系统生成的财务业绩衡量指标，注册会计师应当考虑相关信息是否可靠，以及利用这些信息是否足以实现审计目标。许多财务业绩衡量中使用的信息可能由被审计单位的信息系统生成，如果认为内部生成的衡量财务业绩的信息是准确的，而实际上信息有误，那么根据有误的信息得出的结论也可能是错误的。如果注册会计师计划在审计中（如在实施分析程序时）利用财务业绩指标，应当考虑相关信息是否可靠，以及在实施审计程序时利用这些信息是否足以发现重大错报。

8.2 评估重大错报风险

在风险导向审计模式下，注册会计师以重大错报风险的识别、评估和应对为审计工作的主线，最终将审计风险控制在可接受的水平。风险的评估是审计风险控制流程的起点，是注册会计师通过实施风险评估程序，评估财务报表层次和认定层次的重大错报风险。风险评估是对重大错报发生的可能性和后果严重程度进行的评估。

8.2.1　风险评估的作用

注册会计师应当了解被审计单位及其环境，以充分识别和评估财务报表重大错报风险，设计和实施进一步审计程序。了解被审计单位及其环境是风险评估的必要程序。

风险评估为注册会计师在下列关键环节做出职业判断发挥作用：

（1）确定重要性水平，并随审计工作的进程评估对重要性水平的判断是否仍然适当；

（2）考虑会计政策的选择和运用是否恰当，以及财务报表的列报是否恰当；

（3）识别需要特别考虑的领域，包括关联方交易、董事会运用持续经营假设的合理性，或交易是否具有合理的商业目的等；

（4）确定在实施分析程序时所使用的预期值；

（5）设计和实施进一步审计程序，以将审计风险降至可接受的水平；

（6）评价所获取审计证据的充分性和适当性。

了解被审计单位及其环境是个连续和动态地收集、更新与分析信息的过程，贯穿于整个审计过程的始终。注册会计师应当运用职业判断确定需要了解被审计单位及其环境的程度。评价对被审计单位及其环境了解的程度是否恰当，关键是看注册会计师对被审计单位及其环境的了解是否足以识别和评估财务报表的重大错报风险。如果了解被审计单位及其环境获得的信息足以识别和评估财务报表的重大错报风险、设计和实施进一步审计程序，那么了解的程度就是恰当的。

8.2.2　评估重大错报风险的程序和内容

评估重大错报风险是风险评估阶段的最后一个步骤，将作为确定进一步审计程序的性质、范围和时间安排的基础，以应对识别的重大错报风险。

1. 评估重大错报风险的审计程序

在评估重大错报风险时，注册会计师应当实施下列审计程序。

（1）在了解被审计单位及其环境的整个过程中，结合对财务报表中各类交易、账户余额和披露的考虑，识别错报风险。如被审计单位因相关环境法规的实施需要更新设备，可能面临原有设备闲置或贬值的风险；宏观经济的低迷可能预示应收账款的回收存在问题。

（2）结合对拟测试的相关控制的考虑，将识别出的风险与认定层次可能发生错报的领域相联系。如销售困难使产品的市场价格下降，可能导致年末成本高于其可变现净值而需要计提存货跌价准备。

（3）评估识别出的错报风险，并评价其是否能更广泛地与财务报表整体相关，进而潜在地影响多项认定。

（4）考虑发生错报的可能性（包括发生多项错报的可能性），以及潜在错报的重大程度是否足以导致重大错报。

注册会计师应当利用实施风险评估程序获取的信息，包括在评价控制设计和确定其是否得到执行时获取的审计证据，作为支持风险评估结果的审计证据。注册会计师应当根据风险评价结果，确定实施进一步审计程序的性质、时间安排和范围。

2. 评估两个层次的重大错报风险

在对重大错报风险进行识别和评估后，注册会计师应当确定，识别的重大错报风险是与特定的某项交易、账户余额和披露的认定相关，还是与财务报表整体广泛相关，进而影响多项认定。

某些重大错报风险可能与特定的某类交易、账户余额和披露的认定相关。如被审计单位存在复杂的联营或合营，这一事项表明长期股权投资账户的认定可能存在重大错报风险。又如，被审计单位存在重大的关联方交易，该事项表明关联方及关联方交易的披露认定可能存在重大错报风险。

某些重大错报风险可能与财务报表整体广泛相关，进而影响多项认定。例如，在经济不稳定的国家和地区开展业务，资产的流动性出现问题，重要客户流失，融资能力受到限制等，可能导致注册会计师对被审计单位的持续经营能力产生重大疑虑。又如，董事会或经理层缺乏诚信或承受异常的压力可能引发舞弊风险，这些风险与财务报表整体相关。

3. 控制环境对评估财务报表层次重大错报风险的影响

财务报表层次的重大错报风险很可能源于薄弱的控制环境。薄弱的控制环境带来的风险可能对财务报表产生广泛影响，难以仅限于某类交易、账户余额和披露。注册会计师应当采取总体应对措施。

4. 需要特别考虑的重大错报风险

特别风险，是指注册会计师识别和评估的、根据判断认为需要特别考虑的重大错报风险。在判断哪些风险是特别风险时，注册会计师应当至少考虑下列事项：

（1）风险是否属于舞弊风险；

（2）风险是否与近期经济环境、会计处理方法或其他方面的重大变化相关，因而需要特别关注；

（3）交易的复杂程度；

（4）风险是否涉及重大的关联方交易；

（5）财务信息计量的主观程度，特别是计量结果是否具有高度不确定性；

（6）风险是否涉及异常或超出正常经营过程的重大交易。

5. 非常规交易和判断事项导致的特别风险

日常的、不复杂的、经正规处理的交易不太可能产生特别风险。特别风险通常与重大的非常规交易和判断事项有关。

非常规交易是指由于金额和性质异常而不经常发生的交易。由于重大非常规交易相关的特别风险可能导致更高的重大错报风险，注册会计师应重点关注此类错报风险。非常规交易的性质，可能使被审计单位难以对由此产生的特别风险实施有效控制。

6. 对风险评估的修正

注册会计师对认定层次重大错报风险的评估，可能随着审计过程中不断获取审计证据而做出相应的变化。

注册会计师对重大错报风险的评估可能基于预期内部控制运行有效这一判断，即相关控制可以防止或发现并纠正认定层次的重大错报。但在测试内部控制运行的有效性时，注册会计师获取的证据可能表明相关内部控制在被审计期间并未有效运行。同样在实施实质性程序后，注册会计师可能发现错报的金额和频率比在实施风险评估时预计的金额和频率要高。因此，如果通过实施进一步审计程序获取的审计证据与初始评估获取的审计证据相矛盾，注册会计师应当修正风险评估结果，并相应修改原计划实施的进一步审计程序。

因此，评估重大错报风险与了解被审计单位及其环境一样，也是一个连续和动态地收集、更新与分析信息的过程，贯穿于整个审计过程的始终。

8.3 应对重大错报风险

注册会计师应当针对评估的重大错报风险实施程序，即针对评估的财务报表层次重大错报风险确定总体应对措施，针对评估的认定层次重大错报风险设计和实施进一步审计程序，以将审计风险降至可接受的水平。

8.3.1 应对财务报表层次重大错报风险的措施

在财务报表重大错报风险的评估过程中，注册会计师应当确定识别的重大错报风险是与特定的某类交易、账户余额和披露的认定相关，还是与财务报表整体广泛相关，进而影响多项认定。如果是后者，则属于财务报表层次的重大错报风险。

注册会计师应当针对评估的财务报表层次重大错报风险，确定下列总体应对措施：

（1）向审计项目组强调保持职业怀疑的必要性。

（2）指派更有经验或具有特殊技能的审计人员，或利用专家的工作。由于各行业在经营业务、经营风险、财务报告、法规要求等方面具有特殊性，审计人员的专业分工细化成为一种趋势。审计项目组成员中应有一定比例的人员曾经参与过被审计单位以前年度的审计，或具有被审计单位所处特定行业的相关审计经验。必要时，要考虑利用信息技术、税务、评估、精算等方面的专家的工作。

（3）提供更多的督导。对于财务报表层次重大错报风险较高的审计项目，审计项目组的高级别成员，如项目合伙人、项目经理等经验较丰富的人员，要对其他成员提供更详细、更经常、更及时的指导和监督并加强项目质量复核。

（4）在选择拟实施的进一步审计程序时融入更多的不可预见的因素。被审计单位人员，尤其是董事会、经理，如果熟悉注册会计师的审计套路，就可能采取多种规避手段，掩盖财务报告中的舞弊行为。因此，在设计拟实施审计程序的性质、时间安排和范围时，为了避免既定思维对审计方案的限制，使针对重大错报风险的进一步审计程序更加有效，注册会计师要考虑使某些程序不易被被审计单位预见或了解。

在实务中，注册会计师可以通过以下方式提高审计程序的不可预见性：

（1）对某些未测试过的低于设定的重要性水平或风险较小的账户余额和认定实施实质性程序；

（2）调整实施审计程序的时间，使被审计单位不可预期；

（3）采取不同的审计抽样方法，使当期抽取的测试样本与以前有所不同；

（4）选取不同的地点实施审计程序，或预先不告知被审计单位所选定的测试地点。

财务报表层次的重大错报风险很可能源于薄弱的控制环境。薄弱的控制环境带来的风险可能对财务报表产生广泛影响，难以仅限于某类交易、账户余额和披露，注册会计师应当采取总体应对措施。相应地，注册会计师对控制环境的了解，影响其对财务报表层次重大错报风险的评估。有效的控制环境，可以使注册会计师增强对内部控制和被审计单位内部产生的证据的信赖程度。如果控制环境存在缺陷，注册会计师在对拟实施审计程序的性质、时间安排和范围作出总体修改时应当考虑：

（1）在期末而非期中实施更多的审计程序。控制环境的缺陷通常会削弱期中获得的审计证据的可信赖程度。

（2）通过实施实质性程序获取更广泛的审计证据。良好的控制环境是其他控制要素发挥作用的基础。控制环境存在缺陷通常会削弱其他控制要素的作用，导致注册会计师可能无法信赖内部控制，而主要依赖实施实质性程序获取审计证据。

（3）扩大审计范围和增加审计经营地点的数量。

8.3.2 应对认定层次重大错报风险的措施

应对被审计单位认定层次重大错报风险，注册会计师应实施进一步审计程序。注册会计师应当针对评估的认定层次重大错报风险设计和实施进一步审计程序，包括审计程序的性质、时间安排和范围。注册会计师设计和实施的进一步审计程序的性质、时间安排和范围，应当与评估的认定层次重大错报风险具备明确的对应关系。注册会计师实施的时间、范围应具有目的性和针对性，有的放矢地配置审计资源，有利于提高审计效率和效果。

在设计进一步审计程序时，注册会计师应当考虑下列因素：

（1）风险的重大性。风险的重大性是指风险造成的后果的严重程度。风险的后果越严重，就越需要注册会计师关注和重视，越需要精心设计有针对性的进一步审计程序。

（2）重大错报发生的可能性。重大错报发生的可能性越大，同样越需要注册会计师精心设计进一步审计程序。

（3）涉及的各类交易、账户余额和披露的特征。不同的交易、账户余额和披露产生的认定层次的重大错报风险也会存在差异，适用的审计程序也有差别，需要注册会计师区别对待，并设计有针对性的进一步审计程序予以应对。

（4）被审计单位采用的特定控制的性质。不同性质的控制（尤其是人工控制或自动化控制）对注册会计师设计进一步审计程序具有重要影响。

（5）注册会计师是否拟获取审计证据，以确定内部控制在防止或发现并纠正重大错报方面的有效性。如果注册会计师在风险评估时预期内部控制运行有效，随后拟实施的进一步审计程序就必须包括控制测试，且实质性程序自然会受到之前控制测试结果的影响。

综合上述几方面因素，注册会计师对认定层次重大错报风险的评估为确定进一步审计程序的总体审计方案奠定了基础。因此，注册会计师应当根据对认定层次重大错报风险的评估结果，恰当选用实质性方案或综合性方案。通常情况下，注册会计师出于成本-效益的考虑，可以采用综合性方案设计进一步审计程序，即将测试控制的有效性与实质性程序结合使用。

1. 进一步审计程序的性质

进一步审计程序的性质是指进一步审计程序的目的和类型。其中，进一步审计程序的目的包括通过实施控制测试以确定内部控制运行的有效性，通过实施实质性程序以发现认定层次的重大错报；进一步审计程序的类型包括检查、观察、询问、函证、重新计算、重新执行和分析程序。

在确定进一步审计程序的性质时，注册会计师首先需要考虑的是认定层次重大错报风险的评估结果。因此，注册会计师应当根据认定层次重大错报风险的评估结果选择审计程序。评估的认定层次重大错报风险越高，对通过实质性程序获取的审计证据的相关性和可靠性的要求越高，从而可能影响进一步审计程序的类型及其综合运用。例如，当注册会计师判断某类交易协议的完整性存在更高的重大错报风险时，除了检查文件以外，注册会计师还可能决定向第三方询问或函证协议条款的完整性。

除了从总体上把握认定层次重大错报风险的评估结果对选择进一步审计程序的影响外，在确定拟实施的审计程序时，注册会计师接下来应当考虑认定评估的认定层次重大错报风险产生的原因，包括考虑各类交易、账户余额和披露的具体特征以及内部控制。

2. 进一步审计程序的时间

进一步审计程序的时间是指注册会计师何时实施进一步审计程序，或审计证据适用的期间或时点。因此，当提及进一步审计程序的时间时，在某些情况下指的是审计程序的实施时间，在另一些情况下是指需要获取的审计证据适用的期间或时点。

有关进一步审计程序的时间选择问题：首先，注册会计师选择在何时实施进一步审计程序；其次，选择获取什么期间或时点的审计证据。何时实施选择问题主要集中在如何权衡期中与期末实施审计程序的关系；期间或时点选择问题分别集中在如何权衡期中审计证据与期末审计证据的关系、如何权衡以前审计获取的审计证据与本期审计获取的审计证据的关系。这两方面的最终落脚点都是如何确保获取审计证据的效率和效果。

注册会计师可以在期中或期末实施控制测试或实质性程序。当重大错报风险较高时，注册会计师应当考虑在期末或接近期末实施实质性程序，或采用不通知的方式，或在董事会、经理层不能预见的时间实施审计程序。

注册会计师在确定何时实施审计程序时，应当考虑的因素包括：

（1）控制环境。良好的控制环境可以抵消在期中实施进一步审计程序的一些局限性，使注册会计师在确定实施进一步审计程序的时间时有更大的灵活度。

（2）何时能得到相关信息。注册会计师如果希望获取相关信息，则需要考虑能够获取相关信息的时间。

（3）错报风险的性质。

（4）审计证据适用的时间或时点。注册会计师应当根据需要获取的特定审计证据确定何时实施进一步审计程序。如为了获取资产负债表日的存货余额证据，显然不宜在与资产负债表日间隔较长的期中时点或期末以后时点实施存货监盘等相关审计程序。

3. 进一步审计程序的范围

进一步审计程序的范围是指注册会计师实施进一步审计程序的数量，包括抽取的样本量、对某项控制活动的观察次数等。

在确定进一步审计程序的范围时，注册会计师应当考虑下列因素：

（1）确定的重要性水平。确定的重要性水平越低，注册会计师实施进一步审计程序的范围越广。

（2）评估的重大错报风险。评估的重大错报风险越高，对拟采用审计证据的相关性、可靠性的要求越高，因此，注册会计师实施的进一步审计程序的范围也越广。

（3）计划获取的保证程度。计划获取的保证程度，是指注册会计师计划通过所实施的审计程序对测试结果可靠性所获取的信心。计划获取的保证程度越高，对测试结果可靠性要求越高，注册会计师实施的进一步审计程序的范围越广。如注册会计师对财务报表是否不存在重大错报的信心可能来自控制测试和实质性程序，如果注册会计师计划从控制测试中获取更高的保证程度，则控制测试的范围就更广。

重大错报风险越高，注册会计师应当考虑扩大审计程序的范围。但是，只有当审计程序本身与特定风险相关时，扩大审计程序的范围才是有效的。

在考虑确定进一步审计程序的范围时，使用计算机辅助审计技术具有积极的作用。注册会计师可以使用计算机辅助审计技术对电子化的交易和账户文档进行更广泛的测试，包括从主要电子文档中选取交易样本，或按照某一特征对交易进行分类，或对总体而非样本进行测试。鉴于进一步审计程序的范围往往是通过一定的抽样方法加以确定的，因此，注册会计师需要慎重考虑抽样过程对审计程序范围的影响是否能够有效实现审计目的。

习　题

思考题

1. 被审计单位及其环境应包括哪些内容？
2. 重大错报风险应遵循哪些程序？
3. 重大错报风险包括哪些内容？
4. 应对财务报表层次重大错报的措施有哪些？
5. 应对认定层次重大错报的措施有哪些？

案例分析题

2018 年 12 月 12 日，YT 银行的多个舞弊案件正式浮出水面，YT 银行董事长及多名高管已被有关部门控制。

YT 银行舞弊案的暴露，始于 2018 年年初发生的该行胜利路支行行长李宁卷款潜逃。2019 年年初，YT 银行按照监管要求，组织对部分支行行长进行强制性岗位交流。在办理交接时，发现刘宁不知去向，而核对票据时发现大量资金与财务记录不符，账目与财务报表严重背离，YT 银行随即报案。

要求：根据上述情况，分析 YT 银行是认定层次重大错报还是财务报表层次重大错报，并指出应采取的进一步审计程序。

第 9 章

销售与收款循环审计

注册会计师在深入了解被审计单位及其环境后，如果风险评估符合预期，随后就实施控制测试和实质性测试。注册会计师对财务报表审计，以主要业务循环为出发点，对各业务循环中重要的财务报表项目进行控制测试和实质性测试。

9.1 分项审计与业务循环审计

在审计过程中，交易和账户余额的实质性测试既可以按财务报表项目进行，也可以按业务循环组织实施。按财务报表项目组织实施的称为分项审计，按业务循环组织实施的称为业务循环审计。

9.1.1 业务循环审计

业务循环是指处理一类经济业务的工作程序和先后顺序。一般来说，可将企业的交易和账户余额划分为销售与收款循环、购货与付款循环、生产与费用循环、筹资与投资循环，由于货币资金与上述多个业务循环均密切相关，所以货币资金既是业务循环的有机组成部分，又是相对独立的一个重要环节。

业务循环审计是指运用业务循环原理，了解、审查和评价被审计单位内部控制系统及执行情况，从而对财务报表的合法性、公允性进行审计的方法。内部控制测试通常按照业务循环采用审计抽样的方法进行，采用业务循环审计的目的在于确保审计工作质量，提高审计工作效率。

9.1.2 分项审计与业务循环审计的关系

一般而言，分项审计与多数被审计单位的账户设置体系及财务报表格式相吻合，具有操作方便的优点，但它与按业务循环进行的内部控制测试严重脱节，导致控制测试与实质性测试相背离，影响审计效率和效果，所以分项审计逐渐被业务循环审计所替代。

业务循环审计不仅可与按业务循环进行的内部控制测试直接联系，加深注册会计师对被审计单位经济业务的理解，而且便于注册会计师的合理分工，将特定业务循环所涉及的财务报表项目分配给一个或数个注册会计师，使其能够对不同财务报表项目进行交叉复核，以提高审计的效率和效果。

以《企业会计准则》等有关规定为依据，按照各财务报表项目与业务循环的相关程度，建立起各业务循环与各业务循环所涉及的主要财务报表项目之间的对应关系，详见表9-1。

表9-1　业务循环与主要财务报表项目对照表

业务循环	资产负债表项目	利润表项目
销售与收款循环	应收票据、应收账款、坏账准备、预收账款、应交税费、其他应交款	营业收入、税金及附加、销售费用
购货与付款循环	预付账款、固定资产、累计折旧、固定资产减值准备、工程物资、在建工程、固定资产清理、无形资产、开发支出、商誉、长期待摊费用、应付票据、应付账款、长期应付款	管理费用
生产与费用循环	存货（包括物资采购、原材料、包装物、低值易耗品、材料成本差异、自制半成品、库存商品、商品进销差价、委托加工物资、存货跌价准备、委托代销商品、受托代销商品、生产成本、制造费用、劳务成本）、应付职工薪酬	营业成本
筹资与投资循环	交易性金融资产、应收股利、应收利息、其他应收款、应收补贴款、长期股权投资、长期债权投资、其他流动资产、债权投资、其他权益工具投资、递延所得税资产、其他非流动资产、交易性金融负债、短期借款、应付股利、其他应付款、预计负债、长期借款、应付债券、长期应付款、专项应付款、递延所得税负债、股本、资本公积、盈余公积、未分配利润	信用减值损失、公允价值变动损益、财务费用、投资收益、其他收益、营业外收入、营业外支出、所得税费用

9.2　销售与收款循环概述

销售与收款循环的审计，通常可以相对独立于其他业务循环而单独进行。但审计的重要性概念要求注册会计师在审计时必须综合考虑财务报表各项目的性质及其相互关系，即注册会计师在最终判断被审计单位财务报表是否公允反映时，必须综合考虑审计发现的各业务循环的错报对财务报表产生的影响。因此，即使在单独执行销售与收款循环审计时，注册会计师仍应将该循环与其他循环的审计情况结合起来加以考虑。

销售与收款循环的概述主要包括两方面内容：一是本循环所涉及的主要凭证和会计记录；二是本循环中的主要业务活动。

9.2.1　主要凭证和会计记录

在内部控制系统比较健全的企业，处理销售与收款业务通常需要使用很多凭证和会计记录。典型的销售与收款循环所涉及的主要凭证和会计记录有以下几种：

（1）顾客订货单。顾客订货单即顾客提出的书面购货要求。企业可以通过销售人员或其他途径，如采用电话、信函、网上订货以及向现有及潜在顾客发送订货单等方式接受订货，取得顾客订货单。

（2）销售单。销售单是列示顾客所订商品的名称、规格、数量以及其他与顾客订货单有关资料的表格，作为销售方内部处理顾客订货单的依据。

（3）发运凭证。发运凭证即发运货物时编制的，用以反映发出商品的规格、数量和其他有关内容的凭据。发运凭证的一联寄送给顾客，其余联（一联或数联）由企业保留。这种凭证可用作向顾客开票收款的依据。

（4）销售发票。销售发票是一种用来表明已销售商品的规格、数量、销售金额、运费和保险费的价格、开票日期、付款条件等内容的凭证。销售发票的一联寄送给顾客，其余联由企业保留。销售发票也是在会计账簿中登记销售业务的基本凭证。

（5）商品价目表。商品价目表是列示已经授权批准的、可供销售的各种商品的价格清单。

（6）贷项通知单。贷项通知单是一种用来表示由于销货退回或经批准的折让而引起的应收销货款减少的凭证。这种凭证的格式通常与销售发票的格式相同，只不过它不是用来说明应收账款的增加，而是用来说明应收账款的减少。

（7）应收账款明细账。应收账款明细账是用来记录每个顾客各项赊销、现金收入、销货退回及折让的明细账。各应收账款明细账的余额合计数应与应收账款总账的余额相等。

（8）营业收入明细账。营业收入明细账是一种用来记录销货业务的明细账。它通常记载和反映不同类别的销货总额（如按销售商品的品种、类别等）。

（9）折扣与折让明细账。折扣与折让明细账是一种用来核算企业销售商品时，按销售合同的规定，为了及早收回货款而给予顾客的销货折扣和因商品品种、质量等原因而给予顾客的销货折让情况的明细账。

（10）汇款通知书。汇款通知书是一种与销售发票一起寄给顾客，由顾客在付款时再寄回销货单位的凭证。这种凭证注明顾客的姓名、销售发票号码、销货单位开户银行账号以及金额等内容。如果顾客没有将汇款通知书随货款一并寄回，一般应由收受邮件的人员在拆邮件时再代编一份汇款通知书。采用汇款通知书能使现金立即存入银行，可以提高对资产保管的控制。

（11）现金日记账和银行存款日记账。现金日记账和银行存款日记账是用来记录应收账款的收回或现销收入以及其他各种现金、银行存款收入和支出的日记账。

（12）现金盘点表。现金盘点表是列示收银机内的现金和支出的明细表，用来调节其总数和收银机打印出的总数。

（13）坏账审批表。坏账审批表是一种用来批准将某些应收款项注销为坏账，仅在企业内部使用的凭证。

（14）顾客月末对账单。顾客月末对账单是一种定期寄送给顾客的用于购销双方定期核对账目的凭证。顾客月末对账单上应注明应收账款的月初余额、本月各项销货业务的金额、本月已收到的货款、各贷项通知单的数额以及月末余额等内容。

（15）转账凭证。转账凭证是指记录转账业务的记账凭证，它是根据有关转账业务的原始凭证编制的。

（16）收款凭证。收款凭证是指用来记录现金和银行存款收入业务的记账凭证。

9.2.2 涉及的主要业务活动

了解企业在销售与收款循环中的主要业务活动，对销售与收款循环审计十分必要。企业的销售与收款循环主要是由企业与顾客交换商品或劳务、收回现金等经营活动组成，涉及销售业务、收款业务（包括现销和应收账款收回）、销售调整业务（包括销售折扣、折让和退回，坏账准备的提取和冲销）等内容。每一业务均需经过若干步骤（或程序）才能完成。

（1）接受顾客订单。顾客向企业寄送订单提出订货要求，是整个销售与收款循环的起点。订单管理部门应区分现购和赊购，赊购订单只有在符合企业管理层授权标准的情况下才能接受。企业管理层一般都列出了已准予赊销的顾客名单。订单管理部门的职员在决定是否同意接受某顾客的订单之前，应追查该顾客是否已被列在该名单中。如果顾客未被列入该名单，则通常需要订单管理部门的主管来决定是否接受该订单。企业在批准了顾客订单之后，通常应编制一式多联的销售单。

（2）批准赊销信用。赊销批准是由信用管理部门根据企业管理层的赊销政策以及对每个顾客已授权的信用额度进行的。信用管理部门的职员在收到订单管理部门的销售单后，应将销售单的金额与该顾客已授权的赊销信用额度扣除其迄今尚欠账款余额后的差额进行比较，以决定是否继续给予赊销。执行人工赊销信用检查时，应合理划分工作责任，以切实避免销售人员为增加销售而使企业承担不适当的信用风险。

企业应对每个新顾客进行信用调查，包括获取信用评级机构对顾客信用等级的评定报告。批准或不批准赊销，都要求被授权的信用部门人员在销售单上签署意见，再将签署意见后的销售单返回订单管理部门。

（3）按销售单供货。企业管理层通常要求仓库只有在收到经过批准的销售单时才能供货。设计这项控制程序的目的是防止仓库在未经授权的情况下擅自发货。因此，已批准销售单的副联通常应送达仓库，作为仓库按销售单供货和发货给装运部门的授权依据。

（4）按销售单发运。发运部门职员应在经授权的情况下装运产品，使企业按销售单装运与按销售单供货的职责相分离。发运部门职员在装运之前，还必须进行独立验证，以确定从仓库收到的商品都附有已批准的销售单，并且所发运商品与销售单相符。

（5）向顾客开具账单。开具账单包括编制和向顾客寄送事先连续编号的销售发票。

为了降低开具账单过程中出现遗漏、重复、错误计价或其他差错的风险，应设立以下控制程序：

1）开具账单部门职员在编制每张销售发票之前，应独立检查是否存在装运凭证和相应的经批准的销售单。

2）应依据已授权批准的商品价目表编制销售发票。

3）独立检查销售发票计价和计算的正确性。

4）将装运凭证上的商品总数与相对应的销售发票上的商品总数进行比较。

（6）记录销售。在手工会计系统中，记录销售的过程包括区分赊销、现销，按销售发票编制转账凭证或现金、银行存款收款凭证，再据以登记销售明细账和应收账款明细账或现金、银行存款日记账。

记录销售的控制程序包括以下内容：

1）只依据附有有效装运凭证和销售单的销售发票记录销售。这些装运凭证和销售单应能证明销货交易的发生及其发生的日期。

2）控制所有事先连续编号的销售发票。

3）独立检查已处理销售发票上的销售金额与会计记录金额的一致性。

4）记录销售的职责应与前面说明的处理销货交易的其他功能相分离。

5）对记录过程中所涉及的有关记录的接触予以限制，以减少未经授权批准的记录的发生。

6）定期检查应收账款的明细账与总账的一致性。

（7）办理和记录现金、银行存款收入。这项功能涉及有关货款收回，现金、银行存款的记录以及应收账款减少的活动。在办理和记录现金、银行存款收入时，最应关心的是货币资金失窃的可能性。货币资金失窃可能发生在货币资金收入登记入账之前或入账之后。处理货币资金收入时最重要的是要保证全部货币资金都必须如数、及时地记入现金、银行存款日记账或应收账款明细账，并如数、及时地将现金存入银行。在这方面，汇款通知单发挥着十分重要的作用。

（8）办理和记录销货退回、销货折扣与折让。顾客如果对商品不满意，销货企业一般都会同意接受退货，或给予一定的销货折让；顾客如果提前支付货款，销货企业则可能会给予一定的销货折扣。发生此类事项时，必须经授权批准，并应确保与办理此事有关的部门和职务各司其职，分别控制实物流和会计处理。在这方面，严格使用贷项通知单无疑会起到关键的作用。

（9）注销坏账。不管赊销部门的工作如何主动，顾客因宣告破产、死亡等原因而不支付货款的事仍时有发生。销货企业若认为某项货款再也无法收回，就必须注销这笔货款。对这些坏账，正确的处理方法应该是获取货款无法收回的确凿证据，经适当审批后及时进行会计调整。

（10）提取坏账准备。坏账准备的提取数额必须能够抵补企业以后无法收回的本期销货款。

9.3 销售与收款循环的控制测试

9.3.1 销售与收款循环的内部控制

销售与收款循环的内部控制主要包括以下方面：

（1）职责分离控制。适当的职责分离有助于防止各种有意或无意的错误。例如，接受顾客订货单、填制销售单、批准赊销、发运货物、结算开票、收取货款、会计记录及账目核对等，必须由不同的职能部门或人员负责办理。明确的职责分工，可保证销售业务处理的有效性和可靠性。

（2）授权审批控制。销售发票和发货单须经企业有关负责部门和人员审批；顾客的赊销要经过授权审批；销售价格、付款条件、运费和销售退回、折让与折扣等的确定要经过适当的授权批准；对确实无法收回的应收账款，按规定程序批准后，方可作为坏账处理。

（3）会计记录控制。对内部控制来说，只有具备充分的记账手续、充分的凭证和记录才有可能实现各项控制目标。例如，有的企业在收到顾客订货单后，就立即编制一份预先编号的一式多联的销售单，分别用于批准赊销、审批发货、记录发货数量以及向顾客开具账单等。在这种制度下，只要定期清点销售发票，就可以防止漏开账单的情形发生。

另外，凭证应预先编号，目的在于防止销货以后忘记向顾客开具账单或登记入账，也要防止重复开具账单或重复记账。

（4）定期核对控制。应收账款总账、明细账，营业收入的总账、明细账等应定期进行核对。应收账款要有核对催收制度，每月由独立的人员负责向客户寄送对账单，并定期检查确定账龄较长的欠款。在必要的情况下，调整这类顾客的信用限额。

（5）寄收对账单控制。由不负责现金、销货及应收账款记账的人员按月向顾客寄发对账单，能促使顾客在发现应付账款余额不正确后及时作出说明，因而这是一项有用的控制。为了使这项控制更加有效，最好将账户余额中出现的所有核对不符的账项，指定一位不掌管货币资金也不记载营业收入和应收账款账目的主管人员处理。

注册会计师观察指定人员寄送对账单和检查顾客复函档案，对于测试被审计单位是否按月向顾客寄出对账单，是十分有效的控制测试。

（6）内部核查程序控制。由内部审计人员或其他独立人员核查销货业务的处理和记录，是实现内部控制目标不可缺少的一项控制措施。表9-2所列程序是对各项控制目标的典型内部核查程序。注册会计师可以采用检查内部审计人员的报告，或其他独立人员在其核查凭证上的签字等方法实施控制测试。

表9-2　　内部核查程序控制

内部控制目标	内部核查程序控制举例
登记入账的销货业务是真实的	检查销售发票的连续性并检查所附的佐证凭证
销货业务均经适当审批	了解顾客的信用情况，确定其是否符合企业的赊销政策
所有销货业务均已登记入账	检查发运凭证的连续性，并将其与营业收入明细账进行核对
登记入账的销货业务均经正确估价	将销售发票上的数量与发运凭证上的记录进行比较核对
登记入账的销货业务的分类恰当	将登记入账的销货业务的原始凭证与会计科目表比较核对
销货业务的记录及时	检查开票员所保管的未开票发运凭证，确定是否包括所有应开票的发运凭证在内
销货业务已经正确地记入明细账并经准确汇总	从发运凭证追查至营业收入明细账和总账

9.3.2 评估销售与收款循环的重大错报风险

注册会计师在审计销售与收款循环时，应考虑影响销售收入交易的重大错报风险，并对被审计单位中可能发生的销售收入交易的重大错报风险保持警觉。销售收入交易和余额存在的重大错报风险可能包括：

（1）董事会、经理虚报销售收入的偏好。被审计单位董事会、经理可能为了完成经营目标，满足业绩考核的要求，保证从外部获得资金，吸引潜在的投资者，或影响公司股价，在财务报表中虚报销售收入。

（2）销售收入确认的复杂性。不同性质的企业，采用的销售收入确认的政策会有所不同。如制造企业的销售收入确认，就与金融企业、房地产开发企业的销售收入确认不同。同一企业的不同销售方式，销售收入确认也不一样。

（3）采用不正确的收入截止。将属于下一会计期间的收入有意或无意地计入本期，或者将属于本期的收入有意或无意地计入下一会计期间，都可能导致本期收入及相关账户余额的高估或低估。

（4）不正确计提坏账准备。计提应收账款的坏账准备，应结合客户的偿债能力和应收账款的账龄来确定。如果不加区分地简单计提，将会造成应收账款余额的高估或低估。

（5）发生舞弊的风险。因销售收入环节与货币资金密切相关，很容易发生舞弊行为。如被审计单位的员工利用销售价格调整和销售折扣，隐瞒真实情况，侵吞货币资金。

（6）发生各种错误的可能性。在销售收入实现的过程中，程序复杂，环节很多，很容易发生各种各样的差错。任何差错的出现，都会导致销售收入的错报。

在评估销售收入环节重大错报风险时，注册会计师应当将所了解的控制与特定认定相联系，以确定进一步审计程序的性质、时间和范围。

9.3.3 销售与收款循环的控制测试

销售与收款循环的控制测试主要包括以下内容：

（1）抽取一定数量的销售发票，作如下检查：

1）检查发票是否连续编号，作废发票的处理是否正确。

2）核对销售发票与销售订单、销售通知单、出库单（或提货单）所载明的品名、规格、数量、价格是否一致。

3）检查销售通知单上是否有信用管理部门有关人员核准赊销的签字。

4）销售发票中所列的数量、单价和金额是否正确。包括：将销售发票中所列商品的单价与商品价目表的价格进行核对；验算发票金额的正确性。

5）从销售发票追查至有关的记账凭证、应收账款明细账及营业收入明细账，确定被审计单位是否正确、及时地登记有关凭证、账簿。

（2）抽取一定数量的出库单或提货单，并与相关的销售发票进行核对，检查已发出的商品是否均已向顾客开出发票。

（3）从营业收入明细账中抽取一定数量的会计记录，并与有关的记账凭证、销售发票进行核对，以确定是否存在收入高估或低估的情况。

（4）抽取一定数量的销售调整业务的会计凭证，检查销售退回、折让、折扣的核准与会计核算。主要包括：

1）确定销售退回与折让的批准与贷项通知单的签发职责是否分离。

2）确定现金折扣是否经过适当授权，授权人与收款人的职责是否分离。

3）检查销售退回和折让是否附有按顺序编号并经主管人员核准的贷项通知单。

4）检查退回的商品是否具有仓库签发的退货验收报告（或入库单），并将验收报告的数量、金额与贷项通知单等进行核对。

5）确定退货、折扣、折让的会计记录是否正确。

（5）抽取一定数量的记账凭证、应收账款明细账，作如下检查：

1）从应收账款明细账中抽取一定的记录并与相应的记账凭证进行核对，比较二者登记的时间、金额是否一致。

2）从应收账款明细账中抽查一定数量的坏账注销的业务，并与相应的记账凭证、原始凭证进行核对，确定坏账的注销是否符合有关规章的规定，企业主管人员是否核准等。

3）确定被审计单位是否定期与顾客对账，在可能的情况下，将被审计单位一定期间的对账单与相应的应收账款明细账的余款进行核对，如有差异，则应进行追查。

（6）观察员工获得或接触资产、凭证和记录（包括存货、销售通知单、出库单、销售发票、凭证与账簿、现金及支票）的途径，并观察员工在执行授权、发货、开票等职责时的表现，确定被审计单位是否存在必要的职务分离、内部控制的执行过程中是否存在弊端。

在对被审计单位的内部控制系统进行了必要的了解与测试之后，注册会计师应当对其控制风险作出评价，并对实质性测试的内容作出相应的调整。同时，对测试过程中发现的问题，应当在工作底稿中进行记录，并以适当的形式告知被审计单位的管理层。

例 9－1

注册会计师 A 和 B 于 2018 年 12 月 1—7 日对甲公司销售和收款循环的内部控制进行了解和测试，并在相关审计工作底稿中记录了了解和测试的事项，摘录如下：

（1）甲公司发出产成品时，由销售部填制一式四联的出库单。仓库发出产成品后，将第一联出库单留存登记产成品卡片，第二联交销售部留存，第三、四联交会计部会计人员乙登记产成品总账和明细账。

（2）会计人员戊负责开具销售发票。在开具销售发票之前，先取得仓库的发货记录和销售商品价目表，然后填写销售发票的数量、单价和金额。

要求：根据上述摘录，请代注册会计师 A 和 B 指出甲公司在销售与收款循环内部控制方面的缺陷，并提出改进建议。

【解答】　甲公司销售与收款内部控制的缺陷有：

（1）会计人员乙同时登记产成品总账和明细账，不相容职务未进行分离。应建议甲公司由不同的会计人员登记产成品总账和明细账。

（2）会计人员戊开销售发票不能只依据发货单和价目表，因为实际销售的数量和结算价格可能会与发货单上的数量以及价目表上的价格不一致。应建议甲公司会计人员戊先核对装运凭证和相应的经批准的销售单，并根据已授权批准的商品价格填写销售发票的价格，根据装运凭证上的数量填写销售发票的数量，再根据数量和价格计算出金额。

9.4 营业收入审计

9.4.1 营业收入审计目标

营业收入项目核算企业在销售商品、提供劳务及让渡资产使用权等日常活动中所产生的收入。其审计目标一般包括：确定营业收入的内容、数额是否合理、正确、完整；确定对销货退回、销售折扣与折让的处理是否适当；确定营业收入的会计处理是否正确；确定营业收入的披露是否恰当。

9.4.2 营业收入实质性测试程序

（1）取得或编制营业收入项目明细表，复核加计正确，并与报表数、总账数和明细账合计数核对相符。

（2）查明营业收入的确认原则、方法，注意是否符合企业会计准则规定的收入实现条件，前后期是否一致。

营业收入是指企业在日常活动中形成的、会导致所有者权益增加的、与所有者投入资本无关的经济利益的总流入。营业收入的确认和计量大致分为五步：第一步，识别与客户订立的合同；第二步，识别合同中的单项履约义务；第三步，确定交易价格；第四步，将交易价格分摊至各履约义务；第五步，履行各单位履约义务时确认营业收入。其中，第一步、第二步和第五步与营业收入的确认有关，第三步和第四步主要与营业收入的计量有关。

1）采用交款提货方式销售，以货款已经收到或取得收取货款的权利，同时发票账单和提货单已交给购货方时确认收入实现。注册会计师应审查被审计单位是否收到货款或取得收取货款的权利，并已将发票账单和提货单交付购货单位，特别注意有无扣压结算凭证，将当期收入转入下期入账，或者开假发票，将虚列的收入记账、在下期予以冲销的情况。

2）采用预收账款方式销售，在商品已经发出时确认收入实现。注册会计师应审查被审计单位是否收到了货款，是否在货物发出之后确认收入，是否存在开具虚假出库凭证，提前确认收入的情况。

3）采用托收承付方式销售，在商品已经发出，并办妥托收手续时确认收入实现。注册会计师应审查被审计单位是否发货，托收手续是否办妥，发运凭证是否真实，托收承付结算回单是否正确。

4）采用委托其他单位代销方式销售，应在代销商品已经销售，并收到代销清单时确认收入实现。注册会计师应查明有无编制虚假代销清单、虚增本期收入的情况。

5）采用分期收款方式销售，应按合同约定的收款日期分期确认收入。注册会计师应审查本期是否收到货款，查明合同约定的本期应收款日期是否真实，是否存在已实现的收入不入账、少入账或缓入账的情况。

6）对长期工程合同收入，应根据完工进度或完工合同合理确认收入。注册会计师应审查收入的计算、确认方法是否符合规定，并核对应计收入与实计收入是否一致，查明有无随意确认收入、虚增或虚减本期收入的情况。

7）委托外贸代理出口方式的，应在收到外贸企业代办的发运凭证和银行交款凭证时确认收入实现。注册会计师应审查代办发运凭证和银行交款单是否真实，注意查明有无内外勾结，出具虚假发运凭证或虚假银行交款单的情况。

8）对外转让土地使用权和销售商品房的，在土地使用权和商品房已经移交，并将发票结算账单提交对方时，确认收入的实现。注册会计师应审查已办理的移交手续是否符合规定要求，发票账单是否已交对方，查明被审计单位有无编造虚假移交手续、采用分层套写的方法开具虚假发票的行为，防止其高价出售、低价收账，从中贪污货款。

（3）实施分析程序。注册会计师应实施分析程序，检查营业收入是否有异常变动和重大波动，从而在总体上对营业收入的真实性作出初步判断。注册会计师通常在以下几方面进行比较分析：

1）将本期与上期的营业收入进行比较，分析产品销售的结构和价格的变动是否正常，并分析异常变动的原因。

2）比较本期各月各种营业收入的波动情况，分析其变动趋势是否正常，并查明异常现象和重大波动的原因。

3）计算本期重要产品的毛利率，分析比较本期与上期同类产品毛利率变化情况，注意收入与成本是否配比，并查明重大波动和异常情况的原因。

4）计算重要客户的销售额及其产品毛利率，分析比较本期与上期有无异常变化。

（4）审查售价是否合理。注册会计师应当获取产品价格目录，抽查售价是否符合价格政策，并注意销售给关联方或关系密切的重要客户的产品价格是否合理，有无低价或高价结算以转移收入的现象。

（5）审查营业收入的会计处理是否恰当。注册会计师应抽取企业被审计期间内一定数量的销售发票，进行从原始凭证到记账凭证、营业收入明细账的全过程审查，核实其记录、过账、加总是否正确，并将抽取的收入与应收账款明细账、现金或银行存款日记账、产成品明细账进行核对，以进一步确定发货日期、销售数量、品名、单价、金额等是否相符。

（6）实施销售的截止测试。截止测试是实质性测试中常用的一种具体审计技术，广泛运用于货币资金、往来款项、存货、长短期投资、营业收入和期间费用等项目的审计中，尤以在营业收入审计中的运用更为典型。对营业收入实施截止测试，其目的主要在于确定被审计单位营业收入的会计记录归属期是否正确；应计入本期或下期的营业收入是否被推延至下期或提前至本期。

企业应当合理确认营业收入的实现，并将已实现的收入按时入账。企业应当在发出商品、提供劳务，同时收讫价款或者取得索取价款的凭据时，确认营业收入。根据这一收入确认的基本原则，注册会计师在审计中应该注意把握与营业收入确认有着密切关系的三个日期：一是发票开具日期或者收款日期；二是记账日期；三是发货日期（服务业则是提供劳务的日期）。这里的发票开具日期是指开具增值税专用发票或普通发票的日期；记账日期是指被审计单位确认营业收入实现并将该笔经济业务记入营业收入账户的日期；发货日期是指仓库开具出库单并发出库存商品的日期。检查三者是否归属于同一适当的会计期间是营业收入截止测试的关键所在。

（7）查找未经认可的大额销售。注册会计师应结合对资产负债表日应收账款的函询程序，查明有无未经认可的大额销售。若有，应作出记录并提请被审计单位作出相应调整。

（8）检查销售折扣、销售退回与折让业务是否真实，内容是否完整，相关手续是否符合规定，折扣与折让的计算和会计处理是否正确。

企业在销售业务中，往往会因产品品种不符、质量不符合要求以及结算方面的原因发生销售折扣、销售退回与折让业务。尽管引起销售折扣、退回与折让的原因不尽相同，其表现形式也不尽一致，但都是对收入的抵减，直接影响收入的确认和计量。因此，注册会计师应加强对折扣与折让的审计。

（9）检查有无特殊的销售行为。对于特殊的销售行为，如附有销售退回条件的商品销售、委托代销、售后回购、以旧换新、商品需要安装和检验的销售、分期收款销售、出口销售、售后租回等，确定恰当的审计程序进行审核。

（10）确定营业收入是否在利润表上恰当披露。注册会计师应审查利润表上的营业收入项目，数字是否与审定数相符，营业收入确认所采用的会计政策是否已在财务报表附注中披露。

9.5 应收账款与坏账准备审计

应收账款指企业因销售商品、产品或提供劳务而形成的债权，即由于企业销售商品、产品或提供劳务等原因，应向购货客户或接受劳务的客户收取的款项或代垫的运杂费，是企业在信用活动中所形成的各种债权性资产。

企业的应收账款是在销货业务中产生的。企业的销售如果属于赊销，即销售实现时没有立即收取现款，而是获得了要求客户在一定条件下和一定时间内支付货款的权利，就产生了应收账款。因此，应收账款的审计应结合销货业务来进行。

9.5.1 应收账款的审计目标

应收账款的审计目标一般包括：确定应收账款是否存在；确定应收账款是否归被审计单位所有；确定应收账款增减变动的记录是否完整；确定应收账款是否可收回，坏账准备的计提方法和比例是否恰当，坏账准备的计提是否充分；确定应收账款和坏账准备期末余额是否正确；确定应收账款和坏账准备在财务报表中的披露是否恰当。

9.5.2 应收账款的实质性测试程序

（1）获取或编制应收账款明细表。注册会计师首先应获取或编制应收账款明细表，复核加计是否正确，并与报表数、总账数和明细账合计数核对相符。

（2）分析应收账款账龄。应收账款的账龄是指资产负债表中的应收账款从销售实现，产生应收账款之日起，至资产负债表日止所经历的时间。编制应收账款账龄分析表时，可以选择重要的顾客及其余额列示，不重要的或余额较小的，可以汇总列示。

注册会计师可以通过编制或获取应收账款账龄分析表来分析应收账款的账龄，以便了解应收账款的可收回性。应收账款账龄分析表详见表 9－3。

表 9－3　　应收账款账龄分析表

年　月　日

顾客名称	期末余额	账龄			
		1 年以内	1～2 年	2～3 年	3 年以上
合　计					

（3）向债务人函证应收账款。应收账款函证，是指直接发函给被审计单位的债务人，要求核实被审计单位应收账款的记录是否正确的一种审计方法。函证的目的是证实应收账款账户余额的真实性、正确性，防止或发现被审计单位及其有关人员在销售业务中发生的差错或弄虚作假、营私舞弊等行为。询证函应由注册会计师利用被审计单位提供的应收账款明细账户名称及地址编制，并由注册会计师亲自寄发。

1）函证的范围和对象。注册会计师不需要对被审计单位所有的应收账款进行函证。函证数量的大小、范围是由诸多因素决定的，主要有：

①应收账款在全部资产中的比重。如果应收账款在全部资产中所占的比重较大，则函证的范围应相应大一些。

②被审计单位内部控制的强弱。如果内部控制系统较健全，则可以相应减少函证数量；反之，则应相应扩大函证范围。

③以前期间的函证结果。若以前期间函证中发现过重大差异，或欠款纠纷较多，则函证范围应相应扩大。

④函证方式的选择。若采用肯定式函证，则可以相应减少函证量；若采用否定式函证，则要相应增加函证量。

一般情况下，注册会计师应选择以下项目作为函证对象：单项金额重大或账龄较长的项目；与债务人发生纠纷的项目；关联方项目；余额为零的项目；非正常项目。

2）函证的方式。函证方式分为肯定式函证和否定式函证两种。

①肯定式函证，又称正面式、积极式函证，就是向债务人发出询证函，要求其证实所函证的欠款是否正确，无论对错都要求复函。

财政部、中国人民银行制定的肯定式询证函参考格式如下：

企业询证函

__________（公司）：　　　　编号：

本公司聘请的××会计师事务所正在对本公司财务报表进行审计，按照中国注册会计师审计准则的要求，应当询证本公司与贵公司的往来账项等事项。下列数据出自本公司账簿记录，如与贵公司记录相符，请在本函下端“数据证明无误”处签章证明；如有不符，请在“数据不符”处列明不符金额。回函请直接寄至××会计师事务所。

通信地址：

邮编：　　　　　　　　电话　　　　　　　　传真：

1. 本公司与贵公司的往来账项列示如下：

截止日期	贵公司欠	欠贵公司	备注

2. 其他事项。

本函仅为复核账目之用，并非催款结算。若款项在上述日期之后已经付清，仍请及时函复为盼。

（公司签章）

年　月　日

结论：(1) 数据证明无误。

（公司签章）

年　月　日

经办人：

(2) 数据不符，请列明不符金额。

（公司签章）

年　月　日

经办人：

②否定式函证，又称反面式、消极式函证，它也是向债务人发出询证函，但所函证的款项相符时不必复函，只有在所函证的款项不符时才要求债务人向注册会计师复函。

否定式询证函格式如下：

企业询证函

____________（公司）：　　　　　　　　编号：

本公司聘请的××会计师事务所正在对本公司财务报表进行审计，按照中国注册会计师审计准则的要求，应当询证本公司与贵公司的往来账项等事项。下列数据出自本公司账簿记录，如与贵公司记录相符，则无须回复；如有不符，请直接通知会计师事务所，并请在空白处列明贵公司认为是正确的信息。回函请直接寄至××会计师事务所。

回函地址：

邮编：　　　　电话：　　　　传真：　　　　联系人：

1. 本公司与贵公司的往来账项列示如下：

截止日期	贵公司欠	欠贵公司	备注

2. 其他事项。

本函仅为复核账目之用，并非催款结算。若款项在上述日期之后已经付清，仍请及时核对为盼。

（公司盖章）
年　月　日

××会计师事务所：

上面的信息不正确，差异如下：

（公司盖章）
年　月　日

经办人：

注册会计师采用哪种函证方式，可以根据下列情形作出选择：

当债务人符合下列情况时，采用肯定式函证较好：a. 个别账户的欠款金额较大；b. 有理由相信欠款可能存在争议、差错等问题。

当债务人符合以下所有条件时，可以采用否定式函证：a. 相关的内部控制是有效的，固有风险和控制风险评估为低水平；b. 预计差错率较低；c. 欠款余额小的债务人数量很多；d. 注册会计师有理由确信大多数被函证者能认真对待询证函，并对不正确的情况予以反馈。

有时候两种函证方式结合起来使用可能更适宜：对于单项金额重大账项采用肯定式函证，对于小金额账项则采用否定式函证。

3）函证时间的选择。为了充分发挥函证的作用，注册会计师通常应选择与资产负债表日接近的时间进行函证。

4）函证的控制。注册会计师应直接控制询证函的发送和回收。对于因无法投递而退回的信函要进行分析，查明是由于被函证者地址迁移、差错而致使信函无法投递，还是这笔应收账款本来就是一笔假账。对于采用肯定式函证方式未回函的，可再次发询，由注册会计师发出第二封甚至第三封询证函。如果仍然得不到答复，注册会计师应考虑采用必要的替代程序。例如，检查与销售有关的文件，包括销售合同、销售订单、销售发票副本及发运凭证等，以验证这些应收账款的真实性。

5）函证结果差异的分析。收回的询证函中如有差异，注册会计师应查明原因作出记录或适当调整。产生差异的原因主要表现在：

①购销双方入账的时间存在差异（即未达账项）。具体包括：债务人已经付款，而被审计单位尚未收到款项；被审计单位已经发出货物，并登记了应收账款，债务人尚未收到货物，因此也未确认应付款项；债务人由于种种原因已将货物退回，并冲减了应付款项，而被审计单位尚未收到货物，也未对应收账款作出调整；债务人对收到的货物数量、规格等不满意而全部或部分拒付。

②购销一方或双方存在记账差错或舞弊行为。

（4）请被审计单位协助，在应收账款明细表上标出至审计时已收回的应收账款金额。对已收回金额较大的款项进行常规检查，如核对收款凭证、银行对账单、销售发票等，并注意凭证发生日期的合理性。

（5）检查未函证应收账款。由于注册会计师不可能对所有应收账款进行函证，因此，对于未函证的应收账款，注册会计师应抽查有关原始凭据，如销售合同、销售订单、销售发票副本及发运凭证等，以验证与其相关的这些应收账款的真实性。

（6）检查坏账的确认和处理。首先，注册会计师应检查有无债务人破产或者死亡的，以及破产或以遗产清偿后仍无法收回的，或者债务人长期未履行清偿义务的应收账款；其次，应检查被审计单位的坏账处理是否经授权批准，有关会计处理是否正确。

（7）抽查有无不属于结算业务的债权。不属于结算业务的债权，不应在应收账款中进行核算。因此，注册会计师应抽查应收账款明细账，并追查有关原始凭证，查证被审计单位有无不属于结算业务的债权。如有，应作出记录或建议被审计单位进行适当调整。

（8）检查外币应收账款的折算。对于用非记账本位币（通常为外币）结算的应收账款，注册会计师应检查被审计单位外币应收账款的增减变动是否按业务发生时的市场汇率或期初市场汇率折合为记账本位币金额，所选折合汇率前后各期是否一致；期末外币应收账款余额是否按期末市场汇率折合为记账本位币金额；折算差额的会计处理是否正确。

（9）分析应收账款明细账余额。应收账款明细账的余额一般在借方。在分析应收账款明细账余额时，注册会计师如果发现应收账款出现贷方明细余额的情形，就应查明原因，必要时建议作重分类调整。

（10）检查应收账款在资产负债表中是否已恰当披露。财务报表附注通常应披露期初、期末余额的账龄分析，期末欠款金额较大的单位账款等情况。

9.5.3 坏账准备的实质性测试

坏账是指企业无法收回或收回的可能性极小的应收款项（包括应收票据、应收账款、预付款项和其他应收款及长期应收款等）。由于发生坏账而产生的损失称为坏账损失。

根据企业会计准则的要求，对应收账款减值测试时，应当先将单项金额重大的应收账款区分开来，单独进行减值测试。对于单项金额不重大的应收账款，可以单独进行测试，也可以包括在具有类似信用风险特征的应收账款组合中进行减值测试。对应收账款的不同类别进行减值测试后，据以确定应计提的坏账准备。企业对单项金额不重大的应收账款，通常应按账龄分析法将应收账款分为多种组别，采用备抵法按期估计坏账损失，形成坏账准备。与直接转销法相比，备抵法将预计不能收回的应收款项作为坏账损失及时计入费用，能够避免企业虚增利润；在财务报表中列示应收款项的净额，有助于财务报表使用者了解企业真实的财务状况；应收款项实际占用资金更接近实际，消除了虚列的应收款项，有利于加快企业资金周转，提高企业经济效益。

坏账准备的实质性测试程序一般包括：

（1）审查应收账款计提坏账准备的类别。注册会计师应查明被审计单位对单项金额重大的应收账款，是否单独测试据以计提坏账准备。对于单项金额不重大的应收账款是否确定为不同的应收账款组合，据以计提坏账准备。

（2）审查坏账准备的计提。注册会计师主要应查明坏账准备的计提方法和比例是否符合企业会计准则规定，计提的数额是否恰当，会计处理是否正确，前后期是否一致。

（3）审查坏账损失。对于被审计期间内发生的坏账损失，注册会计师应检查其原因是否清楚，是否符合有关规定，有无授权批准，有无已作坏账损失处理后又重新收回的应收款项，相应的会计处理是否正确。

（4）审查长期挂账应收账款。注册会计师应审查应收账款明细账及相关原始凭证，查找有无财务报表日后仍未收回的长期挂账应收账款，如有，应提请被审计单位作适当处理。

（5）检查函证结果。对债务人回函中反映的例外事项及存在争执的余额，注册会计师应查明原因并进行记录，必要时应建议被审计单位作相应的调整。

（6）执行分析程序。通过计算坏账准备余额占应收款项余额的比例，并和以前期间的相关比例核对，检查分析其重大差异，以发现有重要问题的审计领域。

（7）确定坏账准备的披露是否恰当。企业应当在财务报表附注中清晰地说明坏账的确认标准、坏账准备的计提方法和计提比例，并应区分应收账款和其他应收款项目，按账龄披露坏账准备的期末余额。

例 9－2

甲公司 2018 年 12 月 31 日应收账款总账余额为 20 000 万元，其所属明细账中借方余额的合计数为 21 000 万元，贷方余额的合计数为 1 000 万元；其他应收款总账余额为 3 000 万元，该公司采用余额百分比法计提坏账准备，计提比例为 1%，计提金额为 230 万元。坏账准备的账户记录详见表 9－4。

表 9－4　　**坏账准备明细账**（简式）　　单位：万元

日期	凭证字号	摘要	借方	贷方	余额
1/1		上年结转			100（贷方）
5/6	转字 37	核销坏账	50		50（贷方）
8/11	转字 87	核销坏账	60		－10（借方）
31/12	转字 98	计提本年的坏账准备		230	220（贷方）

要求：根据上述资料，指出坏账准备计提中存在的问题并进行纠正。

【解答】　一是该公司没有将应收账款区分为单项金额重大的应收账款和单项金额不重大的应收账款，并据以确定应计提的坏账准备。二是该公司坏账准备的计提金额有误。首先，对于应收账款明细账中有贷方余额的不应计提坏账准备，因其相当于预收账款，应该对其进行重新分类，归入负债方。

年末计提坏账准备的基数＝21 000＋3 000＝24 000（万元）

当期应提取的坏账准备＝当期按应收款项总计应提取的坏账准备金额－坏账准备科目的贷方余额

＝24 000×1%－（－10）＝250（万元）

该公司少提 20 万元（250－230），建议作出调整。调整分录为：

借：信用减值损失　　200 000

　贷：坏账准备　　200 000

9.6 其他相关账户审计

在销售与收款循环中，除以上介绍的财务报表项目或会计科目之外，还有应收票据、预收账款、应交税费、其他应交款、税金及附加、营业费用等项目。对这些项目审计的阐述，一般只直接列示其相应的实质性测试审计程序。

9.6.1 应收票据审计

如果企业销售实现时没有收到现款，而是收到了客户的商业汇票，包括商业承兑汇票和银行承兑汇票，便产生了应收票据。应收票据是以书面形式表现的债权资产，其款项具有一定的保证，经持有人背书后可以提交银行贴现，具有较大的灵活性。由于应收票据是在企业赊销业务中产生的，因此对应收票据的审计也必须结合赊销业务一起进行。

应收票据的实质性测试程序主要有：

（1）获取或编制应收票据明细表。注册会计师获取或编制应收票据明细表，复核加计正确，并核对其期末余额合计数与报表数、总账数和明细账合计数是否相符。

应收票据明细表通常包括出票人姓名、出票日、到期日、金额和利率等资料。在复核加计正确及与上述有关数额核对相符的基础上，注册会计师应抽查部分票据，并追查至相关文件资料，判断其内容是否正确，有无应转应收账款的逾期应收票据，以及虽未逾期但有确凿证据表明不能够收回或收回可能性不大的应收票据。

（2）监盘库存票据。注册会计师监盘库存票据时，应注意票据的种类、号数、签收的日期、到期日、票面金额、合同交易号、付款人、承兑人、背书人姓名或单位名称，以及利率、贴现率、收款日期、收回金额等是否与应收票据登记簿的记录相符，是否存在已作抵押的票据和银行退回的票据。

（3）函证应收票据。必要时，抽取部分票据向出票人函证，以证实应收票据的存在性和可收回性，并编制函证结果汇总表。

（4）审查应收票据的利息收入。如果注册会计师计算的应计利息金额与账面所列金额不符，则应加以分析，特别要对“财务费用——利息收入”账户中那些与应收票据账户中所列任何票据均不相关的贷方金额加以注意，因为这些贷项可能代表据以收取利息的票据未曾入账。

（5）审查已贴现的应收票据。对于已贴现的应收票据，注册会计师应审查其贴现额与贴现息的计算是否正确，会计处理方法是否适当。

（6）确定应收票据在财务报表中的披露是否恰当。注册会计师应检查被审计单位资产负债表中应收票据项目的数额是否与审定数相符，是否减除了已贴现票据；在财务报表附注中应披露的内容是否充分。

例9-3

B注册会计师2019年3月审查伟康股份有限公司应收票据时，发现2018年12

月20日贴现一张票面金额为200 000元，利率为8%，90天到期的带息应收票据，该公司已持有60天，按10%的贴现率进行贴现，该公司账户资料记载所得贴现款为198 300元，无银行出具的有关凭证，账务处理为：

借：银行存款　　198 300
　　财务费用　　1 700
　贷：应收票据　　200 000

要求：根据上述资料，审查该笔贴现业务的公允性，指出存在的问题，并作调整分录。

【解答】 根据资料，该公司这笔应收票据贴现应得的贴现额计算如下：

本金　　200 000元

利息（$200\,000\times8\%\times\frac{90}{360}$）　　4 000元

到期价值　　204 000元

减：贴现息（$204\,000\times10\%\times\frac{30}{360}$）　　1 700元

贴现额　　202 300元

因此，该公司的应收票据贴现款198 300元是不正确的，实际为202 300元。

该公司将贴现票据收入202 300元记为198 300元，并且无银行的有关原始凭证，这少计的4 000元（202 300－198 300）很可能是经手人的重大错报，应进一步收集审计证据，确定问题的性质，追究经手人的责任。

该公司上年度应做的正确分录为：

借：银行存款　　202 300
　贷：应收票据　　200 000
　　　财务费用　　2 300

因此，该公司上年度财务费用多计4 000元（1 700＋2 300），要求在2019年3月进行调整。因上年度的财务报表已经董事会审议通过并对外报送，财务费用作为期间费用已在上年利润总额中扣除，所以不能调整“财务费用”账户，只能调整“以前年度损益调整”账户，即增加本年度利润4 000元，同时这4 000元应向经手人追回。分录为：

借：其他应收款——×××　　4 000
　贷：以前年度损益调整　　4 000

同时应补交增加利润所缴的所得税，假定该公司2017年的所得税税率为25%，则应补交的所得税为1 000元（4 000×25%）。分录为：

借：以前年度损益调整　　1 000
　贷：应交税费——应交所得税　　1 000

9.6.2 预收账款审计

预收账款是在企业销售业务成立以前，预先收取的部分货款，由于预收账款是随着企业销货业务的发生而发生的，注册会计师应结合企业销货业务对预收账款进行审

计。预收账款的实质性测试程序一般包括：

（1）获取或编制预收账款明细表，复核加计是否正确，并核对其期末余额合计数与报表数、总账数和明细账合计数是否相符。

（2）请被审计单位协助，在预收账款明细表上标出截至审计日已转销的预收账款，对已转销金额较大的预收账款进行检查，核对记账凭证、仓库发运凭证、销售发票等，并注意这些凭证发生日期的合理性。

（3）抽查与预收账款有关的销售合同、仓库发运凭证、收款凭证，检查已实现销售的商品是否及时转销预收账款，确保预收账款期末余额的正确性和合理性。

（4）选择预收账款的若干重大项目函证，根据回函情况编制函证结果汇总表。

函证测试样本通常应考虑选择大额或账龄较长的项目、关联方项目以及主要客户项目。对于回函金额不符的，应查明原因并作出记录或建议作适当调整；对于未回函的，应再次函证或通过检查资产负债表日后已转销的预收账款是否与仓库发运凭证、销售发票相一致等替代程序，确定其是否真实、正确。

（5）检查预收账款是否存在借方余额，决定是否建议作重分类调整。

（6）检查预收账款长期挂账的原因，并作出记录，必要时提请被审计单位予以调整。

（7）检查预收账款是否已在资产负债表中作恰当披露。

公司财务报表附注中通常披露持有其5%以上股份的股东单位预收账款情况，并说明账龄超过1年的预收账款未结转的原因。

9.6.3 应交税费审计

企业形成销售收入和实现利润后，要缴纳各种税费，对税费的核算，在权责发生制的基础上，形成应交税费；实际缴纳税费后，再从该账户转出。企业缴纳的主要税种为增值税和所得税，它们与企业的销售业务关系较为密切，尤其是增值税中的销项税，对其审计应放在销售与收款循环中。应交税费的实质性测试程序包括：

（1）获取或编制应交税费明细表，复核其加计数是否正确，并核对其期末余额与报表数、总账数和明细账合计数是否相符。注意印花税、耕地占用税等有无误入应交税费项目。

（2）检查被审计单位纳税的相关规定，应获取纳税通知书及征、免、减税的批准文件，了解被审计单位适用的税种、计税基础、税率，以及征、免、减税的范围与期限，确认其在被审计期间内应纳税的内容。对重要的减、免、抵、退税收批文应索取复印件，归入审计工作底稿。

（3）检查应交增值税的计算是否正确。获取或编制应交增值税明细表，加计复核其正确性，并与明细账核对相符。将应交增值税明细表与企业增值税纳税申报表核对，检查进项、销项的入账与申报期间是否一致，金额是否相符，对销项税的复核可以结合营业收入明细表来进行。

复核国内采购货物、进口货物、购进的免税产品、接受投资或捐赠、通过非货币性交易取得的存货、接受应税劳务等应计的进项税额是否按规定进行了会计处理。

复核存货销售、非货币性交易换出的存货、将存货用于投资、无偿赠与他人、分配给股东或投资人应计的销项税额，以及将自产、委托加工的产品用于非应税项目应计的销项税额的计算是否正确，是否按规定进行了会计处理。

复核因存货改变用途或发生非正常损失应计的进项税额转出数的计算是否正确，是否按照有关规定进行了会计处理；检查出口货物退税的计算是否正确，是否进行了合理的会计处理。

对税金及附加的审计最好与应交增值税的审计结合起来，因税金及附加的计税基数绝大多数为本期应缴的增值税，根据增值税审定表来计算核定企业税金及附加是否正确。

（4）审查企业应缴的所得税。确定所得税的应交金额和税率，复核应缴企业所得税的计算是否正确，是否按有关规定进行了会计处理；是否存在偷逃税款的行为，有无乱用所得税的优惠政策。

（5）确定应交税费是否已在资产负债表中作恰当披露。公司财务报表附注中应按税的种类分项列示应交税费金额，并说明本期执行的法定税率。

例 9-4

A 注册会计师在对甲公司 2019 年业务的审计过程中发现，公司为增值税一般纳税人，本期以原材料对乙公司投资，双方协议按公允价值作价。该批原材料的公允价值为 200 万元，计税价格为 220 万元，该原材料的增值税税率为 13%。甲公司做的会计分录为：

借：长期股权投资	2 000 000	
贷：原材料		2 000 000

要求：指出该项业务存在的问题，并指明正确的会计处理。

【解答】 甲公司用原材料对外投资，应视同销售货物，需计算应交增值税。

对外投资转出原材料应计销项税额＝220×13%＝28.6(万元)

甲公司正确的会计处理应为：

借：长期股权投资	2 286 000	
贷：原材料		2 000 000
应交税费——应交增值税（销项税额）		286 000

9.6.4 其他应交款审计

其他应交款包括教育费附加、矿产资源补偿费、其他暂收及应付款等应交款项。其他应交款的实质性测试程序包括：

（1）获取或编制其他应交款明细表，复核加计数是否正确，并核对期末余额合计数与报表数、总账数和明细账合计数是否相符。

（2）了解被审计单位其他应交款的种类、计算基础与税率，注意其前后期是否一致。

（3）结合税金及附加和其他业务利润等项目，检查教育费附加等的计算是否正确，是否按规定进行了会计处理。

（4）抽查上缴款项是否与银行付款通知、税务机关缴款单或收款单位收据相符，相关的会计处理是否正确。

（5）检查其他应交款在资产负债表中的披露是否恰当。

9.6.5 销售费用审计

销售费用是指企业在销售商品过程中发生的费用。销售费用的实质性测试程序主要包括：

（1）获取或编制销售费用明细表，复核加计正确，与报表数、总账数及明细账合计数核对相符，并检查其明细项目的设置是否符合规定的核算内容与范围，是否划清了销售费用和其他费用的界限。

（2）检查销售费用的项目设置和开支标准是否符合有关规定，查明其项目设置是否划清了销售费用与其他费用的界限。有关费用支出是否按规定标准列支。

（3）将本期销售费用与上期销售费用进行比较，并将本期各月的销售费用进行比较，如有重大波动和异常情况应查明原因，并作适当处理。

（4）选择重要或异常的销售费用，检查其原始凭证是否合法，会计处理是否正确，必要时，对销售费用实施截止测试，检查有无跨期入账的现象，对于重大跨期项目应建议作必要调整。

（5）检查销售费用的结转是否正确、合规，查明有无多转、少转或不转销售费用，以及人为调节利润的情况。

（6）检查销售费用是否已在利润表中恰当披露。

习 题

思考题

1. 简述销货交易常用的实质性测试程序。
2. 注册会计师在确定应收账款函证范围时应主要考虑哪些因素？
3. 请问注册会计师一般应以什么项目作为应收账款函证对象？
4. 注册会计师在采用应收账款函证方式时，在什么条件下可以采用否定式函证？

案例分析题

1. 北京东方会计师事务所注册会计师王豪、李民对ABC股份有限责任公司（上市公司）2018年度财务报表进行审计的过程中，获取的公司2018年12月31日的相关会计记录资料如下：

单位：万元

项目名称	金额
银行存款	5 000
短期投资	600
应收票据	12 000
应收账款（净额）	75 000
其他应收款	24 000
存货	84 000
固定资产（净值）	97 800
在建工程	26 300
应付账款	34 570
银行借款（抵押借款部分）	56 800
实收资本（内部职工及社会公众股）	18 000
资本公积	48 750
主营业务收入净额	675 000
主营业务利润	67 898
利息支出	5 464

要求：请根据上述资料回答下列问题并将答案填入下面的表格内：

（1）上述项目中适用函证程序的有哪些？

（2）接受函证的对象有哪些？

（3）函证的主要内容是什么？

（4）可以选用的函证方式是什么？

项目名称	接受函证对象	函证的主要内容	函证方式

2. 注册会计师A和B对XYZ股份有限公司2018年度财务报表进行审计。该公司2018年度未发生购并、分立和债务重组行为，供产销形势与上年相当。该公司提供的未经审计的2018年度合并财务报表附注的部分内容如下：

（1）坏账核算的会计政策：坏账核算采用备抵法。坏账准备按期末应收账款余额的5%计提。

应收账款和坏账准备项目附注：应收账款和坏账准备2018年年末余额分别为16 553万元、52.77万元。应收账款账龄分析如下：

单位：万元

账龄	年初数	年末数
1年以内	8 392	10 915
1～2年	1 186	1 399
2～3年	1 161	1 365
3年以上	1 421	2 874
合计	12 160	16 553

（2）营业收入和营业成本项目附注：营业收入和营业成本2018年度发生额分别为61 020万元、52 819万元。

单位：万元

品名	营业收入		营业成本	
	2017年发生额	2018年发生额	2017年发生额	2018年发生额
X产品	40 000	41 000	38 000	33 800
Y产品	20 000	20 020	19 000	19 019
合计	60 000	61 020	57 000	52 819

要求：假定上述附注内容中的年初数和上年比较数均已审定无误，你作为注册会计师A和B，在审计计划阶段，请运用专业判断，必要时运用分析性复核方法，分别指出上述附注内容中存在或可能存在的不合理之处，并简要说明理由。

3. ABC会计师事务所接受委托，审计Y公司2018年度的财务报表。注册会计师王萍了解和测试了与应收账款相关的内部控制，并将控制风险评估为高水平。王萍取得2018年12月31日的应收账款明细表，并于2019年1月15日采用肯定式函证方式对所有重要客户寄发了询证函。

王萍将与函证结果相关的重要异常情况汇总于下表：

异常情况	函证编号	客户名称	金额（元）	回函日期	回函内容
（1）	12	甲	300 000	2019年1月12日	购买Y公司300 000元货物属实，但款已于2018年12月25日用支票支付
（2）	46	乙	500 000	2019年1月21日	因产品质量不符合要求，根据购货合同，于2018年12月28日将货物退回
（3）	74	丙	640 000	2019年1月20日	2018年12月10日收到Y公司委托本公司代销的货物640 000元，尚未销售
（4）	88	丁	900 000	2019年1月19日	采用分期付款方式购货900 000元，根据购货合同，已于2018年12月25日首付300 000元
（5）	120	戊	600 000	因地址错误，被邮局退回	

要求：针对上述各种异常情况，王萍应分别相应实施哪些重要审计程序？

第 10 章

购货与付款循环审计

10.1 购货与付款循环概述

购货与付款循环主要介绍两个部分的内容：一是本循环所涉及的主要凭证和会计记录；二是循环中的主要业务活动。

10.1.1 主要凭证和会计记录

购货与付款业务通常要经过“请购—订货—验收—付款”这样的程序，与销售和收款业务一样，在内部控制比较健全的企业，处理购货与付款业务通常也需要使用很多凭证和会计记录。典型的购货与付款循环所涉及的主要凭证和会计记录有以下几种：

（1）请购单。请购单是指由商品制造、资产使用等部门的有关人员填写，送交采购部门，申请购买商品、劳务或其他资产的书面凭证。

（2）订购单。订购单是指由采购部门填写，向另一企业购买订购单上所指定商品、劳务或其他资产的书面凭证。

（3）验收单。验收单是指收到商品、资产时所编制的凭证，列示从供应商处收到的商品、资产的种类和数量等内容。

（4）卖方发票。卖方发票是指供应商开具的，交给买方以载明发运的货物或提供的劳务、应付款金额和付款条件等事项的凭证。

（5）付款凭单。付款凭单是指采购方企业的应付凭单部门编制的，载明已收到商品、资产或接受劳务的厂商、应付款金额和付款日期的凭证。付款凭单是企业内部记录和支付负债的授权证明文件。

（6）转账凭证。转账凭证是指记录转账业务的记账凭证，它是根据有关转账业务（即不涉及现金、银行存款收付的各项业务）的原始凭证编制的。

（7）付款凭证。付款凭证包括现金付款凭证和银行存款付款凭证，是指用来记录现金和银行存款支出业务的记账凭证。

（8）应付账款明细账。

（9）现金日记账和银行存款日记账。

（10）卖方对账单。

10.1.2 涉及的主要业务活动

企业应将各项职能活动指派给不同的部门或员工来完成。这样，每个部门或员工都可以独立检查其他部门和员工工作的合规性。下面以采购商品为例，详细阐述购货与付款循环中的主要环节。

（1）请购商品。仓库负责对需要购买的已列入存货清单的项目填写请购单，其他部门也可以对所需要购买的未列入存货的项目编制请购单。大多数企业对正常经营所需物资的购买均作一般授权；但对资本支出和租赁合同，企业政策则通常要求作特别授权，只允许指定人员提出请购。请购单可由手工或计算机编制，由于企业内不少部门都可以填列请购单，不便事先编号，为加强控制，每张请购单必须经过对这类支出负预算责任的主管人员签字批准。

（2）编制订购单。采购部门在收到请购单后，对经过批准的请购单发出订购单。对每张订购单，采购部门应确定最佳的供应来源。对一些大额、重要的采购项目，应采取竞价方式来确定供应商，以保证供货的质量、及时性和成本的低廉。企业应对订购单的编制和处理加以检查，以确定是否确实收到商品并正确入账。这项检查与购货交易的"完整性"认定有关。

（3）验收商品。验收部门首先应比较所收商品与订购单上的要求是否相符，然后盘点商品并检查商品有无损坏。验收后，验收部门应对已收货的每张订购单编制一式多联、预先编号的验收单，作为验收和检验商品的依据。验收单是支持资产或费用以及与购货有关的负债的"存在或发生"认定的重要凭证。定期检查验收单则与购货交易的"完整性"认定有关。

（4）储存已验收的商品存货。将已验收商品的保管与采购的其他职责相分离，可减少未经授权的采购风险。存放商品的仓储区应相对独立，限制无关人员接近。这些控制与商品的"存在"认定有关。

（5）编制付款凭单。货物验收后，应核对购货单、验收单和供货发票的一致性，确认负债，编制付款凭单，并将经审核的付款凭单，连同每日的凭单汇总表一起送到会计部门，以编制有关记账凭证和登记有关明细账和总账账簿。经适当批准和预先编号的凭证为记录购货交易提供了依据。这些控制与"存在与发生""完整性""权利和义务""计价和分摊"等认定有关。

（6）付款。公司在准备付款前，应核对付款条件，并检查资金是否充足。在签发支票的同时登记支票簿和日记账，以便登记每一笔付款。已签发的支票连同有关发票、合同凭证应送交有关负责人审核签字，并将支票送交供应商。这一环节是付款活动的关键环节，应采用邮寄或其他方式以保证支票安全地送到供应商手中。

（7）会计记录。根据付款凭单、支票登记簿、付款日记账和有关记账凭证登记有关明细账和总账账簿。

10.2 购货与付款循环的控制测试

10.2.1 购货与付款循环的内部控制

购货与付款循环的内部控制主要包括以下方面：

1. 职责分离控制

购货与付款循环中所需处理的主要业务有：确定生产和销售的需要，寻求能满足这些需要的供应商和最低的价格，向供应商发出购货订单，检验收到的货物，确定接受货物或向供应商退回货物，储存或使用货物，进行会计记录，核准付款等。在这些业务中，需要职务分离的有：生产和销售部门对原料、物品和商品的需要必须由生产或销售部门提出，采购部门采购；付款审批人和付款执行人不能同时办理寻求供应商和索价业务；货物的采购人不能同时担任货物的验收工作；货物的采购、储存和使用人不能担任账务的记录工作；接受各种劳务的部门或主管这些业务的人应适当地与账簿记录人分离；审核付款的人应与付款人职务分离；记录应付账款的人不能同时担任付款业务。

2. 请购控制

提出货物和劳务的需要是购货环节的第一步，一个企业可以有不同的请购制度，对不同的需要有不同的确定和提出请购的方法。

（1）原材料或零配件购进。一般首先由生产部门根据生产计划或即将签发的生产通知单提出请购单。材料保管人员接到请购单后，应将材料保管卡上记录的库存数与生产部门需要的数量进行比较。当生产所需材料和仓储所需后备数量合计超过库存数量时，则应同意请购。

（2）临时性物品的购进。通常由使用者而不须经过仓储部门直接提出，由于这种需要很难列入计划之中，因此，使用者在请购单上一般要对采购需要作出描述，解释其目的和用途。请购单须由使用者的部门主管审批同意，并须经资金预算的责任人同意签字后，采购部门才能办理采购手续。

（3）经常性服务项目的请购。由同一服务机构或公司所提供的某些经常性服务项目，如公用事业、报纸杂志、保安等服务项目，请购手续的处理通常是一次性的。即当使用者最初需要这些服务时，应提出请购单，由负责资金预算的部门进行审批。

（4）特殊服务项目的请购。确定例如保险、广告、法律和管理咨询服务等特殊项目的需要，一般由企业最高负责人审批。可参照过去的服务质量和收费标准，分析由专人提出的需要内容，包括选定的保险公司、广告商、会计师事务所及费用水平等是否合理，经批准后，这些特殊服务项目的采购才能进行。

3. 订货控制

无论何种需要的请购，购货部门在收到请购单后，在最终发出购货订单之前，都应明确订购多少、向谁订购、何时购货等问题。

（1）在订购多少的控制方面，购货部门首先对每一份请购单审查其请购数量是否在控制限额的范围内，其次是检查使用物品和获得劳务的部门主管是否在请购单上签字同意。对于需大量采购的原材料、零配件等，必须进行各种采购数量对成本影响的成本分析，其内容是将各种请购项目进行有效归类，然后利用经济批量法测算成本。

（2）关于向谁订购的问题，购货部门在正式填制购货订单前，必须向不同的供应商（通常要求两家以上）索取供应物品的价格、质量指标、折扣和付款条件以及交货时间等资料，比较不同供应商所提供的资料，选择最有利于企业生产和成本最低的供应商，然后与供应商签订合同。

（3）关于何时订货的问题，主要由存货管理部门运用经济批量法和分析最低存货点来进行，而不是在购货部门。当请购单已提出，购货部门应对这些请购单的处理结果及时告知仓储和生产部门。

在上述三个方面的决定作出之后，购货部门应及时填制购货订单，并对其进行控制，主要是预先对每份订单进行编号；在购货订单向供应商发出前，必须由专人检查该订单是否得到授权人的签字；由专人复查购货订单的编制过程和内容；购货订单的副本应递交给请购、保管与会计部门等。

4. 验收控制

货物的验收应由独立于请购、采购和会计部门的人员来承担，其控制责任是检验收到货物的数量和质量。

（1）对于数量，验收部门在货运单上签字之前，应通过计数、过磅或测量等方法来证明货运单上所列数量，并要求两个收货人在收货报告单上签字。

（2）对于质量，验收部门应检验有无因运输损失而导致的缺陷，在货物质量检验需要有较高的专业知识或者必须经过仪器、实验才能进行的情况下，收货部门应将部分样品送交专家和实验室以对其质量进行检验。

（3）每一项收到的货物必须在检验以后填制包括供应商名称、收货日期、货物名称、数量和质量以及运货人名称、原购货订单编号等内容的收货报告单，并及时报告请购、购货和会计部门。

5. 应付账款控制

任何应付账款上的不正确记录和不按时偿还该债务，都会导致交易双方不必要的债务纠纷。对应付账款的控制有：应付账款的记录必须由独立于请购、采购、验收、付款的员工来进行；应付账款的入账必须在取得和审核各种必要的凭证以后才能进行；对于有预付货款的交易，在收到供应商发票后，应将预付金额冲抵部分发票金额来记录应付账款；必须分别设置应付账款的统驭账户和明细账；对于享有折扣的交易，应根据供应商发票金额减去折扣金额的净额登记应付账款；每月应将应付账款明细账与客户的对账单进行核对。

6. 付款控制

（1）支票准备。支票准备应独立于采购、付款确认和函证程序，所有付款都应有事前编号的支票，对已签发的支票应将其原始凭证加盖“已付款”印章，以避免重复付款，尽可能使用有安全保障的支票书写器或电脑生成的支票，对于空白支票应安全存放，作废的支票应立即注销等。

（2）支付。付款前，应复核客户发票上的数量、价格和合计数以及折扣条件等，核对支票的金额，采购和付款应有各自独立的签名，对支票应采取函寄或其他安全方式送交。

（3）会计处理。会计部门应及时记录付款业务，定期核对总账的分类账以及日记账，注意未付账款，检查应付账款的明细账和有关文件，以防失去可能的现金折扣。

10.2.2　评估购货与付款循环的重大错报风险

在实施控制测试和实质性测试前，注册会计师应了解被审计单位购货与付款循环和相关账户余额的内部控制的设计、执行情况，评估购货与付款循环中的重大错报风险，并对被审计单位中可能发生的购货与付款循环的重大错报风险保持应有的职业谨慎。影响购货与付款循环和相关账户余额存在的重大错报风险可能包括：

（1）董事会、经理错报费用支出的偏好。被审计单位董事会、经理可能为了完成经营目标，满足业绩考核的要求，保证从外部获得资金，吸引潜在的投资者，或影响公司股价，往往会在财务报表中错报费用支出，减少或增加费用支出，增加或减少当期利润。被审计单位董事会、经理常用的手段有：把应计入当年的费用支出资本化，利用费用支出平滑利润，利用关联方关系转移费用支出，通过复杂的税务安排推延或隐瞒税务费用等。

（2）费用支出确认的复杂性。不同性质的企业，采用的费用支出确认的政策会有所不同。如制造企业的费用支出确认，就与金融企业、房地产开发企业的费用支出确认不同。同一企业的不同经营方式，费用支出确认也不一样。

（3）采用不正确的费用支出截止。将属于下一会计期间的费用支出有意或无意地计入本期，或者将属于本期的费用支出有意或无意地计入下一会计期间，都可能导致本期费用支出及相关账户余额的低估或高估。

（4）计量存货成本不正确。被审计单位董事会、经理层对存货的采购成本没有按照适当的计量属性确认，结果可能导致存货成本和销售成本的核算不正确。

（5）发生舞弊的风险。因购货与付款循环环节与货币资金密切相关，很容易发生舞弊行为。例如，被审计单位的员工虚构采购交易，利用现金折扣从供货方取得退款，将私人费用计入采购费用，隐瞒真实情况，侵吞货币资金。

（6）发生各种错误的可能性。在购货与付款循环的过程中，程序复杂，环节很多，很容易发生各种各样的差错。任何差错的出现，都会导致费用支出的错报。

在评估购货与付款循环的重大错报风险时，注册会计师应当充分了解购货与付款循环中的控制活动，目的在于实施更有效的审计程序。也就是说，注册会计师必须对被审计单位购货与付款循环中的重大错报风险有一定的认识，在此基础上设计并实施进一步审计程序，才能应对购货与付款循环中的重大错报风险。

10.2.3　购货与付款循环的控制测试

购货与付款循环的内部控制测试是在了解与描述的基础上，对其在实际业务中的执行与实施情况及过程进行检查和观察，以确定制定的内部控制与实际执行的是否相符一致。注册会计师进行控制测试，应结合业务控制环节进行。

（1）关于请购商品或劳务内部控制的测试。请购制度有助于对订货单和购货发票的控制，从而使控制测试的结果为进一步信赖该制度提供有力的证据。注册会计师尤其关注对请购单的提出和核准的控制程序，对其进行控制测试时，应选择若干张请购单，检查摘要、数量及日期和相应文件的完整性，审核核准的证据手续是否完整，有无核准人签字等。

（2）关于订购商品或劳务内部控制的测试。订货单是经核准的采购业务的执行凭证，注册会计师通常更注意对订货单的填制和处理的控制，关注订货单是否准确处理和全部有效。进行测试时，应注意审查订货单的完整性，如编号、日期、摘要、数量、价格、规格、质量及运输要求等是否齐全，审查订货单是否附有请购单或其他授权文件。

（3）关于货物验收内部控制的测试。注册会计师应确定购货发票是否与验收单一致，验收部门是否独立行使职责，并编制正确的验收单，查询并观察验收部门在收货时对货物的检查情况，检查按编号顺序处理的验收单的完整性，即检查验收单的内容填写是否完整，查阅货物质量检验单的内容和处理程序。

（4）关于应付账款内部控制的测试。注册会计师应检查购货业务的原始凭证，包括每一张记录负债增加的记账凭证是否均附有订货单、验收单、购货发票，审核这些原始凭证的数量、单价、金额是否一致，原始凭证上的各项手续是否齐全。应注意现金折扣的处理是否由经授权的经办人按规定处理，测试中可抽查部分购货发票，注意有关人员是否在现金折扣期限内按原发票价格支付货款，然后从供货方取得退款支票或现金，有无丧失本应获得的折扣的问题。注册会计师还应根据付款凭证记录的内容，分别追查应付账款和存货明细账与总账是否进行平行登记，金额是否一致。

（5）关于付款业务内部控制的测试。注册会计师可通过查询、观察、检查以及重复执行内部控制等措施对资金支出进行测试，其步骤与方法是：检查支票样本，审核付款是否经过批准，支票是否与应付凭单一致，付款后是否注销凭单，支票是否由经过授权批准的人员签发；检查支票登记簿的编号次序，与相应的应付账款明细账以及银行存款日记账核对，审查其金额是否一致；观察编制凭证与签发支票、签发支票与保管支票的职责分配是否符合内部控制原则；检查付款支票样本，确定资金支付是否完整地记录在适当的会计期间。

对购货与付款内部控制进行评价，是为了对购货与付款业务进行实质性测试前对购货与付款内部控制确定可依赖程度。注册会计师在评价时，应注意分析购货与付款业务中认定可能发生哪些潜在的错报，哪些控制可以防止或者发现并更正这些错报。通过比较必要的控制和现有控制，评价计划依赖的购货与付款业务内部控制的有效性。

例 10-1

注册会计师A和B于2018年12月1—7日对甲公司购货与付款循环的内部控制进行了解和测试，并在相关审计工作底稿中记录了解和测试事项，摘录如下：

（1）甲公司的材料采购需要经授权批准后方可进行。采购部根据经批准的请购单发出订购单。货物运达后，验收部门根据订购单的要求验收货物，并编制一式多联的未连续编号的验收单。仓库根据验收单验收货物，在验收单上签字后，将货物移入仓库加以保管。验收单上有数量、品名、单价等要素。验收单一联交采购部登记采购明细账和编制付款凭单，付款凭单经批准后，月末交会计部门；一联交会计部登记材料明细账；一联由仓库保留并登记材料明细账。会计部门根据附验收单的付款凭单登记有关账簿。

（2）会计部门审核付款凭单后，支付采购款项。甲公司授权会计部门的经理签署支票，经理将其授权给会计人员丁玲负责，但保留了支票印章。丁玲根据已批准的凭单，在确定支票收款人名称与凭单内容一致后签署支票，并在凭单上加盖“已支付”的印章。对付款控制程序的穿行测试表明，注册会计师 A 和 B 未发现与公司规定有不一致之处。

要求：根据上述摘录，请代注册会计师 A 和 B 指出甲公司购货与付款循环内部控制方面的缺陷，并提出改进建议。

【解答】　甲公司购货与付款循环内部控制方面的缺陷有：

（1）验收单未连续编号，不能保证所有的采购都已记录或不被重复记录。应建议甲公司对验收单进行连续编号。

（2）付款凭单未附订购单及供应商的发票等，会计部门无法核对采购事项是否真实，登记有关账簿时金额或数量可能会出现差错。应建议甲公司将订购单和发票等与付款凭单一起交会计部门。

（3）会计部门月末审核付款凭单后才付款，未能及时将材料采购和债务登账并按约定时间付款。应建议甲公司采购部门及时将付款凭单交会计部门，按约定时间付款。

10.3　应付账款审计

应付账款是企业在正常经营过程中，因购买材料、商品或接受劳务供应等而应付给供应单位的款项。可以看出，应付账款业务是随着企业赊购交易的发生而发生的，注册会计师应结合购货业务进行应付账款的审计。

10.3.1　应付账款的审计目标

应付账款的审计目标一般包括：确定期末应付账款是否存在；确定期末应付账款是否为被审计单位应履行的偿还义务；确定应付账款的发生和偿还记录是否完整；确定应付账款期末余额是否正确；确定应付账款在财务报表上的披露是否恰当。

10.3.2　应付账款的实质性测试

（1）获取或编制应付账款明细表，复核加计正确，并与报表数、总账数和明细账合计数核对是否相符。

（2）根据被审计单位实际情况，选择以下方法对应付账款进行分析程序：

1）对本期期末应付账款余额与上期期末余额进行比较，分析其波动原因。

2）分析长期挂账的应付账款，要求被审计单位作出解释，判断被审计单位是否缺乏偿债能力或利用应付账款隐瞒利润。

3）计算应付账款对存货的比率、应付账款对流动负债的比率，并与以前期间对比分析，评价应付账款整体的合理性。

4）根据存货、营业成本的增减变动幅度，判断应付账款增减变动的合理性。

（3）函证应付账款。一般情况下，应付账款不需要函证，因为函证不能保证查出未记录的应付账款，况且注册会计师能够取得购货发票等外部凭证来证实应付账款的余额。但如果控制风险较高，某些应付账款明细账户金额较大或被审计单位处于财务困难阶段，则应进行应付账款的函证。

（4）查找未入账的应付账款。为了防止企业低估负债，注册会计师应检查被审计单位有无故意漏记应付账款的行为。注册会计师应检查被审计单位在资产负债表日未处理的不相符的购货发票（如抬头不符，与合同某项规定不符等）及有材料入库凭证但未收到购货发票的经济业务；检查资产负债表日后应付账款明细账贷方发生额的相应凭证，确认其入账时间是否正确。检查时，注册会计师还可以通过询问被审计单位的会计和采购人员，查阅资本预算、工作通知单和基建合同来进行。

如果注册会计师通过这些审计程序发现某些未入账的应付账款，应将有关情况详细记入审计工作底稿，然后根据其重要性确定是否需要建议被审计单位作相应的调整。

（5）检查应付账款是否存在借方余额。如有，应查明原因，必要时建议被审计单位作重分类调整。

（6）结合预付账款的明细余额，查明是否有应付账款和预付账款同时挂账的项目；结合其他应付款的明细余额，查明有无不属于应付账款的其他应付款。

（7）检查应付账款长期挂账的原因，并作出记录，注意其是否可能发生呆账收益。

（8）查明应付账款在资产负债表中的披露是否恰当。一般来说，“应付账款”项目应根据“应付账款”和“预付账款”科目所属明细科目的期末贷方余额的合计数填列。

例10-2

注册会计师甲和乙在审计D公司2018年度财务报表时，注意到与购货和付款循环相关的内部控制存在缺陷，没有及时记录发生的应付账款。他们认为D公司管理层在资产负债表日故意推迟记录发生的应付账款，于是决定实施审计程序，进一步查找未入账的应付账款。

要求：指出注册会计师甲和乙应如何查找未入账的应付账款。

【解答】 注册会计师甲和乙查找未入账应付账款的实质性测试程序如下：

（1）检查D公司在资产负债表日未处理的不相符购货发票及有材料入库凭证但未收到购货发票的经济业务；

（2）检查D公司在资产负债表日后收到的购货发票，确认其入账时间是否正确；

（3）检查D公司在资产负债表日后应付账款明细账贷方发生额的相应凭证，确认其入账时间是否正确。

10.4　固定资产和累计折旧审计

对于固定资产的审计，一方面由于固定资产使用期长、价值大、更新慢，增减变化发生的频率较之流动资产来说要小得多，相对来说，发生数量上的差错或弊端也较少。因此，审计人员在制定整个审计计划时，通常安排用于固定资产审计的时间较少，审计程序和方法也比较简单。另一方面由于固定资产单位价值高，其价值总额在资产总额中一般都占有较大比重，固定资产的安全与完整对企业的生产经营影响极大，所以，对固定资产的审计又必须予以高度重视。另外，固定资产审计通常会涉及累计折旧的审计。

10.4.1　固定资产审计

固定资产审计的范围很广。固定资产项目反映企业所有固定资产的原价，累计折旧项目反映企业固定资产的累计折旧数额，这两项无疑属于固定资产的审计范围。除此之外，由于固定资产的增加包括购置、自行建造、投资者投入、融资租入、更新改造、以非现金资产抵偿债务方式取得或以应收债权换入、以非货币性交易换入、经批准无偿调入、接受捐赠和盘盈等多种途径，相应涉及银行存款、应付账款、预付账款、在建工程、股本、资本公积、长期应付款、递延税款等项目；企业的固定资产又因出售、报废、投资转出、捐赠转出、抵债转出、以非货币性交易换出、无偿调出、毁损和盘亏等原因而减少，与固定资产清理、其他应收款、资产处置损益、营业外收入和营业外支出等项目有关；另外，企业按月计提固定资产折旧，又与制造费用、营业费用、管理费用等项目联系在一起。因此，在进行固定资产审计时，应当关注这些相关项目。

1. 固定资产的审计目标

固定资产的审计目标一般包括：确定固定资产是否存在；确定固定资产是否归被审计单位所有；确定固定资产及累计折旧增减变动的记录是否完整；确定固定资产的计价和折旧政策是否恰当；确定固定资产的期末余额是否正确；确定固定资产在财务报表上的披露是否恰当。

2. 固定资产的实质性测试

（1）索取或编制固定资产及累计折旧分类汇总表。固定资产及累计折旧分类汇总表是分析固定资产账户余额变动情况的重要依据，是固定资产审计的重要工作底稿，其格式如表 10－1 所示。注册会计师应注意验证固定资产明细账与总账的金额是否相符，如果不符，则应将明细分类账与有关的原始凭证进行核对，查出差异原因并予以更正。对各项固定资产的累计折旧，注册会计师也要加计汇总与总账核对，揭示并查明差异原因，予以更正。核对无误后，索取或编制固定资产及累计折旧分类汇总表。

表 10-1　　固定资产及累计折旧分类汇总表

2018 年 12 月 31 日

被审计单位：宏达股份有限公司　　编制：周仪　　日期：2019 年 1 月 15 日

复核：张芳　　日期：2019 年 1 月 23 日　　单位：元

账户编号	固定资产类别	固定资产				累计折旧					
		期初余额	增加	减少	期末余额	折旧方法	折旧率	期初余额	增加	减少	期末余额
143	房屋建筑物	850 000			850 000	直线法	5%	85 000	42 500		127 500
144	机器设备	146 000	34 000		180 000	直线法	10%	29 200	1 700		30 900
145	运输工具	86 000	12 000	8 000	90 000	直线法	20%	34 400	1 200	4 000	31 600
146	办公设备	12 000	3 000		15 000	直线法	20%	4 800	300		5 100
合计		1 094 000	49 000	8 000	1 135 000			153 400	45 700	4 000	195 100

（2）实施分析程序。根据被审计单位业务的性质，选择以下方法对固定资产实施分析程序。

1）计算固定资产原值与本期产品产量的比率，并与以前期间比较，以发现闲置固定资产或已减少固定资产未在账户上注销的问题。

2）计算本期计提折旧额与固定资产总成本的比率，将此比率与上期比较，旨在发现本期折旧额计算上的错误。

3）计算累计折旧与固定资产总成本的比率，将此比率与上期比较，旨在发现累计折旧核算上的错误。

4）比较本期各月之间、本期与以前各期之间的修理及维护费用，旨在发现资本性支出和收益性支出区分上可能存在的错误。

5）比较本期与以前各期固定资产的增加和减少。由于被审计单位的生产经营情况在不断变化，各期之间固定资产增加和减少的数额可能有很大相关性。注册会计师应当深入分析其差异，并根据被审计单位以往和今后的生产经营趋势，判断差异产生的原因是否合理。

6）分析固定资产的构成及增减变动情况，与在建工程、现金流量表、生产能力等相关信息交叉复核，检查固定资产相关金额的合理性和准确性。

（3）固定资产增加的审计。被审计单位如果不能正确核算固定资产的增加，将对资产负债表和利润表产生长期的影响。因此，审计固定资产的增加，是固定资产实质性测试中的重要内容。固定资产的增加有购置、自制自建、投资者投入、更新改造增加、债务人抵债增加等多种途径。注册会计师的审计要点如下：

1）审查固定资产增加是否列入计划、是否合法。

①审查固定资产购建计划是否合理、合法。主要应查明所确定的购建项目是否符合生产经营需要，资金来源是否合法。

②审查固定资产购建合同是否严格执行。主要应查明购建合同是否符合《合同法》，其中所列的项目数量和质量是否符合计划要求，价格是否合理，合同的条款是否严格执行，有无违反的情况。

③审查固定资产购建支出是否符合规定。主要应查明固定资产购建的各项支出是否真实、合法，有无非法行为。

④审查固定资产利用程度是否符合预定的要求。主要应审查有无闲置、未使用、不需要或不按用途使用的新增固定资产，对于存在的问题，应查明原因、追究责任。

另外，对于以投资形式转入的固定资产，应重点查明固定资产的投入是否有相应的审批手续和合同，是否经过了资产评估；投入的固定资产品名、型号、规格、数量是否与合同规定的一致；投入固定资产是否为企业所需要，有无以次充好的现象。

2）审查固定资产的计价是否符合规定。固定资产计价的正确与否，影响折旧的提取、成本的计算，所以要认真审查。固定资产计价一般以历史成本为标准，历史成本即企业为取得某项固定资产，按其全新状态所应支付的全部货币金额。但固定资产增加的途径不同，其原始价值计算方法也不同。如投资转入的固定资产可按评估或合同、协议约定的价格入账，捐赠固定资产可按市价入账，盘盈固定资产可按重置完全价值入账等。注册会计师在审核固定资产计价时，应区别不同情况，逐项仔细审查。

3）审查固定资产的所有权是否归属企业。注册会计师对于房地产类的固定资产，应查明所有权或使用权的证明文件；对融资租入的固定资产，应验证有关合同，证实其非经营租赁；对汽车等运输设备，应验证有关准购证和执照等，证实其非租入。

（4）固定资产减少的审查。企业固定资产的减少大致有出售、报废、毁损、向其他单位投资转出、盘亏等方式。为了保护固定资产的安全和完整，必须对固定资产的减少进行严格的审查，从而确定固定资产减少的合理性、合法性。由于固定资产减少的原因不同，注册会计师在审查时应分别不同情况，抓住审计重点。对各种固定资产减少的审计，注册会计师的审计重点如下：

1）审查减少固定资产的批准文件。

2）审查减少固定资产是否进行技术检验或评估。

3）审查减少固定资产的会计账务处理是否正确，累计折旧是否冲销。

4）审查减少固定资产的净损益，验证其正确性与合法性，并与“银行存款”“营业外收支”“资产处置损益”“投资收益”等有关账户进行核对。

（5）对固定资产进行实地观察。实施实地观察审计程序时，注册会计师可以以固定资产明细分类账为起点，进行实地追查，以证明会计记录中所列固定资产确实存在，并了解其目前的使用状况；也可以以实地为起点，追查至固定资产明细分类账，以获取实际存在的固定资产均已入账的证据。

当然，注册会计师实地观察的重点是本期新增加的重要固定资产，有时观察范围也会扩展到以前期间增加的固定资产。观察范围的确定需要依据被审计单位内部控制的强弱、固定资产的重要性以及注册会计师的经验来判断。如为初次审计，则应适当扩大观察范围。

（6）调查未使用和不需用的固定资产。注册会计师应调查被审计单位有无已完工或已购建但尚未交付使用的新增固定资产、因改建扩建等原因暂停使用的固定资产，以及多余或不适用的需要进行处理的固定资产，如有则应作彻底调查，以确定其是否真实。同时，还应调查未使用、不需用固定资产的购建启用及停用时点，并进行记录。

（7）检查固定资产的抵押、担保情况。结合对银行借款等的检查，了解固定资产是否存在抵押、担保情况。如存在，应取证、记录，并提请被审计单位作必要披露。

（8）检查固定资产是否已在资产负债表中恰当披露。财务报表附注通常应说明固定资产的标准、分类、计价方法和折旧方法，各类固定资产的预计使用年限、预计净残值和折旧率，分类别披露固定资产在本期的增减变动情况，并应披露用作抵押、担保和本期从在建工程转入数、本期出售固定资产数、本期置换固定资产数等情况。

例 10-3

注册会计师王辉在审查华润股份有限公司 2018 年度固定资产折旧时，发现本年度 1 月初新增已投入生产使用的机床一台，原价为 1 000 000 元，预计净残值为 100 000 元，预计使用年限为 5 年，使用年数总和法对该项固定资产进行折旧，其余各类固定资产均用直线法折旧，且该公司对这一事项在财务报表附注中未作披露。

要求：根据上述情况，注册会计师王辉应确定这一事项对被审计单位资产负债表和利润表的影响，并提请被审计单位在财务报表附注中做充分揭示。

【解答】 注册会计师王辉认为该公司的固定资产折旧方法本期出现不一致，且未充分揭示，这是违反现行企业会计准则的。由此计算的该事项对资产负债表和利润表影响如下：

该机床用年数总和法计算的年折旧额＝(1 000 000－100 000)×5/15
＝300 000(元)

该机床用直线法计算的年折旧额＝(1 000 000－100 000)/5＝180 000(元)

所以，由于折旧方法的改变，本年度多提折旧额 120 000 元（300 000－180 000），致使资产负债表中的“累计折旧”项目增加 120 000 元，利润表中的“利润总额”项目减少 120 000 元。

对此，注册会计师王辉应要求被审计单位在财务报表附注中作这样的提示：“本公司由于对原值为 1 000 000 元，预计净残值为 100 000 元，预计使用年限为 5 年的机床采用年数总和法进行折旧，与采用直线法相比，使本年度的折旧额增加 120 000 元，利润总额减少 120 000 元。”

10.4.2 累计折旧审计

企业计提固定资产折旧，是为了把固定资产的成本分配于各个受益期，实现期间收入与费用的正确配比。折旧核算是一个成本分配过程，因而折旧计提和核算的正确性、合规性就成了固定资产审计中一项重要的内容。对固定资产折旧的审查，就是为了确定固定资产折旧的计算、提取和分配是否合法与公允。

1. 累计折旧的审计目标

固定资产折旧的特性决定了累计折旧审计的主要目标是：确定折旧政策和方法是否符合企业会计准则的规定；确定累计折旧增减变动的记录是否正确、完整；确定折旧费用的计算、分摊是否正确、合理；确定累计折旧的期末余额是否正确；确定累计折旧在财务报表上的披露是否恰当。

2. 累计折旧的实质性测试

(1) 编制或索取固定资产及累计折旧分类汇总表。注册会计师应通过编制或索取固定资产及累计折旧分类汇总表概括了解被审计单位固定资产的折旧计提情况，在此基础上，对表内有关数字进行加计复核，并与报表数、总账和明细账进行核对。

（2）对固定资产累计折旧实施分析程序。注册会计师首先应对本期增加和减少固定资产、使用年限长短不一和折旧方法不同的固定资产做适当调整，然后，用应计提折旧的固定资产乘以本期的折旧率，如果总的计算结果与被审计单位的折旧总额相近，且固定资产及累计折旧内部控制较健全时，则可以适当减少累计折旧和折旧费用的其他实质性测试工作量。

注册会计师还应计算本期计提折旧额占固定资产原值的比率并与上期比较，分析本期折旧计提额的合理性和准确性；计算累计折旧额占固定资产原值的比率，评估固定资产的老化率，并估计因闲置、报废等原因可能发生的固定资产损失。

（3）审查被审计单位固定资产折旧政策的执行情况。主要应检查折旧范围、折旧方法是否符合企业会计准则规定，如有无扩大或缩小固定资产折旧范围、随意变更固定资产折旧方法的问题。

（4）审查固定资产折旧计算和分配。注册会计师应审阅、复核固定资产折旧计算表，并对照记账凭证、固定资产卡片和固定资产分类表，通过核实月初固定资产原值、分类或个别折旧率，复算折旧额的计算是否正确，折旧费用的分配是否合理，分配方法与上期是否一致。

（5）审查折旧计入成本的合理性。将“累计折旧”账户贷方的本期计提折旧额与相应的成本费用中的折旧费用明细账户的借方进行比较，以查明所计提折旧金额是否全部摊入本期产品成本费用。一旦发现差异，应及时追查原因，并考虑是否应建议被审计单位作适当调整。

（6）检查累计折旧的披露是否恰当。被审计单位应在其财务报表附注中按固定资产类别列示累计折旧期初金额、本期计提额、本期减少额及期末余额。

例 10 - 4

ABC 会计师事务所注册会计师张良审计成全股份有限公司 2018 年度固定资产和累计折旧项目时发现下列情况：

（1）“未使用固定资产”中固定资产 Y 设备已于本年度 5 月投入使用，该公司未按规定转入“使用固定资产”和计提折旧。

（2）对所有的空调器，按其实际使用的时间（5—9 月）计提折旧。

（3）公司有融资租入的设备 4 台，租赁期为 5 年，尚可使用时间为 6 年，该公司确定的折旧期为 6 年。

（4）对已提足折旧继续使用的甲设备，仍计提折旧。

（5）8 月初购入吊车 2 辆，价值 650 万元，当月已投入使用并开始计提折旧。

（6）该公司采用平均年限法计提折旧，但于本年度 9 月改为工作量法，这一改变已经董事会批准，未在财务报表附注中予以说明。

要求：请代注册会计师张良指出上述各项中存在的问题，并提出改进建议。

【解答】 注册会计师张良对此应提出以下问题和建议：

（1）根据企业会计准则规定，房屋、建筑物以外的未使用、不需用的固定资产不计提折旧，但如根据生产经营的需要重新投入使用，则应自投入使用的次月开始计提折旧。该公司应把Y设备及时转入“使用固定资产”，并自6月开始计提折旧。

（2）固定资产使用年限是指固定资产的实际使用寿命，作为具有特殊性质的空调器，其性质属于“季节性使用的固定资产”，按照制度规定，停用期间应照常计提折旧；如果停用期间不提折旧，则使用期间所计提的折旧应当是折旧年限应提折旧金额。因此，该公司计提折旧的方法应是或按月份平均计提年折旧额的1/12，或按实际使用月份平均分摊计提年折旧额。

（3）融资租入固定资产的折旧年限应根据不同情况确定。若能合理确定租赁期届满时将取得租赁资产的所有权，则应在租赁资产尚可使用年限内计提折旧；若无法合理确定租赁届满时能否取得租赁资产的所有权，则应在租赁期与租赁资产尚可使用年限两个中较短的期间内计提折旧。该公司应区别不同情况，确定融资租赁固定资产的折旧期，而不应不分情况一律在租赁资产尚可使用年限内计提折旧。

（4）根据企业会计准则规定，已提足折旧继续使用的固定资产，不再计提折旧。该公司对其继续计提，造成多提折旧，应对多提的折旧进行冲回。

（5）根据企业会计准则规定，当月增加的固定资产从下月开始计提折旧。该公司价值650万元的吊车应从9月开始计提折旧，而不是8月。

（6）企业会计准则规定，固定资产折旧方法一经确定，不得随意变更；如需变更，应经董事会批准，并应在财务报表附注中予以披露。该公司变更折旧方法后，未按规定程序披露，应加以纠正。

10.4.3 固定资产减值准备审计

固定资产的可收回金额低于其账面价值称为固定资产减值。可收回金额应当根据固定资产的公允价值减去处置费用后的净额与资产预计未来现金流量的现值两者之间的较高者确定。

如企业存在下列迹象的，表明固定资产可能发生了减值：

（1）固定资产的市价当期大幅度下跌，跌幅明显高于因时间的推移或正常使用而预计的下跌。

（2）企业经营所处的经济、技术或者法律等环境以及固定资产所处的市场在当期或者将在近期发生重大变化，从而对企业产生不利影响。

（3）市场利率或者其他市场投资回报率在当期已经提高，从而影响企业计算固定资产预计未来现金流量现值的折现率，导致固定资产可收回金额大幅度降低。

（4）有证据表明固定资产陈旧过时或者其实体已经损坏。

（5）固定资产已经或者将被闲置、终止使用或者计划提前处置。

（6）企业内部报告的证据表明固定资产的经济绩效已经低于或者将低于预期，如固定资产所创造的净现金流量或者实现的营业利润（或者损失）远远低于（或者高于）预计金额等。

（7）其他表明固定资产可能已经发生减值的迹象。

如果由于该固定资产存在上述迹象，导致其可收回金额低于账面价值的，应当将固定资产的账面金额减记至可收回金额，将减记的金额确认为固定资产减值损失，计入当期损益，同时计提相应的固定资产减值准备。

注册会计师对固定资产减值准备的实质性测试程序一般包括：

（1）获取或编制固定资产减值准备明细表，复核加计正确，并与总账数和明细账合计数核对相符。

（2）检查固定资产减值准备计提和核销的批准程序，取得书面报告等证明文件。

（3）检查被审计单位计提固定资产减值准备的依据是否充分及会计处理是否正确。

（4）检查资产组的认定是否恰当，计提固定资产减值准备的依据是否充分，会计处理是否正确。

（5）实施分析程序，计算本期末固定资产减值准备占期末固定资产原值的比率，并与期初数比较，分析固定资产的质量状况。

（6）检查被审计单位处置固定资产时原计提的减值准备是否同时结转，会计处理是否正确。

（7）检查是否存在转回固定资产减值准备的情况。按照企业会计准则规定，固定资产减值损失一经确认，在以后会计期间不得转回。

（8）确定固定资产减值准备的披露是否恰当。如果企业计提了固定资产减值准备，应当在财务报表附注中披露：1）当期确认的固定资产减值损失金额。2）企业提取的固定资产减值准备累计金额。

10.5　投资性房地产审计

投资性房地产，是指为赚取租金或资本增值，或者两者兼有而持有的房地产。

1. 投资性房地产的审计目标

投资性房地产的审计目标一般包括：确定投资性房地产是否存在；确定投资性房地产是否归属被审计单位所有；确定投资性房地产增减变动的记录是否完整；确定投资性房地产的计价方法是否恰当；确定投资性房地产、投资性房地产累计折旧或投资性房地产减值准备期末余额是否正确；确定投资性房地产、投资性房地产累计折旧和投资性房地产减值准备的披露是否恰当。

2. 投资性房地产的实质性测试程序

注册会计师对投资性房地产的实质性测试程序通常包括：

（1）获取或编制投资性房地产明细表，复核加计正确，并与总账数和明细账合计数核对相符；结合累计折旧、投资性房地产减值准备科目与报表数核对相符。

（2）检查纳入投资性房地产范围的建筑物和土地使用权是否符合企业会计准则的规定。

（3）检查投资性房地产后续计量模式选用的依据是否充分。与上年会计政策进行比较，确定后续计量模式的一致性。

（4）确定投资性房地产后续计量选用公允价值模式的政策是否恰当，计算复核期末计价是否正确。

（5）如投资性房地产后续计量选用成本计量模式，确定投资性房地产累计摊销折旧政策是否恰当，计算复核本年度折旧的计提是否正确。

（6）期末对公允价值计量的投资性房地产进行如下逐项检查，以确定投资性房地产是否已经发生减值。

1）核对投资性房地产减值准备本期与以前年度计提方法是否一致，如有差异，查明政策调整的原因，并确定政策改变对本期损益的影响，提请被审计单位作适当披露。

2）确有出现导致其可收回金额低于账面价值的情况，将可收回金额低于账面价值的差额作为投资性房地产减值准备予以计提，并与投资性房地产中的减值准备本期增加数相核对，如有差异，查明原因。

3）将本期减值准备计提金额与利润表中资产减值损失中的相应数字进行核对。

4）检查投资性房地产减值准备是否按单项资产（或资产组）计提，计提依据是否充分，是否得到适当批准，减值损失是否转回。

（7）确定投资性房地产后续计量模式的转换是否恰当。

1）检查董事会等决议文件，确定后续计量模式改变的适当性，会计处理的正确性，并提请被审计单位进行充分披露。

2）审查投资性房地产成本计量模式转为公允价值计量模式是否作为会计政策变更进行追溯调整期初留存收益处理；采用公允价值计量模式的投资性房地产不得从公允价值计量模式转为成本计量模式。

（8）如被审计单位投资性房地产与其他资产发生相互转换，应审查转换依据是否充分，是否经过有效批准，转换基准日投资性房地产成本计量是否正确，会计处理是否正确。

（9）确定投资性房地产已恰当列报。结合银行借款等项目的审计，了解建筑物、土地使用权是否存在抵押、担保情况。如有，则应详细记录，并提请被审计单位进行充分披露。检查投资性房地产的保险情况。

例10-5

注册会计师A审计甲公司2018年度财务报表，该公司是从事房地产经营开发的企业。2018年8月，甲公司与乙公司签订租赁协议，约定将甲公司开发的一栋精装修的写字楼于开发完成的同时开始租赁给乙公司使用，租赁期为10年。当年10月1日，该写字楼开发完成并开始起租，写字楼的造价为9 000万元。2018年12月31日，该写字楼的公允价值为9 200万元。甲公司采用公允价值计量模式。

甲企业的账务处理如下：

借：投资性房地产——成本　　92 000 000

　贷：生产成本　　92 000 000

要求：请代注册会计师A指出上述账务处理存在的问题，并提出调整建议。

【解答】 上述财务处理是错误的，应对投资性房地产完工交付使用和资产负债表日公允价值变动分别进行处理。

（1）2018年10月1日，甲公司开发完成写字楼并出租。

借：投资性房地产——成本　　90 000 000

　贷：生产成本　　90 000 000

（2）2018 年 12 月 31 日，以公允价值为基础调整其账面价值，公允价值与原账面价值之间的差额计入当期损益。

借：投资性房地产——公允价值变动　　2 000 000

　贷：公允价值变动损益　　2 000 000

10.6 其他相关账户审计

在购货与付款循环中，除以上介绍的财务报表项目外，还有预付账款、工程物资、在建工程、固定资产清理和应付票据等项目。对这些项目审计的阐述，一般直接列示其相应的实质性测试审计程序。

10.6.1 预付账款审计

预付账款是企业按购货合同的规定，预先支付给供货单位的货款，会计上通过“预付账款”或“应付账款”科目（借方）进行核算。预付账款是企业的一种流动资产，但它是企业在购货环节中产生的，因此，预付账款的审计应结合购货与付款循环的审计进行。

注册会计师对预付账款的实质性测试程序主要有：

（1）获取或编制预付账款明细表，复核加计正确，并与报表数、总账数和明细账合计数核对相符；同时请被审计单位协助，在预付账款明细表上标出截至审计日已收到货物并冲销预付账款的项目。

（2）选择大额或异常的预付账款重要项目（包括零账户），函证其余额是否正确，并根据回函情况编制函证结果汇总表；对回函金额不相符的，要查明原因，作出记录或建议进行适当调整；对未回函的，可再次复函，也可采用替代方法进行检查，如检查该笔债权的相关凭证资料，或抽查报表日后预付账款明细账及存货明细账，核实是否已收到货物并转销，并根据替代程序检查结果判断其债权的真实性或出现坏账的可能性。对未发询证函的预付账款，应抽查有关原始凭证。

（3）抽查入库记录，审核有无重复付款或将同一笔已付清的账款在预付账款和应付账款这两个账户同时挂账的情况。

（4）分析预付账款明细账余额，对于出现贷方余额的项目，应查明原因，必要时建议作重分类调整。

（5）确定预付账款是否已在资产负债表中恰当披露。

例 10－6

2019 年 2 月，注册会计师 B 对三丰电器公司预付账款进行审计时，发现该公司预付账款明细账 2018 年 1 月 1 日借方余额是 500 000 元，2016 年借贷方均无发生额，2019 年 1 月仍为借方余额 500 000 元。据查，此预付款无购销合同，但有口头协议，实际未履行协议，客户单位为南山电机厂，业务为购销电机。

要求：分析此项预付账款可能存在的问题，并提出处理意见。

【解答】 这笔预付账款可能存在的问题：

（1）购销业务有纠纷。如购销双方在电机价格、质量等方面存在分歧，故虽预付了部分款项，但实际业务并未成交。

（2）此预付账款纯属虚构。经办人员可能虚构预付账款，从而达到挪用此款的目的。

（3）此款被诈骗。可能不存在南山电机厂，或虽有南山电机厂，但无供货能力。

（4）可能是记账错误，或可能是该预付款已收回，但未销账。

针对上述情况，注册会计师B认为无购货合同而预付货款，这是不合规的，应派人或去函到南山电机厂了解真实情况。若是双方因价格、质量方面的问题出现争执，希望双方共同协商解决，如难以成交，应退回预付款；若是记账有错误，则应要求立即更正，未销账应立即销账；若是虚构预付款，则要严肃处理，追究舞弊人员的责任，并及时调整有关账目；若是被诈骗，应依法追究经办人员的责任，并追回预付的账款，调整有关账簿记录。

10.6.2 工程物资审计

工程物资是企业为核算基建工程、更新改造工程和大修理工程准备的各种物资，注册会计师应实施以下实质性测试程序：

（1）获取或编制工程物资明细表，对有关数字进行复核，并将其与报表数、总账数和明细账合计数进行核对，若不相符，应查明原因并进行调整。

（2）对工程物资实施监盘，确定其是否存在，账实是否相符，并观察有无呆滞、积压的工程物资。

（3）抽查工程物资采购合同、发票、货物验收单等原始凭证，检查其内容是否齐全、有无得到授权批准、会计处理是否正确。

（4）检查工程物资领用手续是否齐全、使用是否合理、会计处理是否正确。

（5）检查被审计单位对工程物资有无定期盘点制度，对盘盈、盘亏、报废、毁损的，是否将减去保险公司和过失人的赔偿部分后的净额，正确地冲减了在建工程成本或计入营业外支出。

（6）检查工程完工后剩余工程物资的处理，如将剩余工程物资转入存货的，是否将其所含增值税进项税额进行了正确的分离；对外销售的，是否先结转其进项税额，待出售时再结转相应成本。

10.6.3 在建工程审计

在建工程是企业进行基建工程、安装工程、技术改造工程、大修理工程等发生的实际支出，注册会计师应实施以下实质性测试程序：

（1）获取或编制在建工程明细表，对有关数字进行复核，并将其与报表数、总账数和明细账合计数进行核对，若不相符，应查明原因并进行适当处理。由于在建工程报表数是根据“在建工程”科目的期末余额减去“在建工程减值准备”科目的期末余额后的金额填列的，因此，其报表数应同在建工程总账数与各明细账合计数减去相应的在建工程减值准备总账数与各明细账合计数后的余额核对相符。

（2）检查在建工程的增减数额是否正确，如对于借款费用、工程管理费用资本化问题，应检查资本化起止日的界定、计算方法、计算过程、会计处理等是否合理与正确；对于完工转销的在建工程，应检查转销额的计算是否正确，是否存在将已交付使用的固定资产仍挂在在建工程账上的问题等。

（3）检查在建工程项目期末余额的构成内容，并实地观察工程现场，确定在建工程是否存在，了解工程项目的实际完工进度，对在建工程累计发生额进行技术测定，并将其与账簿记录数进行核对，检查其是否差距较大，判断其有无多计、虚计或少计、漏计工程费用的问题。

（4）检查在建工程减值准备的计提。主要应查明在建工程减值准备的计提方法是否符合企业会计准则的规定，计提的数额是否正确，相关会计处理是否正确。如对长期停建并预计在未来 3 年内不会重新开工的在建工程，所建项目无论在性能上还是在技术上已经落后并且给企业带来的经济利益具有很大不确定性的在建工程，其他足以证明已经发生减值的在建工程等，是否计提了减值准备。已计提减值准备的在建工程价值得以恢复时，是否又作相应转回处理。

（5）确定在建工程在资产负债表中的披露是否恰当。

10.6.4　固定资产清理审计

注册会计师对固定资产清理的实质性测试程序主要有：

（1）获取或编制固定资产清理明细表，复核加计正确，并与报表数、总账数和明细账合计数核对相符。

（2）检查固定资产清理的发生是否有正当理由，是否经有关技术部门鉴定，固定资产清理的发生和转销是否经授权批准，相应的会计处理是否正确。

1）结合固定资产等账项的审计，检查固定资产、累计折旧等的账面转入额是否正确。

2）检查固定资产清理收入和清理费用的发生是否真实、准确，清理结果（净损益）的计算是否正确。与施工有关的成本是否计入工程成本；属于筹建期间的，是否计入长期待摊费用；属于生产经营期间的，是否计入营业外收支；属于清算期间的，是否计入清算损益。

（3）检查固定资产清理是否长期挂账，如有，应进行记录，必要时建议作适当调整。

（4）检查固定资产清理是否已在资产负债表中恰当披露。

10.6.5　应付票据审计

应付票据是企业为购买材料、商品和接受劳务供应等而开出、承兑的商业汇票，包括银行承兑汇票和商业承兑汇票。注册会计师对应付票据的实质性测试程序主要有：

（1）获取或编制应付票据明细表。随着商业活动的票据化，企业票据业务将越来越多，为了确定被审计单位应付票据账户、金额是否正确无误，本期应付利息是否正确，注册会计师在对应付票据账户进行审计时，应首先取得或编制应付票据明细表，并同有关明细账及总分类账进行核对。一般来说，应付票据明细表应列示票据类别及编号、出票日期、面额、到期日、收款人名称、利息率、付息条件以及抵押品名称、数量、金额等。在进行核对时，注册会计师应注意被审计单位有无漏报或错报票据，有无漏列作为抵押的资产，有无属于应付账款的票据，有无漏计、多计或少计应付利息费用等情况。

（2）函证应付票据。进行函证时，注册会计师可分票据种类进行。对于应付银行的重要票据，应结合银行存款余额一起函证。凡是当年度与客户单位有往来的银行均应成为函证的对象，因为可能某一银行的存款虽已结清，但开给客户的应付票据仍未销案。询证函也要求银行列示借款抵押券，如用有价证券、应收账款及其他资产做担保时，应在询证函中详细列明这些项目。应付其他债权人的重要票据，应以客户单位名义，由注册会计师直接向债权人发函。函证时，询证函应包括出票日、到期日、票面金额、未付金额、已付息期间、利息率以及票据的抵押担保品等项内容。

（3）检查逾期未付票据。注册会计师应审查有关会计记录和原始凭证，检查被审计单位有关到期仍未偿付的应付票据。如有逾期未付票据，应查明原因，如系有抵押的票据，应作出记录，并提请被审计单位进行必要的披露。

习　题

思考题

1. 注册会计师甲在审计D公司的年度财务报表时，注意到和购货与付款循环相关的内部控制存在缺陷。他认为D公司管理当局在资产负债表日故意推迟记录发生的应付账款，于是决定实施审计程序进一步查找未入账的应付账款。请问注册会计师甲应如何查找未入账的应付账款？

2. 注册会计师通过采用分析程序对被审计单位的固定资产进行分析，可发现哪些问题和错误？

3. 试述经营性租赁的审计内容。

4. 试述固定资产减值准备的审计目标。

案例分析题

1. 标志会计师事务所注册会计师陈文浩在对甲公司2018年的应付账款项目进行审计。根据需要，陈文浩决定对甲公司下列应付账款四个明细账目中的两个进行函证。

单位：万元

	应付账款年末余额	本年度进货总额
A 公司	220	460
B 公司	0	1 980
C 公司	650	750
D 公司	190	2 130

要求： 陈文浩应选择哪两家债权人公司进行函证？并说明理由。

2. 注册会计师 A 和 B 对 XYZ 股份有限公司 2018 年度财务报表进行审计。该公司 2018 年度未发生购并、分立和债务重组行为，供产销形势与上年相当。该公司提供的未经审计的 2018 年度合并财务报表附注的固定资产原价和累计折旧项目内容如下：

固定资产原价、累计折旧 2018 年年末余额分别为 49 580 万元、11 296 万元。

单位：万元

类别 \ 固定资产原价	年初数	本年增加	本年减少	年末数
房屋及建筑物	20 930	2 655	21	23 564
通用设备	8 612	1 158	62	9 708
专用设备	10 008	3 854	121	13 741
运输工具	1 681	460	574	1 567
土地	472			472
其他设备	389	150	11	528
合计	42 092	8 277	789	49 580

单位：万元

类别 \ 累计折旧	年初数	本年增加	本年减少	年末数
房屋及建筑物	3 490	898	31	4 357
通用设备	863	865	34	1 694
专用设备	3 080	1 041	20	4 101
运输工具	992	232	290	934
土地		15		15
其他设备	115	83	3	195
合计	8 540	3 134	378	11 296

要求： 假定上述附注内容中的年初数和上年比较数均已审定无误，你作为注册会计师 A 和 B，请运用专业判断，必要时运用分析程序，分别指出上述附注内容中存在或可能存在的不合理之处，并简要说明理由。

第 11 章

生产与费用循环审计

11.1 生产与费用循环概述

生产与费用循环涉及的内容主要是存货的管理及费用归集和生产成本的计算等。该循环所涉及的资产负债表项目主要是存货、应付职工薪酬等；所涉及的利润表项目主要是营业成本、管理费用等。生产与费用循环主要介绍本循环所涉及的主要凭证、会计记录和循环中的主要业务活动。

11.1.1 主要凭证和会计记录

生产与费用循环由原材料转化为产成品的有关活动所组成。该循环交易从领料生产开始，到加工、销售产成品时结束。该循环所涉及的凭证和记录主要包括：

(1) 生产指令。生产指令又称生产任务通知单，是企业下达制造产品等生产任务的书面文件，用以通知生产车间组织产品制造，供应部门组织材料发放，会计部门组织费用归集和成本计算。

(2) 领发料凭证。领发料凭证是企业为控制材料发出所采用的各种凭证，如材料发出汇总表、领料单、限额领料单、领料登记簿、退料单等。

(3) 产量和工时记录。产量和工时记录是登记工人或生产班组在出勤内完成产品数量、质量和生产这些产品所耗费工时的原始记录。常见的产量和工时记录主要有工作通知单、工序进程单、工作班产量报告、产量通知单、产量明细表、废品通知单等。

(4) 工资汇总表及人工费用分配表。工资汇总表是为了反映企业全部工资的结算情况，并据以进行工资总分类核算和汇总整个企业工资费用而编制的，它是企业进行工资费用分配的依据。人工费用分配表反映了各生产车间各产品应负担的生产工人工资及福利费。

(5) 材料费用分配表。材料费用分配表是用来汇总反映各车间各产品所耗费的材料费用的原始记录。

（6）制造费用分配汇总表。制造费用分配汇总表是用来汇总反映各生产车间各产品所应负担的制造费用的原始记录。

（7）成本计算单。成本计算单是用来归集某一成本计算对象所应承担的生产费用，计算成本计算对象的总成本和单位成本的记录。

（8）存货明细账。存货明细账是用来反映各种存货增减变动情况和期末库存数量及相关成本信息的会计记录。

11.1.2　涉及的主要业务活动

生产与费用循环所涉及的主要业务活动包括：

（1）计划和安排生产。生产计划部门的职责是根据顾客订单或者对销售预测和存货需求的分析来决定生产授权。如决定授权生产，即签发预先编号的生产通知单。该部门通常应将发出的所有生产通知单编号并加以记录控制。

（2）发出原材料。仓库部门的责任是根据从生产部门收到的领料单发出原材料。领料单上必须列示所需的材料数量和种类，以及领料部门的名称。领料单可以一料一单，也可以一单多料，通常需一式三联。仓库发料后，其中一联连同材料交还领料部门，其余两联经仓库登记材料明细账后，送会计部门进行材料收发核算和成本核算。

（3）生产产品。生产部门在收到生产通知单及领取原材料后，便将生产任务分解到每一个生产工人，并将所领取的原材料交给生产工人，生产工人据以执行生产任务。生产工人在完成生产任务后，将完成的产品交生产部门查点，然后转交检验员验收并办理入库手续；或是将所完成的产品移交下一个部门，以进一步加工。

（4）费用归集和成本核算。为了正确核算产品成本，对在产品进行有效控制，必须建立健全成本会计制度，将生产控制和成本核算有机结合在一起。一方面，生产过程中的各种记录、生产通知单、领料单、计工单、入库单等文件资料都要汇集到会计部门，由会计部门对其进行核算和控制；另一方面，会计部门要设置相应的会计账户，会同有关部门对生产过程中的成本进行核算和控制。

（5）产成品入库。产成品入库，须由仓库部门先行点验和检查，然后签收。签收后，将实际入库数量通知会计部门。据此，仓库部门确立了本身应承担的责任，并对验收部门的工作进行验证。

（6）发出产成品。产成品的发出须由独立的发运部门进行。装运产成品时必须持有经有关部门核准的发运通知单，并据此编制出库单。出库单至少一式四联，一联交仓库部门；一联发运部门留存；一联送交顾客；一联作为给顾客开发票的依据。

11.2　生产与费用循环的控制测试

11.2.1　生产与费用循环的内部控制

1. 生产循环的内部控制

生产循环的内部控制包括两大控制系统：一是生产过程中的实物流转程序控制；

二是对产品成本进行记录与控制的成本费用管理控制和成本费用会计控制。

（1）实物流转程序控制。在生产循环中，产品的品种和数量一般是由生产控制部门根据顾客订单、销货合同、市场预测等来确定，并下达生产计划和通知单。依据实物流转程序控制的要求，各个生产环节的相关部门必须制定严格的责任制度，由监控人员对从生产领料开始到产品完工入库为止的全过程进行有效的控制，以避免生产脱节、在产品积压、交接班岗位责任不清、违章操作造成的残次品、材料物资的丢失毁损等。此外，生产部门还应及时编制生产报告，通知仓库保管部门、会计部门及时进行会计记录，保证财产物资的安全。

（2）成本费用管理控制。即对成本费用支出业务进行计划、控制，对内部控制进行考核，具体内容包括：确定成本控制目标和成本计划；制定各项消耗定额，包括直接材料、直接人工和制造费用定额；编制成本、费用预算；对各项成本费用指标进行分解，建立成本费用归口、分级管理责任制；定期进行成本费用考核与评价。

（3）成本费用会计控制。即对成本费用支出业务进行反映和监督的内部控制，具体内容包括：制定成本费用控制制度，明确成本开支范围、开支标准；建立各项支出的手续批准、审核制度；设置相应的会计账户，选择适当的成本计算方法；合理归集与分配各项费用，确定产品生产成本；对各项费用的归集与分配结果进行复核；定期进行成本分析，查明企业成本变动的趋势和原因。

2. 费用循环的内部控制

费用作为会计要素或财务报表要素的构成内容之一，是企业经营活动垫支的现金流出，涉及企业经营管理的各个环节，关系到企业产品成本的高低和企业盈利能力的大小。一个财务管理较好的企业必然重视费用内部责任控制与监督。

费用循环内部控制的内容一般包括：（1）有明确的费用开支范围和开支标准；（2）有健全有效的费用预算控制制度；（3）有健全的费用核准制度，严格费用开支的审批，特别是预算外开支批准手续；（4）对费用进行合理的分类，并分别开设明细账，及时进行核算；（5）定期检查费用预算的执行情况。

11.2.2 评估生产与费用循环的重大错报风险

在实施控制测试和实质性测试前，注册会计师应了解被审计单位生产与费用循环和相关账户余额的内部控制的设计、执行情况，评估生产与费用循环中的重大错报风险，以便实施更有效的审计程序。影响生产与费用循环和相关账户余额存在的重大错报风险可能包括：

（1）董事会、经理错报生产成本的偏好。被审计单位董事会、经理可能为了完成经营目标，满足业绩考核的要求，保证从外部获得资金，或影响公司股价，往往会在财务报表中错报生产成本，以达到调节当期利润的目的。被审计单位董事会、经理常用的手段有：混淆生产成本与资本化支出，混淆不同产品之间的生产成本，混淆不同会计期间的生产成本等。

（2）成本计算的复杂性。不同性质的企业成本计算有所不同，而且十分复杂。虽然原材料和直接人工等直接费用的分配比较简单，但间接费用的分配却很复杂，并且同一行业中的不同企业可能采用不同的认定和计算方法。

（3）存货项目的可变现净值难以确定。如价格受全球供求影响的存货，由于其可变现净值难以确定，会影响存货采购成本的确定，并将影响注册会计师对与存货认定有关的风险进行评估。

（4）存货存放地点很多。被审计单位可能将存货存放在很多地点，并且可以在不同的地点之间配送存货，这将增加存货途中毁损或遗失的风险。

（5）产品的多元化风险。在企业同一会计期间，可能生产的多种产品都会使用相同的原材料和生产员工，使原材料和人工等费用在不同产品之间进行分配就变得十分烦琐，这会增加产品生产成本不真实的风险。

（6）发生各种错误的可能性。在生产与费用循环的过程中，程序复杂，环节很多，很容易发生各种各样的差错。任何差错的出现，都会导致生产成本的错报。

在评估生产与费用循环的重大错报风险时，注册会计师应当充分了解生产与费用循环中的控制活动，目的在于实施更有效的审计程序。也就是说，注册会计师必须对被审计单位生产与费用循环中的重大错报风险有一定的认识，在此基础上设计并实施进一步审计程序，才能应对生产与费用循环中的重大错报风险。

11.2.3　生产与费用循环的控制测试

测试生产与费用循环内部控制是在了解与描述的基础上，对其在实际业务中的执行与实施情况和过程进行检查和观察，以确定制定的内部控制与实际执行的是否相符与一致。注册会计师进行控制测试的程序主要有：

（1）检查存货的领用是否有授权批准手续，是否严格按照授权批准手续发货；检查存货入库是否有严格的验收手续，是否就名称、规格、型号、数量和价格与合同、原始单证进行核对；检查存货的发出是否按规定办理，有无不按规定发出存货的情况。

（2）询问和观察存货的盘点过程。

（3）询问和观察存货的保管程序，观察是否只有经过授权批准人员才能接近原材料和产成品等存货。

（4）抽查记账凭证所附的原始凭证是否齐备，是否顺序编号。

（5）检查已经发生的存货购进、领用、发出的业务是否全部入账，有无没有入账的原始凭证。

（6）选取样本测试各费用项目的归集和分配以及成本核算是否按企业确定的成本核算流程和账务处理流程进行核算和账务处理。

（7）检查有关成本核算的记账凭证是否附有领发料凭证、产量工时记录、人工费用分配表、材料费用分配表、制造费用分配表等原始凭证，有无未附原始单证的记账凭证。

（8）检查是否所有已发生的料、工、费的耗费均已及时准确地计入生产成本中，有无未入账的原始凭证。

（9）选取样本测试各种费用的归集和分配以及成本的计算是否按规定执行，料、工、费是否采用恰当方法进行记录，生产成本是否在完工产品和在产品之间恰当分配，核算方法是否前后一致，完工产品发出后是否及时结转成本，核算方法是否前后一致。

（10）检查员工人事档案、工时卡是否由经授权的有关人员进行管理；员工人事档案、工时卡是否及时准确记录有关工资、薪金或佣金、代扣款项等内容。

（11）检查记录的工薪是否为实际发生。

（12）检查当期实际已发生的工薪支出是否全部计入成本；工资分配表、工资汇总表是否完整反映实际已发生的工薪支出。

（13）选取样本测试工资费用的归集和分配是否按规定流程执行。

（14）询问和观察人事、考勤、工薪发放、记录等职务是否相互分离，以及各项职责的执行情况。

对生产与费用循环内部控制进行评价，是为了对生产与费用循环进行实质性测试前确定对生产与费用循环内部控制的可依赖程度。注册会计师在评价时应注意分析生产与费用循环中可能发生哪些潜在的错报，哪些控制可以防止或者发现并更正这些错报。通过比较必要的控制和现有控制，评价审计计划依赖的生产与费用内部控制的健全性与有效性。如果被审计单位没有建立注册会计师认为必要的内部控制，或者现有控制不足以防止或检查错报，那么注册会计师应该考虑内部控制缺陷对审计的影响，确定是否扩大实质性测试的范围。

11.3 存货成本审计

存货成本审计包括直接材料成本的审计、直接人工成本的审计、制造费用的审计和营业成本的审计等内容。

11.3.1 存货成本的审计目标

存货成本的审计目标一般包括：确定存货成本是否真实发生；确定存货成本的归集和计算是否符合企业会计准则的规定；确定存货成本的计算对象、计算方法是否正确；确定存货在财务报表中的披露是否恰当。

11.3.2 存货成本的实质性测试

1. 直接材料成本的审计

直接材料成本的实质性测试一般应从审阅材料和生产成本明细账入手，抽查有关的费用凭证，验证企业产品直接耗用材料的数量、计价和材料费用分配是否真实、合理。

（1）抽查产品成本计算单，检查直接材料成本的计算是否正确，材料费用的分配标准与计算方法是否合理和适当，是否与材料费用分配汇总表中该产品分摊的直接材料费用相符。

（2）检查直接材料耗用数量的真实性，有无将非生产用材料计入直接材料费用。

（3）分析比较同一产品前后各年度的直接材料成本，如有重大波动应查明原因。

（4）抽查材料发出及领用的原始凭证，检查领料单的签发是否经过授权，材料发出汇总表是否经过适当的人员复核，材料单位成本计价方法是否适当，材料单位成本计算是否正确并及时入账。

（5）对采用定额成本或标准成本的企业，应检查直接材料成本差异的计算、分配与会计处理是否正确，并查明直接材料的定额成本、标准成本在本年度内有无重大变更。

例 11－1

注册会计师 A 在审查乙企业 2018 年度材料发出业务时发现，12 月该企业生产领用甲材料的计划成本为 8 000 000 元，车间领用 4 000 000 元，本月份材料成本差异率为－2%。

有关账务处理如下：

（1）结转发出材料计划成本时。

借：生产成本	8 000 000	
制造费用	4 000 000	
贷：原材料		12 000 000

（2）结转发出材料成本差异时。

借：生产成本	240 000	
贷：材料成本差异		240 000

要求：（1）指出上述记录存在的问题；（2）作出当期账项调整建议。

【解答】　材料成本差异应是节约差，该企业按超支差结转使成本提高 480 000 元；另外，成本差异的结转未按材料的领用去向结转。注册会计师应建议被审计单位作如下账务调整：

借：制造费用	－80 000	
生产成本	－400 000	
贷：材料成本差异		－480 000

2. 直接人工成本的审计

直接人工成本实质性测试的内容主要包括：

（1）抽查产品成本计算单，检查直接人工成本的计算是否正确，人工费用的分配标准与计算方法是否合理和适当，是否与人工费用分配汇总表中该产品分摊的直接人工费用相符。

（2）将本年度直接人工成本与前期进行比较，查明异常波动的原因。

（3）分析比较本年度各个月份的人工费用发生额，如有异常波动，应查明原因。

（4）结合应付工资的检查，抽查人工费用会计记录及会计处理是否正确。

（5）对采用标准成本法的企业，应抽查直接人工成本差异的计算、分配与会计处理是否正确，并查明直接人工的标准成本在本年度内有无重大变更。

3. 制造费用的审计

制造费用是企业为生产产品或提供劳务而发生的间接费用，即生产单位为组织和管理生产而发生的费用，包括分厂和车间管理人员的工资、折旧费、修理费、办公费、水电费、取暖费、租赁费、机物料消耗、低值易耗品摊销、劳动保护费、保险费、设计制图费、实验检验费、季节性和修理期间的停工损失以及其他制造费用。

制造费用实质性测试的基本要点包括：

（1）获取或编制制造费用汇总表，并与明细账、总账核对相符，抽查制造费用中的重大数额项目及例外项目是否合理。

（2）审阅制造费用明细账，检查其核算内容及范围是否正确，并应注意是否存在异常会计事项，如有，则应追查至记账凭证及原始凭证，重点查明被审计单位有无将不应列入成本费用的支出（如投资支出、被没收的财物、支付的罚款、违约金、技术改造支出等）计入制造费用。

（3）必要时，对制造费用实施截止测试，即检查资产负债表日前后若干天的制造费用明细账及其凭证，确定有无跨期入账的情况。

（4）检查制造费用的分配是否合理。重点查明制造费用的分配方法是否符合被审计单位自身的生产技术条件，是否体现受益原则，分配方法一经确定，是否在相当期间内保持稳定，有无随意变更的情况；分配率和分配额的计算是否正确，有无以人为估计数代替分配数的情况。对按预定分配率分配费用的被审计单位，还应查明计划与实际差异是否及时调整。

（5）对于采用标准成本法的被审计单位，应抽查标准制造费用的确定是否合理，计入成本计算单的数额是否正确，制造费用的计算、分配与会计处理是否正确，并查明标准制造费用在本年度内有无重大变动。

例 11－2

注册会计师A 2019年3月在审查丙企业2018年12月制造费用发生额时，其中一笔结转本月应支付租金1 200 000元的记录引起了他的注意，经审查有关原始凭据，发现该企业当月租赁一生产车间，租赁期1年，双方合同协议租赁费2 400 000元，进一步查询有关会计人员，反映该企业采取五五摊销法进行账务处理。

要求：针对上述情况，请代注册会计师A指出该企业存在的问题，并提出调账建议。

【解答】 注册会计师A认为该项业务处理违反了企业会计准则的规定。经营性租赁费用，支付数额大的应在租赁期间内合理摊销，经营性租赁费用不是低值易耗品，不能采用五五摊销法。如属于被审计单位会计人员业务不熟，应予以纠正；如属于有意加大成本费用，虚减利润，应追究责任，并作账务调整。

调账分录如下：

借：其他应付款——应付租赁费　　1 000 000

　　贷：以前年度损益调整　　1 000 000

4. 营业成本的审计

营业成本是指企业对外销售商品、产品或对外提供劳务等发生的实际成本。对营业成本的实质性测试，应通过审阅营业收入明细账、产成品明细账等记录并核对有关原始凭证和记账凭证进行。其实质性测试程序包括：

（1）获取或编制营业成本明细表，与明细账和总账核对相符。

（2）编制生产成本及销售成本倒轧表，与总账核对相符。

（3）分析比较本年度与上年度营业成本总额，以及本年度各月的营业成本金额，如有重大波动和异常情况，应查明原因。

（4）结合生产成本的审计，抽查销售成本结转数额的正确性，并检查销售成本结转数额是否与销售收入配比。

（5）检查营业成本账户中的重大调整事项（如销售退回等）是否有充分理由。

（6）确定营业成本在利润表中是否已恰当披露。

例 11－3

注册会计师 A 审查丁有限责任公司 2018 年利润表的营业成本时，了解到该厂采用计划成本进行成本的日常核算，第 4 季度生产成本账的记录详见表 11－1。

表 11－1　　**生产成本**　　单位：元

日期	借方	贷方	余额
10 月 1 日			2 000
10 月 31 日	23 600	24 000	1 600
11 月 30 日	18 000	20 000	（400）
12 月 31 日	23 400	26 000	（3 000）

12 月底该厂生产车间尚有在产品 200 件，每件平均成本 19 元，第 4 季度已对外销售产品 80%，库存量占 20%。

要求：请代注册会计师 A 计算完工产品转出的成本差异额，并提出处理意见。

【解答】　该公司第 4 季度末生产成本账户出现赤字金额，是因为完工转出产品时贷记“生产成本”科目，由于产品计划成本高于实际成本而出现了赤字，因此需要查明企业是否设置了“产品成本差异账”，并及时登记和分配成本差异额。第 4 季度完工转出产品成本差异额为节约差异 6 800 元（(2 000＋23 600＋18 000＋23 400－200×19)－(24 000＋20 000＋26 000)）。具体处理意见为：对已销售的产品，应审查是否结转了成本差异，其所应分配的差异额为 5 440 元（6 800×80%，节约差异），如未结转，应提请被审计单位更正，否则便会虚增产品成本；对于库存未销售的产成品，不必结转成本差异。

11.3.3　对存货实施分析程序

分析程序在存货成本审计中普遍采用，在实施生产与费用循环的分析程序中，注册会计师通常运用的方法有简单比较法和比率比较法两种。其中，简单比较法主要进行以下分析：

（1）比较前后各期及本年度各个月份存货余额及其构成、存货成本差异率、生产成本总额及单位生产成本、直接材料成本、工资费用的发生额、制造费用、营业成本总额及单位销售成本等，以评价总体合理性。

（2）将存货余额与现有的订单、资产负债表日后各期的销售额和下一年度的预测销售额进行比较，以评估存货滞销和跌价的可能性。

（3）将存货跌价准备与本年度存货处理损失的金额进行比较，判断被审计单位是否已计提足额的跌价准备。

（4）将与关联企业发生存货交易的频率、规模、价格和账款结算条件，与非关联企业对比，判断被审计单位是否利用关联企业的存货交易虚构业务、调节利润。

在实施生产与费用循环的分析程序中，注册会计师通常运用的比率主要是存货周转率和毛利率。

存货周转率是衡量销售能力和存货是否积压的指标。利用存货周转率进行纵向比较或与其他同行企业进行横向比较时，要求存货计价持续一致。存货周转率的异常波动可能意味着被审计单位存在有意或无意地减少存货储备；存货管理或控制程序发生变动；存货成本项目或核算方法发生变动以及存货跌价准备计提基础或冲销政策发生变动等情况。

毛利率是反映盈利能力的主要指标，用以衡量成本控制及销售价格的变化。毛利率的异常变动可能意味着被审计单位存在销售产品总体结构、单位产品成本发生变动等情况。

11.4 存货监盘

注册会计师对存货监盘是存货审计必不可少的一项审计程序。为了达到比较好的效果，存货监盘应做好盘点前的计划工作、盘点过程的监督工作以及盘点工作结束后的记录工作。

11.4.1 制定计划前应考虑的问题

存货监盘不同于货币资金的突击盘点，有效的存货监盘工作必须建立在事前周密计划的基础上。注册会计师应参与被审计单位存货盘点的事前规划，或向被审计单位索取存货盘点计划。具体来说，注册会计师应考虑监盘时间、监盘的样本量、项目选取等问题。

一般地，监盘时间以会计期末以前为优，如果被审计单位的盘点在会计期末以后的时间进行，就必须编制从盘点日到期末的存货余额调节表，应尽量使盘点时间靠近会计期末。

在考虑选取多大样本量进行盘点时，应考虑有关实地盘点、永续记录的可靠性、存货的总金额及种类、不同的重要存货的存放位置及其数量，以及以前年度发现的误差性质及其内部控制等。

样本选取则应将重要项目或典型存货项目作为对象，同时对可能过时或损坏的项目要仔细查询，并与被审计单位管理人员就疑虑问题交换意见。

11.4.2 进行盘点的准备工作

首先，确定盘点顺序，因为被审计单位的财产物资品种繁多、存放地点分散，同步实施盘点既无可能也无必要，所以分次盘点几乎是必然的，但分次盘点有先后之分，后盘点的地点等同于预告盘点，为防止被审计单位弄虚作假，有必要对其实行封存，封存可以采取贴封条、上锁、请人看守、请人代为保管等方式。其次，注册会计师应了解有关财产物资的内部控制和管理制度，对各项制度的遵循情况进行评价，发现存在的薄弱环节，明确盘点的重点。再次，做好盘点的人员准备，盘点是整个被审计单位的大事，各级领导、有关人员都应参加，通过召开盘点预备会议，将盘点计划或指令贯彻到每一个参与人员。最后，通知被查部门，并要求其将有关物资盘点日的账面数轧出，将已经发现的错误数剔除，并做好盘点的器具和表格文具的准备，对特殊物资的盘点还需要准备特殊的器具，如对贵重金属的盘点需要准备衡器等。

11.4.3　实施盘点

注册会计师进入现场后，应查看被盘点部门和有关人员是否进入状态，有关手续是否已办理完毕。在监督盘点下，注册会计师不能离开盘点现场，同时应把握盘点的进度，对有关人员所实施的盘点清查要实行全过程监控，不能只看结果而不观察其过程。对重要的盘点环节还要细看，必要时可要求放慢速度或重复操作，演示其过程或者要求解释盘点的结果，也可以对有关盘点结果进行复核和清点。要防止有关人员对注册会计师玩弄“障眼法”，趁注册会计师不注意时串换物资、搞“调包”。如果发现此类情况，注册会计师应提出严肃批评，严重时应改为注册会计师实施直接盘点。在盘点过程中，要严格记录程序，特别对盘点出现的结果要如实记录在案，执行有关手续，填写有关表格，写明盘点的实际数额，并签字为证。

11.4.4　进行抽点

被审计单位盘点人员盘点后，注册会计师应根据观察的情况，在盘点标签尚未取下之前，进行复盘抽点。抽点的样本一般不得低于存货总量的 10%。在比较抽点结果与盘点单上的记录时，不仅要核对数量，还应该核对存货的编号、品种、规格及产品品质等。在抽点在产品时，还应扩大抽点范围。如发现差错过大，则应要求被审计单位重新盘点。抽点结束后，应将全部盘点标签或盘点清单按编号顺序归总并据以登记盘点表。归总时，注册会计师应注意盘点标签或盘点清单编号的连续性，以免有缺号、重号现象。所有的盘点标签、盘点清单均应由被审计单位参与人员和监盘注册会计师签名，并复印两份，被审计单位与会计师事务所各留一份。同时，注册会计师还应向企业索取存货盘点前的最后一张验收报告单（或入库单）、最后一张货运文件（或出库单），以便审计时作截止测试之用。

11.4.5　总结盘点结果

在盘点表格的手续办理完毕之后，还应将盘点的结果与有关账簿记录进行核对，确定是否账实相符。账实不符的原因有多种，有的属于在物资材料收发过程中正常的、小额的短少，即为正常的盘盈或盘亏；但超过正常的幅度和范围，事情就不那么简单，对此类账实不符的情形，注册会计师不能轻易下结论，而要结合其他审计环节，进行进一步的调查研究；最初的调查是询问被审计单位有关人员，让其解释账实不符的原因并查找理由，如果能作出令人信服的说明，即可消除注册会计师的疑虑，可不作进一步追查；如果不能自圆其说，说明问题仍然存在，则应作跟踪检查，直至得到满意的结论。

11.4.6 其他注意事项

在观察盘点和抽点过程中，注册会计师还应检查有无代人保存和来料加工的存货，有无未作账务处理而置于（或寄存）他处的存货，这些存货是否正确列示于存货盘点表中。同时，注册会计师还应注意观察存货的残次冷背情况，确定其对损益的影响。对于被审计单位存放或寄销在外地的存货，也应纳入盘点的范围。但盘点的方法可以选择，如委托当地会计师事务所负责监盘抽点或本所注册会计师亲自前往监盘；如果存货量不大，也可以向寄存寄销单位函证或采用其他替代程序予以确认。

11.5 存货计价审计和截止测试

11.5.1 存货计价审计

监盘程序只能对存货的结存数量予以确认。为验证财务报表上存货余额的真实性，必须对存货的计价进行审计。

（1）样本的选择。计价审计的样本，应从存货数量已经盘点、单价和总金额已经记入存货汇总表的结存存货中选择。选择样本时应着重选择结存余额较大且价格变化比较频繁的项目，同时考虑所选样本的代表性。抽样方法一般采用分层抽样法，抽样规模应足以推断总体的情况。

（2）计价方法的确认。存货的计价方法多种多样，被审计单位可结合国家法规要求选择符合自身特点的方法。注册会计师除应了解、掌握被审计单位的存货计价方法外，还应对这种计价方法的合理性与一贯性予以关注，没有足够理由，计价方法在同一会计年度内不得变动。

（3）计价审计。进行计价审计时，注册会计师首先应对存货价格的组成内容予以审核，然后按照了解的计价方法对所选择的存货样本进行计价审计。审计时，应排除被审计单位已有计算程序和结果的影响，进行独立审计。审计结果出来后，应与被审计单位账面记录对比，编制对比分析表，分析形成差异的原因。如果差异过大，应扩大范围继续审计，并根据审计结果作出审计调整建议。

11.5.2 存货截止测试

所谓存货截止测试，就是检查截至12月31日，所购入并已包括在12月31日存货盘点范围内的存货。存货正确截止的关键在于存货实物纳入盘点范围的时间与存货引起的借贷双方会计科目的入账时间都处于同一会计期间。如果当年12月31日购入货物，并已包括在当年12月31日的实物盘点范围内，而购货发票是次年1月2日才收到，并已记入次年1月账内，当年12月账上并无进货和对应的负债记录，这就少计了存货和应付账款；相反，如果在当年12月31日就收到一张购货发票，并记入当年12月账内，而这张发票所对应的存货实物却在次年1月2日才收到，未包括在当年年底的盘点范围内，这样就有可能虚减本年的利润。

按照存货正确截止的基本要求，若未将年终在途货物列入当年存货盘点范围内，只要相应的负债亦同时记入次年账内，对财务报表的影响就不重要。

存货截止审计的主要方法是抽查存货盘点日期前后的购货发票与验收报告（或入库单），档案中的每张发票均附有验收报告（或入库单）。12 月底入账的发票如果附有 12 月 31 日或之前的验收报告（或入库单），则货物肯定已经入库，并包括在本年的实地盘点存货范围内；如果验收报告日期为次年 1 月的日期，则货物不会列入年底实地盘点存货范围内；反之，如果仅有验收报告（或入库单）而并无购货发票，则应认真审核每一验收报告单上面是否加盖“暂估入库”。

例 11－4

注册会计师 A 负责审计甲公司 2018 年度产品成本，甲公司结转发出产品成本计价采用先进先出法，注册会计师 A 从产成品明细账发现：年初结存产品 1 000 件，单价 100 元；当年第一批完工入库 1 000 件，单价 110 元；第二批入库 2 500 件，单价 120 元；第三批入库 1 500 件，单价 105 元；第四批入库 2 500 件，单价 110 元；共销售 6 200 件，结转成本 712 500 元，截至审计日结存 2 300 件，保留成本 230 000 元。

要求：请代注册会计师 A 分析产成品明细账有无问题，并指出存在的问题。

【解答】 注册会计师应采用先进先出法对发出产品进行复核，经复核发现发出产品计价存在错误，企业最后库存产品 2 300 件，结存成本为 230 000 元，单价为 100 元，其结存数量小于最后一批入库产品的数量 2 500 件，库存产品单价本应与最后一批入库产品单价 110 元一致，但实际却为 100 元，从而使库存产品成本少计 23 000 元，结转的发出产品销售成本多计了 23 000 元。其结果虚增了产品销售成本，虚减利润，导致少缴所得税，同时使库存产品计价偏低。注册会计师应建议被审计单位对此加以调整。

11.6 应付职工薪酬审计

职工薪酬是企业支付给员工的劳动报酬，其主要核算方式有计时制和计件制两种。职工薪酬常采用现金的形式支付，因而相对于其他业务更容易发生错误或舞弊行为，如虚报冒领和贪污等。同时，职工薪酬是构成企业成本费用的重要项目，所以在审计中十分重要。

随着经营管理水平的提高和技术手段的发展，职工薪酬业务中进行舞弊及掩饰的可能性已有所减少，因为有效的职工薪酬内部控制可以及时揭露错误和舞弊；使用计算机编制职工薪酬表和使用工薪卡，提高了职工薪酬计算的准确性；通过有关机构，如税务部门、社会保障机构的复核，可相应防止职工薪酬计算的错误。

11.6.1 审计目标

应付职工薪酬的审计目标一般包括：确定期末应付职工薪酬是否存在；确定期末应付职工薪酬是不是被审计单位应履行的支付义务；确定应付职工薪酬计提和支出依

据是否合理、记录是否完整；确定应付职工薪酬期末余额是否正确；确定应付职工薪酬的披露是否恰当。

11.6.2 应付职工薪酬的实质性测试程序

注册会计师对应付职工薪酬的实质性测试程序通常包括：

(1) 获取或编制应付职工薪酬明细表，复核加计正确，并与报表数、总账数和明细账合计数核对相符。

(2) 对本期职工薪酬实行分析程序：

1) 检查各月职工薪酬的发生额是否存在异常波动，若有，应查明波动原因并做出记录。

2) 将本期职工薪酬总额与上期进行比较，要求被审计单位解释大幅增减变动的原因，并取得被审计单位管理层关于职工薪酬标准的制度。

3) 了解被审计单位本期平均职工人数，计算人均薪酬水平，与上期或同行业水平进行比较。

(3) 检查应付职工薪酬的核算内容是否包括工资、职工福利、社会保险费、住房公积金、工会经费、职工教育经费、解除职工劳动关系补偿、股份支付等明细项目。

(4) 检查职工薪酬计算是否正确，分配方法是否合理，与上期是否一致，分配计入各项目的金额占本期全部职工薪酬的比例与上期比较是否有重大差异。将应付职工薪酬计提数与相关科目进行勾稽。

(5) 检查应付职工薪酬的范围、标准是否符合规定。

1) 国家有规定计提基础和计提比例的，应当按照国家规定的标准计提，如医疗保险费、养老保险费、失业保险费、工伤保险费、生育保险费、住房公积金、工会经费以及职工教育经费；国家没有规定计提基础和计提比例的，如职工福利费等，应据实列支。

2) 被审计单位以其自产产品或外购商品作为非货币性福利发放给职工的，应根据受益对象，将该产品或商品的公允价值计入相关的资产成本或当期损益，同时确认应付职工薪酬。

3) 被审计单位将其拥有的房屋等资产无偿提供给职工使用的，应当根据受益对象，将该住房每期应计提的折旧计入相关资产成本或当期损益，同时确认应付职工薪酬。

4) 被审计单位租赁住房等资产供职工无偿使用的，应当根据受益对象，将每期应付的租金计入相关资产的成本或当期损益，同时确认应付职工薪酬。

(6) 审阅应付职工薪酬明细账，抽查应付职工薪酬各明细项目的支付和使用情况，检查是否符合有关规定，是否履行审批程序。

(7) 检查被审计单位实行的工薪制度是否合法、合理。

1) 如果被审计单位实行工效挂钩，应取得主管部门确认效益工资发放额的认定证明，复核确定可予发放的效益工资的有关指标，检查其计提额、发放额是否正确，是否需作纳税调整。

2) 如果被审计单位实行计税工资制，应取得被审计单位平均人数证明，并进行复核，计算可准予税前列支的费用额，对超支部分的工资及附加费作纳税调整，对计缴的工会经费，未能提供工会经费拨缴款专用收据的，应提出纳税调整建议。

（8）检查应付职工薪酬期末余额中是否存在拖欠性质的职工薪酬，了解拖欠的原因。

（9）检查被审计单位的辞退福利核算是否符合有关规定。

（10）确定应付职工薪酬在资产负债表中的披露是否恰当。

11.7　其他相关账户审计

11.7.1　物资采购审计

注册会计师在审计物资采购账户时，首先应获取或编制物资采购明细表，复核加计正确，与总账数核对是否相符。其次应检查期末物资采购，核对有关凭证，对大额物资采购追查至相关的购货合同及购货发票，复核采购成本的正确性，并抽查期后入库情况。同时，注册会计师应查阅资产负债表日前后若干天物资采购增减变动的有关账簿记录和收料报告单等资料，检查有无跨期现象，如有，则应作出记录，必要时作调整建议。如果采用计划成本核算，注册会计师应审核物资采购账户有关材料成本差异发生额的计算处理是否正确。此外，注册会计师还应审核有无长期挂账事项，如有，应查明原因，必要时应提出调整建议。

11.7.2　原材料审计

注册会计师首先应获取或编制原材料明细表，复核加计是否正确，并与总账数、明细账合计数核对是否相符；同时抽查核对明细账是否与仓库台账、卡片记录相符。在此基础上，实施以下实质性测试程序：

（1）对期末原材料余额与上期期末余额进行比较，解释其波动原因，并对大额异常项目进行调查。

（2）现场观察被审计单位的期末原材料盘点情况，取得原材料盘点资料和盘盈、盘亏报告表，作重点抽查，并注意查明账实不符原因，有关审批手续是否完备，账务处理是否正确；存放在外的库存材料，应现场查看或函询核实。

（3）检查原材料的入账基础和计价方法是否正确，是否前后期一致。以实际成本计价时，应以原材料的单位成本与原材料明细账及购货发票核对；以计划成本计价时，应以原材料的单位成本与原材料明细账、原材料成本差异明细账及购货发票核对。

（4）根据被审计单位原材料计价方法，抽查年末结存量较大的原材料的计价是否正确。若原材料以计划成本计价，还应检查材料成本差异账项发生额、转销额是否计算正确。

（5）查阅资产负债表日前后若干天的原材料增减变动的有关账簿记录和原始凭证，检查有无跨期现象，如有，则应作出记录，必要时提出调整建议。

（6）结合原材料的监盘，检查期末有无料到单未到的情况，如有，应查明是否已暂估入账，其暂估价是否合理。

11.7.3 包装物审计

注册会计师对包装物的审计，首先应获取或编制包装物明细表，复核加计正确，并与总账数、明细账合计数核对是否相符，同时抽查核对明细账是否与仓库台账、卡片记录相符。

然后，对期末包装物余额与上期期末余额进行比较，解释其波动原因，并对大额异常项目进行调查。现场观察被审计单位的期末包装物盘点情况，取得包装物盘点资料和盘盈、盘亏报告表，作重点抽查，并注意查明账实不符原因，有关审批手续是否完备，账务处理是否正确。存放在外的包装物，应现场查看或函询核实。检查包装物的入账基础和计价方法是否正确，是否前后一致。检查发出包装物的计价基础，抽查若干月发出包装物汇总表的正确性。根据被审计单位包装物计价方法，抽查期末结存量较大的包装物的计价是否正确，若包装物以计划成本计价，还应检查材料成本差异账户发生额、转销额是否计算正确。审核有无长期挂账包装物事项，如有，应查明原因，必要时提出调整建议。查阅资产负债表日前后若干天的包装物增减变动的有关账簿记录和原始凭证，检查有无跨期现象，如有，则应作出记录，必要时提出调整建议。结合包装物的盘点，检查期末有无料到单未到情况，如有，则应查明是否已暂估入账，其暂估价是否合理。检查出租、出借包装物的会计处理是否正确。

11.7.4 低值易耗品审计

注册会计师首先应获取或编制低值易耗品明细表，复核加计正确，并与总账数、明细账合计数核对是否相符。然后实施以下实质性测试程序：检查低值易耗品入库和领用的手续是否齐全，会计处理是否正确；检查低值易耗品摊销方法是否正确，前后期是否一致；审核有无长期挂账低值易耗品事项，如有，则查明原因，必要时提出调整建议。

11.7.5 材料成本差异审计

注册会计师首先应获取或编制材料成本差异明细表，复核加计正确，并与总账数、明细账合计数核对是否相符。在此基础上实施以下实质性测试程序：对每月材料成本差异率实施分析程序，检查是否有异常波动，注意是否存在调节成本现象；抽查若干月发出材料汇总表，检查材料成本差异的分配是否正确，并注意分配方法前后期是否一致。

11.7.6 库存商品审计

注册会计师首先应获取或编制库存商品明细表，复核加计正确，并与总账数、明细账合计数核对是否相符，同时与仓库台账、卡片抽查核对相符。然后实施以下实质性测试程序：

（1）现场观察被审计单位库存商品盘点情况，取得库存商品盘点资料和盘盈、盘亏报告表，作重点抽查。注意查明账实不符原因，有关审批手续是否完备，账务处理是否正确；对冷背、残次、呆滞的库存商品是否已计提了足额的跌价准备。

（2）查核库存商品的计价方法，检查其前后期是否一致。对自制商品、产品等，以实际成本计价时，应以样本的单位成本与库存商品明细账及成本计算单核对；以计划成本计价时，应以样本的单位成本与库存商品明细账、商品成本差异明细账及成本计算单核对。对库存外购商品，在以实际成本计价时，应以样本的单位成本与库存商品明细账及购货发票核对；在以计划成本计价时，应以样本的单位成本与库存商品明细账、商品成本差异明细账及购货发票核对。

（3）抽查库存商品入库单，核对库存商品的品种、数量与入账记录是否一致，并检查入库库存商品的实际成本是否与“生产成本”科目的结转额相符。

（4）抽查库存商品的发出凭证，核对转出库存商品的品种、数量和实际成本与“营业成本”是否相符。

11.7.7　存货跌价准备审计

注册会计师对存货跌价准备的实质性测试程序主要有：

（1）获取或编制存货跌价准备明细表，复核加计正确，并与总账数和明细账合计数核对相符。

（2）检查存货跌价准备计提和存货损失转销的批准程序，取得书面报告、销售合同或劳务合同等证明文件。

（3）评价存货跌价准备的计提依据和计提方法是否合理，是否充分考虑了持有存货的目的及资产负债表日后事项的影响等因素。

（4）若被审计单位为建造承包商，对其执行中的建造合同，应检查预计总成本是否超过合同总收入，如果超过，跌价准备计提是否合理，会计处理是否正确。

（5）比较本期实际损失发生数与前期存货跌价准备的余额，以评价上期存货跌价准备计提的合理性。

（6）如果被审计单位出售或核销已经计提跌价准备的存货，应检查相应的跌价准备的会计处理是否正确。

（7）注意已计提跌价准备的存货价值又得以恢复的，是否在原已计提的跌价准备的范围内转回，依据是否充分，并记录转回金额。

（8）检查被审计单位是否于期末对存货进行了检查分析，存货跌价准备的计算和会计处理是否正确。

（9）确定存货跌价准备的披露是否恰当。

11.7.8　管理费用审计

注册会计师对管理费用的实质性测试程序主要有：

（1）取得或编制管理费用明细表、复核加计正确，与报表数、总账数及明细账合计数核对是否相符。

（2）检查管理费用项目的核算内容与范围是否符合规定。

（3）将本期、上期管理费用各明细项目作比较分析，必要时比较各月管理费用，对有重大波动和异常情况的项目应查明原因，考虑是否提请被审计单位调整。

（4）将在管理费用中列支的职工薪酬、折旧费以及无形资产、长期待摊费用、其他长期资产的摊销额等项目与相关科目进行交叉勾稽，并作出相应记录。

（5）选择管理费用中数额较大，以及本期与上期相比变化异常的项目追查至原始凭证，应关注：董事会费是否已经实际支出并有合法依据；业务招待费的支出是否合理，如超过规定限额，应建议作纳税调整；差旅费支出是否符合企业开支标准及报销手续；咨询费支出是否符合规定；有无诉讼费及赔偿款项支出，并注意是否存在或有损失；无形资产的摊销额和筹建期间内发生的开办费核算是否符合规定；支付外资机构的特许权使用费支出是否超过规定限额，必要时应建议作纳税调整；上交母公司或其他关联方的管理费用是否有合法的单据及证明文件；检查大额支出、不均匀支出和有疑问支出的内容和审批手续、权限是否符合有关规定；检查库存现金、存货等流动资产的盘盈盘亏处理是否符合规定；复核本期发生的车船税、印花税等税费会计处理是否正确；对管理费用中的其他支出内容，关注有无不正常开支。

（6）抽取资产负债表日前后一定数量的凭证，实施截止测试，对于重大跨期项目，应建议作必要调整。

（7）检查管理费用的披露是否恰当。

习　题

思考题

1. 简述制造费用控制测试的要点。

2. 简述直接人工成本的审计要点。

3. 注册会计师在未能实地观察被审计单位上年的存货盘点时，应实施什么审计程序确定上期存货？

4. 简述存货监盘的要点。

案例分析题

1. 注册会计师A审查宏大公司2018年度的利润表时，抽查12月的成本资料，发现甲产品已完工600件，月末在产品300件，原材料在生产开始时一次投入，月末完工产品与在产品之间的费用，按约当产量比例进行分配，在产品完工程度按平均50%计算。甲产品的成本计算资料如下：

单位：元

项目	月初在产品	本期费用	完工产品成本	月末在产品
直接材料	16 000	119 000	108 000	27 000
直接工资	5 800	48 200	43 200	10 800
制造费用	2 350	16 400	15 000	3 750
合计	24 150	183 600	166 200	41 550

要求：

(1) 指出资料中所计算的成本是否正确，重新计算甲产品完工产品总成本和单位成本、月末在产品总成本，列出计算过程。

(2) 针对上述情况指出存在的问题以及处理方法。

2. 注册会计师 B 负责审计广胜公司 2018 年度的财务报表，该公司为一家生产彩电的企业，共有职工 1 000 名。2018 年 2 月，公司以其每台生产成本为 5 000 元的超大型平板彩电和外购的每台不含税价格为 500 元的电暖气作为春节福利发放给公司职工。该型号超大型平板彩电售价每台为 7 000 元，该公司适用的增值税税率为 16%；该公司购买电暖气出具了增值税专用发票，增值税税率为 16%。1 000 名职工中 850 名为直接参加生产的职工，150 名为总部管理人员。该公司年末对上述事项未作账务处理。

要求：请代注册会计师 B 指出上述行为存在的问题，并指明正确的账务处理。

第 12 章

筹资与投资循环审计

12.1 筹资与投资循环概述

筹资与投资循环由筹资活动和投资活动的交易事项构成。筹资活动是指企业为满足生存和发展的需要，通过改变企业资本及债务规模和构成而筹集资金的活动。筹资活动主要由借款和股东投资组成。投资活动是指企业为享有被投资单位分配的利润，或为谋求其他利益，将资产让渡给其他单位而获得另一项资产的活动。投资活动主要由权益性投资和债权性投资组成。筹资与投资循环具有如下特征：

（1）年度内筹资与投资循环的交易数量较少，而每笔交易的金额通常较大。

（2）漏记或不恰当地对一笔业务进行会计处理，将会导致重大错报，从而对企业财务报表的公允反映产生较大的影响。

（3）筹资与投资循环交易必须遵守国家法律、法规和相关合同的规定。

12.1.1 主要凭证与会计记录

1. 筹资活动的凭证和会计记录

（1）债券或股票。债券或股票是企业在融资过程中给予投资者或债权人的权利凭证。

（2）债券合同。它是一张明确债券持有人与发行企业双方所拥有的权利与义务的法律性文件。其内容主要包括：债券发行的标准；债券的性质；利息或利息率；受托管理认证书；登记和背书；抵押债券所担保的财产；债券发生拖欠情况的处理办法；对偿债基金、利息支付、本金偿还等的处理。

（3）股东名册。对于记名股票和无记名股票，股东名册记载的内容是不同的。发行记名股票应记载的内容一般包括：股东姓名或名称及住所；各股东所持股份数；各股东所持股票的编号；各股东取得其股份的日期。发行无记名股票，公司应记载其股票数量、编号及发行日期。

（4）公司债券存根簿。发行记名债券的公司应记载的内容一般包括：债券持有人的姓名或名称及住所；债券持有人取得债券的日期及债券的编号；债券总额、债券的票面金额、债券的利率、债券还本付息的期限和方式；债券的发行日期。发行无记名债券，公司应记载债券总额、利率、偿还期限和方式、发行日期和债券编号。

（5）承销或包销协议。公司向社会公开发行股票或债券时，应由依法设立的证券公司承销或包销，公司应与证券公司签订承销或包销协议。

（6）借款合同或协议。公司在向银行或其他非银行金融机构借入款项时，与其签订的合同或协议。

（7）有关记账凭证、会计明细账和总账。

2. 投资活动的凭证和会计记录

（1）股票或债券。股票是公司签发的证明股东所持股份的凭证。债券是公司依据法定程序发行、约定在一定期间内还本付息的有价证券。企业所持有的股票或债券一般可证明企业投资的真实性，但应注意其伪造的可能性。

（2）股票或债券登记簿。股票或债券登记簿是接受投资单位所记载的有关投资者或债权人的各项情况。通过查阅股票或债券登记簿或向接受投资者函证，可证明企业投资的真实性。

（3）经纪人通知单。当投资是通过经纪人代理进行时，对经纪人通知单的审查可证实企业投资业务的合理性、投资账务处理的正确性。

（4）债券合同。债券合同是一张明确债券持有人与发行企业双方所拥有的权利与义务的法律性文件。

（5）被投资企业的章程及有关的投资协议。

（6）与投资有关的记账凭证、会计明细账和总账。

12.1.2　筹资与投资循环所涉及的主要业务活动

1. 筹资所涉及的主要业务活动

（1）审批授权。企业通过借款筹集资金须经管理层的审批，其中债券的发行每次均要由董事会授权；企业发行股票必须依据国家有关法规或企业章程的规定，报经企业最高权力机构（如股东大会）及国家有关管理部门批准。

（2）签订合同或协议。向银行或其他金融机构融资须签订借款合同，发行债券须签订债券合同和债券承销或包销合同。

（3）取得资金。企业实际取得银行或金融机构划入的款项或债券、股票的融入资金。

（4）计算利息或股利。企业应按有关合同或协议的规定，及时计算利息或股利。

（5）偿还本息或发放股利。银行借款或发行债券应按有关合同或协议的规定偿还本息，融入的股本根据股东大会的决定发放股利。

2. 投资所涉及的主要业务活动

（1）审批授权。投资业务一般应由企业董事会进行审批，重大的投资业务须经股东会或股东大会批准。

（2）取得证券或其他投资。企业可以通过购买股票或债券进行投资，也可以通过与其他单位联合形成投资。

（3）取得投资收益。企业可以取得股权投资的股利收入、债券投资的利息收入和其他投资收益。

（4）转让证券或收回其他投资。企业可以通过转让证券实现投资的收回，其投资一经投出，除联营合同期满或由于其他特殊原因联营企业解散外，一般不得抽回投资。

12.2 筹资与投资循环的控制测试

12.2.1 筹资活动的控制测试

1. 筹资活动的内部控制

筹资活动由借款交易和股东投资组成。企业的借款交易涉及短期借款、长期借款和应付债券，这些内部控制基本类似，股东投资增减变动的业务较少而金额较大，注册会计师在审计中一般直接进行实质性测试。筹资活动的内部控制系统一般包括下列内容：

（1）筹资的授权审批控制。适当授权及审批可明显提高筹资活动效率，降低筹资风险，防止由于缺乏授权、审批而出现舞弊现象。

（2）筹资循环的职务分离控制。职责分工、明确责任是筹资循环内部控制的重要手段，筹资业务中的职务分离包括：

1）筹资计划编制人与审批人适当分离，以利于审批人独立地评价筹资计划的优劣。

2）经办人员不能接触会计记录。

3）会计记录人员与负责收付款的人员分离，有条件的应聘请独立的机构负责支付业务。

4）证券保管人员与会计记录人员分离。

（3）筹资收入款项的控制。为了能使企业的内部控制系统有效执行，客观、公正地证实企业会计记录的可信性，防止以筹资业务为名进行不正当活动或者伪造会计记录掩盖不正当活动的事项发生，企业最好委托独立的代理机构筹资。

（4）还本付息、支付股利等付出款项的控制。无论何种筹资形式都面临利息的支付或股利的发放等支付款项的问题。由于企业债券受息人社会化的特征，企业可开出单张支票，委托有关代理机构代发，从而减少支票签发次数，降低舞弊可能。另外，还应定期核对利息支付清单和开出支票总额。股利发放要以股东会或股东大会有关发放股利的决议文件为依据。

（5）实物保管的控制。债券和股票都应设立相应的登记簿，详细登记已核准发行的债券和股票有关事项，如签发日期、到期日期、支付方式、支付利率、当时市场利率、金额等。

（6）会计记录的控制。筹资业务的会计处理较为复杂，因此会计记录的控制尤为重要。企业应及时按正确的金额，采用合理的方法，在适当的账户和合理的会计期间对筹资业务予以正确记录，注册会计师应通过询问、观测、查阅有关资料等方法了解筹资循环内部控制的完善程度。

2. 评估筹资活动的重大错报风险

注册会计师应当在了解被审计单位筹资活动的内部控制基础上考虑重大错报风险，并对被审计单位业务活动中可能出现的特别风险保持警惕。考虑到严格的监管环境和董事会对筹资活动的严格控制，除非注册会计师对被审计单位董事会、经理的诚信产生疑虑，否则对筹资活动的重大错报一般应当评估为低水平。

尽管筹资活动的账户余额发生错报的可能性不大，但仍然可能存在借款和权益的权利和义务被忽视或发生错报的可能性。对此，注册会计师应当关注被审计单位的筹资活动是否按照企业会计准则和监管法规的披露要求，正确披露借款和权益的完整性、计价和分摊、列报等认定。

在实施实质性测试前，注册会计师应当评估权益、借款、利息、股利交易和余额在报表层次和认定层次的重大错报风险。注册会计师应当通过询问、检查文件记录、观察控制程序等方法获取确切的信息以支持对重大错报风险的评估，识别特定账户余额的影响，并设计适当的审计程序以发现和纠正剩余重大错报风险。

3. 筹资活动的控制测试

对筹资活动的内部控制进行控制测试是在了解筹资活动的内部控制要点后，对于控制较强的部分，测试其有效性，从而最终对筹资活动的内部控制作出评价。这种控制测试主要包括以下工作：

（1）筹资活动是否经过授权批准。测试授权审批控制，可以直接向被审计单位管理层询问，并查看有关记录。例如，对于长期借款，审查被审计单位管理层是否制定举债政策及审批程序，是否审慎作出举债决策，是否制定合理的借还款计划，并按规定程序报经审批。

（2）筹资活动的授权、执行、记录和实物保管等是否严格分离。对职务分离控制的控制测试可以采取跟踪业务的方法，调查各有关方面的情况；对收入资金和偿还款项控制的控制测试可以结合货币资金业务的内部控制测试进行；对实物保管控制的控制测试可以采取实地调查的方法。

（3）筹资活动是否建立了严密的账簿体系和记录制度，并定期检查。此项测试应采取账务追索收集证据的方法。例如，对于长期借款取得、使用和偿还情况，会计记录是否能够及时、完整地反映，会计人员是否对明细账和总账进行了全面登记，并定期检查和核对其是否相符。

注册会计师在对筹资活动的内部控制实施控制测试的基础上对其进行分析、评价，以确定控制的强弱点及其可依赖程度，据以确定实质性测试的性质、时间和范围，并针对控制的薄弱环节提出改进建议。

12.2.2　投资活动的控制测试

1. 投资活动的内部控制

投资活动的内部控制应该包括以下几个方面：

（1）投资计划的审批授权控制。投资必须编制投资计划，详细说明投资的对象、投资目的、影响投资收益的风险。投资计划在执行前必须严格审核，审查的内容主要有：对证券市场的估计是否合理；投资收益的估算是否正确；投资的理由是否恰当；计划购入的证券能否达到投资目的等。所有投资计划及其审批应当用书面文件予以记录。

（2）投资业务的职责分工控制。合法的投资业务应在业务的授权、执行、会计记录以及资产的保管方面等有明确的分工，任何一项投资业务的全过程或过程中的某一重要环节不得由一人或一个机构独立负责。这种合理的职责分工所形成的相互牵制机制，有利于避免或减少投资业务中发生错误或舞弊的可能性，一旦发生，也能及时发现，从而将企业的损失控制到最低限度。

（3）投资资产的安全保护控制。企业对投资资产（股票和债券）一般有两种保管方式：一种方式是由独立的专门机构保管。例如，企业在拥有数额较大的投资资产的情况下，委托银行、证券公司、信托投资公司等进行保管。这些机构有专门的保存和防护措施，可以防止证券及单据的失窃或毁损，由于它们与投资业务的会计记录工作是完全分离的，可以大大降低舞弊的可能性。另一种方式是由企业自行保管，在这种方式下，必须建立严格的相互牵制制度，即至少要由两名以上人员共同控制，不得一人单独接触证券。对于任何证券的存入和取出，要将证券名称、数量、价值及存取的日期、数量等详细记录于证券登记簿内，并由在场的经手人员签名。

（4）投资业务会计记录控制。对于股票或债券类投资，无论是企业拥有的还是由他人保管的，都要进行完整的会计记录，并对其增减变动及投资收益的实现情况进行相关会计核算。具体而言，应对每一种股票或债券分别设立明细分类账，并详细记录其名称、面值、证书编号、数量、取得日期、经纪人（或证券商）名称、购入成本、收取的股息或利息等。对于联营投资类的其他投资也应设置明细账，核算其他投资的投出及其投资收益和投资收回等业务，并对投资的形式、投向、投资的计价以及投资收益等作出详细的记录。

（5）投资收益控制。不同投资形成的投资收益内容是不同的。短期投资因为主要是购买有价证券，所以对投资收益的监控就是及时掌握证券市场的行情变动，由投资管理部门或者财务部门进行该项控制；而对于长期投资，若以非证券购买方式进行投资，应对接受投资方行使所有权进行监督，若以证券购买方式进行投资，则应对证券市场行情和投资的使用情况进行控制。

2. 评估投资活动的重大错报风险

在实施控制测试和实质性测试前，注册会计师应考虑重大错报风险对投资活动的影响，并对被审计单位可能发生的与投资活动相关的特定风险保持警惕。影响投资活动和相关账户余额存在的重大错报风险可能包括：

（1）董事会、经理错报投资业务及其收益的偏好。被审计单位董事会、经理可能为了完成经营目标，满足业绩考核的要求，保证从外部获得资金，或影响公司股价，往往会在财务报表中错报投资业务及其收益，以达到调节当期利润的目的。

（2）投资计量的复杂性。尽管多数被审计单位可能只拥有少量的投资业务，并且买入和卖出的业务不频繁，投资交易的非经常性可能导致做出会计处理时出现错误。如果会计人员没有意识到不同类型投资计量或计价的复杂性，被审计单位管理层通常不能轻易发现这些错报。

（3）投资的公允价值难以确定。例如，金融资产的价格受全球供求的影响，其公允价值难以确定，会影响投资成本和投资收益的确定，并将影响注册会计师对与投资业务有关的风险进行评估。

（4）投资业务凭证控制风险。被审计单位自己保管投资业务凭证，如果对有价证券的控制不充分，权益性有价证券的舞弊和盗窃风险可能很高，从而影响投资的存在性。

（5）投资多元化的风险。在企业同一会计期间，可能投资多个领域或多种产品，相关投资费用和投资收益在不同投资业务之间进行分配就变得十分烦琐，而且投资的多元化会增加投资失误的风险。

（6）发生各种错误的可能性。如果每年发生的投资交易数量有限，会计人员可能不能确定投资业务与相关的购置或处置业务以及投资损益的关系，与投资业务相关的会计记录可能会发生错误。

（7）衍生金融工具交易的复杂性。注册会计师不应低估衍生金融工具交易的复杂性，以及潜在的重大错报风险。

注册会计师应当通过询问、检查文件记录、观察控制程序等方法获取确切的信息以支持对投资活动重大错报风险的评估，识别特定账户余额的影响，并设计适当的审计程序以发现和纠正剩余重大错报风险。

3. 投资活动的控制测试

对投资活动的内部控制进行控制测试的目的在于检查投资活动内部控制系统的设计和执行情况，以判明其对被审计单位错误和舞弊发生的有效抑制程度，进而据以确定实质性测试的重点、范围和数量，以达到确保审计质量和提高审计效率的目的。

注册会计师对投资活动内部控制的控制测试内容包括：

（1）投资项目是否经授权批准。对于投资计划的审批授权控制，主要通过查阅有关计划资料、文件或直接向管理层询问进行审查。如通过查阅企业董事会的会议纪要、证券投资的各类权益证明文书、联营投资中的投资协议、合同和章程等来了解投资循环授权批准制度的执行情况。

（2）投资项目的授权、执行、保管和记录是否有严格分离。对于职务分离控制的测试，注册会计师可以采取实地调查、跟踪业务的方法进行。

（3）有无健全的有价证券保管制度。注册会计师应审阅内部相关人员对有价证券进行定期盘点的报告，重点审阅盘点方法是否适当，盘点结果与会计记录进行核对的情况，以及出现差异的处理是否合规等。如果各期盘点报告的结果未发现账实之间存在差异（或差异不大），说明投资活动的内部控制比较健全有效。

（4）投资活动的核算方式是否符合有关财务制度的规定，相关投资收益的会计处理是否正确。注册会计师可从各类投资业务的明细账中抽取部分会计分录，按“原始凭证→明细账→总账”的顺序核对有关数据和情况，判断其会计处理过程是否合规完整，并据以核实上述了解的有关内部控制是否得到有效的执行。

(5) 对投资收益的监控是否适当。对此可以采取查阅分析报告或资料的方法进行测试。

注册会计师在完成上述工作后，取得了有关内部控制是否有效的证据，并在工作底稿中标明投资活动的内部控制的强弱点，对投资业务内部控制进行总体评价，确认对投资业务内部控制的可信赖程度，进而确定实质性测试的程序和重点。

例 12-1

注册会计师A和B于2018年12月1—7日对甲公司筹资与投资循环的内部控制进行了解和测试，并在相关审计工作底稿中记录了了解和测试的事项，摘录如下：甲公司股东大会批准董事会的投资权限为1亿元以下。董事会决定由总经理负责实施。总经理决定由证券部负责总额在1亿元以下的股票买卖。甲公司规定：公司划入营业部的款项由证券部申请，由会计部审核，总经理批准后划入公司在营业部开立的资金账户。经总经理批准，证券部直接从营业部资金账户支取款项。证券买卖、资金存取的会计记录由会计部处理。注册会计师A和B了解和测试投资的内部控制系统后发现：证券部在某营业部开户的有关协议及补充协议未经会计部或其他部门审核。根据总经理的批准，会计部已将8 000万元汇入该账户。证券部处理证券买卖的会计记录，月底将证券买卖清单交给会计部，会计部据以汇总登记。

要求：根据上述摘录，请代注册会计师A和B指出筹资与投资循环内部控制的缺陷，并提出改进建议。

【解答】 甲公司筹资与投资循环内部控制的缺陷有：

(1) 由证券部直接支取款项，授权与执行职务未得到分离，不易保证款项安全。应建议甲公司从资金账户支取款项时，由会计部审核和记录，由证券部办理。

(2) 与证券投资有关的活动要由两个部门控制。有关协议未经独立部门审查，会使有关的条款未全部在协议中载明，可能存在协议外的约定。建议甲公司与营业部的协议应经会计部或法律部审查。证券部自己处理证券买卖的会计处理，业务的执行与记录的不相容职务未分离，并且未得到适当的授权和批准。月末会计部汇总登记证券投资记录，未及时按每一种证券分别设立明细账，详细核算。应建议甲公司由会计部负责对投资进行核算，及时分品种设立明细账详细核算。

12.3 借款审计

借款是企业承担的一项经济义务，是企业的负债项目。在一般情况下，被审计单位不会高估负债，因为这样于自身不利，且难以与债权人的会计记录相互印证；其次，除少数情况外，负债的金额都是真实的。注册会计师对于负债项目的审计，主要是防止企业低估负债。低估负债经常伴随着低估成本费用，从而达到高估利润的目的。因此，低估负债不仅影响财务状况的反映，而且影响企业财务成果的反映。所以，注册会计师在执行借款业务审计时，应将被审计单位是否低估负债作为一个关注的重点。

12.3.1　借款的审计目标

借款的审计目标一般包括：了解并确定被审计单位有关借款的内部控制是否存在、有效且一贯遵守；确定被审计单位在特定期间内发生的借款业务是否均已记录完毕、有无遗漏；确认被审计单位所记录的借款在特定期间是否确实存在，是否为被审计单位所承担；确认被审计单位所有借款的会计处理是否正确；确定被审计单位各项借款的发生是否符合有关法律的规定，被审计单位是否遵守了有关债务合同的规定；确认被审计单位借款余额在有关财务报表中的反映是否恰当。

12.3.2　借款的实质性测试

借款的实质性测试内容包括短期借款实质性测试、长期借款实质性测试、应付债券实质性测试和财务费用的实质性测试。

1. 短期借款的实质性测试

对短期借款进行实质性测试，注册会计师应根据被审计单位年末短期借款余额的大小、占负债总额的比重、以前年度发现问题的多少，以及相关内部控制系统的强弱等确定短期借款实质性测试的审计程序和方法。一般而言，注册会计师对于短期借款的实质性测试应包括以下内容：

（1）获取或编制短期借款明细表。注册会计师应首先获取或编制短期借款明细表，复核其加计数是否正确，并与明细账和总账核对相符。

（2）函证短期借款的实有数。注册会计师应在期末短期借款余额较大或认为必要时向银行或其他债权人函证短期借款。

（3）检查短期借款的增减。对年度内增加的短期借款，注册会计师应检查借款合同和授权批准，了解借款数额、借款条件、借款日期、还款期限、借款利率，并与相关会计记录进行核对。对年度内减少的短期借款，注册会计师应检查相关记录和原始凭证，核实还款数额。

（4）检查有无到期未偿还的短期借款。注册会计师应检查相关记录和原始凭证，检查被审计单位有无到期未偿还的短期借款，如有，则应查明是否已向银行提出申请并经同意后办理延期手续。

（5）复核短期借款利息。注册会计师应根据短期借款的利率和期限，复核被审计单位短期借款的利息计算是否正确，有无多算或少算利息的情况，如有未计利息和多计利息，应作出记录，必要时提出调整建议。

（6）检查短期借款在资产负债表中的反映是否恰当。企业的短期借款在资产负债表上通常设“短期借款”项目单独列示，对于因抵押而取得的短期借款，应在资产负债表附注中揭示，注册会计师应注意被审计单位对短期借款项目的反映是否充分。

2. 长期借款的实质性测试

长期借款与短期借款一样，都是企业向银行或其他金融机构借入的款项，因此，长期借款的实质性测试与短期借款的实质性测试较为相似。注册会计师在进行长期借款的实质性测试时，一般需要执行的程序包括：

（1）获取或编制长期借款明细表，复核其加计数是否正确，并与明细账和总账核对相符。

（2）了解金融机构对被审计单位的授信情况以及被审计单位的信用等级评估情况，了解被审计单位获得长期借款的抵押和担保情况，评估被审计单位的信誉和融资能力。

（3）对年度内增加的长期借款，应检查借款合同和授权批准，了解借款数额、借款条件、借款日期、还款期限、借款利率，并与相关会计记录进行核对。

（4）向银行或其他债权人函证重大的长期借款。

（5）对年度内减少的长期借款，注册会计师应检查相关记录和原始凭证，核实还款数额。

（6）检查一年内到期的长期借款是否已转列为流动负债。

（7）计算长期借款在各个月份的平均余额，选取适用的利率匡算利息支出总额，并与基建成本、财务费用的相关记录进行核对，判断被审计单位是否高估或低估利息支出。

（8）检查借款费用的会计处理是否正确。

（9）检查企业抵押长期借款的抵押资产的所有权是否属于企业，其价值和实物状况是否与抵押合同中的规定一致。

（10）检查长期借款是否已在资产负债表中作充分披露。

长期借款在资产负债表中列示于长期负债类下，该项目应根据“长期借款”科目的期末余额扣减将于一年内到期的长期借款后的数额填列。注册会计师应根据审计结果，确定被审计单位长期借款在资产负债表中的列示是否充分，并注意长期借款的抵押和担保是否已在财务报表注释中作了充分的说明。

例 12－2

注册会计师在审查飞达股份有限公司 2018 年度财务报表时，发现该公司在年度内向中国工商银行举借一笔长期借款，长期借款合同规定：（1）长期借款以公司的商品为担保；（2）该公司债务与所有者权益之比应经常保持低于 5∶3；（3）分发股利须经银行同意；（4）自 2019 年 1 月 1 日起分期归还借款。

要求：如果不考虑相关的内部控制系统，注册会计师审查长期借款项目时，应审查哪些内容？

【解答】 注册会计师针对该公司的长期借款，应审查下列内容：

（1）审查该公司长期借款是否经公司董事会或经理批准，有无会议记录。

（2）查明长期借款合同中的所有限制条件。

（3）验证长期借款利息费用和应计利息的计算是否正确，复核相关的会计记录是否健全、完整。

（4）计算债务和所有者权益之比，核实是否低于 5∶3 的比例。

（5）查明有无一年内到期的长期借款，并检查在资产负债表中的列示是否恰当。

（6）抽查商品明细记录中有无“充作担保”的记录。

3. 应付债券的实质性测试

被审计单位应付债券业务不多，但每笔业务可能都是重要的。因此，注册会计师应重视此项负债的实质性测试工作。应付债券的实质性测试一般包括：

（1）注册会计师应索取或编制应付债券明细表并与明细账及备查簿核对相符，必要时，询证债权人及债券的承销人或包销人，以验证应付债券期末余额的正确性。

（2）审查被审计单位债券业务是否真实、合法。注册会计师应着重审查被审计单位发行债券是否经过有关部门的批准，发行债券所形成的负债是否及时记录等。

（3）审查被审计单位债券是否按期计提利息，溢价或折价发行债券，其实际收到的金额与债券票面金额的差额是否在债券存续期间分期摊销。

（4）审查被审计单位在发行债券时，是否将待发行债券的票面金额、债券票面利率、还本期限与方式、发行总额、发行日期和编号、委托代售部门、转换股份等情况在备查簿中进行登记。

（5）检查利息费用的会计处理是否正确。

（6）检查应付债券是否已在资产负债表中充分披露。

应付债券在资产负债表中列示于长期负债类下，该项目应根据“应付债券”科目的期末余额扣除将于一年内到期的应付债券后的数额填列。注册会计师应根据审计结果，确定被审计单位应付债券在财务报表上的反映是否充分，应注意有关应付债券的类别是否已在财务报表注释中作了充分的说明。

例 12-3

注册会计师在审查宏源股份有限公司 2018 年 12 月 31 日资产负债表中的“应付债券”项目时，收集了下列资料：（1）本年度该公司发行为期 5 年的公司债券，债券合同中规定，凡违反合同内任何条款，所有公司债券立即自动到期；（2）公司应保持不低于 1∶1 的速动比率，如果低于该比率，该年度中公司高级管理人员的工资应低于 60 万元；（3）该公司应将为公司债券担保的财产，按其实际价值向保险公司投保；（4）该公司提供担保的财产，应按规定及时纳税。

要求：针对上述情况，注册会计师除评价应付债券的内部控制系统外，还应审查哪些内容？

【解答】 针对宏源股份有限公司应付债券的具体情况，注册会计师应审查以下内容：

（1）审查债券合同中的各种条款，查明该公司有无违反债券合同条款。

（2）核实 2018 年年末资产负债表中的速动比率，一旦低于 1∶1，应立即审查高级管理人员的工资是否低于 60 万元。

（3）查明该公司为债券担保财产的种类、数量、价值和投保金额，并向保险公司和有关单位进行函证。

（4）向税务机关函证，查明债券合同中为公司债券担保资产的纳税情况，审查实际纳税额与账簿记录是否一致。

4. 财务费用的实质性测试

注册会计师对财务费用的实质性测试一般包括以下工作：

（1）获取或编制财务费用明细表，复核加计正确，与报表数、总账数及明细账合计数核对是否相符。

（2）将本期、上期财务费用各明细项目作比较分析，必要时比较本期各月份财务费用，如有重大波动和异常情况应追查原因，扩大审计范围或增加测试量。

（3）检查利息支出明细账，确认利息收支的真实性及正确性。检查各项借款期末应计利息有无预计入账。

（4）审阅下期期初的财务费用明细账，检查财务费用各项目有无跨期入账的现象，对于重大跨期项目，应作必要的调整建议。

（5）检查从其他企业或非银行金融机构取得的利息收入是否按规定计缴增值税。

（6）检查财务费用的披露是否恰当。

12.4 所有者权益审计

企业资产负债表上的所有者权益，是企业投资者对企业净资产的所有权，包括投资者对企业的投入资本以及企业存续过程中形成的资本公积、盈余公积和未分配利润。所有者权益在数量上等于企业的全部资产减去全部负债后的余额，即企业净资产数额。根据这一平衡原理，可以清楚地看出，如果注册会计师能够对企业的资产和负债进行充分的审计，证明两者的期初余额、期末余额和本期变动都是正确的，便从侧面为所有者权益的期末余额和本期变动的正确性提供了有力的证据。同时，由于所有者权益增减变动的业务较少、金额较大的特点，注册会计师在审计了企业的资产和负债之后，往往只花费相对较少的时间对所有者权益进行审计。尽管如此，在审计过程中，对所有者权益进行单独审计仍然十分必要。

12.4.1 所有者权益的审计目标

所有者权益的审计目标主要包括：

（1）确定被审计单位有关所有者权益内部控制是否存在、有效且一贯遵守，包括对投资的有关协议、合同和企业章程条款，利润分配的决议、分配方案，会计处理程序等方面的检查，并为被审计单位改善内部控制提供意见或建议。

（2）确定投入资本、资本公积的形成、增减及其他有关经济业务会计记录的合法性与真实性，为投资者及其他有关方面研究企业的财务结构、进行投资决策提供依据。

（3）确定盈余公积和未分配利润的形成和增减变动的合法性、真实性，为投资者及其他有关方面了解企业的增值、积累情况等提供资料。

（4）确定财务报表中所有者权益的披露是否恰当。

12.4.2 所有者权益的实质性测试

1. 股本或实收资本的实质性测试

股本是股份有限公司按照公司章程、合同和投资协议的规定向股东募集的资本，代表股东对公司净资产的所有权。股份有限公司的股本是在核定的资本总额及核定的股份总额的范围内，通过向股东发行股票的方式筹集的。通常股本不发生变化，只有在股份有限公司设立、增资扩股和减资时发生变化。

除股份有限公司的投入资本在“股本”科目中核算外，其他组织形式的企业，其投入资本在“实收资本”科目中核算。实收资本的实质性测试程序与股本的实质性测试程序基本相同。

对于股本的实质性测试，注册会计师应通过“股本”账户进行，其程序一般包括：

（1）审阅公司章程及实施细则和股东大会、董事会会议记录。注册会计师应向被审计单位索取公司章程及实施细则和股东大会、董事会会议记录的副本，认真研究其中有关股本的规定。注册会计师应了解的资料包括：核定股份和已发行股份的份数、股票面值、股票收回、股票分割及认股权证等。通过这些资料，注册会计师应进一步确定被审计单位股本的交易是否符合有关法规规定及股东大会或董事会的决议。

（2）检查股东是否按照公司章程、合同、协议规定的出资方式出资，各种出资方式的比例是否符合规定。我国法律规定股份有限公司的出资可以采取货币资金、实物、知识产权、土地使用权方式，但法律、行政法规规定不得作为出资的财产除外。股份有限公司的设立，可以采取发起设立或募集设立的方式。注册会计师审计时，应当了解企业章程、合同、协议中的出资方式、出资比例，确定其内容的合法性。在具体分析企业实际募股时，是否存在与公司章程、合同、协议内容存在差异的情况，了解形成差异的原因，将有关问题与公司有关人员协商，对审计过程及有关问题的处理，以适当的方式记录于工作底稿中。

（3）索取或自己编制股本明细表。注册会计师应向被审计单位索取或自己编制股本明细表，作为永久档案存档，以供本年度和以后年度检查股本时使用。股本明细表的内容应包括各类股本变动的详细记载及有关的分析评价。编制时应将每次变动情况逐一记载并与有关的原始凭证和会计账目进行核对。

（4）检查股票的发行、收回等交易活动。检查与股票发行、收回有关的原始凭证和会计记录，是验证股票发行、收回是否确实存在的重要步骤。应检查的原始凭证包括已发行股票的登记簿、向外界收回的股票、募股清单、银行对账单等。会计记录则主要包括银行存款日记账与总账、股本明细账与总账等。

（5）函证发行在外的股票。注册会计师应检查已发行的股票数量是否真实，是否均已收到股款或资产。目前我国股票发行和转让大都由企业委托证券交易所和金融机构进行，由证券交易所和金融机构对发行在外的股票份数进行登记和控制。因为这些机构一般既了解公司发行股票的总数，又掌握公司股东的个人记录以及股票转让情况，故在审计时可采取与证券交易所和金融机构函证及查阅的方法来验证发行股份的数量，并与股本账面数额进行核对，确定是否相符。对个别自己发行股票，自己进行有关股票发行数量、金额及股东情况登记的企业，由于企业已在股票登记簿和股东名单上进行了记录，在进行股本审计时，可在检查这些记录的基础上，抽查其记录是否真实有据，核对发行的股票存根，看其数额是否与股本账面数额相符。

（6）检查股本是否已在资产负债表中恰当披露。股本应在资产负债表和所有者权益变动表中单项列示，注册会计师应核对被审计单位资产负债表和所有者权益变动表中股本项目的数字是否与审定数相符，并检查是否在财务报表附注中披露与股本有关的重要事项，如股本的种类、各类股本金额及股票发行的数额、每股股票的面值、本会计期间发行的股票等。

2. 资本公积的实质性测试

资本公积是因非经营性因素形成的不能计入股本或实收资本的所有者权益，主要包括：投资者实际缴付的出资额超过其资本份额的差额（如股本溢价、资本溢价）、接受捐赠非现金资产、接受现金捐赠、股权投资准备、拨款转入、外币资本折算差额、其他资本公积等。

注册会计师对资本公积进行实质性测试，其测试内容应包括：

（1）检查资本公积形成的合法性。注册会计师应首先检查资本公积形成的内容及其依据，并查阅相关的会计记录和原始凭证，确认资本公积形成的合法性和正确性。对资本公积形成的审计包括审查股本溢价或资本溢价、审查接受非现金资产捐赠、审查接受现金捐赠、审查外币资本折算差额、审查其他资本公积等。

1）审查股本溢价或资本溢价。对资本溢价应检查是否在企业吸收新投资时形成，资本溢价的确定是否按实际出资额扣除其投资比例所占的资本额计算，其投资是否经企业董事会决定，并已报原审批机关批准。对股本溢价应检查发行是否合法，是否经有关部门批准，股票发行价格与其面值的差额是否全部计入资本公积，发行股票支付的手续费或佣金、股票印制成本等减去发行股票冻结期间所产生的利息收入后的余额是否已从溢价中扣除。

2）审查接受非现金资产捐赠。对接受非现金资产捐赠应审查接受捐赠资产是否按规定办理了移交手续，是否经过验收，资产定价是否取得有关报价单或同类资产的市场价格确认，接受捐赠的固定资产是否应计提折旧，是否存在对捐赠资产不入账等情况，有关账务处理是否符合国家有关规定。

3）审查接受现金捐赠。对于接受现金捐赠，注册会计师应注意审查其银行对账单、银行存款日记账和“资本公积——接受现金捐赠”明细账是否核对相符，是否确实收到有关捐赠款项。

4）审查外币资本折算差额。对外币资本折算差额应审查资本账户折算汇率是否按合同约定确定，并由投资各方认可，且符合国家有关法规、制度的规定，资本账户折算所采用的汇率是不是收到出资日的市场汇率或当月1日的市场汇率。

5）审查同一控制下企业合并形成的资本公积。注册会计师应结合金融资产审计，对这些形成资本公积的项目核对相符。

（2）审查运用资本公积的合法性。注册会计师应审查是否将资本公积挪作他用；对于资本公积转增股本，注册会计师应审查转增股本是否经股东会或股东大会决定并报经工商行政管理机关批准，并依法办理增资手续；获得批准后，运用资本公积的账务处理是否及时正确。

（3）确定资本公积是否在资产负债表和所有者权益变动表中恰当反映。注册会计师应审查资本公积是否在资产负债表中单独列示，同时还应将资本公积明细账与所有者权益变动表中列示的资本公积的期末余额及期初余额对比相符。

例 12－4

注册会计师在审查华星股份有限公司 2018 年 12 月营业外收入明细账时，发现其中一笔业务摘要为“接受捐赠 50 000 元”，记账凭证为 205＃。调阅了 205＃记账凭证，其会计分录为：

借：银行存款　　50 000

　贷：营业外收入　　50 000

所附原始凭证，一为捐赠协议，一为银行存款回执，证明确为捐赠。

要求：判断上述会计处理是否正确，并提出调整建议。

【解答】 该公司会计人员把应作为资本公积的捐赠未列入“资本公积”账户，使利润虚增。对此，注册会计师应建议被审计单位冲销原会计记录，并作账务处理如下：

借：银行存款　　50 000

　贷：资本公积　　50 000

3. 盈余公积的实质性测试

盈余公积是企业按照规定从税后利润中提取的积累资金，是具有特定用途的留存收益，主要用于弥补亏损和转增资本，也可以按规定用于分配股利。

注册会计师对盈余公积进行实质性测试，其一般程序包括：

(1) 获取或编制盈余公积明细表。进行盈余公积的实质性测试，注册会计师应首先获取或编制盈余公积明细表，分别列示盈余公积种类，并与明细账和总账的余额核对相符。在此基础上，对盈余公积各明细项目的发生额，逐项检查其原始凭证。

(2) 检查盈余公积的提取。对盈余公积的提取，注册会计师应主要检查盈余公积的提取是否符合规定并经过批准，提取手续是否完备，提取的依据（即税后利润）是否真实、正确，提取项目是否完整，提取比例是否合法，有无多提或少提。

(3) 检查盈余公积的使用。对盈余公积的使用，注册会计师应主要检查盈余公积的使用是否符合规定用途并经过批准。盈余公积的使用按规定必须经过一定的授权批准手续，盈余公积可用于弥补亏损、转增股本，但必须符合国家规定的条件；转增股本还必须经股东会或股东大会批准，依法办理增资手续，取得合法的增资文件；弥补亏损也必须按批准数额转账。

(4) 检查盈余公积是否已在资产负债表和所有者权益变动表中恰当披露。企业的盈余公积应在资产负债表中列示，同时还应在所有者权益变动表中反映各项盈余公积的期末余额及期初至期末间的重要变化。

4. 未分配利润的实质性测试

未分配利润是指未作分配的净利润，即这部分利润没有分配给投资者，也未指定用途。未分配利润是企业当年税后利润在弥补以前年度亏损、提取公积金以后加年初未分配利润，再扣除向所有者分配的利润后的结余额，是企业留于以后年度分配的利润。它是企业历年积存的利润分配后的余额，也是所有者权益的一个重要组成部分。企业的未分配利润通过“利润分配——未分配利润”明细科目核算，其年末余额反映历年积存的未分配利润（或未弥补亏损）。

注册会计师对未分配利润进行实质性测试，其程序一般应包括：

（1）检查利润分配比例是否符合合同、协议、章程以及股东会或股东大会纪要的规定，利润分配数额及年末未分配数额是否正确。

（2）根据审计结果调整本年损益数，直接增加或减少未分配利润，确定调整后的未分配利润数。

（3）检查未分配利润是否已在资产负债表和所有者权益变动表中恰当披露。

12.5 金融资产审计

与投资相关的金融资产包括：以摊余成本计量的金融资产、以公允价值计量且其变动计入其他综合收益的金融资产、以公允价值计量且其变动计入当期损益的金融资产、长期股权投资等。注册会计师对金融资产的审计，就是对这些项目的审计。

12.5.1 以公允价值计量且其变动计入当期损益的金融资产审计

以公允价值计量且其变动计入当期损益的金融资产，是指企业为了近期出售而持有的金融资产。在会计科目设置上，企业持有的直接指定为以公允价值计量且其变动计入当期损益的金融资产，也通过该科目核算。

1. 以公允价值计量且其变动计入当期损益的金融资产的审计目标

以公允价值计量且其变动计入当期损益的金融资产的审计目标一般包括：确定以公允价值计量且其变动计入当期损益的金融资产是否存在；确定以公允价值计量且其变动计入当期损益的金融资产是否归属被审计单位所有；确定以公允价值计量且其变动计入当期损益的金融资产的增减变动及其损益的记录是否完整；确定以公允价值计量且其变动计入当期损益的金融资产的计价是否正确；确定以公允价值计量且其变动计入当期损益的金融资产期末余额是否正确；确定以公允价值计量且其变动计入当期损益的金融资产的披露是否恰当。

2. 以公允价值计量且其变动计入当期损益的金融资产的实质性测试程序

注册会计师对以公允价值计量且其变动计入当期损益的金融资产的实质性测试程序通常包括：

（1）获取或编制以公允价值计量且其变动计入当期损益的金融资产明细表，复核加计正确，并与报表数、总账数和明细账合计数核对相符。

（2）对期末结存的相关以公允价值计量且其变动计入当期损益的金融资产，向被审计单位核实其持有目的，检查本科目核算范围是否恰当。

（3）获取股票、债券及基金等交易流水单及被审计单位证券投资部门的交易记录，与明细账核对，检查会计记录是否完整、会计处理是否正确。

（4）监盘以公允价值计量且其变动计入当期损益的金融资产库存，并与相关账户余额进行核对，如有差异，应查明原因，并做出记录或进行适当调整。

（5）向相关金融机构发函询证以公允价值计量且其变动计入当期损益的金融资产期末数量以及是否存在变现限制，并记录函证过程。

（6）抽取以公允价值计量且其变动计入当期损益的金融资产增减变动的相关凭证，检查其原始凭证是否完整合法，会计处理是否正确。

（7）复核以公允价值计量且其变动计入当期损益的金融资产与相关的损益计算是否准确，并与公允价值变动损益及投资收益等有关数据核对。

（8）复核以公允价值计量且其变动计入当期损益的金融资产的期末公允价值是否合理，相关会计处理是否正确。

（9）关注以公允价值计量且其变动计入当期损益的金融资产是否存在重大的变现限制。

（10）检查以公允价值计量且其变动计入当期损益的金融资产的披露是否恰当。

例 12－5

注册会计师 A 在审计甲上市公司 2018 年财务报表时，发现 2018 年 5 月 13 日甲公司支付价款 1 000 000 元从二级市场购入乙公司发行的股票 100 000 股，每股价格 10.60 元（含已宣告但尚未发放的现金股利 0.60 元），另支付交易费用 1 000 元。甲公司将持有的乙公司股权划分为交易性金融资产，且持有乙公司股权后对其无重大影响。

甲公司其他相关资料如下：

（1）5 月 23 日，收到乙公司发放的现金股利 60 000 元；

（2）6 月 30 日，乙公司股票价格涨到每股 13 元；

（3）8 月 15 日，将持有的乙公司股票全部售出，每股售价 15 元。

甲公司在购入乙公司股票时，账务处理为：

借：交易性金融资产——成本	1 061 000	
贷：银行存款		1 061 000

甲公司在出售乙公司股票时，账务处理为：

借：银行存款	1 500 000	
贷：交易性金融资产——成本		1 061 000
投资收益		439 000

要求：请代注册会计师 A 指出上述账务处理存在的问题，并指出正确的账务处理。

【解答】　上述账务处理是错误的，未能按照不同的时点对甲公司交易性金融资产做出正确处理。

假定不考虑其他因素，甲公司正确的账务处理如下：

（1）5 月 13 日，购入乙公司股票。

借：交易性金融资产——成本	1 000 000	
应收股利	60 000	
投资收益	1 000	
贷：银行存款		1 061 000

（2）5 月 23 日，收到乙公司发放的现金股利。

借：银行存款	60 000	
贷：应收股利		60 000

（3）6月30日，确认股票价格变动。

借：交易性金融资产——公允价值变动　　300 000

　贷：公允价值变动损益　　300 000

（4）8月15日，乙公司股票全部售出。

借：银行存款　　1 500 000

　　公允价值变动损益　　300 000

　贷：交易性金融资产——成本　　1 000 000

　　　　　　　　　　——公允价值变动　　300 000

　　投资收益　　500 000

12.5.2 以公允价值计量且其变动计入其他综合收益的金融资产审计

以公允价值计量且其变动计入其他综合收益的金融资产，是指企业管理该金融资产的业务模式既以收取合同现金流量为目标又以出售该金融资产为目标的金融资产；该金融资产的合同条款规定，在特定日期产生的现金流量，仅为对本金和以未偿付本金金额为基础的利息的支付。

1. 以公允价值计量且其变动计入其他综合收益的金融资产的审计目标

以公允价值计量且其变动计入其他综合收益的金融资产的审计目标一般包括：确定以公允价值计量且其变动计入其他综合收益的金融资产是否存在；确定以公允价值计量且其变动计入其他综合收益的金融资产是否归属被审计单位所有；确定以公允价值计量且其变动计入其他综合收益的金融资产的增减变动及其损益的记录是否完整；确定以公允价值计量且其变动计入其他综合收益的金融资产的计价是否正确；确定以公允价值计量且其变动计入其他综合收益的金融资产减值准备的计提方法是否恰当，计提是否充分；确定以公允价值计量且其变动计入其他综合收益的金融资产减值准备的增减变动记录是否完整；确定以公允价值计量且其变动计入其他综合收益的金融资产及其减值准备期末余额是否正确；确定以公允价值计量且其变动计入其他综合收益的金融资产及其减值准备的披露是否恰当。

2. 以公允价值计量且其变动计入其他综合收益的金融资产的实质性测试程序

注册会计师对以公允价值计量且其变动计入其他综合收益的金融资产的实质性测试程序通常包括：

（1）获取或编制以公允价值计量且其变动计入其他综合收益的金融资产明细表，复核加计正确，并与总账数和明细账合计数核对相符。

（2）获取以公允价值计量且其变动计入其他综合收益的金融资产对账单，与明细账核对，并检查其会计处理是否正确。

（3）检查以公允价值计量且其变动计入其他综合收益的金融资产库存，并与相关账户余额进行核对，如有差异，应查明原因，并做出记录或进行调整。

（4）向相关金融机构发函询证以公允价值计量且其变动计入其他综合收益的金融资产期末数量，并记录函证过程。取得回函时应检查相关签章是否符合要求。

（5）对期末结存的以公允价值计量且其变动计入其他综合收益的金融资产，向被审计单位核实其持有目的，检查本科目核算范围是否恰当。

（6）抽取以公允价值计量且其变动计入其他综合收益的金融资产增减变动的相关凭证，检查其原始凭证是否完整合法，会计处理是否正确。

（7）复核以公允价值计量且其变动计入其他综合收益的金融资产的期末公允价值是否合理，是否需计提减值准备，检查会计处理是否正确。

（8）检查以公允价值计量且其变动计入其他综合收益的金融资产出售时，其相关损益计算及会计处理是否正确。

（9）复核以公允价值计量且其变动计入其他综合收益的金融资产划转为以摊余成本计量的金融资产的依据是否充分，会计处理是否正确。

（10）检查以公允价值计量且其变动计入其他综合收益的金融资产的披露是否恰当。

例 12－6

注册会计师 B 审计乙上市公司 2018 年度财务报表时，发现乙公司于 2018 年 7 月 13 日从二级市场购入股票 1 000 000 股，每股市价 15 元，手续费 30 000 元；初始确认时，该股票划分为以公允价值计量且其变动计入其他综合收益的金融资产。

乙公司至 2018 年 12 月 31 日仍持有该股票，该股票当时的市价为每股 16 元。2019 年 2 月 1 日，乙公司将该股票售出，售价为每股 13 元，另支付交易费 30 000 元。

乙公司购入股票时的账务处理为：

借：其他权益工具投资——成本	15 030 000	
贷：银行存款		15 030 000

乙公司出售股票时的账务处理为：

借：银行存款	12 970 000	
投资收益	2 060 000	
贷：其他权益工具投资——成本		15 030 000

要求：请代注册会计师 B 指出上述账务处理存在的问题，并指出正确的账务处理。

【解答】　上述乙公司出售股票时的账务处理是错误的，未能反映出 2018 年 12 月 31 日该股票的公允价值变动损益。正确的账务处理如下：

（1）2018 年 7 月 13 日，购入股票。

借：其他权益工具投资——成本	15 030 000	
贷：银行存款		15 030 000

（2）2018 年 12 月 31 日，确认股票价格变动。

借：其他权益工具投资——公允价值变动	970 000	
贷：其他综合收益		970 000

（3）2019 年 2 月 1 日，出售股票。

借：银行存款	12 970 000	
投资收益	3 030 000	
贷：其他权益工具投资——成本		15 030 000
——公允价值变动		970 000

借：其他综合收益　　970 000
　贷：投资收益　　970 000

12.5.3 以摊余成本计量的金融资产审计

以摊余成本计量的金融资产，是指企业管理该金融资产的业务模式是以收取合同现金流量为目标的金融资产。该金融资产的合同条款规定，在特定日期产生的现金流量，仅为对本金和以未偿付本金金额为基础的利息的支付。

1. 以摊余成本计量的金融资产的审计目标

以摊余成本计量的金融资产的审计目标一般包括：确定以摊余成本计量的金融资产是否存在；确定以摊余成本计量的金融资产是否归属被审计单位所有；确定以摊余成本计量的金融资产的增减变动及其损益的记录是否完整；确定以摊余成本计量的金融资产的计价是否正确；确定以摊余成本计量的金融资产减值准备的计提方法是否恰当，计提是否充分；确定以摊余成本计量的金融资产减值准备的增减变动的记录是否完整；确定以摊余成本计量的金融资产及其减值准备期末余额是否正确；确定以摊余成本计量的金融资产及其减值准备的披露是否恰当。

2. 以摊余成本计量的金融资产的实质性测试程序

注册会计师对以摊余成本计量的金融资产的实质性测试程序通常包括：

（1）获取或编制以摊余成本计量的金融资产明细表，复核加计正确，并与总账数和明细账合计数核对相符。

（2）获取以摊余成本计量的金融资产对账单，与明细账核对，并检查其会计处理是否正确。

（3）检查以摊余成本计量的金融资产库存，并与账面余额进行核对，如有差异，应查明原因，并做出记录或进行适当调整。

（4）向相关金融机构发函询证以摊余成本计量的金融资产期末数量，并记录函证过程。取得回函时，应检查相关签章是否符合要求。

（5）对期末结存的以摊余成本计量的金融资产，核实被审计单位的持有目的和能力，检查本科目核算范围是否恰当。

（6）抽取以摊余成本计量的金融资产增加、减少的记账凭证，注意其原始凭证是否完整合法，成本、交易费用和相关利息的会计处理是否符合规定。

（7）结合投资收益科目，复核处置以摊余成本计量的金融资产的损益计算是否准确，已计提的减值准备是否同时结转。

（8）检查以摊余成本计量的金融资产划转为以公允价值计量且其变动计入其他综合收益的金融资产的会计处理是否正确。

（9）当有客观证据表明以摊余成本计量的金融资产发生减值的，应当复核相关资产项目的预计未来现金流量现值，并与其账面价值进行比较，检查相关减值准备计提是否充分。

（10）检查以摊余成本计量的金融资产的披露是否恰当。

12.5.4　长期股权投资审计

长期股权投资是指企业持有的采用权益法或成本法核算的长期股权投资，具体包括：(1) 企业持有的能够对被投资单位实施控制的权益性投资，即对子公司的投资。(2) 企业持有的能够与其他合营方一同对被投资单位实施共同控制的权益性投资，即对合营企业的投资。(3) 企业持有的能够对被投资单位施加重大影响的权益性投资，即对联营企业的投资。(4) 企业对被投资单位不具有控制、共同控制或重大影响，且在活跃市场中没有报价、公允价值不能可靠计量的权益性投资。

1. 长期股权投资的审计目标

长期股权投资的审计目标一般包括：确定长期股权投资是否存在；确定长期股权投资是否归属被审计单位所有；确定长期股权投资的增减变动及投资损益的记录是否完整；确定长期股权投资的核算方法是否正确；确定长期股权投资减值准备的计提方法是否恰当；确定长期股权投资减值准备增减变动的记录是否完整；确定长期股权投资及其减值准备的披露是否恰当。

2. 长期股权投资的实质性测试程序

注册会计师对长期股权投资的实质性测试程序通常包括：

(1) 获取或编制长期股权投资明细表，复核加计正确，并与总账数和明细账合计数核对相符；结合长期股权投资减值准备科目与报表数核对相符。

(2) 根据有关合同和文件，确认股权投资的股权比例和持有时间，检查股权投资核算方法是否正确。

(3) 对于重大的投资，向被投资单位函证被审计单位的投资额、持股比例及被投资单位发放股利等情况。

(4) 对于采用权益法核算的长期股权投资，获取被投资单位已经注册会计师审计的年度财务报表。如果未经注册会计师审计，则应考虑对被投资单位的财务报表实施适当的审计或审阅程序。

(5) 对于采用成本法核算的长期股权投资，检查股利分配的原始凭证及分配决议等资料，确定会计处理是否正确。

(6) 对于成本法和权益法相互转换的，检查其投资成本的确定是否正确。

(7) 确定长期股权投资的增减变动的记录是否完整，检查本期增减变动的长期股权投资，追查至原始凭证及相关的文件或决议及被投资单位验资报告或财务资料等，确认长期股权投资是否符合投资合同、协议的规定，并已实际投资，会计处理是否正确。

(8) 期末对长期股权投资进行逐项检查，以确定长期股权投资是否已经发生减值。减值损失一经确认，在以后会计期间不得转回。

(9) 结合银行存款等的检查，了解长期股权投资是否存在质押、担保情况。如有，则应详细记录，并提请被审计单位进行充分披露。

(10) 检查长期股权投资在资产负债表中是否已恰当列报。了解是否存在被投资单位由于所在国家和地区及其他方面的影响，其向被审计单位转移资金的能力受到限制的情况。如存在，应详细记录受限情况，并提请被审计单位充分披露。

例12－7

注册会计师A在审计甲上市公司2018年度财务报表时，发现2018年3月20日甲公司通过增发9 000万股公司普通股（每股面值1元）取得B公司20%的股权，按照增发前20个交易日的平均股价计算，该9 000万股股份的公允价值为15 600万元。为增发该部分股份，甲公司向证券公司等承销机构支付了600万元的佣金和手续费。假定甲公司取得该部分股权后，能够对B公司的生产经营决策施加重大影响。甲公司对此的账务处理为：

借：长期股权投资	162 000 000	
贷：股本		162 000 000

要求：请代注册会计师A指出上述账务处理存在的问题，并指出正确的账务处理。

【解答】 上述账务处理是错误的，虚增了甲公司的长期股权投资和股本。

甲公司应当以所发行股份的公允价值作为取得长期股权投资的成本，账务处理为：

借：长期股权投资	156 000 000	
贷：股本		90 000 000
资本公积——股本溢价		66 000 000

发行权益性证券过程中支付的佣金和手续费，应冲减权益性证券的溢价发行收入，账务处理为：

借：资本公积——股本溢价	6 000 000	
贷：银行存款		6 000 000

12.6 其他相关账户审计

对于筹资与投资循环审计，除以上介绍的财务报表项目审计外，还有其他应收款审计、其他应付款审计、无形资产审计、长期待摊费用审计、应付股利审计、长期应付款审计、管理费用审计、营业外收入审计、营业外支出审计、所得税审计等。对这些项目审计的阐述，一般只列示相应的实质性测试审计程序。

12.6.1 其他应收款审计

其他应收款核算企业除应收票据、应收账款、预付账款等以外的其他各种应收、暂付款项，包括不设置“备用金”科目的企业拨出的备用金，应收的各种赔款、罚款，应向职工收取的各种垫付款项等。

对于其他应收款，注册会计师应实施以下实质性测试程序：

（1）检查其他应收款的真实性。注册会计师应要求被审计单位编制并提供其他应收款明细表。注册会计师应将明细表与有关账户数加以核对，复核加计正确，并验证账账之间、账表之间是否一致。必要时向对方发出函证，以确定其他应收款的结算业务是否真实存在。在函证时应注意：选择金额较大或异常的其他应收款项目，函证其余额是否正确，并根据回函情况编制函证结果汇总表；对回函不符、未回函及未发函证的其他应收款，应采用替代程序核实年末余额的正确性，如查核下期明细账，或追踪至其他应收款发生时的原始凭证，特别注意是否存在抽逃资金、隐藏费用的现象。

（2）检查其他应收款的账龄分析是否正确。注册会计师可向被审计单位财会部门索取或自己编制其他应收款账龄分析表。分析明细账户，对于长期未能收回的项目，应查明原因，确定是否可能发生坏账损失。对于转作坏账损失项目，审查是否符合规定，并办妥审批手续。

（3）检查其他应收款的披露是否恰当。应注意被审计单位对其他应收款是否计提坏账准备，其财务报表上的其他应收款余额是“其他应收款”科目的期末余额减去“坏账准备”科目中有关其他应收款计提的坏账准备期末余额后的金额。

此外，注意检查备用金的设立和使用是否合理、合法，备用金的管理、审批制度是否健全，备用金报销的原始凭证是否合规，金额是否正确，有无白条报账的问题等。

12.6.2 其他应付款审计

其他应付款核算企业应付、暂收其他单位或个人的款项，主要包括应付租入固定资产和包装物的租金、存入保证金、应付统筹退休金等。它是企业流动负债的重要组成部分。对于其他应付款，注册会计师应实施以下实质性测试程序：

（1）获取或编制其他应付款明细表，复核加计正确，并与报表数、总账数和明细账合计数核对是否相符。请被审计单位协助，在其他应付款明细表上标出截至审计日已支付的其他应付款项，抽查付款凭证、银行对账单等，并注意这些凭证发生日期的合理性。

（2）分析其他应付款的账龄，对于长期挂账的其他应付款，注册会计师须查明原因，加以记录，必要时提请被审计单位进行调整。判断选择一定金额以上和异常的明细余额，检查其原始凭证，并考虑向债权人函询。

（3）审查租入固定资产和包装物租金的会计处理是否正确，存入保证金的会计处理是否正确，应付统筹退休金的会计处理是否正确。

此外，注册会计师应注意审查对非记账本位币结算的其他应付款，检查其采用的折算汇率是否正确，检查其他应付款的披露是否恰当等。

12.6.3 无形资产审计

无形资产是指企业为生产商品或者提供劳务、出租给其他单位，或为管理目的而持有的，没有实物形态的非货币性资产，包括专利权、非专利技术、商标权、著作权、土地使用权、购入的能够单独计价的计算机软件和支付的土地出让金等。

对于无形资产，注册会计师应实施的实质性测试程序有：

（1）获取或编制无形资产明细表，复核加计正确，并与报表数、总账数和明细账合计数核对是否相符。

（2）获取有关协议和董事会纪要等文件、资料，检查无形资产的性质、构成内容、计价依据，其所有权是否归属被审计单位所有；检查无形资产各项目的摊销政策是否符合有关规定，是否与上期一致，若改变摊销政策，检查其依据是否充分。

（3）检查无形资产的增加是否合规。对股东投入的无形资产，检查是否符合有关规定，并经过适当的批准程序，无形资产的价值是否分别与验资报告及资产评估结果确认书或合同协议等证明文件一致，会计处理是否正确；对自行取得或购入的无形资产，检查其原始凭证，确认计价是否正确，法律程序是否完备（如依法登记、注册及变更登记的批准文件和有效期），会计处理是否正确。

（4）检查无形资产转让的会计处理是否正确，注意转让的是所有权还是使用权。

（5）检查本期摊销额是否正确，会计处理是否正确。

（6）检查无形资产减值准备的计提是否正确。

当存在下列一项或若干项情况时，应当将该项无形资产的账面摊余价值全部转入当期损益：某项无形资产已被其他新技术所替代，并且该项无形资产已无使用价值和转让价值；某项无形资产已超过法律保护期限，并且已不能给企业带来经济利益；其他足以证明某项无形资产已经丧失了使用价值和转让价值的情形。

当存在下列一项或若干项情况时，应当计提无形资产的减值准备：某项无形资产已被其他新技术所替代，但仍然具有部分使用价值；某项无形资产的市场价值逐年下跌，在可预见的未来无回升的希望；某项无形资产已超过法律保护期限，但仍然具有部分使用价值；其他足以证明某项无形资产实质上已经发生了减值的情形。

（7）检查无形资产的披露是否恰当。

12.6.4 应付股利的审计

注册会计师对应付股利的实质性测试程序如下：

（1）获取或编制应付股利明细表，复核加计正确，并与报表数、总账数和明细账合计数核对是否相符。

（2）审阅公司章程、股东大会和董事会会议纪要中有关股利分配的规定，了解股利分配标准和发放方式是否符合有关规定并经法定程序批准。

（3）检查应付股利的发生额，是否根据董事会或股东大会决定的利润分配方案，从税后可供分配利润中计算确定，并复核应付股利计算和会计处理的正确性。

（4）被审计单位董事会确定的上期利润分配预案，如股东大会决议作了修改，应按股东大会决议调整应付股利的期初数，检查有关会计处理是否正确。

（5）检查股利支付的原始凭证的内容和金额是否正确。现金股利是否按公告规定的时间、金额予以发放结算；对无法结算及委托发放而长期未结算的股利是否作出适当处理；股利宣布、结算、转账的会计处理是否正确、适当。

（6）检查应付股利的披露是否恰当。

12.6.5 营业外收入的审计

注册会计师对营业外收入的实质性测试程序主要有：

（1）获得或编制营业外收入明细表，复核加计正确，并与报表数、总账数及明细账合计数核对是否相符。

（2）检查营业外收入核算内容是否符合规定。

（3）检查营业外收入中金额较大或性质特殊的项目，审核其内容的真实性和依据的充分性。

（4）对营业外收入中各项目，包括固定资产盘盈、罚款净收入等相关账户记录核对相符，并追查至相关原始凭证。

（5）检查营业外收入的披露是否恰当。

12.6.6　营业外支出的审计

注册会计师对营业外支出的实质性测试程序主要有：

（1）获取或编制营业外支出明细表，复核加计正确，并与报表数、总账数及明细账合计数核对是否相符。

（2）检查营业外支出的内容是否符合规定。

（3）对营业外支出的各项目，包括固定资产盘亏等，与固定资产、无形资产等相关账户记录核对相符，并追查至相关原始凭证。

（4）检查是否存在非公益性捐赠支出，税收滞纳金、罚金、罚款支出，各种赞助会费支出等，必要时进行应纳税所得额调整。

（5）对非常损失应详细检查有关资料、被审计单位实际损失和保险理赔情况及审批文件，检查有关会计处理是否正确。

（6）检查营业外支出的披露是否恰当。

12.6.7　公允价值变动收益审计

公允价值变动收益包括以公允价值计量且其变动计入当期损益的金融资产、以公允价值计量且其变动计入当期损益的金融负债，以及采用公允价值模式计量的投资性房地产、衍生金融工具、套期保值业务等公允价值变动形成的应计入当期损益的利得或损失。

注册会计师对公允价值变动收益的实质性测试程序主要有：

（1）获取或编制公允价值变动收益明细表，复核加计正确，与报表数、总账数及明细账合计数核对相符。

（2）根据公允价值变动收益明细账，对以公允价值计量且其变动计入当期损益的金融资产（负债）、衍生金融工具、套期保值业务和投资性房地产等各明细发生额逐项检查：

1）在资产负债表日，被审计单位是否将以公允价值计量且其变动计入当期损益的金融资产（负债）的公允价值与其账面价值的差额记入本科目。

2）在资产负债表日，被审计单位是否将衍生金融工具的公允价值与其账面价值的差额记入本科目；终止衍生金融工具时，其会计处理是否正确。

3）对于在资产负债表日，满足运用套期会计方法条件的现金流量套期和境外经营净投资套期产生的利得和损失，是否进行了正确的会计处理。

4）以公允价值模式计量的投资性房地产的公允价值变动收益，应结合对应科目，检查其初始成本确定是否正确，期末公允价值确定是否合理；处置时原公允价值变动（含记入本科目和资本公积）有无正确结转至其他业务成本。

（3）确定公允价值变动收益的披露是否恰当。

12.6.8 递延所得税资产审计

注册会计师对递延所得税资产的实质性测试程序通常包括：

（1）获取或编制递延所得税资产明细表，复核加计正确，并与报表数、总账数和明细账合计数核对相符。

（2）检查被审计单位对递延所得税资产采用的会计政策是否恰当，前后期是否一致。

（3）检查被审计单位用于确认递延所得税资产的税率是否正确。

（4）检查递延所得税资产增减变动记录，以及可抵扣暂时性差异的形成原因，确定是否符合有关规定、计算是否正确，预计转销期是否适当，并特别关注以下事项：

1）对根据税法规定可用以后年度税前利润弥补的亏损及税款抵减所形成的递延所得税资产，检查其计算及会计处理是否正确。

2）对非同一控制下企业合并中取得资产、负债的入账价值与其计税基础不同形成的可抵扣暂时性差异，检查其计算及会计处理是否正确。

3）检查被审计单位对子公司、联营企业及合营企业投资相关的可抵扣暂时性差异，是否根据条件确认相应的递延所得税资产。

（5）检查被审计单位是否在资产负债表日对递延所得税资产的账面价值进行复核，如果预计未来期间很可能无法获得足够的应纳税所得额用以抵扣递延所得税资产，应当减记递延所得税资产的账面价值。

（6）当适用税率发生变化时，检查被审计单位是否对递延所得税资产进行重新计量，对其影响数的会计处理是否正确。

（7）确定递延所得税资产的披露是否恰当。

12.6.9 递延所得税负债审计

注册会计师对递延所得税负债的实质性测试程序通常包括：

（1）获取或编制递延所得税负债明细表，复核加计正确，并与报表数、总账数和明细账合计数核对相符。

（2）检查被审计单位对递延所得税负债采用的会计政策是否恰当，前后是否一致。

（3）检查被审计单位用于确认递延所得税负债的税率是否正确。

（4）检查递延所得税负债增减变动记录，以及应纳税暂时性差异的形成原因，确定是否符合有关规定，计算是否正确，预计转销期是否适当，并关注以下事项：

1）对非同一控制下企业合并中取得资产、负债的入账价值与其计税基础不同形成的应纳税暂时性差异，检查其计算及会计处理是否正确。

2）检查是否存在交易中产生的递延所得税负债不应予以确认，而被审计单位予以确认的情况。

3）检查是否存在被审计单位对子公司、联营企业及合营企业投资相关的应纳税暂时性差异，根据条件不应确认相应的递延所得税负债，而被审计单位予以确认的情况。

（5）当适用税率发生变化时，检查被审计单位是否对递延所得税负债进行重新计量，对其影响数的会计处理是否正确。

（6）确定递延所得税负债在财务报表中的披露是否恰当。

习　题

思考题

1. 简述筹资与投资循环的特征。
2. 应付债券的内部控制测试的主要内容有哪些?
3. 简述投资内部控制的主要内容。
4. 简述借款的审计目标。

案例分析题

1. 注册会计师 A 和 B 对 XYZ 股份有限公司 2018 年度财务报表进行审计。该公司 2018 年度未发生购并、分立和债务重组行为，供产销形势与上年相当。该公司提供的未经审计的 2018 年度合并财务报表附注的部分内容如下：

长期借款项目附注：2018 年年末余额 13 730 万元。

贷款单位	金额（万元）	借款期限	年利率（%）	借款条件
A 银行第一营业部	1 800	2016 年 8 月至 2020 年 7 月	6.72	抵押借款
B 银行第一营业部	11 650	2015 年 9 月至 2019 年 8 月	5.65	抵押借款
C 银行第一营业部	280	2018 年 1 月至 2020 年 1 月	5.925	担保借款
合计	13 730			

要求：假定上述附注内容中的年初数和上年比较数均已审定无误，你作为注册会计师 A 和 B，在审计计划阶段，请运用专业判断，必要时运用分析程序，分别指出上述附注内容中存在或可能存在的不合理之处，并简要说明理由。

2. 2018 年 5 月 1 日，甲公司从股票二级市场以每股 15 元（含已宣告发放但尚未领取的现金股利 0.2 元）的价格购入 ABC 公司发行的股票 2 000 000 股，占 ABC 公司有表决权股份的 5%，对 ABC 公司无重大影响，甲公司将该股票划分为以公允价值计量且其变动计入其他综合收益的金融资产。其他资料如下：

(1) 2018 年 5 月 10 日，甲公司收到 ABC 公司发放的上年现金股利 400 000 元。

(2) 2018 年 12 月 31 日，该股票的市场价格为每股 13 元。ABC 公司预计该股票的价格下跌是暂时的。

甲公司年末的账务处理为：

借：其他权益工具投资　　　　26 000 000
　　投资收益　　　　4 000 000
　贷：其他权益工具投资　　　　30 000 000

要求：请代注册会计师A指出上述账务处理存在的问题，并指明正确的账务处理。

第13章

货币资金审计

13.1 货币资金概述

货币资金是流动性最强的资产，是企业进行生产经营必不可少的物质条件。企业的生产经营过程，实质上就是货币资金的垫支、支付过程和货币资金的回收、分配过程的结合。因此，企业的全部经营活动都可以通过货币资金表现出来，同时，货币资金也是不法分子盗窃、贪污、挪用的重要对象。

货币资金项目审计是企业资产负债表审计的一个重要组成部分，主要包括库存现金、银行存款和其他货币资金的审计。由于货币资金较容易发生舞弊，因此，货币资金审计的风险较高，需要花费的时间相对较长，审计的范围相对较广。

13.1.1 货币资金涉及的凭证和会计记录

货币资金涉及的凭证和会计记录主要有：

（1）现金盘点表。

（2）银行对账单。

（3）银行存款余额调节表。

（4）有关科目的记账凭证（如现金收付款凭证、银行收付款凭证）。

（5）有关会计账簿（如现金日记账、银行存款日记账）。

13.1.2 货币资金与业务循环

货币资金与各业务循环中的业务活动存在着密切的关系。一些最终影响货币资金的错误只有在对销售与收款、购货与付款、生产与费用、投资与筹资的业务循环的审计测试中才会被发现。例如，未给顾客开票、未按销售额开票、两次支付卖方发票或支付未经验收的货物或劳务等，在现金余额测试中都不会被发现。但是限制货币资金付款和货币资金收款的错误可在货币资金的业务测试中被发现，或通过对其余额测试程序发现。货币资金与各业务循环的关系如图13－1所示。

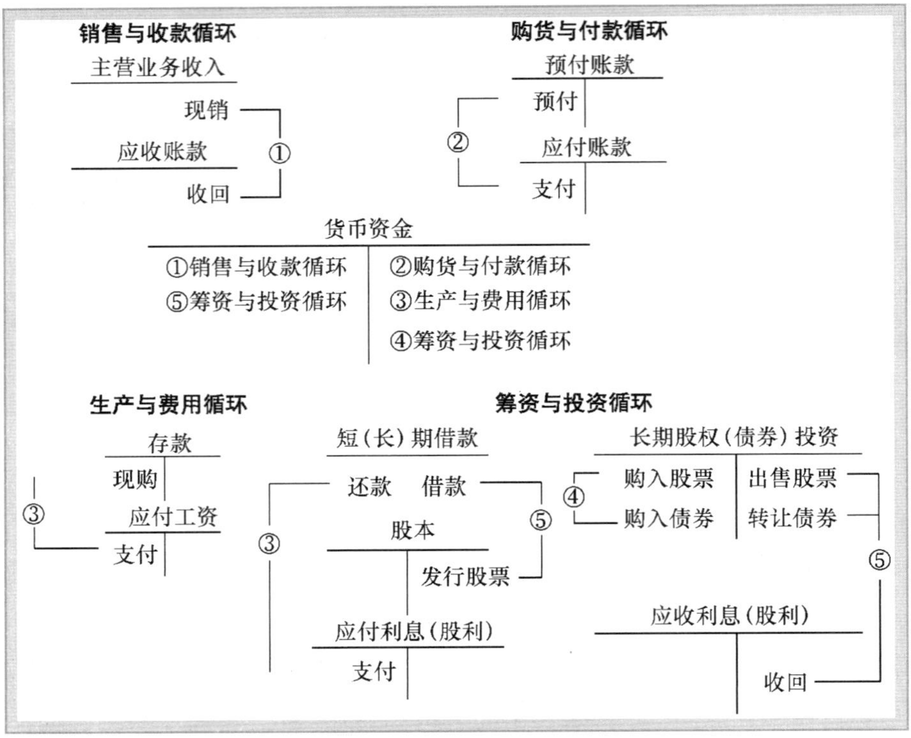

图13－1 货币资金与业务循环的关系

13.2 货币资金的控制测试

13.2.1 货币资金的内部控制

为了保证货币资金的安全完整，保证货币资金核算与管理的正确性、合规性，企业必须建立健全各项内部控制。良好的货币资金内部控制一般应包括以下内容：

（1）钱、账的分工负责制度。会计部门是主管货币资金的职能部门，应配备专职的出纳人员和有关核算人员，负责货币资金的收支、保管和核算工作。在货币资金核算和管理工作中，应贯彻内部牵制的组织原则，实行钱账分管，即管钱的人不管账，管账的人不管钱。负责货币资金收支和保管的出纳人员，除了登记现金和银行存款日记账，不得兼作收入、费用、负债账簿以及总账的登记工作。这是企业货币资金内部控制的一项最基本的要求。

（2）货币资金的收付程序。企业收付资金的业务须经有关经济业务负责人批准。例如，出差人员预借差旅费时，须经有关负责人签字方可支用；在收付资金前，会计人员对会计凭证应进行审查核实，以便确认资金收付的合法性、计算的正确性等。会计人员在按记账凭证执行收付款项时，还须对其进行复核，目的在于通过相互牵制，防止错误和舞弊现象的发生。

(3) 收付款凭证的应用及账簿的登记制度。为了能够汇总反映有关货币资金的相关业务，会计人员应及时根据已完成的现金收付业务及已编号并加盖现金收付戳记的记账凭证登记有关账簿。会计人员应当进行账账、账表、账实的核对，即要求日记账与总账、总账与财务报表、日记账和日报表与库存现金等进行定期核对，检查其是否相符，防止挪用现金。

(4) 出纳的工作纪律。企业的库存现金通常由出纳专人负责保管，出纳人员是企业货币资金业务的主要经办人员，货币资金业务内部控制的情况如何，在很大程度上与出纳工作纪律的遵守情况密切相关。为确保货币资金的安全完整，出纳必须定期盘点库存现金、编制银行存款余额调节表，当日现金超出库存限额部分必须及时送存银行，不准挪用或私自存放，不得随意坐支，支票必须按规定使用等。

(5) 内部监督制度。为降低货币资金管理的风险，企业的内部审计部门应加强对货币资金收支业务的审计。企业还应当不定期地组织检查小组，对货币资金的收支进行抽查。

13.2.2 货币资金内部控制的控制测试

注册会计师对货币资金内部控制进行控制测试的主要程序有：

(1) 了解货币资金内部控制。注册会计师可以根据实际情况采用不同的方法实现对货币资金内部控制的了解。一般而言，注册会计师可以采用编制流程图的方法。编制货币资金内部控制流程图是货币资金控制测试的重要步骤。注册会计师在编制之前应通过询问、观察等调查手段收集必要的资料，然后根据所了解的情况编制流程图。对中小企业，也可采用编写货币资金内部控制说明的方法。若年度审计工作底稿中已有以前年度的流程图，注册会计师可根据调查结果加以修正，以供本年度审计之用。一般地，了解货币资金内部控制时，注册会计师应当注意检查货币资金内部控制是否建立并严格执行。

(2) 抽取并检查收款凭证。如果货币资金收款的内部控制不强，很可能会发生贪污舞弊或挪用等情况。例如，在一个小企业中，出纳员若同时记应收账款明细账，则很有可能发生循环挪用的情况。为测试货币资金收款的内部控制，注册会计师应选取一定数量的收款凭证，做如下的检查：

1) 核对收款凭证与存入银行账户的日期和金额是否相符。

2) 核对银行存款日记账的收入金额是否正确。

3) 核对收款凭证与银行对账单是否相符。

4) 核对收款凭证与应收账款等相关明细账的有关记录是否相符。

5) 核对实收金额与销货发票等相关凭据是否一致。

(3) 抽取并检查付款凭证。为测试货币资金付款的内部控制，注册会计师应选取一定数量的货币资金付款凭证，做如下检查：

1) 检查付款的授权批准手续是否符合规定。

2) 核对银行存款日记账的付出金额是否正确。

3) 核对付款凭证与银行对账单是否相符。

4) 核对付款凭证与应付账款等相关明细账的记录是否一致。

5）核对实付金额与购货发票等相关凭据是否相符。

（4）抽取一定期间的现金、银行存款日记账与总账核对。首先，注册会计师应抽取一定期间的现金、银行存款日记账，检查其有无计算错误，加总是否正确无误。如果检查中发现问题较多，说明被审计单位货币资金的会计记录不够可靠。其次，注册会计师应根据日记账提供的线索，核对总账中的现金、银行存款、应收账款、应付账款等有关账户的记录。

（5）抽取一定期间的银行存款余额调节表，查验其是否按月正确编制并经复核。为证实银行存款记录的正确性，注册会计师必须抽取一定期间的银行存款余额调节表，将其与银行对账单、银行存款日记账及总账进行核对，确定被审计单位是否按月正确编制并复核银行存款余额调节表。

（6）评价货币资金的内部控制。注册会计师在完成上述程序之后，即可对货币资金的内部控制进行评价。评价时，注册会计师应首先确定货币资金的内部控制可依赖的程度以及存在的薄弱环节和缺点，然后据以确定在货币资金实质性测试中哪些环节可以适当减少审计程序，哪些环节应增加审计程序，以减少审计风险。

13.3 库存现金审计

企业的库存现金是企业根据现金管理制度规定留用的现款。我国对企业支付、收取和留存现金都有明确的规定，要求企业严格遵守。库存现金审计是对库存现金及其收付业务和保管情况的真实性、合法性进行的审查和核实。企业现金流动性大，收付业务繁多，容易被不法分子侵吞。尽管随着电子支付的普及，企业的现金支付会越来越少，但是，在企业还使用现金收付时，注册会计师还应将库存现金列为审计的重点。库存现金审计，对巩固和严格现金管理制度，维护结算纪律，揭露错误与舞弊，保护库存现金的安全，都具有十分重要的意义。

13.3.1 库存现金的审计目标

库存现金的审计目标一般包括：确定被审计单位资产负债表中的现金在财务报表日是否确实存在，是否为被审计单位所拥有；确定被审计单位在特定期间内发生的现金收支业务是否均已记录完毕，有无遗漏；确定现金余额是否正确；确定现金在财务报表中的披露是否恰当。

13.3.2 库存现金的实质性测试

注册会计师对库存现金的实质性测试程序一般包括：

（1）核对现金日记账与总账的余额是否相符。注册会计师测试现金余额的起点，是核对现金日记账与总账的余额是否相符。如果不相符，应查明原因，并建议作出适当调整。

（2）盘点库存现金。盘点库存现金是证实资产负债表所列现金是否存在的一项重要程序。

盘点库存现金通常包括对已收到但未存入银行的现金、零用金、找换金等的盘点。盘点库存现金的时间和人员应视被审计单位的具体情况而定，但必须有出纳员和被审计单位会计主管人员参加，并由注册会计师进行监督。盘点库存现金的步骤和方法有：

1）制定库存现金盘点程序，实施突击性的检查。时间最好选择在上午上班前或下午下班后进行，盘点的范围一般包括企业各部门存放的现金。在进行现金盘点前，应由出纳员将现金集中起来存入保险柜。必要时可封存，然后由出纳员把已办妥现金收付手续的收付款凭证登入现金日记账。如企业现金存放部门有两处或两处以上者，应同时进行盘点。

2）审阅现金日记账并与现金收付凭证进行核对。一方面检查日记账的记录与凭证的内容和金额是否相符；另一方面了解凭证日期与日记账日期是否相符或接近。

3）由出纳员根据现金日记账进行加计、累计数额，结出现金结余额。

4）盘点保险柜的现金实存额，同时编制库存现金盘点表，分币种、面值列示盘点金额。

5）资产负债表日后进行盘点时，应调整至资产负债表日的金额。

6）将盘点金额与现金日记账余额进行核对，如有差异，应查明原因，并作出记录或适当调整。

7）若有冲抵库存现金的借条、未提现支票、未作报销的原始凭证，应在库存现金盘点表中注明或作出必要的调整。

（3）抽查大额现金收支。注册会计师应抽查大额现金收支的原始凭证内容是否完整，有无授权批准，并核对相关账户的进账情况，如有与被审计单位生产经营业务无关的收支事项，应查明原因，并作相应的记录。

（4）检查现金收支的正确截止。被审计单位资产负债表上的现金数额，应以结账日实有数额为准。因此，注册会计师必须验证现金收支的正确截止日期。通常，注册会计师可以对结账日前后一段时期内现金收支凭证进行审计，以确定是否存在跨期事项。

（5）检查外币现金、银行存款的折算是否正确。对于有外币现金的被审计单位，注册会计师应检查被审计单位对外币现金的收支是否按所规定的汇率折合为记账本位币金额；外币现金期末余额是否按期末市场汇率折合为记账本位币金额；外币折合差额是否按规定记入相关账户。

（6）检查库存现金是否在资产负债表中恰当披露。根据规定，库存现金在资产负债表中“货币资金”项下反映，注册会计师应在实施上述审计程序后，确定现金账户的期末余额是否恰当，据以确定货币资金是否在资产负债表中恰当披露。

例 13－1

2019 年 1 月 20 日，注册会计师王英、李强在对某企业 2018 年 12 月 31 日资产负债表审计中，查得“货币资金”项目中的库存现金为 1 062.10 元。2019 年 1 月 21 日上午 8 时，王英、李强对该企业出纳员张华所经管的现金进行了监督清点。该企业 2019 年 1 月 20 日现金日记账余额是 832.10 元，清点结果如下：

（1）现金实有数 627.34 元。

（2）在保险柜中有下列单据已收、付款但未入账：

1）职工刘阳6月4日预借差旅费200元，已经领导批准。

2）职工刘钢借据一张，金额140元，未经批准，也没有说明用途。

3）在保险柜中，有已收款但未记账的凭证共4张，金额135.24元。

（3）银行核定该企业现金限额为800元。

（4）经核对2019年1月1—20日的收付款凭证和现金日记账，核实1月1—20日收入现金数为2 350元、支出现金数为2 580元正确无误。

要求：根据以上资料，编制库存现金盘点表，核实库存现金实有数，并核实2018年12月31日资产负债表所列数字是否正确，对现金收支、留存管理的合法性提出审计意见。

【解答】 该企业的库存现金盘点表详见表13-1。

表13-1 **库存现金盘点表**

××企业　　编制：王英　　日期：2019.1.21

复核：李强　　日期：2019.1.22

币种：人民币　　2019年1月21日　　单位：元

项目	工作底稿	金额	备注
实点库存现金金额		627.34	
加：已付讫未入账的支出凭证　1份		200.00	
加：白条抵库数　1份		140.00	
减：已收入未入账的收入凭证　4份		135.24	
减：代保管现金情况			
库存现金实际占用额		832.10	
库存现金账面金额（2019年1月20日）		832.10	
银行核定库存现金金额		800.00	

现金管理人：张华　　会计主管：牟民

根据表13-1资料可知：

（1）该企业库存现金没有发生短缺。账面余额应为767.34元（832.10＋135.24－200）；现金实有数为627.34元，加上白条抵库数（应由出纳员退回）140元，与账面余额相符。

（2）2018年12月31日库存现金应有数为997.34元（767.34－2 350＋2 580），与2018年度资产负债表中“货币资金”项目的库存现金数1 062.10元不相符，说明该库存现金数1 062.10元是不正确的，建议调整为997.34元。

（3）该企业库存现金收支、留存中存在不合法现象：一是有白条抵库数140元，违反现金管理制度；二是超现金限额留存现金，2018年12月31日超限额197 34元，违反现金限额的有关规定。

13.4 银行存款审计

银行存款是企业存入银行和其他非金融机构的各种存款。企业收入的款项，除国家另有规定外，都应在当日解缴银行。企业一切支出，除规定可以用现金支付外，都必须通过银行办理转账结算。

银行存款较之现金，其业务涉及面广，内容复杂，金额较大，收付款凭证数量较多，因而是货币资金审计的重要组成部分。

13.4.1　银行存款的审计目标

银行存款的审计目标主要包括：确定被审计单位资产负债表中的银行存款在财务报表日是否确实存在，是否为被审计单位所拥有；确定被审计单位在特定期间内发生的银行存款收支业务是否均已记录完毕，有无遗漏；确定银行存款的余额是否正确；确定银行存款在财务报表中的披露是否恰当。

13.4.2　银行存款的实质性测试

注册会计师对银行存款的实质性测试程序，一般包括如下几个方面：

（1）核对银行存款日记账余额与总账余额是否相符。注册会计师在审查银行存款余额时，首先应做的是核对银行存款日记账余额与总账余额是否相符。如果不相符，应查明原因，将其作为继续审查银行存款余额的基础。

（2）实施分析程序。注册会计师应比较银行存款余额的本期实际数与预算数以及与上年度账户的差异变动，对本期数字与上期实际数或本期预算数的异常差异或显著波动必须进一步追查原因，确定审计重点。尤其应注意银行存款中定期存款所占的比例，以确定企业是否存在高息资金拆借。如存在高息资金拆借，应进一步分析拆出资金的安全性。

（3）审查银行存款余额调节表。审查结算日银行存款余额调节表是证实资产负债表所列货币资金中银行存款是否存在的一个重要方法。注册会计师对银行存款余额调节表的审计主要包括：

1）核实调节表数据计算的正确性。注册会计师对银行存款余额调节表数据计算正确性的核实，主要应从以下几个方面来进行：

a. 核实银行对账单、银行存款余额调节表上的列示是否正确；

b. 将银行对账单记录与银行日记账逐笔核对，核实银行存款余额调节表上各调节项目的列示是否真实完整，任何漏记、多记调节项目的现象都应引起注册会计师的高度警惕；

c. 在核对银行存款日记账账面余额和银行对账单余额的基础上，复核上述未达账项及其加减调节情况，并验证调节后两者的余额计算是否正确、是否相符，如不相符，应说明其中一方或双方存在记账差错，并要进一步追查原因，扩大测试范围。

2）调查未达账项的真实性。未达账项的真实性调查主要包括以下几个方面：

a. 列示未兑现支票清单，注明开票日期和收款人姓名或单位，并调查金额较大的未兑现支票、可提现的未兑现支票以及注册会计师认为较为重要的未兑现支票；

b. 追查截止日银行对账单上的在途存款，并在银行存款余额调节表上注明存款日期；

c. 审查至截止日银行已收、被审计单位未收的款项的性质及其款项来源；

d. 审查至截止日银行已付、被审计单位未付款项的性质及其款项来源。

对于未达账项（包括银行方面和被审计单位方面的），一般应追查至此年初的银行对账单，查明年终的银行对账单，查明年终的未达账项，并从日期上进一步判断业务发生的真实性，注意有无利用未达账项来掩饰某种舞弊行为。

一般而言，银行存款余额调节表应由被审计单位编制并向注册会计师提供，但在某些情况下（如被审计单位内部控制比较薄弱），注册会计师也可亲自编制银行存款余额调节表。

（4）函证银行存款余额。函证是指注册会计师在执行审计业务过程中，需要以被审计单位名义向有关单位发函询证，以验证被审计单位的银行存款是否真实、合法、完整。注册会计师在执行审计业务时，可以被审计单位的名义向有关单位发函询证。各商业银行、政策性银行、非银行金融机构要在收到询证函之日起10个工作日内，根据函证的具体要求，及时回函并可按照国家的有关规定收取询证费用；各有关企业或单位根据函证的具体要求回函。

函证银行存款余额是证实资产负债表所列银行存款是否存在的重要程序。通过向往来银行的函证，注册会计师不仅可以了解被审计单位资产的存在，同时可以了解其欠银行的债务。函证还可用于发现被审计单位未登记的银行借款。

函证时，注册会计师应向被审计单位在本年存过款（含外埠存款、银行汇票存款、银行本票存款、信用证存款）的所有银行发函，其中包括被审计单位存款账户已结清的银行，因为有可能存款账户已结清，但仍有银行借款或其他负债存在。同时，虽然注册会计师已直接从某一银行取得了银行对账单和所有已付支票，但仍应向该银行进行函证。以下列示的是银行询证函参考格式。

例13－2

银行询证函

编号：

××银行：

本公司聘请×××会计师事务所正在对本公司的财务报表进行审计，按照中国注册会计师执业准则的要求，应当询证本公司与贵行的存款、借款往来等事项。下列数据出自本公司账簿记录，如与贵行记录相符，请在本函下端“数据证明无误”处签章证明；如有不符，请在“数据不符”处列明不符金额。有关询证费用可直接从本公司账户中收款。回函请直接寄至×××会计师事务所。

通信地址：

邮编：　　　　　　电话：　　　　　　传真：

截至　　年　　月　　日止，本公司银行存款、借款账户余额等列示如下：

1．银行存款

账户名称	银行账号	币种	利率	余额	备注

2. 银行借款

银行账号	币种	余额	借款日期	还款日期	利率	借款条件	备注

3. 其他事项

（公司签章）

（日期）

结论：1. 数据证明无误。

（银行签章）

（日期）

2. 数据不符，请列明不符金额。

（银行签章）

（日期）

（5）检查一年以上定期存款或限定用途存款。一年以上的定期存款或限定用途的银行存款，不属于企业的流动资产，应列于其他资产类下。对此，注册会计师应查明情况，作出相应的记录。

（6）抽查大额现金和银行存款的收支。注册会计师应抽查大额现金收支、银行存款（含外埠存款、银行汇票存款、银行本票存款、信用证存款）收支的原始凭证内容是否完整，有无授权批准，并核对相关账户的进账情况。如有与被审计单位生产经营业务无关的收支事项，应查明原因并作相应的记录。

（7）检查银行存款收支的正确截止。被审计单位资产负债表中的现金数额应以结账日实有数额为准。因此，注册会计师必须验证现金收支的截止日期。通常，注册会计师可以对结账日前后一段时期内现金收支凭证进行审计，以确定是否存在跨期事项。

企业资产负债表中银行存款数字应当包括当年最后一天收到的所有存放在银行的款项，而不得包括其后收到的款项；同样，企业年终前开出的支票，不得在年后入账。为了确保银行存款收付的正确截止，注册会计师应当在清点支票及支票存根时，确定各银行账户最后一张支票的号码，同时查实该号码之前的所有支票均已开出。在结账日末开出的支票及其后开出的支票，均不得作为结账日的存款收付入账。

（8）检查外币银行存款的折算是否正确。对于有外币银行存款的被审计单位，注册会计师应检查被审计单位对外币银行存款的收支是否按规定的汇率折合为记账本位币金额；外币银行存款期末余额是否按期末市场汇率折合为记账本位币金额；外币折合差额是否按规定记入相关账户。

（9）检查银行存款是否在资产负债表中恰当披露。根据规定，企业的银行存款在资产负债表中“货币资金”项目下反映。所以，注册会计师应在实施上述审计程序后，确定银行存款账户的期末余额是否恰当，从而确定资产负债表中“货币资金”项目中的数字是否恰当披露。

例13-3

注册会计师A和B对华达纺织股份有限公司2018年12月31日的资产负债表进行审计。在审查资产负债表“货币资金”项目时，发现该公司2018年12月31日的银行存款数额为33 500元，银行存款账面余额为35 000元。审计助理人员向开户银行取得对账单一张，2018年12月31日的银行存款余额为42 000元。另外，查有下列未达账款和记账差错：

（1）12月23日公司送存转账支票5 800元，银行尚未入账。

（2）12月24日公司开出转账支票5 300元，持票人尚未到银行办理转账手续。

（3）12月25日委托银行收款10 300元，银行已收妥入账，但收款通知尚未到达公司。

（4）12月30日银行代付水费3 150元，但银行付款通知单尚未到达该公司。

（5）12月15日收到银行收款通知单金额3 850元，公司入账时将银行存款增加数错记成3 500元。

要求：根据上述资料，编制银行存款余额调节表，核实2018年12月31日资产负债表中“货币资金”项目中银行存款数额的正确性。

【解答】 银行存款余额调节表详见表13-2。

表13-2　银行存款余额调节表

单位：华达公司　2018年12月31日　单位：元

项目	金额	项目	金额
公司银行存款账面余额	35 000	开户银行对账单余额	42 000
加：银行已收，公司未收的款项	10 300	加：公司已收，银行未收的款项	5 800
减：银行已付，公司未付的款项	3 150	减：单位已付，银行未付的款项	5 300
加：企业记账差错数	350		
调节后的存款余额	42 500	调节后的存款余额	42 500

审计主管：李华　审计员：黄明　会计主管：熊瑛　会计员：张小平

从银行存款余额调节表可以看出，华达纺织股份有限公司2018年12月31日银行存款的数额双方都为42 500元，从而证明公司银行存款余额42 000元基本属实。可见，资产负债表上的“货币资金”项目中的银行存款数33 500元有误，建议应加以调整。

13.5　其他货币资金审计

其他货币资金包括：企业到外地进行临时或零星采购而汇往采购地银行开立采购专户的款项所形成的外埠存款、企业为取得银行汇票按照规定存入银行的款项所形成的银行汇票存款、企业为取得银行本票按照规定存入银行的款项而形成的银行本票存款、在途货币资金和信用证存款等。

13.5.1　其他货币资金的审计目标

其他货币资金的审计目标主要包括：确定被审计单位资产负债表中的其他货币资金在财务报表日是否确实存在，是否为被审计单位所拥有；确定被审计单位在特定期间内发生的其他货币资金收支业务是否均已记录完毕，有无遗漏；确定其他货币资金的金额是否正确；确定其他货币资金在财务报表中的披露是否恰当。

13.5.2　其他货币资金的实质性测试

注册会计师对其他货币资金的实质性测试程序主要包括：

（1）核对外埠存款、银行汇票存款、银行本票存款、在途货币资金等各明细账期末合计数与总账数是否相符。

（2）函证外埠存款户、银行汇票存款户、银行本票存款户期末余额。

（3）对于非记账本位币的其他货币资金，检查其折算汇率是否正确。

（4）抽查一定样本量的原始凭证进行测试，检查其经济内容是否完整，有无适当的审批授权，并核对相关账户的进账情况。

（5）抽取资产负债表日后的大额收支凭证进行截止测试，如有跨期收支事项，应作适当调整。

（6）检查其他货币资金在财务报表中的披露是否恰当。

习　题

思考题

1. 简述货币资金内部控制测试的主要内容。
2. 简述现金的审计目标。
3. 简述银行存款实质性测试程序的主要内容。

案例分析题

1. 2019年1月10日下午5时，注册会计师甲对A公司的库存现金进行突击监督盘点，盘点结果如下：

（1）100元币5张，50元币8张，10元币30张，5元币40张，1元币50张，5角币60张，1角币30张。

（2）现金日记账余额1 827元。

（3）1月9日已办理收款手续，尚未入账的收款凭证金额920元，1月10日已办理付款手续，尚未入账的付款凭证金额为890元。

（4）1月6日出纳员以白条借给某职工现金400元。

（5）银行核定该公司库存现金限额1 000元。

要求：

（1）请代注册会计师甲核实A公司2019年1月10日的库存现金数。

（2）请代注册会计师甲指出A公司库存现金管理中存在的问题。

2. 注册会计师乙在对P公司2018年度财务报表进行审计时，对P公司的银行存款实施的部分审计程序为：

（1）取得2018年12月31日银行存款余额调节表。

（2）向开户银行寄发银行询证函，并直接收取寄回的询证函回函。

（3）取得开户银行2019年1月31日的银行对账单。

要求：

（1）请问注册会计师乙向开户银行询证的作用有哪些？

（2）请问注册会计师乙应采取什么方式才能直接收回开户银行的询证函回函？目的是什么？

（3）请问注册会计师乙取得银行存款余额调节表后应检查哪些内容？

（4）请问注册会计师乙索取开户银行2019年1月31日的银行对账单，能证实2018年12月31日银行存款余额调节表的哪些内容？

第 14 章

完成审计工作与审计报告

完成审计工作是注册会计师在执行了对各项交易及账户余额的测试后、编制与签发审计报告前进行的综合性测试工作，是财务报表审计的最后阶段。完成审计工作阶段，注册会计师要评价审计结果，确定审计意见，提出审计报告。这一阶段所作出的决定，对审计报告有着直接而重要的影响。通常由审计项目的负责人或高级经理来执行，其主要特点是在资产负债表日后执行，关注综合影响而不注重特定交易或账户余额，较多地涉及注册会计师的主观判断。完成审计工作的主要内容包括期初余额审计，复核期后事项与或有事项，取得被审计单位书面声明与律师的审计询问函；评价审计结果，复核审计工作底稿；确定审计意见，与被审计单位沟通，提出审计报告等。

14.1 期初余额审计

注册会计师首次接受委托对被审计单位的财务报表进行审计，必然会涉及财务报表期初余额如何审计的问题。如果对期初余额审计过于详细，势必增加审计成本，给被审计单位带来过重的经济负担；如果不对期初余额进行审计，则影响对本期财务报表发表适当的审计意见。因此，注册会计师首次接受委托涉及的财务报表余额，或在需要发表审计意见的当期财务报表中使用了前期财务报表的数据时，应进行适当的审计。

14.1.1 期初余额的含义

所谓期初余额，即所审计会计期间期初已存在的余额。它以上期期末余额为基础，反映了前期交易、事项及其会计处理的结果。理解这个概念，需要把握以下特征：

（1）期初余额是所审计会计期间期初已存在的余额。期初已存在的余额是由上期结转至本期的金额，或是上期期末余额调整后的金额。期初余额与上期期末余额是一个事物的两个方面。一般而言，期初余额是上期结转至本期账户的余额，在数量上与上期金额相等。但是，有时由于受上期期后事项、会计政策诸因素的影响，上期期末余额结转至本期时，需经过调整或重编。

（2）期初余额反映了前期交易、事项及其会计处理的结果。期初余额应以客观存在的经济业务为根据，是被审计单位在以前会计期间发生的交易、事项及其会计人员对此处理的结果。

（3）期初余额与注册会计师首次接受委托相联系。所谓首次接受委托，是指会计师事务所在被审计单位上期财务报表未经独立审计，或由其他会计师事务所审计的情况下接受的审计委托。

注册会计师应当保持应有的职业谨慎，充分考虑期初余额对所审计财务报表的影响。所谓应有的职业谨慎，是指注册会计师履行专业职责时应当具备足够的专业胜任能力，具有一丝不苟的责任感并保持应有的慎重态度。注册会计师在首次接受委托时会涉及期初余额，而期初余额是本期财务报表的基础，往往对本期财务报表产生重要的影响。因此，注册会计师应以高度的责任感和慎重的态度，来判断期初余额对所审计财务报表影响的程度。

注册会计师应当根据期初余额对所审计财务报表的影响程度，合理运用专业判断，以确定期初余额的审计范围。判断期初余额对本期财务报表的影响应着眼于以下三方面：一是上期结转至本期的余额；二是上期采用的会计政策；三是上期期末已存在的或有事项及承诺。注册会计师应以这三方面的内容为依据，确定期初余额对财务报表的影响。

注册会计师进行财务报表审计时，一般无须专门对期初余额发表审计意见，但应当实施适当的审计程序，并充分考虑相关审计结论对所审计财务报表发表审计意见的影响。

（1）注册会计师对财务报表进行审计，是对被审计单位财务报表发表审计意见，一般无须专门对期初余额发表审计意见。

（2）虽然注册会计师一般不对期初余额发表审计意见，但是要对期初余额进行适当审计，因为期初余额是本期财务报表的基础。

（3）注册会计师要充分考虑期初余额审计形成的相关结论对所审计财务报表的影响，以决定发表审计意见的类型。

如果被审计单位上期财务报表已经其他会计师事务所审计，注册会计师可与前任会计师事务所和注册会计师联系，以获取必要的审计证据，但应征得被审计单位同意。前任会计师事务所和注册会计师应当提供必要的协助。前任注册会计师与后任注册会计师联系是一项十分重要的工作。后任注册会计师可通过查阅前任注册会计师的工作底稿，通常限于对本期审计有重大影响的事项，如上一年度前任注册会计师发表审计意见的类型、上一年度的审计计划及其总结、上一年度的内部控制审计意见类型等要点，以及上一年度的其他有关事项。前任注册会计师应配合后任注册会计师与其联系，并提供必要的帮助。

14.1.2 期初余额的审计

注册会计师对期初余额进行审计，应当获取充分、适当的审计证据，以证实：

（1）期初余额不存在对本期财务报表有重大影响的错报。

（2）上期期末余额已正确结转至本期，或在适当的情况下已作出重新表述。

（3）被审计单位一贯运用恰当的会计政策，或对会计政策的变更作出正确的会计处理和恰当的披露。

如果上期财务报表已经其他会计师事务所审计，注册会计师可通过查阅前任注册会计师的审计工作底稿，获取有关期初余额的审计证据，但应当考虑前任注册会计师的专业胜任能力和独立性，以判断获取证据的充分性和适当性。此外，还要关注前任注册会计师出具的审计报告。如果前任注册会计师对上期财务报表并非出具无保留意见的审计报告，则后任注册会计师应特别注意其中与本期财务报表有关的部分。注册会计师如与前任注册会计师联系后仍不能获取充分、适当的审计证据或上期财务报表未经独立审计，就应当对期初余额实施以下审计程序：

1）询问被审计单位董事会和经理层。

2）审阅上期会计资料及相关资料。

3）通过对本期财务报表实施的审计程序进行证实。

4）补充实施其他适当的实质性测试程序。

注册会计师实施的上述审计程序，可作如下理解：

首先，注册会计师执行期初余额审计时，可向被审计单位董事会和经理层询问有关情况，诸如对本期经营有重要影响的事项、政府新颁布的影响行业发展的法律法规以及其他重要事项。

其次，在审阅上期会计资料及相关资料时，注册会计师应关注其合法性和公允性。

再次，通过对本期财务报表实施的审计程序也可证实某些期初余额。在对流动资产或流动负债的期初余额审计时，一般结合当期审计程序进行。例如，应收账款或应付账款的期初余额，通常在本期内即可收回或支付，则此后收回或支付的事实即可视为应收账款或应付账款期初余额存在的适当证据。

最后，有些期初余额项目尚需补充实施其他适当的实质性测试程序。就存货而言，审计本期交易仍难获取期初余额是否适当的证据。因此，注册会计师通常必须采用其他审计程序。例如，审阅被审计单位上期存货盘点记录及文件，测试期初存货项目的价值量，以及运用毛利百分比法分析比较。对于非流动资产和非流动负债期初余额的审计，注册会计师通常要检查其期初的有关记录。在某些情况下，注册会计师可向第三者函证以获取对期初余额的确认。

如果实施相关审计程序后无法获取有关期初余额的充分、适当的审计证据，注册会计师应当出具保留意见或无法表示意见的审计报告。

如果期初余额存在对本期财务报表产生重大影响的错报，注册会计师应当告知被审计单位董事会；如果上期财务报表由前任注册会计师审计，注册会计师还应当考虑提请被审计单位董事会告知前任注册会计师。

如果错报的影响未能得到正确的会计处理和恰当的披露，注册会计师应当出具保留意见或否定意见的审计报告。

如果与期初余额相关的会计政策未能在本期得到一贯运用，并且会计政策的变更未能得到正确的会计处理和恰当的列报，注册会计师应当出具保留意见或否定意见的审计报告。

14.2 复核期后事项与或有事项

所谓期后事项，是指财务报表日至审计报告日之间发生的事项，以及注册会计师在审计报告日后知悉的事实。注册会计师关注期后事项，是因为有可能导致注册会计师改变对所审计财务报表合法性、公允性的意见。

14.2.1 复核期后事项

按照中国注册会计师执业准则，注册会计师对被审计单位财务报表合法性、公允性的责任，并不限于财务报表日前发生的事项和交易，还应包括对期后事项的复核。

1. 资产负债表日至审计报告日之间发生的事项

注册会计师应当设计和实施审计程序，获取充分、适当的审计证据，以确定所有在财务报表日至审计报告日之间发生的、需要在财务报表中调整或披露的事项均已得到识别。但是，注册会计师并不需要对之前已实施审计程序并已得出满意结论的事项执行追加的审计程序。

注册会计师应当按照规定实施审计程序，以使审计程序能够涵盖财务报表日至审计报告日（或尽可能接近审计报告日）之间的期间。

在确定审计程序的性质和范围时，注册会计师应当考虑风险评估的结果。这些程序应当包括：

（1）了解董事会、经理为确保识别期后事项而建立的程序；

（2）询问董事会、经理和股东，确定是否已发生可能影响财务报表的期后事项；

（3）查阅被审计单位的所有者、董事会、经理在财务报表日后举行会议的纪要，在不能获取会议纪要的情况下，询问此类会议讨论的事项；

（4）查阅被审计单位最近的中期财务报表。

注册会计师实施审计程序后，如果识别出需要在财务报表中调整或披露的事项，应当确定这些事项是否按照适用的财务报告编制基础的规定在财务报表中得到恰当反映。

注册会计师应当要求董事会提供书面声明，确认所有在财务报表日后发生的、按照适用的财务报告编制基础的规定应予调整或披露的事项均已得到调整或披露。

2. 审计报告日后至财务报表报出日前发现的事实

在审计报告日后，注册会计师没有责任针对财务报表实施审计程序或进行专门查询。在审计报告日至财务报表报出日期间，管理层有责任告知注册会计师可能影响财务报表的事实。所谓财务报表报出日，是指被审计单位对外披露已审计的财务报表的日期。

在审计报告日后至财务报表报出日前，如果知悉了某事实，且若在审计报告日知悉可能导致修改审计报告，注册会计师应当：

（1）与董事会和经理讨论该事项；

（2）确定财务报表是否需要修改；

（3）如果需要修改，询问董事会将如何在财务报表中处理该事项。

如果董事会修改财务报表，注册会计师应当：

（1）根据具体情况对有关修改实施必要的审计程序；

（2）将审计程序延伸至新的审计报告日，并针对修改后的财务报表出具新的审计报告。新的审计报告日不应早于修改后的财务报表被批准的日期。

如果董事会对财务报表的修改仅限于反映导致修改的期后事项的影响，被审计单位的董事会、经理或类似机构也仅对有关修改进行批准，注册会计师可以仅针对有关修改将审计程序延伸至新的审计报告日。在这种情况下，注册会计师应当选用下列处理方式之一：

（1）修改审计报告，针对财务报表修改部分增加补充报告日期，从而表明注册会计师对期后事项实施的审计程序仅限于财务报表相关附注所述的修改；

（2）出具新的或经修改的审计报告，在强调事项段或其他事项段中说明注册会计师对期后事项实施的审计程序仅限于财务报表相关附注所述的修改。

如果认为董事会应当修改财务报表而没有修改，注册会计师应当分别以下情况予以处理：

（1）如果审计报告尚未提交给被审计单位，注册会计师应当发表非无保留意见，然后再提交审计报告。

（2）如果审计报告已经提交给被审计单位，注册会计师应当通知董事会和股东在财务报表作出必要修改前不要向第三方报出。如果财务报表在未经必要修改的情况下仍被报出，注册会计师应当采取适当措施，以设法防止财务报表使用者信赖该审计报告。

3. 财务报表报出后知悉的事实

在财务报表报出后，注册会计师没有义务针对财务报表实施任何审计程序。在财务报表报出后，如果知悉了某事实，且若在审计报告日知悉可能导致修改审计报告，注册会计师应当：

（1）与董事会和股东（如适用）讨论该事项；

（2）确定财务报表是否需要修改；

（3）如果需要修改，询问董事会将如何在财务报表中处理该事项。

如果董事会修改了财务报表，注册会计师应当：

（1）根据具体情况对有关修改实施必要的审计程序；

（2）复核董事会采取的措施能否确保所有收到原财务报表和审计报告的人士了解这一情况；

（3）将审计程序延伸至新的审计报告日，并针对修改后的财务报表出具新的审计报告，新的审计报告日不应早于修改后的财务报表被批准的日期；

（4）修改审计报告或提供新的审计报告。

注册会计师应当在新的或经修改的审计报告中增加强调事项段或其他事项段，提醒财务报表使用者关注财务报表附注中有关修改原财务报表的详细原因和注册会计师提供的原审计报告。

如果董事会没有采取必要措施确保所有收到原财务报表的人员了解这一情况，也没有在注册会计师认为需要修改的情况下修改财务报表，注册会计师应当通知董事会和股东，注册会计师将设法防止财务报表使用者信赖该审计报告。

如果注册会计师已经通知董事会或股东，而董事会或股东没有采取必要措施，注册会计师应当采取适当措施，设法防止财务报表使用者信赖该审计报告。

14.2.2 复核或有事项

或有事项是指由过去的交易或事项形成的，其结果须由某些未来事项的发生与否才能决定的不确定事项。常见的或有事项主要有：未决诉讼或仲裁、债务担保、产品质量保证、承诺、重组义务、环境整治保证等。或有事项在被审计单位财务报表日虽不能确定，但对于截至审计报告日被审计单位未披露的或有事项，注册会计师应提请被审计单位以恰当的方式加以披露。如果被审计单位不接受建议，注册会计师应根据其重要程度，确定是否在审计报告中反映。这是因为或有事项对财务报表使用者非常重要。按照企业会计准则，被审计单位对或有事项应根据未来发生可能性的判断，选择以下方法处理：（1）作为或有负债应计项目；（2）在财务报表附注中披露；（3）不作为应计项目也不加附注，予以忽略。或有事项究竟如何处理，需要注册会计师有相当程度的专业判断能力。

1. 或有事项的种类

或有事项的存在一般有三个条件：（1）由目前情况引起的、某一外部当事人未来可能的支付；（2）未来支付的金额尚不能确定；（3）结果将由某些未来事件决定。

或有事项按其性质和原因主要分为两类：（1）直接或有事项。即被审计单位对外直接可能发生的潜在支付，包括被审计单位的未决诉讼、未决索赔、税务纠纷、产品质量担保等。（2）间接或有事项。即被审计单位因第三者的原因可能发生的潜在支付，包括应收票据贴现、应收账款抵押借款、通融票据背书及为其他人提供的债务担保等。

2. 或有事项的复核程序

注册会计师并不限于在完成审计工作阶段才关注或有事项。许多或有事项项目的审计，往往作为其他审计事项的一个组成部分，而不是在完成审计阶段才作为一个独立的部分来执行。例如，所得税的争执也可作为分析所得税费用、复核往来通信档案的一部分加以核实；在查找未入账的负债项目时，注册会计师也对或有事项高度警觉，另外阅读董事会的会议记录时，注册会计师也会关注或有事项。在完成审计阶段，注册会计师对或有事项的审核，大多数属于复核，而非第一次审计。

或有事项复核的主要目标在于确定或有事项的存在，而其他审计项目的目标主要是核实记录资料的合法性、公允性。复核或有事项主要是寻找未记录的或有事项，而对其重要性的评价及如何加以反映则较容易解决。

复核或有事项采取的程序主要包括以下方面：

（1）向被审计单位董事会、经理询问。由于或有事项由董事会、经理直接负责，因此，董事会、经理是这些事项有关信息的主要来源。注册会计师应向董事会、经理询问和索取下列资料：

1）询问其确定、评价与控制诉讼、索赔及或有负债相关事项的方针政策和工作程序。

2）取得其书面声明，保证其已按企业会计准则的规定，对全部或有事项作了反映。

3）取得其有关诉讼、索赔及或有负债的全部文件资料和凭证。

4）取得其与银行之间的往来函件、贷款协定及担保条件。

5）取得其有关债务的其他说明资料。

（2）向被审计单位律师或法律顾问函证，以获取其确认意见，表明对资产负债表日已存在的以及资产负债表日至复函日存在的或有事项的意见。

（3）复核审计期间税务机关的税务结算报告，检查有无税款拖延及存在税务纠纷。

（4）向被审计单位开户银行及往来银行函证有关应收票据贴现及贷款担保。

（5）阅读被审计单位董事会及股东大会会议记录，确定是否有关于诉讼或其他或有事项的记录。

（6）寻找被审计单位对未来事项和有关协议的承诺。如被审计单位是否作出了按某一价格购买原料或租赁设备的承诺，或按某一固定价格出售商品的协议的承诺。

14.2.3　取得被审计单位书面声明与律师的审计询问函

注册会计师在复核被审计单位期后事项和或有事项时，需要向被审计单位索取书面声明并向律师发出审计询问函。这种书面声明和回函记录了被审计单位和律师对注册会计师查询的答复，是注册会计师从被审计单位和律师处获得查询的书面证据，从而减少错误或误解的可能性。

1. 被审计单位书面声明

注册会计师在完成审计工作阶段出具审计报告前，应取得被审计单位书面声明，以明确会计责任与审计责任。

被审计单位书面声明，是指董事会或经理向注册会计师提供的书面陈述，用以确认某些事项或支持其他审计证据。书面声明不包括财务报表及其认定，以及支持性账簿和相关记录。尽管书面声明提供必要的审计证据，但其本身并不为所涉及的任何事项提供充分、适当的审计证据。而且，被审计单位董事会已提供可靠书面声明的事实，并不影响注册会计师就管理层责任履行情况或具体认定获取的其他审计证据的性质和范围。

（1）注册会计师获取被审计单位书面声明的意义。主要体现在以下两方面：

1）明确被审计单位对其财务报表应负的会计责任。被审计单位董事会应对其财务报表的编制和提供给注册会计师的有关资料的真实性、合法性和完整性负责，并在声明中作出陈述。为了达到这一目的，声明应尽可能详细，以充当被审计单位董事会的提醒者。被审计单位书面声明为明确被审计单位董事会的会计责任提供了依据。

2）有利于保护注册会计师。被审计单位书面声明把董事会或经理对各方面审计问题的回答以书面方式记录下来，当被审计单位和注册会计师发生意见分歧和法律诉讼时，它作为书面证据，有利于保护注册会计师。

需要指出，被审计单位书面声明是一种非独立来源的书面说明，不能将其视为十分可靠的证据。虽然它提供了注册会计师要求被审计单位董事会回答的某些问题的证据，但其主要作用是心理方面的，是用来保护注册会计师，并使其不致卷入由于董事会不明白自身责任而导致的潜在纠纷。

（2）被审计单位书面声明的格式和要求。被审计单位书面声明应包括以下基本要素：

1）标题：××公司董事会声明。

2）抬头：致××注册会计师（或呈××会计师事务所）。

3）正文：根据注册会计师要求声明的内容，列出各项声明。

4）日期：被审计单位书面声明的日期应与审计报告的日期一致，以防日期不一致而可能发生误解。

5）签章：被审计单位主要负责人签名并加盖被审计单位公章。

书面声明的日期应当尽量接近对财务报表出具审计报告的日期，但不得在审计报告日后。书面声明应当涵盖审计报告针对的所有财务报表和期间。

（3）被审计单位管理层声明的内容。被审计单位书面声明表面上出自被审计单位董事会，实际上往往由注册会计师准备好内容，而要求被审计单位董事会用其信笺打印并签名。被审计单位管理层声明正文通常应包括以下内容：

1）管理层认可其设计和实施内部控制以防止或发现并纠正错报的责任。

2）已按财务准则的要求编制财务报表，财务报表的合法性、公允性由管理层负责。

3）财务会计资料已全部提供给注册会计师审查。

4）股东大会及董事会（或其他高层领导会议）的会议记录已全部提供给注册会计师查阅。

5）被审计年度的所有交易事项均已入账。

6）关联公司交易的有关资料已提交注册会计师审查。

7）期后事项均已向注册会计师提供，重大的期后事项均已在财务报表中作出相应的调整或披露。

8）对注册会计师在审计过程中提出的所有重大调整事项已作调整。

9）无违法、违纪、舞弊现象。

10）无蓄意歪曲或粉饰财务报表各项目的金额或分类的情况。

11）无重大的不确定事项。

12）其他须作声明的事项。

如果对董事会或经理的胜任能力、诚信、道德价值观或勤勉尽责存在疑虑，或者对管理层在这些方面的承诺或贯彻执行存在疑虑，注册会计师应当确定这些疑虑对书面或口头声明和审计证据总体的可靠性可能产生的影响。如果书面声明与其他审计证据不一致，注册会计师应当实施审计程序以设法解决这些问题。如果问题仍未解决，注册会计师应当重新考虑对董事会或经理的胜任能力、诚信、道德价值观或勤勉尽责的评估，或者重新考虑对董事会或经理层在这些方面的承诺或贯彻执行的评估，并确定书面声明与其他审计证据的不一致对书面或口头声明和审计证据总体的可靠性可能产生的影响。如果认为书面声明不可靠，注册会计师应当采取适当措施，确定其对审计意见可能产生的影响。如果被审计单位董事会拒绝准备声明并拒绝签名，注册会计师也不能通过其他程序来佐证对财务报表相当重要的书面声明，则应视为对其审计范围的一种限制。在这种情况下，注册会计师就应考虑签发保留意见或无法表示意见的审计报告。

2. 对律师的审计询问函

注册会计师对被审计单位或有事项进行复核时，由于注册会计师不可能像律师那样具有良好的法律技能，往往需要向被审计单位的律师（或法律顾问）进行函证，以获取其对财务报表日就已存在的以及财务报表日至其复函日这一时期内存在的或有事项的确认证据。向被审计单位律师寄发审计询问函是注册会计师获取或有事项证据的一种主要手段。

向律师发出审计询问函，律师可能由于缺少有关或有事项方面的知识，或者认为所询问事项属于机密信息而拒绝向注册会计师回答。如果被拒绝回答的问题很重要，注册会计师因为缺少有效证据可能需要对审计意见加以修改。为此，中国注册会计师执业准则要求被审计单位董事会或经理允许其聘用的律师向注册会计师提供与或有事项有关的资料，并鼓励律师在取得有关或有事项资料方面与注册会计师通力合作。致被审计单位律师的标准审计询问函，通常应使用被审计单位的信笺书写，并由被审计单位签名和寄出。被审计单位应对曾为其进行法律代理或咨询的所有律师寄发审计询问函。标准审计询问函应包括以下内容：

（1）由被审计单位列具一份清单，说明律师已在很大程度上涉足重要的未决诉讼、索赔等事项；或函请律师准备一份这样的清单。

（2）由被审计单位列具一份清单，说明律师已在很大程度上涉足尚未认定的索赔等事项。

（3）被审计单位就已列具的每一事项准备采取的法律行动，不利结果发生的可能性和可能造成的损失金额或范围大小，向律师进行调查，要求律师提供有关资料和说明。

（4）要求律师确认未列出的或有事项及其影响；或者说明被审计单位的清单是完整的。

（5）由被审计单位以书面形式将有关责任告知律师。律师根据其职业判断，如认为有必要在财务报表上反映某一法律事项时，应通知被审计单位。此外，还要求律师直接向注册会计师说明，他本人理解这些责任。

（6）要求律师就其答复中所受限制的原因及性质进行确认，并予以说明。

审计询问函应要求律师将接近审计报告日的或有事项直接回函告知注册会计师。被审计单位律师对函证问题的答复和说明就是律师声明，它可以作为审计证据，并足以使注册会计师解释并报告有关或有事项。律师声明的格式和措辞没有定式，但律师声明的内容会直接影响注册会计师发表审计意见的类型。

注册会计师应根据该律师的职业声誉来确定律师声明的合理性。如果注册会计师熟悉该律师的职业声誉，就不需要作专门的查询，否则应查询该律师的职业背景、声誉及其在法律界的地位，并考虑从律师协会中获取信息。若这些方面都能令人满意，除非律师关于被审计单位或有事项的意见是不合情理的，注册会计师一般会接纳律师声明中的意见。如果律师声明指出或有事项产生有利结果的可能性很大，或者争论的事项并不重要，那么，注册会计师可以签发无保留意见的审计报告。如果律师声明指出或有事项可能引起不利结果，或者潜在损失发生的金额和范围都具有重大不确定性，在这种情况下，如果被审计单位的财务报表充分披露了这一不确定事项，注册会计师可签发带强调事项段的无保留意见审计报告。

倘若律师拒绝回答审计询问函，或律师声明表明律师拒绝提供信息或隐瞒信息，或者对被审计单位叙述的情况不加修正，注册会计师应认为审计范围受到限制。这种情况下，注册会计师应根据或有事项的重要程度，对被审计单位财务报表发表保留意见或无法表示意见。

14.3 评价审计结果

注册会计师履行完所有具体审计程序后，需要综合各种结果，得出一个全面的结论，即进行审计结果评价。这一评价工作需要对审计计划与风险、审计测试的各个程序以及审计证据和工作底稿等各方面进行复核，确定审计工作是否遵循了审计准则，所收集的审计证据是否足以保证财务报表按企业会计准则表达，其编报基础是否与以前年度一致，并确定将要发表的审计意见。为实现这些目标，注册会计师在评价审计结果阶段主要应完成以下各方面的工作。

14.3.1 评价审计证据是否足以支持审计结论

注册会计师评价审计结果，对财务报表形成意见时，应综合考虑在审计过程中收集的所有证据，即就审计证据是否充分作一次最后总结与复查。

评价审计证据应由注册会计师对全部审计工作进行复查，以确定是否所有与审计计划有关的重要方面已经根据审计的具体目标进行了适当的测试。一般通过对审计方案的复核，以确保方案中的每一部分都已准确完成，并编制工作底稿，形成审计证据，对审计方案是否适宜作出判断。

评价证据时，为了确定财务报表是否合法、公允表达，还应总结审计中发现的错报。对审计中发现的错报，只要错报本身很重要，就应建议被审计单位调整财务报表。调整建议一般通过调整分录汇总表或审计差异汇总表的形式提交被审计单位。对于被审计单位未调整错报，就单个账户来说也许不重要，注册会计师也可能没有要求被审计单位予以更正。为确定错报的综合影响，应将所有账户错报加总，确定对净利润及其他与这些错报有关的财务报表总额的影响程度。可以编制未调整错报工作底稿，将错报总额与重要性初步判断或审计计划所确定的审计风险的可接受水平比较，以判断财务报表表达是否合法、公允。

如果审计计划规定的任务已完成，但未能获取充分的证据，应执行追加的审计程序，以获取需要的证据；如果错报总额影响较大，即使已获取充分的证据，但仍不能接受审计风险，注册会计师必须说服被审计单位进一步对财务报表作必要的修正，以便使错报的风险降到可接受的水平。倘若不能做到以上两方面，就应选择签发保留意见或否定意见的审计报告。

14.3.2　复核财务报表反映的合法性和公允性

在完成审计工作时，注册会计师应确定财务报表的反映是否合法、公允。在审计过程中，审核的重点是对重要账户的测试，核实总账余额的准确性，并反映在财务报表中，当然也包括附注的披露是否恰当。核实账户余额所形成的记录，应反映会计准则的运用是否与以前年度一致。复核财务报表反映时，应检查审计过程中的上述记录，由审计项目负责人对初步审核的注册会计师的财务报表审查清单加以核对，对财务报表技术上的准确性作出判断。如果复核的注册会计师认为不足以对财务报表的合法性和公允性作出结论，就应采取额外的审计程序获取必要证据，否则应签发保留意见或无法表示意见的审计报告。

14.3.3　撰写审计总结形成审计意见

注册会计师完成审计工作后，还应当根据评价后的审计证据撰写审计总结，概要地说明审计计划的执行情况以及审计目标是否实现，同时对每个注册会计师的审计结果加以汇总和评价，对财务报表形成适当的审计意见。审计总结一般应包括以下内容：

1. 序言

阐述被审计单位背景信息及重要会计政策和会计估计的变更情况，审计计划在执行过程中产生重大偏差的原因等。

2. 审计概况

说明在审计过程中所采用的审计方法、获取的审计证据、财务报表项目的余额或发生额、不符事项的调整或未调整的理由、关联交易、财务承诺、期后事项以及需要主任会计师注意的其他重大事项等。

3. 审计结论

说明拟出具的审计报告类型。

14.3.4　签发审计报告前对审计工作底稿的最终复核

签发审计报告前对审计工作底稿的最终复核，一般由会计师事务所的主管合伙人或主任会计师负责进行，是对整套审计工作底稿的原则性复核。该项复核是会计师事务所审计工作底稿分级复核制度的重要组成部分。

1. 签发审计报告前对工作底稿复核的意义

（1）实施对审计意见恰当性的质量控制。注册会计师在审计工作中将工作结果和工作过程中的各种情况记录于审计工作底稿中，并据此形成审计意见。若形成的审计意见与工作结果存在矛盾，注册会计师的工作就失去其有效性。对签发审计报告前的审计工作底稿进行复核，是对审计工作结果实施的最后质量控制，能避免因对重大审计问题的遗漏或对审计工作情况理解不透彻等情况而形成与审计工作结果相矛盾的审计意见。

（2）保证审计工作已达到会计师事务所的工作标准。会计师事务所对开展各项审计工作都应有明确的标准。在会计师事务所内，不同注册会计师的工作质量有很大不同。因此，必须由主管合伙人或主任会计师谨慎复核，严格保持审计工作质量的一致性，确认该审计工作已达到会计师事务所的工作标准。

（3）抵制妨碍注册会计师判断的偏见。在审计工作中，常常需要注册会计师对各种问题作出专业判断。注册会计师可能期望在整个审计过程中保持客观性，但如有大量问题需要解决而又经过长时间的审计，就容易丧失正确的观察能力和判断能力，对一些问题作出不符合事实的审计结论。主管合伙人或主任会计师在签发审计报告前对审计工作底稿进行复核，可以抵制妨碍注册会计师正确判断的偏见，作出符合事实的审计结论。

2. 复核审计工作底稿的内容

会计师事务所的主管合伙人或主任会计师在签发审计报告前，对审计工作底稿复核的主要内容包括以下四个方面：

（1）审计程序的恰当性。复核所实施的审计程序是否符合审计计划的要求，这些审计程序在审计过程中是否得到了充分应用，所有审计程序是否已完成并且在审计工作底稿中予以恰当记录。

（2）审计工作底稿的充分性。复核已获取的审计工作底稿是否足以支持注册会计师所发表的审计意见；对已经收集的被审计单位的概况资料、经济业务情况、内部控制系统及会计记录等，连同注册会计师制定的审计计划、审计程序以及所采用的审计步骤、方法，是否都已编入审计工作底稿；每份审计工作底稿的标题、编制日期、资料来源及资料的性质等基本要素是否完整；相关审计工作底稿是否表述清晰、记录有序并足以自明等。

（3）审计过程中是否存在重大遗漏。复核是否存在会导致需进一步查询和追加审计程序的事项；是否存在涉及会计准则或未遵循有关管理机构要求的重大事项；所有例外事项是否已经查清并已记录；是否存在审计步骤不完善或存在未解决的问题；是否存在前期审计中注明的至今未解决的重大事项；是否存在与被审计单位未达成一致意见的未解决的会计和审计事项；是否存在严重影响被审计单位财务报表反映的其他事项。

（4）审计工作是否符合会计师事务所的质量要求。复核和检查注册会计师在审计工作中是否遵循了独立性原则；对助理审计人员是否进行了指导和监督；对超越注册会计师知识范围的事项是否向有关专家或机构进行了咨询；是否遵循了会计师事务所的内部管理制度；注册会计师和助理人员的知识、专业技能是否符合要求；是否已经实现了审计目标；提出的审计结论是否与工作结果一致。

14.4　审计报告的意义、作用和种类

审计报告是审计工作的最终结果。注册会计师在对约定事项实施了必要的审计程序，确认作为发表审计意见依据的审计证据已得到充分的收集和鉴定后，应根据对审计证据的综合和判断，编制审计报告，以书面形式向委托人就被审计单位的财务状况、经营成果和现金流量情况是否公允反映发表审计意见。

14.4.1　审计报告的意义

审计报告是注册会计师根据中国注册会计师执业准则的要求，在实施了必要的审计程序后出具的，用于对被审计单位财务报表发表审计意见的书面文件。审计报告是审计工作的最终成果，具有法定证明效力。

编制审计报告是注册会计师完成约定审计事项的一个非常重要的步骤，它是一项总结性的工作，其重要意义表现在以下几个方面。

1. 审计报告是注册会计师完成审计任务、表达审计意见的主要方式

会计师事务所接受委托人的委托，对被审计单位的经济活动、财务收支及其会计处理进行审计，鉴证被审计单位财务报表的合法性、公允性。注册会计师在审计过程中形成的意见或判断，平时分散在审计工作底稿中。通过编制审计报告，对审计工作底稿进行整理、归纳、综合、分析，形成系统的审计意见，既可以总结审计工作，完成约定的审计任务，又可以正确表达审计意见。毫无疑问，以书面形式编制审计报告，是审计工作中十分必要的步骤，它具有便于阅读和查考的特点，是口头汇报及其他报告方式所无法替代的。审计报告工作做得不好，将影响审计任务的完成，也不能正确、客观地表达审计意见。

2. 审计报告是明确注册会计师的责任、发挥鉴证作用的重要条件

审计报告是注册会计师发表审计意见、提出审计结论的书面文件。注册会计师出具的审计报告，应由审计项目合伙人签字并由所在单位签章，然后连同有关文件报送给委托人，由委托人分送给各使用单位。注册会计师应对出具的审计报告负责，无须报经任何机关、部门或单位审定。注册会计师的责任，是针对在财务报表审计过程中，按照审计约定书要求的范围，执行适当的审计程序，遵守规定的职业道德，具有胜任审计的工作能力。注册会计师对审计报告所负的责任，并不能代替或减轻被审计单位对财务报表的公允性、合法性所负的责任。注册会计师在审计报告上签名盖章，是保证审计报告真实、合法，并对其出具负责的重要条件。通过审计报告可以明确注册会计师作出审计结论的审计责任以及存在重大过失的法律责任。至于委托人使用审计报告，则应遵守委托时的约定，如因委托人引用不当或错误引用而造成后果的，应由引用者自负责任。

审计报告也是发挥鉴证作用的重要条件。财务报表使用者通过阅读审计报告，可以更好地了解被审计单位的财务状况、经营成果和现金流量等情况，可据以提出改进

管理的办法或制定科学的投资、信贷等方面的决策。

3. 审计报告是审计档案的重要组成部分

审计档案是审计工作形成的各种需要归档保管的文件。审计报告是审计档案中不可缺少的重要组成部分。它既反映审计计划、审计工作方案的执行结果，也与各种审计记录和工作底稿有密切的联系。审计报告是一个审计项目形成的各种需要归档保管的档案资料中综合性最强的，也是最重要的文件。它可以考核注册会计师的责任，发挥审计工作的作用。将其作为审计档案归档，也是保证审计工作质量，提高审计工作水平的要求。按规定，会计师事务所除应将审计报告报送委托人外，应由注册会计师对审计报告副本进行复核和签署，作为审计档案，立卷归档，妥善保管。

14.4.2 审计报告的作用

审计报告由项目合伙人签章并加盖会计师事务所公章后，报送给委托人，可以表明审计工作的质量，明确注册会计师的责任。委托人将审计报告分送给各个不同的使用单位，审计报告可以发挥鉴证作用、保护作用和建设性作用。鉴证作用是指注册会计师以独立的第三者的立场，通过审计报告对被审计单位财务报表所反映的财务状况、经营成果等是否合法、公允作出客观的鉴证；保护作用是指审计报告能够在一定程度上揭露被审计单位财务报表存在的重大错报和舞弊行为，保护投资者及有关利益相关者的利益；建设性作用是指审计报告可以针对被审计单位经营管理方面的问题，提出改进措施和合理化建议，有助于被审计单位改进经营管理。此外，审计报告也是不同的使用单位了解情况和处理问题的重要依据。

1. 审计报告是投资者作出投资决策的重要依据

任何投资都蕴含着风险，要求投资者认真研究投资对象的经营情况和财务状况，以提高投资的安全性和效益性。注册会计师通过审计，可以对被审计单位出具不同类型审计意见的审计报告，以提高或降低财务报表信息使用者对财务报表的信赖程度，能够在一定程度上对被审计单位的财产、债权人和股东权益及企业利益相关者的利益起到保护作用。如投资者为了减少投资风险，在进行投资之前，必须查阅被投资企业的财务报表和注册会计师的审计报告，了解被投资企业的经营情况和财务状况。投资者根据注册会计师的审计报告作出投资决策，可以减少投资风险。

2. 审计报告可以为政府有关部门了解、掌握企业情况提供依据

政府有关部门，如财政部门、税务部门及有关综合管理部门，需要通过企业财务报表来了解企业的财务状况和经营成果。财务报表是否合法、公允，需要审计报告提供证明。因此，审计报告是财政、税务机关等政府部门了解企业真实情况的重要依据，是财政、税务部门等进行税收征管及作出有关决策的依据。

3. 审计报告可以为银行等金融机构进行信贷决策提供依据

信贷资金总是流向效益好的企业或部门，以保证信贷资金的效益性和安全性，获得较高的利息收入。银行在作出贷款决策之前，需要了解申请贷款企业的财务状况，掌握其偿债能力和获利能力。审计报告可以为银行了解其客户的资信状况提供证明，是银行及其他金融机构决定贷款项目、规模和时间的重要依据。

14.4.3 审计报告的种类

审计报告可以按照不同标准，划分为不同的类型。

1. 按照审计报告使用的目的可分为公布目的的审计报告和非公布目的的审计报告

（1）公布目的的审计报告，一般是用于对企业股东、投资者、债权人等非特定利益关系者公布的附送财务报表的审计报告。

（2）非公布目的的审计报告，一般是用于经营管理、合并或业务转让、融通资金等特定目的而实施审计的审计报告。这类审计报告是分发给特定使用者的，如经营者、合并或业务转让的关系人、提供贷款的金融机构等。

2. 按审计报告的格式可分为标准审计报告和非标准审计报告

（1）标准审计报告是指格式和措辞基本统一的审计报告。审计职业界认为，为了避免混乱，有必要统一报告的格式和措辞。因为如果每个审计报告的格式和措辞不一，审计报告使用者势必难以理解其准确含义。标准审计报告一般适用于对外公布的审计报告。

（2）非标准审计报告是指格式和措辞不统一，可以根据具体审计项目的目的来决定的审计报告。它包括对不是以会计准则为基础编制的财务报表的审计报告，对财务报表中某些特定项目、账户等发表意见的审计报告，对是否符合法规规定发表意见的审计报告等特殊审计报告。非标准审计报告一般适用于非公布的审计报告。

3. 按照审计报告的详略程度可分为简式审计报告和详式审计报告

（1）简式审计报告，又称短式审计报告。它是指注册会计师对应公布的财务报表进行审计后所编制的简明扼要的审计报告。简式审计报告反映的内容是非特定多数的利益相关者共同认为的必要审计事项，它具有记载事项为法令或审计准则所规定的特征，具有标准格式。因而简式审计报告一般适用于公布目的，具有标准审计报告的特点。

（2）详式审计报告，又称长式审计报告。它是指对审计对象所有重要的经济业务和情况都要做详细说明和分析的审计报告。详式审计报告主要用于帮助企业改善经营管理，故其内容比简式审计报告要丰富得多、详细得多。详式审计报告一般适用于非公布目的，具有非标准审计报告的特点。

此外，审计报告还可按审查的财务报表所涵盖期间的不同，分为年度财务报表审计报告、中期财务报表审计报告；按审计内容和范围的不同，分为财政财务审计报告、财经法纪审计报告和经济效益审计报告。

14.5 审计报告的内容和审计意见的类型

审计报告是注册会计师审计工作的最终成果，审计报告可以综合反映注册会计师的工作质量和执业水准。审计报告具有法定证明效力，同时注册会计师对其也应承担相应的法律责任。审计风险是指被审计单位财务报表存在重大错报，而注册会计师审计后发表不恰当审计意见的可能性。审计风险集中反映在审计报告中。

14.5.1 审计意见的形成

注册会计师应当评价根据审计证据得出的结论，以作为对财务报表形成审计意见的基础。在对财务报表形成审计意见时，注册会计师应当根据已获取的审计证据，评价是否已对财务报表整体不存在重大错报获取合理保证。

注册会计师执行财务报表审计业务的目标是：

（1）在评价根据审计证据得出的结论的基础上，对财务报表形成审计意见；

（2）通过书面报告的形式清楚地表达审计意见，说明其形成基础。

注册会计师应当就财务报表是否在所有重大方面按照适用的财务报告编制基础编制并实现公允反映形成审计意见。为了形成审计意见，针对财务报表整体是否不存在由于舞弊或错误导致的重大错报，注册会计师应当得出结论，确定是否已就此获取合理保证。

注册会计师应当评价被审计单位财务报表是否在所有重大方面按照适用的财务报告编制基础编制。在评价时，注册会计师应当考虑被审计单位会计实务的质量，包括表明董事会的判断可能出现偏向的迹象。

注册会计师应当依据适用的财务报告编制基础特别评价下列内容：

（1）财务报表是否充分披露了所选择和运用的重要会计政策；

（2）所选择和运用的会计政策是否符合适用的财务报告编制基础，并适合被审计单位的具体情况；

（3）董事会作出的会计估计是否合理；

（4）财务报表列报的信息是否具有相关性、可靠性、可比性和可理解性；

（5）财务报表是否作出充分披露，使预期使用者能够理解重大交易和事项对财务报表所传递信息的影响；

（6）财务报表使用的术语（包括每一财务报表的标题）是否适当。

注册会计师作出的评价还应当包括财务报表是否实现公允反映，在评价财务报表是否实现公允反映时，注册会计师应当考虑下列方面：

（1）财务报表的整体列报、结构和内容是否合理；

（2）财务报表（包括相关附注）是否公允地反映了相关交易和事项。

注册会计师应当评价被审计单位财务报表是否恰当提及或说明适用的财务报告编制基础。

如果认为被审计单位财务报表在所有重大方面按照适用的财务报告编制基础编制并实现公允反映，注册会计师应当发表无保留意见。

当存在下列情形之一时，注册会计师应当按照中国注册会计师审计准则的规定，在审计报告中发表非无保留意见：

（1）根据获取的审计证据，得出财务报表整体存在重大错报的结论；

（2）无法获取充分、适当的审计证据，不能得出财务报表整体不存在重大错报的结论。

如果被审计单位财务报表没有实现公允反映，注册会计师应当就该事项与被审计单位管理层讨论，并视适用的财务报告编制基础的规定和该事项得到解决的情况，决定是否有必要按照中国注册会计师审计准则的规定在审计报告中发表非无保留意见。

14.5.2　审计报告的要素和内容

审计报告应采用书面形式。审计报告应包括的要求有：

1. 审计报告的要素

（1）标题；

（2）收件人；

（3）审计意见；

（4）形成审计意见的基础；

（5）管理层对财务报表的责任；

（6）注册会计师对财务报表审计的责任；

（7）按照相关法律法规的要求报告的事项（如适用）；

（8）注册会计师的签名和盖章；

（9）会计师事务所的名称、地址和盖章；

（10）报告日期。

在适用的情况下，注册会计师还应当按照相关规定，在审计报告中对与持续经营相关的重大不确定性、关键审计事项、被审计单位年度报告中包含的除财务报表和审计报告之外的其他信息进行报告。

2. 审计报告的内容

（1）审计报告应当具有标题，统一规范为“审计报告”。

（2）审计报告应当按照审计业务约定的要求载明收件人。

（3）审计报告的第一部分应当包含审计意见，并以“审计意见”作为标题。审计意见部分还应当包括下列方面：

1）指出被审计单位的名称；

2）说明财务报表已经审计；

3）指出构成整套财务报表的每一财务报表的名称；

4）提及财务报表附注，包括重大会计政策和会计估计；

5）指明构成整套财务报表的每一财务报表的日期或涵盖的期间。

如果对财务报表发表无保留意见，除非法律法规另有规定，审计意见应当使用“我们认为，后附的财务报表在所有重大方面按照［适用的财务报告编制基础（如企业会计准则等）］的规定编制，公允反映了［……］”的措辞。

（4）审计报告应当包含标题为“形成审计意见的基础”的部分。该部分应当紧接在审计意见部分之后，并包括下列方面：

1）说明注册会计师按照审计准则的规定执行了审计工作；

2）提及审计报告中用于描述审计准则规定的注册会计师责任的部分；

3）声明注册会计师按照与审计相关的职业道德要求独立于被审计单位，并履行了职业道德方面的其他责任，声明中应当指明适用的职业道德要求，如中国注册会计师职业道德守则；

4）说明注册会计师是否相信获取的审计证据是充分、适当的，为发表审计意见提供了基础。

（5）审计报告应当包含标题为“管理层对财务报表的责任”的部分。审计报告中应当使用特定国家或地区法律框架下的恰当术语，而不必限定为“管理层”。在某些国家或地区，恰当的术语可能是“治理层”。管理层对财务报表的责任部分应当说明管理层负责下列方面：

1）按照适用的财务报告编制基础的规定编制财务报表，使其实现公允反映，并设计、执行和维护必要的内部控制，以使财务报表不存在由于舞弊或错误导致的重大错报；

2）评估被审计单位的持续经营能力和使用持续经营假设是否适当，并披露与持续经营相关的事项（如适用），对管理层评估责任的说明应当包括描述在何种情况下使用持续经营假设是适当的。

（6）审计报告应当包含标题为“注册会计师对财务报表审计的责任”的部分。注册会计师对财务报表审计的责任部分应当包括下列内容：

1）说明注册会计师的目标是对财务报表整体是否不存在由于舞弊或错误导致的重大错报获取合理保证，并出具包含审计意见的审计报告；

2）说明合理保证是高水平的保证，但并不能保证按照审计准则执行的审计在某一重大错报存在时总能发现；

3）说明错报可能由于舞弊或错误导致。

在说明错报可能由于舞弊或错误导致时，注册会计师应当从下列两种做法中选取一种：一是描述如果合理预期错报单独或汇总起来可能影响财务报表使用者依据财务报表作出的经济决策，则通常认为错报是重大的；二是根据适用的财务报告编制基础，提供关于重要性的定义或描述。

注册会计师对财务报表审计的责任部分还应当包括说明在按照审计准则执行审计工作的过程中，注册会计师运用职业判断，并保持职业怀疑；通过说明注册会计师的责任，对审计工作进行描述。这些责任包括：

1）识别和评估由于舞弊或错误导致的财务报表重大错报风险，设计和实施审计程序以应对这些风险，并获取充分、适当的审计证据，作为发表审计意见的基础。由于舞弊可能涉及串通、伪造、故意遗漏、虚假陈述或凌驾于内部控制之上，未能发现由于舞弊导致的重大错报的风险高于未能发现由于错误导致的重大错报的风险。

2）了解与审计相关的内部控制，以设计恰当的审计程序，但目的并非对内部控制的有效性发表意见。当注册会计师有责任在财务报表审计的同时对内部控制的有效性发表意见时，应当略去上述“目的并非对内部控制的有效性发表意见”的表述。

3）评价管理层选用会计政策的恰当性和作出会计估计及相关披露的合理性。

4）对管理层使用持续经营假设的恰当性得出结论。同时，根据获取的审计证据，就可能导致对被审计单位持续经营能力产生重大疑虑的事项或情况是否存在重大不确定性得出结论。如果注册会计师得出结论认为存在重大不确定性，审计准则要求注册会计师在审计报告中提请报表使用者关注财务报表中的相关披露；如果披露不充分，注册会计师应当发表非无保留意见。注册会计师的结论基于截至审计报告日可获得的信息。然而，未来的事项或情况可能导致被审计单位不能持续经营。

5）评价财务报表的总体列报、结构和内容（包括披露），并评价财务报表是否公允反映相关交易和事项。

注册会计师对财务报表审计的责任部分还应当包括下列内容：

1）说明注册会计师与治理层就计划的审计范围、时间安排和重大审计发现等事项进行沟通，包括沟通注册会计师在审计中识别的值得关注的内部控制缺陷。

2）对于上市实体财务报表审计，指出注册会计师就已遵守与独立性相关的职业道德要求向治理层提供声明，并与治理层沟通可能被合理认为影响注册会计师独立性的所有关系和其他事项，以及相关的防范措施（如适用）。

3）对于上市实体财务报表审计，规定沟通关键审计事项的其他情况，说明注册会计师从与治理层沟通过的事项中确定哪些事项对本期财务报表审计最为重要，因而构成关键审计事项。注册会计师应当在审计报告中描述这些事项，除非法律法规禁止公开披露这些事项，或在极少数情形下，注册会计师合理预期在审计报告中沟通某事项造成的负面后果超过在公众利益方面产生的益处，因而确定不应在审计报告中沟通该事项。

（7）按照相关法律法规的要求报告的事项。除审计准则规定的注册会计师责任外，如果注册会计师在对财务报表出具的审计报告中履行其他报告责任，应当在审计报告中将其单独作为一部分，并以“按照相关法律法规的要求报告的事项”为标题，或使用适合于该部分内容的其他标题，除非其他报告责任涉及的事项与审计准则规定的报告责任涉及的事项相同。如果涉及相同的事项，其他报告责任可以在审计准则规定的同一报告要素部分列示。

如果将其他报告责任在审计准则要求的同一报告要素部分列示，审计报告应当清楚区分其他报告责任和审计准则要求的报告责任。如果审计报告将其他报告责任单独作为一部分，应当置于“对财务报表出具的审计报告”标题下；“按照相关法律法规的要求报告的事项”部分置于“对财务报表出具的审计报告”部分之后。

（8）审计报告应当由项目合伙人和另一名负责该项目的注册会计师签名和盖章。注册会计师应当在对上市实体整套通用目的财务报表出具的审计报告中注明项目合伙人。

（9）审计报告应当载明会计师事务所的名称和地址，并加盖会计师事务所公章。

（10）审计报告应当注明报告日期。审计报告日不应早于注册会计师获取充分、适当的审计证据，并在此基础上对财务报表形成审计意见的日期。

在确定审计报告日时，注册会计师应当确信已获取下列两方面的审计证据：

1）构成整套财务报表的所有报表（包括相关附注）已编制完成。

2）被审计单位的董事会、经理层或类似机构已经认可其对财务报表负责。

14.5.3　在审计报告中沟通关键审计事项

关键审计事项，是指注册会计师根据职业判断认为对本期财务报表审计最为重要的事项。关键审计事项从注册会计师与治理层沟通过的事项中选取。注册会计师的目标是，确定关键审计事项，并在对财务报表形成审计意见后，以在审计报告中描述关键审计事项的方式沟通这些事项。

1. 在审计报告中沟通关键审计事项的意义

在审计报告中沟通关键审计事项，旨在通过提高已执行审计工作的透明度增加审计报告的沟通价值。沟通关键审计事项能够为财务报表预期使用者提供额外的信息，以帮助其了解注册会计师根据职业判断认为对本期财务报表审计最为重要的事项。沟通关键审计事项还能够帮助财务报表预期使用者了解被审计单位以及已审计财务报表中涉及重大管理层判断的领域。在审计报告中沟通关键审计事项，还能够为财务报表预期使用者就与被审计单位、已审计财务报表或已执行审计工作相关的事项进一步与管理层和治理层沟通提供基础。

在审计报告中沟通关键审计事项以注册会计师已就财务报表整体形成审计意见为背景。在审计报告中沟通关键审计事项不能代替下列事项：

（1）管理层按照适用的财务报告编制基础在财务报表中作出的披露，或为使财务报表实现公允反映而作出的披露；

（2）注册会计师根据审计业务的具体情况发表非无保留意见；

（3）当可能导致对被审计单位持续经营能力产生重大疑虑的事项或情况存在重大不确定性时，注册会计师按照持续经营的规定进行报告。

在审计报告中沟通关键审计事项也不是注册会计师就单一事项单独发表意见。注册会计师在对财务报表发表无法表示意见时，不得在审计报告中沟通关键审计事项，除非法律法规要求沟通。

2. 在审计报告中确定关键审计事项

注册会计师应当从与治理层沟通过的事项中确定在执行审计工作时重点关注过的事项。在确定时，注册会计师应当考虑下列方面：

（1）通过了解被审计单位及其环境识别和评估重大错报风险，评估出的重大错报风险较高的领域或识别出的特别风险；

（2）与财务报表中涉及重大管理层判断（包括被认为具有高度估计不确定性的会计估计）的领域相关的重大审计判断；

（3）本期重大交易或事项对审计的影响。

注册会计师应当从确定的事项中，确定哪些事项对本期财务报表审计最为重要，从而构成关键审计事项。

3. 在审计报告中沟通关键审计事项

注册会计师应当在审计报告中单设一部分，以“关键审计事项”为标题，并在该部分使用恰当的子标题逐项描述关键审计事项。关键审计事项部分的引言应当同时说明下列事项：

（1）关键审计事项是注册会计师根据职业判断，认为对本期财务报表审计最为重要的事项；

（2）关键审计事项的应对以对财务报表整体进行审计并形成审计意见为背景，注册会计师不对关键审计事项单独发表意见。

如果注册会计师发表非无保留意见，不得在审计报告的关键审计事项部分沟通这些事项。

在审计报告的关键审计事项部分逐项反映关键审计事项时，注册会计师应当分别索引至财务报表的相关披露（如有），同时说明下列内容：

（1）该事项被认定为审计中最为重要的事项之一，因而被确定为关键审计事项的原因；

（2）该事项在审计中是如何应对的。

除非存在下列情形之一，注册会计师应当在审计报告中描述每项关键审计事项：

（1）法律法规禁止公开披露某事项；

（2）在极少数情形下，如果合理预期在审计报告中沟通某事项造成的负面后果超过在公众利益方面产生的益处，注册会计师确定不应在审计报告中沟通该事项。

导致非无保留意见的事项，或者可能导致对被审计单位持续经营能力产生重大疑虑的事项，就其性质而言都属于关键审计事项。然而，这些事项不得在审计报告的关键审计事项部分进行描述。

如果注册会计师根据被审计单位和审计业务的具体事实和情况，确定不存在需要沟通的关键审计事项，或者仅有的需要沟通的关键审计事项是导致非无保留意见的事项或者可能导致对被审计单位持续经营能力产生重大疑虑的事项，注册会计师应当在审计报告中单设的关键审计事项部分对此进行说明。

14.5.4　标准审计报告

标准审计报告，是指不含有说明段、强调事项段、其他事项段或其他任何修饰性用语的无保留意见的审计报告。

注册会计师应根据审计结论，出具下列审计意见之一的审计报告：

（1）无保留意见审计报告。

（2）带强调事项段和其他事项段的无保留意见审计报告。

（3）保留意见审计报告。

（4）否定意见审计报告。

（5）无法表示意见审计报告。

如果认为财务报表在所有重大方面按照适用的财务报告编制基础的规定编制并实现合法、公允反映，注册会计师应当发表无保留意见。

当存在下列情形之一时，注册会计师应当在审计报告中发表非无保留意见：

（1）根据获取的审计证据，得出财务报表整体存在重大错报的结论；

（2）无法获取充分、适当的审计证据，不能得出财务报表整体不存在重大错报的结论。

如果财务报表没有实现公允反映，注册会计师应当就该事项与管理层讨论，并根据适用的财务报告编制基础的规定和该事项得到解决的情况，决定是否有必要在审计报告中发表非无保留意见。

当注册会计师出具的无保留意见审计报告不附加强调事项段和其他事项段或任何

修饰性用语时，该审计报告称为标准审计报告。

标准审计报告格式和内容如下。

例 14-1

审计报告

ABC 股份有限公司全体股东：

一、对财务报表出具的审计报告

（一）审计意见

我们审计了 ABC 股份有限公司（以下简称 ABC 公司）财务报表，包括 2018 年 12 月 31 日的资产负债表，2018 年度的利润表、现金流量表、股东权益变动表，以及财务报表附注（包括重大会计政策和会计估计）。

我们认为，后附的财务报表在所有重大方面按照企业会计准则的规定编制，公允反映了 ABC 公司 2018 年 12 月 31 日的财务状况以及 2018 年度的经营成果和现金流量。

（二）形成审计意见的基础

我们按照中国注册会计师审计准则的规定执行了审计工作。审计报告的“注册会计师对财务报表审计的责任”部分进一步阐述了我们在这些准则下的责任。按照中国注册会计师职业道德守则，我们独立于 ABC 公司，并履行了职业道德方面的其他责任。我们相信，我们获取的审计证据是充分、适当的，为发表审计意见提供了基础。

（三）关键审计事项

关键审计事项是我们根据职业判断，认为对本期财务报表审计最为重要的事项。这些事项的应对以对财务报表整体进行审计并形成审计意见为背景，我们不对这些事项单独发表意见。

在公司良好业绩背后，是 ABC 公司与控股股东存在的巨额的关联交易。公司 2018 年向控股股东及其子公司关联方出售商品和提供劳务发生关联交易金额为 806.54 亿元，占总收入的 85.5%。有些关联交易难以找到市场可比价格。

（四）其他信息

董事会对其他信息负责，其他信息包括 ABC 公司未来五年规划报告中涵盖的信息，但不包括财务报表和我们的审计报告。

我们对财务报表的审计意见并不涵盖其他信息，我们也不对其他信息发表任何形式的鉴证结论。

结合我们对财务报表的审计，我们的责任是阅读其他信息，在此过程中，考虑其他信息是否与财务报表或我们在审计过程中了解的情况存在重大不一致或者似乎存在重大错报。

基于我们已经执行的工作，如果我们确定其他信息存在重大错报，我们应当报告该事实。本次审计，我们确定其他信息不存在重大错报。

（五）管理层和治理层对财务报表的责任

管理层负责按照企业会计准则的规定编制财务报表，使其实现公允反映，并设计、执行和维护必要的内部控制，以使财务报表不存在由于舞弊或错误导致的重大错报。

在编制财务报表时，管理层负责评估ABC公司的持续经营能力，披露与持续经营相关的事项（如适用），并运用持续经营假设，除非管理层计划清算ABC公司、终止运营或别无其他现实的选择。

治理层负责监督ABC公司的财务报告过程。

（六）注册会计师对财务报表审计的责任

我们的目标是对财务报表整体是否不存在由于舞弊或错误导致的重大错报获取合理保证，并出具包含审计意见的审计报告。合理保证是高水平的保证，但按照审计准则执行的审计并不能保证一定会发现存在的重大错报。错报可能由于舞弊或错误导致，如果合理预期错报单独或汇总起来可能影响财务报表使用者依据财务报表作出的经济决策，则通常认为错报是重大的。

在按照审计准则执行审计工作的过程中，我们运用职业判断，并保持职业怀疑。同时，我们也执行以下工作：

（1）识别和评估由于舞弊或错误导致的财务报表重大错报风险，设计和实施审计程序以应对这些风险，并获取充分、适当的审计证据，作为发表审计意见的基础。由于舞弊可能涉及串通、伪造、故意遗漏、虚假陈述或凌驾于内部控制之上，未能发现由于舞弊导致的重大错报的风险高于未能发现由于错误导致的重大错报的风险。

（2）了解与审计相关的内部控制，以设计恰当的审计程序，但目的并非对内部控制的有效性发表意见。

（3）评价管理层选用会计政策的恰当性和作出会计估计及相关披露的合理性。

（4）对管理层使用持续经营假设的恰当性得出结论。同时，根据获取的审计证据，就可能导致对ABC公司持续经营能力产生重大疑虑的事项或情况是否存在重大不确定性得出结论。如果我们得出结论认为存在重大不确定性，审计准则要求我们在审计报告中提请报表使用者注意财务报表中的相关披露；如果披露不充分，我们应当发表非无保留意见。我们的结论基于截至审计报告日可获得的信息。然而，未来的事项或情况可能导致ABC公司不能持续经营。

（5）评价财务报表的总体列报、结构和内容（包括披露），并评价财务报表是否公允反映相关交易和事项。

我们与治理层就计划的审计范围、时间安排和重大审计发现等事项进行沟通，包括沟通我们在审计中识别出的值得关注的内部控制缺陷。

我们还就已遵守与独立性相关的职业道德要求向治理层提供声明，并与治理层沟通可能被合理认为影响我们独立性的所有关系和其他事项，以及相关的防范措施（如适用）。

从与治理层沟通的事项中，我们确定哪些事项对本期财务报表审计最为重要，因而构成关键审计事项。我们在审计报告中描述这些事项，除非法律法规禁止公开披露这些事项，或在极少数情形下，如果合理预期在审计报告中沟通某事项造成的负面后果超过在公众利益方面产生的益处，我们确定不应在审计报告中沟通该事项。

二、按照相关法律法规的要求报告的事项

根据现行法律法规对其他报告责任性质的规定，我们没有发现ABC公司在所审计期间有需要报告的其他事项。

中永信会计师事务所　　　　中国注册会计师：李林（项目合伙人）（签名并盖章）
（盖章）　　　　　　　　　中国注册会计师：王霞（签名并盖章）
中国北京市　　　　　　　　二〇一九年二月十日

14.5.5 非标准审计报告

非标准审计报告是指标准审计报告以外的其他审计报告，包括带强调事项段和其他事项段的无保留意见的审计报告及非无保留意见的审计报告。

非无保留意见的审计报告包括保留意见的审计报告、否定意见的审计报告和无法表示意见的审计报告。

注册会计师确定恰当的非无保留意见类型，取决于下列事项：

（1）导致非无保留意见的事项的性质，是财务报表存在重大错报，还是在无法获取充分、适当的审计证据的情况下，财务报表可能存在重大错报；

（2）注册会计师就导致非无保留意见的事项对财务报表产生或可能产生影响的广泛性作出的判断。

当存在下列情形之一时，注册会计师对财务报表清楚地发表恰当的非无保留意见：

（1）根据获取的审计证据，得出财务报表整体存在重大错报的结论；

（2）无法获取充分、适当的审计证据，不能得出财务报表整体不存在重大错报的结论。

当出具非无保留意见的审计报告时，注册会计师应当在注册会计师的责任段之后、审计意见段之前增加说明段，清楚地说明导致所发表意见或无法发表意见的所有原因，并在可能的情况下，指出其对财务报表的影响程度。

审计报告的说明段是指审计报告中位于审计意见之前用于描述注册会计师对财务报表发表保留意见、否定意见或无法表示意见理由的段落。

1. 带强调事项段和其他事项段的无保留意见审计报告

强调事项段，是指审计报告中含有的一个段落，该段落提及已在被审计单位财务报表中恰当列报或披露的事项，根据注册会计师的职业判断，该事项对财务报表使用者理解财务报表至关重要。

其他事项段，是指审计报告中含有的一个段落，该段落提及未在被审计单位财务报表中列报或披露的事项，根据注册会计师的职业判断，该事项与财务报表使用者理解审计工作、注册会计师的责任或审计报告相关。

如果认为有必要，注册会计师可以在审计报告中提供下列补充信息，以提醒使用者关注：

（1）尽管已在财务报表中列报或披露，但对使用者理解财务报表至关重要的事项；

（2）未在财务报表中列报或披露，但与使用者理解审计工作、注册会计师的责任或审计报告相关的事项。

注册会计师的目标是，在对被审计单位财务报表形成审计意见后，如果根据职业判断认为有必要在审计报告中增加强调事项段或其他事项段，通过明确提供补充信息的方式，提醒财务报表使用者关注下列事项：尽管已在被审计单位财务报表中恰当列报或披露，但对财务报表使用者理解财务报表至关重要的事项；未在被审计单位财务报表中列报或披露，但与财务报表使用者理解审计工作、注册会计师的责任或审计报告相关的其他事项。

（1）无保留意见审计报告中的强调事项段。如果认为有必要提醒财务报表使用者关注已在财务报表中列报或披露，且根据职业判断认为对财务报表使用者理解财务报表至关重要的事项，在同时满足下列条件时，注册会计师应当在审计报告中增加强调事项段：

1）该事项不会导致注册会计师发表非无保留意见；

2）该事项未被确定为在审计报告中沟通的关键审计事项。

如果在审计报告中包含强调事项段，注册会计师应当采取下列措施：

1）将强调事项段作为单独的一部分置于审计报告中，并使用包含“强调事项”这一术语的适当标题。

2）明确提及被强调事项以及相关披露的位置，以便能够在财务报表中找到对该事项的详细描述。强调事项段应当仅提及已在财务报表中列报或披露的信息。

3）指出审计意见没有因该强调事项而改变。

带强调事项段的无保留意见审计报告格式和内容如下：

例 14－2

审计报告

宏达股份有限公司全体股东：

一、对财务报表出具的审计报告

（一）审计意见

我们审计了宏达股份有限公司（以下简称宏达公司）财务报表，包括 2018 年 12 月 31 日的资产负债表，2018 年度的利润表、现金流量表、股东权益变动表，以及财务报表附注（包括重大会计政策和会计估计）。

我们认为，后附的财务报表在所有重大方面按照企业会计准则的规定编制，公允反映了宏达公司 2018 年 12 月 31 日的财务状况以及 2018 年度的经营成果和现金流量。

（二）形成审计意见的基础

我们按照中国注册会计师审计准则的规定执行了审计工作。审计报告的“注册会计师对财务报表审计的责任”部分进一步阐述了我们在这些准则下的责任。按照中国注册会计师职业道德守则，我们独立于宏达公司，并履行了职业道德方面的其他责任。我们相信，我们获取的审计证据是充分、适当的，为发表审计意见提供了基础。

（三）强调事项

我们提醒财务报表使用者关注，财务报表附注（九）描述了火灾对宏达公司的生产设备造成的影响。本段内容不影响已发表的审计意见。

（四）关键审计事项

关键审计事项是我们根据职业判断，认为对本期财务报表审计最为重要的事项。这些事项是在对财务报表整体进行审计并形成意见的背景下进行应对的，我们不对这些事项单独发表意见。

宏达公司2018年12月出售了1 000万股中宏证券，获利约2.58亿元。非经常性损益占宏大公司2018年净利润的65%。

（五）其他信息

董事会对其他信息负责，其他信息包括宏达公司发展战略调整报告中涵盖的信息，但不包括财务报表和我们的审计报告。

我们对财务报表的审计意见并不涵盖其他信息，我们也不对其他信息发表任何形式的鉴证结论。

结合我们对财务报表的审计，我们的责任是阅读其他信息，在此过程中，考虑其他信息是否与财务报表或我们在审计过程中了解的情况存在重大不一致或者似乎存在重大错报。

基于我们已经执行的工作，如果我们确定其他信息存在重大错报，我们应当报告该事实。本次审计，我们确定宏达公司其他信息不存在重大错报。

（六）管理层和治理层对财务报表的责任

管理层负责按照企业会计准则的规定编制财务报表，使其实现公允反映，并设计、执行和维护必要的内部控制，以使财务报表不存在由于舞弊或错误导致的重大错报。

在编制财务报表时，管理层负责评估宏达公司的持续经营能力，披露与持续经营相关的事项（如适用），并运用持续经营假设，除非管理层计划清算宏达公司、终止运营或别无其他现实的选择。

治理层负责监督宏达公司的财务报告过程。

（七）注册会计师对财务报表审计的责任

我们的目标是对财务报表整体是否不存在由于舞弊或错误导致的重大错报获取合理保证，并出具包含审计意见的审计报告。合理保证是高水平的保证，但按照审计准则执行的审计并不能保证一定会发现存在的重大错报。错报可能由于舞弊或错误导致，如果合理预期错报单独或汇总起来可能影响财务报表使用者依据财务报表作出的经济决策，则通常认为错报是重大的。

在按照审计准则执行审计工作的过程中，我们运用职业判断，并保持职业怀疑。同时，我们也执行以下工作：

(1) 识别和评估由于舞弊或错误导致的财务报表重大错报风险，设计和实施审计程序以应对这些风险，并获取充分、适当的审计证据，作为发表审计意见的基础。由于舞弊可能涉及串通、伪造、故意遗漏、虚假陈述或凌驾于内部控制之上，未能发现由于舞弊导致的重大错报的风险高于未能发现由于错误导致的重大错报的风险。

(2) 了解与审计相关的内部控制，以设计恰当的审计程序，但目的并非对内部控制的有效性发表意见。

(3) 评价管理层选用会计政策的恰当性和作出会计估计及相关披露的合理性。

(4) 对管理层使用持续经营假设的恰当性得出结论。同时，根据获取的审计证据，就可能导致对宏达公司持续经营能力产生重大疑虑的事项或情况是否存在重大不确定性得出结论。如果我们得出结论认为存在重大不确定性，审计准则要求我们在审计报告中提请报表使用者注意财务报表中的相关披露；如果披露不充分，我们应当发表非无保留意见。我们的结论基于截至审计报告日可获得的信息。然而，未来的事项或情况可能导致宏达公司不能持续经营。

（5）评价财务报表的总体列报、结构和内容（包括披露），并评价财务报表是否公允反映相关交易和事项。

我们与治理层就计划的审计范围、时间安排和重大审计发现等事项进行沟通，包括沟通我们在审计中识别出的值得关注的内部控制缺陷。

我们还就已遵守与独立性相关的职业道德要求向治理层提供声明，并与治理层沟通可能被合理认为影响我们独立性的所有关系和其他事项，以及相关的防范措施。

从与治理层沟通的事项中，我们确定哪些事项对本期财务报表审计最为重要，因而构成关键审计事项。我们在审计报告中描述这些事项，除非法律法规禁止公开披露这些事项，或在极少数情形下，如果合理预期在审计报告中沟通某事项造成的负面后果超过在公众利益方面产生的益处，我们确定不应在审计报告中沟通该事项。

二、按照相关法律法规的要求报告的事项

根据现行法律法规对其他报告责任性质的规定，我们没有发现宏达公司在所审计期间有需要报告的其他事项。

中航会计师事务所　　　　中国注册会计师：张力（项目合伙人）（签名并盖章）
（盖章）　　　　　　　　中国注册会计师：曾伟大（签名并盖章）
中国北京市　　　　　　　二〇一九年三月二日

（2）无保留意见审计报告中的其他事项段。如果认为有必要沟通虽然未在财务报表中列报或披露，但根据职业判断认为与财务报表使用者理解审计工作、注册会计师的责任或审计报告相关的事项，在同时满足下列条件时，注册会计师应当在审计报告中增加其他事项段：

1）未被法律法规禁止；

2）该事项未被确定为在审计报告中沟通的关键审计事项。

如果在审计报告中包含其他事项段，注册会计师应当将该段落作为单独的一部分，并使用“其他事项”或其他适当标题。

带其他事项段的无保留意见审计报告格式和内容如下：

例 14-3

审计报告

高伟股份有限公司全体股东：

一、对财务报表出具的审计报告

（一）审计意见

我们审计了高伟股份有限公司（以下简称高伟公司）财务报表，包括 2018 年 12

月31日的资产负债表，2018年度的利润表、现金流量表、股东权益变动表，以及财务报表附注（包括重大会计政策和会计估计）。

我们认为，后附的财务报表在所有重大方面按照企业会计准则的规定编制，公允反映了高伟公司2018年12月31日的财务状况以及2018年度的经营成果和现金流量。

（二）形成审计意见的基础

我们按照中国注册会计师审计准则的规定执行了审计工作。审计报告的“注册会计师对财务报表审计的责任”部分进一步阐述了我们在这些准则下的责任。按照中国注册会计师职业道德守则，我们独立于高伟公司，并履行了职业道德方面的其他责任。我们相信，我们获取的审计证据是充分、适当的，为发表审计意见提供了基础。

（三）其他事项

在审计过程中，我们发现高伟公司于2017年12月通过了在2018年实施大幅度降低产品销售价格扩大市场占有率的经营策略，这预计将导致高盛公司在2018年出现利润减少4 800万元，提醒财务报表使用者关注。本段内容并不影响已发表的审计意见。

（四）关键审计事项

关键审计事项是我们根据职业判断，认为对本期财务报表审计最为重要的事项。这些事项是在对财务报表整体进行审计并形成意见的背景下进行应对的，我们不对这些事项单独发表意见。

高伟公司2018年获得的政府补贴为7 940.54万元，在这部分政府补贴中，资源综合利用增值税退税总计6 878.81万元。政府补贴占宏大公司2018年净利润的45%。

（五）其他信息

董事会对其他信息负责，其他信息包括高伟公司参与“一带一路”发展报告中涵盖的信息，但不包括财务报表和我们的审计报告。

我们对财务报表的审计意见并不涵盖其他信息，我们也不对其他信息发表任何形式的鉴证结论。

结合我们对财务报表的审计，我们的责任是阅读其他信息，在此过程中，考虑其他信息是否与财务报表或我们在审计过程中了解的情况存在重大不一致或者似乎存在重大错报。

基于我们已经执行的工作，如果我们确定其他信息存在重大错报，我们应当报告该事实。本次审计，我们确定高伟公司其他信息不存在重大错报。

（六）管理层和治理层对财务报表的责任

管理层负责按照企业会计准则的规定编制财务报表，使其实现公允反映，并设计、执行和维护必要的内部控制，以使财务报表不存在由于舞弊或错误导致的重大错报。

在编制财务报表时，董事会负责评估高伟公司的持续经营能力，披露与持续经营相关的事项（如适用），并运用持续经营假设，除非董事会计划清算高伟公司、终止运营或别无其他现实的选择。

治理层负责监督高伟公司的财务报告过程。

（七）注册会计师对财务报表审计的责任

我们的目标是对财务报表整体是否不存在由于舞弊或错误导致的重大错报获取合理保证，并出具包含审计意见的审计报告。合理保证是高水平的保证，但按照审计准则执行的审计并不能保证一定会发现存在的重大错报。错报可能由于舞弊或错误导致，如果合理预期错报单独或汇总起来可能影响财务报表使用者依据财务报表作出的经济决策，则通常认为错报是重大的。

在按照审计准则执行审计工作的过程中，我们运用职业判断，并保持职业怀疑。同时，我们也执行以下工作：

（1）识别和评估由于舞弊或错误导致的财务报表重大错报风险，设计和实施审计程序以应对这些风险，并获取充分、适当的审计证据，作为发表审计意见的基础。由于舞弊可能涉及串通、伪造、故意遗漏、虚假陈述或凌驾于内部控制之上，未能发现由于舞弊导致的重大错报的风险高于未能发现由于错误导致的重大错报的风险。

（2）了解与审计相关的内部控制，以设计恰当的审计程序，但目的并非对内部控制的有效性发表意见。

（3）评价管理层选用会计政策的恰当性和作出会计估计及相关披露的合理性。

（4）对管理层使用持续经营假设的恰当性得出结论。同时，根据获取的审计证据，就可能导致对高伟公司持续经营能力产生重大疑虑的事项或情况是否存在重大不确定性得出结论。如果我们得出结论认为存在重大不确定性，审计准则要求我们在审计报告中提请报表使用者注意财务报表中的相关披露；如果披露不充分，我们应当发表非无保留意见。我们的结论基于截至审计报告日可获得的信息。然而，未来的事项或情况可能导致高伟公司不能持续经营。

（5）评价财务报表的总体列报、结构和内容（包括披露），并评价财务报表是否公允反映相关交易和事项。

我们与治理层就计划的审计范围、时间安排和重大审计发现等事项进行沟通，包括沟通我们在审计中识别出的值得关注的内部控制缺陷。

我们还就已遵守与独立性相关的职业道德要求向治理层提供声明，并与治理层沟通可能被合理认为影响我们独立性的所有关系和其他事项，以及相关的防范措施。

从与治理层沟通的事项中，我们确定哪些事项对本期财务报表审计最为重要，因而构成关键审计事项。我们在审计报告中描述这些事项，除非法律法规禁止公开披露这些事项，或在极少数情形下，如果合理预期在审计报告中沟通某事项造成的负面后果超过在公众利益方面产生的益处，我们确定不应在审计报告中沟通该事项。

二、按照相关法律法规的要求报告的事项

根据现行法律法规对其他报告责任性质的规定，我们没有发现高伟公司在所审计期间有需要报告的其他事项。

天横会计师事务所	中国注册会计师：陈明（项目合伙人）（签名并盖章）
（盖章）	中国注册会计师：黄小山（签名并盖章）
中国上海市	二〇一九年三月八日

2. 保留意见审计报告

（1）发表保留意见的条件。保留意见是指注册会计师对被审计单位财务报表的反映有所保留的审计意见。一般是由于某些事项的存在，使无保留意见的条件不完全具备，影响了被审计单位财务报表的表达，因而注册会计师对无保留意见加以修正，对影响事项提出保留意见，并表示对该意见负责。

如果认为被审计单位财务报表就其整体是公允的，当存在下列情形之一时，注册会计师应当发表保留意见：

1）在获取充分、适当的审计证据后，注册会计师认为错报单独或累计起来对被审计单位财务报表影响重大，但不具有广泛性；

2）注册会计师无法获取充分、适当的审计证据以作为形成审计意见的基础，但认为未发现的错报（如存在）对被审计单位财务报表可能产生的影响重大，但不具有广泛性。

只有当注册会计师认定被审计单位整个财务报表是公允表达的情况下，才能采用保留意见；如果注册会计师认为所报告的情况极为严重，则应用否定意见或无法表示意见。因此，保留意见应认为是一种在不能提出无保留意见的情况下最不严厉的意见。

（2）保留意见的审计报告举例。

例 14-4

审计报告

大通股份有限公司全体股东：

一、对财务报表出具的审计报告

（一）保留意见

我们审计了大通股份有限公司（以下简称大通公司）财务报表，包括2018年12月31日的资产负债表，2018年度的利润表、现金流量表、股东权益变动表，以及财务报表附注（包括重大会计政策和会计估计）。

我们认为，除“形成保留意见的基础”部分所述事项产生的影响外，后附的财务报表在所有重大方面按照企业会计准则的规定编制，公允反映了大通公司2018年12月31日的财务状况以及2018年度的经营成果和现金流量。

（二）形成保留意见的基础

大通公司2018年12月31日资产负债表中存货的列示金额为32 178 604元。董事会根据历史成本对存货进行计量，这不符合企业会计准则的规定。大通公司的会计记录显示，如果董事会以企业会计准则要求来计量存货，存货列示金额将减少5 421 098元。相应地，资产减值损失将增加5 421 098元，所得税、净利润和股东权益将分别减少。

我们按照中国注册会计师审计准则的规定执行了审计工作。审计报告的“注册会计师对财务报表审计的责任”部分进一步阐述了我们在这些准则下的责任。按照中国注册会计师职业道德守则，我们独立于大通公司，并履行了职业道德方面的其他责任。我们相信，我们获取的审计证据是充分、适当的，为发表保留意见提供了基础。

（三）其他信息

董事会对其他信息负责，其他信息包括大通公司全面信息化发展报告中涵盖的信息，但不包括财务报表和我们的审计报告。

我们对财务报表的审计意见并不涵盖其他信息，我们也不对其他信息发表任何形式的鉴证结论。

结合我们对财务报表的审计，我们的责任是阅读其他信息，在此过程中，考虑其他信息是否与财务报表或我们在审计过程中了解的情况存在重大不一致或者似乎存在重大错报。

基于我们已经执行的工作，如果我们确定其他信息存在重大错报，我们应当报告该事实。本次审计，我们确定大通公司其他信息不存在重大错报。

（四）关键审计事项

关键审计事项是我们根据职业判断，认为对本期财务报表审计最为重要的事项。这些事项是在对财务报表整体进行审计并形成意见的背景下进行应对的，我们不对这些事项单独发表意见。除“形成保留意见的基础”部分所述事项外，我们确定下列事项是需要在审计报告中沟通的关键审计事项。

大通公司 2018 年营业收入和盈利下降，经营活动产生的现金流量净额为－1.56 亿元。对此，大通公司给出的解释是行业不景气所致。

（五）管理层和治理层对财务报表的责任

董事会负责按照企业会计准则的规定编制财务报表，使其实现公允反映，并设计、执行和维护必要的内部控制，以使财务报表不存在由于舞弊或错误导致的重大错报。

在编制财务报表时，董事会负责评估大通公司的持续经营能力，披露与持续经营相关的事项（如适用），并运用持续经营假设，除非管理层计划清算大通公司、终止运营或别无其他现实的选择。

治理层负责监督大通公司的财务报告过程。

（六）注册会计师对财务报表审计的责任

我们的目标是对财务报表整体是否不存在由于舞弊或错误导致的重大错报获取合理保证，并出具包含审计意见的审计报告。合理保证是高水平的保证，但按照审计准则执行的审计并不能保证一定会发现存在的重大错报。错报可能由于舞弊或错误导致，如果合理预期错报单独或汇总起来可能影响财务报表使用者依据财务报表作出的经济决策，则通常认为错报是重大的。

在按照审计准则执行审计工作的过程中，我们运用职业判断，并保持职业怀疑。同时，我们也执行以下工作：

(1) 识别和评估由于舞弊或错误导致的财务报表重大错报风险，设计和实施审计程序以应对这些风险，并获取充分、适当的审计证据，作为发表审计意见的基础。由于舞弊可能涉及串通、伪造、故意遗漏、虚假陈述或凌驾于内部控制之上，未能发现由于舞弊导致的重大错报的风险高于未能发现由于错误导致的重大错报的风险。

(2) 了解与审计相关的内部控制，以设计恰当的审计程序，但目的并非对内部控制的有效性发表意见。

(3) 评价管理层选用会计政策的恰当性和作出会计估计及相关披露的合理性。

(4) 对管理层使用持续经营假设的恰当性得出结论。同时，根据获取的审计证据，就可能导致对大通公司持续经营能力产生重大疑虑的事项或情况是否存在重大不确定性得出结论。如果我们得出结论认为存在重大不确定性，审计准则要求我们在审计报告中提请报表使用者注意财务报表中的相关披露；如果披露不充分，我们应当发表非无保留意见。我们的结论基于截至审计报告日可获得的信息。然而，未来的事项或情况可能导致大通公司不能持续经营。

(5) 评价财务报表的总体列报、结构和内容（包括披露），并评价财务报表是否公允反映相关交易和事项。

我们与治理层就计划的审计范围、时间安排和重大审计发现等事项进行沟通，包括沟通我们在审计中识别出的值得关注的内部控制缺陷。

我们还就已遵守与独立性相关的职业道德要求向治理层提供声明，并与治理层沟通可能被合理认为影响我们独立性的所有关系和其他事项，以及相关的防范措施。

从与治理层沟通的事项中，我们确定哪些事项对本期财务报表审计最为重要，因而构成关键审计事项。我们在审计报告中描述这些事项，除非法律法规禁止公开披露这些事项，或在极少数情形下，如果合理预期在审计报告中沟通某事项造成的负面后果超过在公众利益方面产生的益处，我们确定不应在审计报告中沟通该事项。

二、按照相关法律法规的要求报告的事项

根据现行法律法规对其他报告责任性质的规定，我们没有发现大通公司在所审计期间有需要报告的其他事项。

标志会计师事务所	中国注册会计师：杜新华（项目合伙人）（签名并盖章）
（盖章）	中国注册会计师：高睿（签名并盖章）
中国北京市	二〇一九年三月十六日

3. 否定意见审计报告

(1) 发表否定意见的条件。只有当注册会计师确信被审计单位整个财务报表存在严重错报和歪曲以致根本不能按照企业会计准则公允表达财务状况、经营成果和现金流量情况时，才发表否定意见。

无论是注册会计师还是被审计单位都不希望发表此类意见的审计报告。所谓发表否定意见是指与无保留意见相反，提出否定财务报表公允地反映被审计单位财务状况、经营成果和现金流量的审计意见。

当未调整事项、未确定事项等对财务报表的影响程度在一定范围内时，注册会计师可以发表保留意见。但是如果其影响程度超出一定范围，以致财务报表无法被接受，被审计单位的财务报表已失去其价值，注册会计师就不能发表保留意见，又不应不发表意见，而只能发表否定意见。

在获取充分、适当的审计证据后，如果认为错报单独或累计起来对财务报表的影响重大且具有广泛性，注册会计师应当发表否定意见。

当出具否定意见审计报告时，注册会计师应当在意见段中使用"由于上述问题造成的重大影响""由于受到前段所述事项的重大影响"等专业术语。

(2) 否定意见审计报告举例。

例 14－5

审计报告

安康股份有限公司全体股东：

一、对合并财务报表出具的审计报告

（一）否定意见

我们审计了安康股份有限公司及其子公司（以下简称安康集团）的合并财务报表，包括 2018 年 12 月 31 日的合并资产负债表，2018 年度的合并利润表、合并现金流量表、合并股东权益变动表，以及合并财务报表附注（包括重大会计政策和会计估计）。

我们认为，由于“形成否定意见的基础”部分所述事项的重要性，后附的安康集团合并财务报表没有在所有重大方面按照企业会计准则的规定编制，未能公允反映安康集团 2018 年 12 月 31 日的合并财务状况以及 2018 年度的合并经营成果和合并现金流量。

（二）形成否定意见的基础

如财务报表附注六所述，2018 年安康集团通过非同一控制下的企业合并获得对腾达公司的控制权，因未能取得购买日腾达公司某些重要资产和负债的公允价值，故未将腾达公司纳入合并财务报表的范围。按照企业会计准则的规定，该集团应将这一子公司纳入合并范围，并以暂时确定的价值为基础核算该项收购。如果将腾达公司纳入合并财务报表的范围，后附的安康集团合并财务报表的多个报表项目将受到重大影响。但我们无法确定未将腾达公司纳入合并范围对合并财务报表产生的影响。

我们按照中国注册会计师审计准则的规定执行了审计工作。审计报告的“注册会计师对合并财务报表审计的责任”部分进一步阐述了我们在这些准则下的责任。按照中国注册会计师职业道德守则，我们独立于安康集团，并履行了职业道德方面的其他责任。我们相信，我们获取的审计证据是充分、适当的，为发表否定意见提供了基础。

（三）其他信息

董事会对其他信息负责，其他信息包括安康集团三年做大做强发展报告中涵盖的信息，但不包括财务报表和我们的审计报告。

我们对财务报表的审计意见并不涵盖其他信息，我们也不对其他信息发表任何形式的鉴证结论。

结合我们对财务报表的审计，我们的责任是阅读其他信息，在此过程中，考虑其他信息是否与财务报表或我们在审计过程中了解的情况存在重大不一致或者似乎存在重大错报。

基于我们已经执行的工作，如果我们确定其他信息存在重大错报，安康集团近年来一直处于亏损状态，扭亏为盈是当前紧迫的任务，做大做强是长远的发展目标。

（四）关键审计事项

除“形成否定意见的基础”部分所述事项外，我们认为，没有其他需要在我们的报告中沟通的关键审计事项。

（五）管理层和治理层对财务报表的责任

董事会负责按照企业会计准则的规定编制财务报表，使其实现公允反映，并设计、执行和维护必要的内部控制，以使财务报表不存在由于舞弊或错误导致的重大错报。

在编制财务报表时，董事会负责评估安康集团的持续经营能力，披露与持续经营相关的事项（如适用），并运用持续经营假设，除非管理层计划清算安康集团、终止运营或别无其他现实的选择。

治理层负责监督安康集团的财务报告过程。

（六）注册会计师对财务报表审计的责任

我们的目标是对财务报表整体是否不存在由于舞弊或错误导致的重大错报获取合理保证，并出具包含审计意见的审计报告。合理保证是高水平的保证，但按照审计准则执行的审计并不能保证一定会发现存在的重大错报。错报可能由于舞弊或错误导致，如果合理预期错报单独或汇总起来可能影响财务报表使用者依据财务报表作出的经济决策，则通常认为错报是重大的。

在按照审计准则执行审计工作的过程中，我们运用职业判断，并保持职业怀疑。同时，我们也执行以下工作：

（1）识别和评估由于舞弊或错误导致的财务报表重大错报风险，设计和实施审计程序以应对这些风险，并获取充分、适当的审计证据，作为发表审计意见的基础。由于舞弊可能涉及串通、伪造、故意遗漏、虚假陈述或凌驾于内部控制之上，未能发现由于舞弊导致的重大错报的风险高于未能发现由于错误导致的重大错报的风险。

（2）了解与审计相关的内部控制，以设计恰当的审计程序，但目的并非对内部控制的有效性发表意见。

（3）评价管理层选用会计政策的恰当性和作出会计估计及相关披露的合理性。

（4）对管理层使用持续经营假设的恰当性得出结论。同时，根据获取的审计证据，就可能导致对安康集团持续经营能力产生重大疑虑的事项或情况是否存在重大不确定性得出结论。如果我们得出结论认为存在重大不确定性，审计准则要求我们在审计报告中提请报表使用者注意财务报表中的相关披露；如果披露不充分，我们应当发表非无保留意见。我们的结论基于截至审计报告日可获得的信息。然而，未来的事项或情况可能导致安康集团不能持续经营。

（5）评价财务报表的总体列报、结构和内容（包括披露），并评价财务报表是否公允反映相关交易和事项。

我们与治理层就计划的审计范围、时间安排和重大审计发现等事项进行沟通，包括沟通我们在审计中识别出的值得关注的内部控制缺陷。

我们还就已遵守与独立性相关的职业道德要求向治理层提供声明，并与治理层沟通可能被合理认为影响我们独立性的所有关系和其他事项，以及相关的防范措施。

从与治理层沟通的事项中，我们确定哪些事项对本期财务报表审计最为重要，因而构成关键审计事项。我们在审计报告中描述这些事项，除非法律法规禁止公开披露这些事项，或在极少数情形下，如果合理预期在审计报告中沟通某事项造成的负面后果超过在公众利益方面产生的益处，我们确定不应在审计报告中沟通该事项。

二、按照相关法律法规的要求报告的事项

根据现行法律法规对其他报告责任性质的规定，我们发现安康集团在所审计期间需要及时披露的合并腾达公司的相关事项，未能及时披露。

优点会计师事务所　　　中国注册会计师：蔡建华（项目合伙人）（签名并盖章）
（盖章）　　　　　　　　　　　中国注册会计师：李明辉（签名并盖章）
中国成都市　　　　　　　　　　　　　　　　二〇一九年四月十八日

（3）发表保留意见还是否定意见的界限：重要性水平。

在其他条件相同的前提下，重要性水平是考虑发表保留意见还是否定意见的主要因素。

在具体运用重要性水平时，可将重要性水平分作两种情况：

1）金额重要但对整个财务报表没有影响或影响不大。财务报表中的错报可能影响某个使用者的决策，但整个财务报表的表达仍然是公允的，因而也是有用的。例如，存货已作为借款的抵押品，则财务报表中存货严重错报将影响使用者向公司发放贷款的意愿。但存货的错报并不意味着现金、应收账款和其他财务报表项目，或整个财务报表也有重大错报。

在发生某种不能提出无保留意见的情况时，注册会计师必须评价这一情况对财务报表的全部影响，以决定其重要性。假如注册会计师在确定对审计报告应提出何种类型的意见时，无法确定存货项目的表达是否公允，由于存货项目的错报对财务报表其他项目乃至整个财务报表都有影响，因此，注册会计师需要考虑这一错报对存货、流动资产合计、净资产、总资产、销售成本、税前利润、应交税费、流动负债合计、税后净利润等财务报表项目的综合影响。

2）金额非常重要而又广泛影响财务报表总体上的公允性。使用者如果以总的财务报表为依据，将会作出错误的决策。仍应用上例，假如在财务报表中，存货项目的余额很大，那么对存货的重大错报就或许极为重要，注册会计师报告中应指明财务报表从总体上来说是不公允的。如果存在这种最重要的错报，注册会计师应发表否定意见。

在判定某项例外是否非常重要时，必须考虑这项例外对财务报表各个部分的影响程度，这叫作牵涉性。库存现金和银行存款之间分类不当只影响这两个账户，因此并无牵涉性，而一项重要的销售业务没有入账则影响销售收入、应收账款、所得税费用、应交税费以及税后利润，进而影响流动资产、资产总额、流动负债、负债总额、所有者权益、销售成本等，因此有很大牵涉性。

一项错报越有牵涉性，则发表否定意见而不是保留意见的可能性越大。举例来说，如果注册会计师由于现金和应收账款的一项分类不当比较重要而决定发表保留意见，那么，相同金额的销售业务没有入账就可能由于其牵涉性而应当发表否定意见。

从理论上说明重要性程度对审计意见种类的影响并不难，但在实际工作中，根据特定情况来判断实际的重要性程度却很不容易。某一问题不重要、重要或非常重要，并无明确的标准。这时需考虑的重要性有以下两个方面：

（1）与某一基数比较时金额的大小。在被审计单位未遵循企业会计准则时，衡量重要性主要考虑有关账户中的金额错报总计数与某一基数相比时的大小。比如，100 000 元的错报对一家小公司来讲或许是重要的，但对大公司来讲就并不重要。所以，在确定未遵循企业会计准则的重要性时，应首先选定某种用作比较的基数，然后再将错报的金额与这个基数进行比较。用作比较的基数通常有净利润、总资产、净资产、流动资产合计等。

假设注册会计师认为，由于被审计单位未遵循企业会计准则，使某项存货价值高估 150 000 元，同时还假定报表中存货的账面价值为 1 000 000 元，流动资产合计为 3 000 000 元，净利润为 2 000 000 元。这时，就必须评价占存货总额 15%、流动资产合计 5%，以及净利润 7.5%的错报是否重要。

为了评价总的重要性，注册会计师还必须将全部错报金额汇总起来，判断原本并不重要的个别错报在汇总以后是否对财务报表构成严重影响。仍以存货为例，假定注册会计师认为应收账款也夸大了 300 000 元，这样，流动资产的错报金额合计数就占流动资产合计数的 15%（即 450 000/3 000 000）和净利润的 22.5%（即 450 000/2 000 000）。这时，注册会计师就应考虑汇总的错报数额是否足以发表否定意见。

在将潜在的错误与某一基数进行比较时，注册会计师必须考虑受这一错误影响的所有账户（即牵涉性）。

（2）项目的性质。财务报表中错误的类型不同，也会影响使用者的决策。下列错误将影响使用者的决策，因而也将以与大多数错误不同的方式影响注册会计师的意见。

1）非法交易或舞弊。

2）某一项目单独从本期考虑虽不重要但对未来某些期间有重大影响。

3）具有心理效应的项目。例如，小额利润相对于小额亏损，存款结余相对于透支。

4）根据合同责任或法律法规规定导致的结果，某一项目可以判定为重要的。例如，违反债务限制可能导致债权人要求收回一笔重要的贷款。

4. 无法表示意见的审计报告

（1）发表无法表示意见的条件。注册会计师出具无法表示意见的审计报告，不同于未接受委托，它是注册会计师实施了一定的审计程序后发表审计意见的一种方式。注册会计师出具无法表示意见的审计报告，也不是不愿发表意见。如果注册会计师已能确定应当发表保留意见或否定意见，不得以无法表示意见来代替。保留意见或否定意见是注册会计师在取得充分、适当的审计证据后形成的，由于被审计单位存在某些未调整事项或未确定事项等，按其影响的严重程度而表示保留或否定意见，并不是无法判断使用的措辞或问题的归属。无法表示意见是因某些限制而未对某些重要事项取得证据，没有完成取证工作，使得注册会计师无法判断问题的归属。

如果无法获取充分、适当的审计证据以作为形成审计意见的基础，但认为未发现的错报（如存在）对财务报表可能产生的影响重大且具有广泛性，注册会计师应当发表无法表示意见。

在极其特殊的情况下，可能存在多个不确定事项。尽管注册会计师对每个单独的不确定事项获取了充分、适当的审计证据，但由于不确定事项之间可能存在相互影响，以及可能对财务报表产生累计影响，注册会计师不可能对财务报表形成审计意见。在这种情况下，注册会计师应当发表无法表示意见。

无法表示意见不同于否定意见，它仅仅适用于注册会计师在审计过程中由于审计范围受到严重限制。而要发表否定意见，注册会计师必须有足够的证据证实被审计单位财务报表表达不合法、不公允。

当出具无法表示意见的审计报告时，注册会计师应当删除注册会计师的责任段，并在意见段中使用“由于审计范围受到限制可能产生的影响非常重大和广泛”“我们无法对上述财务报表发表意见”等专业术语。

（2）无法表示意见的审计报告举例。

例 14－6

审计报告

威力股份有限公司全体股东：

一、对财务报表出具的审计报告

（一）无法表示意见

我们接受委托，审计威力股份有限公司及其子公司（以下简称威力公司）财务报表，包括 2018 年 12 月 31 日的资产负债表，2018 年度的利润表、现金流量表、股东权益变动表，以及财务报表附注（包括重大会计政策和会计估计）。

我们不对后附的威力公司财务报表发表审计意见。由于“形成无法表示意见的基础”部分所述事项的重要性，我们无法获取充分、适当的审计证据以作为对财务报表发表审计意见的基础。

（二）形成无法表示意见的基础

威力公司未对 2018 年 12 月 31 日的存货进行盘点，金额为 43 250 万元，占期末资产总额的 65%。我们无法实施存货监盘，也无法实施其他替代审计程序，以对期末存货的数量和状况获取充分、适当的审计证据。

（三）管理层和治理层对合并财务报表的责任

董事会负责按照企业会计准则的规定编制财务报表，使其实现公允反映，并设计、执行和维护必要的内部控制，以使财务报表不存在由于舞弊或错误导致的重大错报。

在编制财务报表时，董事会负责评估威力公司的持续经营能力，披露与持续经营相关的事项（如适用），并运用持续经营假设，除非管理层计划清算威力公司、终止运营或别无其他现实的选择。

治理层负责监督威力公司的财务报告过程。

（四）注册会计师对合并财务报表审计的责任

我们的责任是按照中国注册会计师审计准则的规定，对威力公司的财务报表执行审计工作，以出具审计报告。但由于“形成无法表示意见的基础”部分所述的事项，我们无法获取充分、适当的审计证据以作为发表审计意见的基础。

按照中国注册会计师职业道德守则，我们独立于威力公司，并履行了职业道德方面的其他责任。

二、按照相关法律法规的要求报告的事项

根据现行法律法规对其他报告责任性质的规定，我们由于审计范围受限制，无法发现威力公司在所审计期间有需要报告的其他事项。

中超会计师事务所　　　　中国注册会计师：高兴榜（项目合伙人）（签名并盖章）
（盖章）　　　　　　　　中国注册会计师：吕萍（签名并盖章）
中国上海市　　　　　　　二〇一九年四月二十二日

14.6 编制审计报告的步骤和要求

编制审计报告是一项严格而细致的工作。为确保审计报告的质量，注册会计师应掌握编制审计报告的步骤和要求，认真做好审计报告的编制工作。

14.6.1 编制审计报告的步骤

审计报告一般由审计项目负责人编制。编制审计报告时，审计项目负责人应当仔细查阅注册会计师在审计过程中形成的审计工作底稿，并检查注册会计师的审计是否严格遵循了中国注册会计师执业准则的要求，被审计单位是否按照企业会计准则的规定编制财务报表，使注册会计师能够在按照中国注册会计师执业准则要求进行审计并形成一整套审计工作底稿的基础上，提出公正、客观、实事求是的审计意见。一般来说，编制审计报告需要经过以下几个步骤。

1. 整理和分析审计工作底稿

在现场审计过程中，注册会计师所积累的审计工作底稿是分散的、不系统的。编写审计报告时，注册会计师应根据委托审计的目的、要求，对审计工作底稿进行整理和分析，全面总结审计工作。审计小组的每位成员应整理好自己的审计工作底稿，着重列举审计中所发现的问题。审计项目负责人应对全部审计工作底稿中的记录、证据和有关结论进行检查、复核和分析，也可召开汇报讨论会。检查和复核审计工作底稿，应仔细审阅，检查注册会计师的审计是否严格遵守了中国注册会计师执业准则要求，被审计单位的会计核算是否符合企业会计准则要求，并实现公允表达。注册会计师是否按专业要求进行审计，并形成有效的审计工作底稿。通过对工作底稿的检查、复核、分析，进行去伪存真、去粗取精、由此及彼、由表及里的思考筛选，按重要性原则提炼出有价值的资料，形成初步的审计结论，作为编写审计报告的基础。对审计工作底稿进行整理和分析的情况，也应当在审计工作底稿中予以记录和说明。

2. 提出对被审计单位财务报表的调整建议

在整理和分析审计工作底稿的基础上，注册会计师应向被审计单位介绍审计情况、初步结论和对于会计事项、财务报表项目的调整意见，提请被审计单位加以调整。一般来说，注册会计师发现被审计单位会计账簿和财务报表的数据、内容或处理方法有错误，应提请改正。对于会计处理不当或其他应该调整的事项（如或有事项、期后事项），应提请被审计单位予以调整，或在财务报表中予以说明。审计报告如用于公布目的，应附列被审计单位的主要财务报表，除财务报表不需调整者外，注册会计师应以被审计单位调整后的财务报表作为附送财务报表。

3. 确定审计报告意见的类型和措辞

注册会计师在了解被审计单位是否接受提出的调整建议以及是否已经作了调整以后，可以确定审计报告意见的类型和措辞。如果被审计单位财务报表已经调整，其合法性、公允性予以确认以后，除在审计工作底稿中说明外，审计报告不必将被审计单位已调整的事项再作说明。如果被审计单位由于某种原因未能接受调整建议，注册会计师应当根据需要调整事项的性质和重要程度，确定是否在审计报告中予以反映。对于期后事项的影响，除被审计单位已调整财务报表附注或说明者外，注册会计师也应根据其性质和重要程度，确定是否在审计报告中予以说明。如果在审计之前，被审计单位已将需要调整的财务报表送出，注册会计师应将需要调整的主要事项在审计报告中说明，并附列调整后的财务报表（包括资产负债表、利润表、股东权益变动表、现金流量表以及财务报表附注）。对于委托审计的项目，如果委托人已约请其他会计师事务所对其中一部分或一项内容进行了审计，编写审计报告时应注意划清与其他会计师事务所及其注册会计师之间的责任。

4. 撰写审计报告

注册会计师在整理、分析工作底稿和提请调整财务报表，并确定审计意见类型和措辞后，应拟订审计报告提纲，概括和汇总审计工作底稿所提供的资料。审计报告提纲没有固定格式，应根据审计报告种类确定其具体结构。标准审计报告可以只拟订简单的提纲，详式审计报告应编写全面、具体的报告提纲。根据报告提纲进行文字加工就可以编写出审计报告。审计报告一般由审计项目负责人编写，如由助理人员编写时，须由审计项目负责人复核、校对。标准审计报告必须按前述规定的形式、结构和专业术语进行表述，以便为各类使用者所理解。审计报告完稿后，应经过会计师事务所主管合伙人或主任会计师的复核，主要对审计报告的意见及审计证据的充分性与适当性进行复核，确保出具的审计报告客观、公正和实事求是。审计报告经审核、修改定稿并完成签署后，正本直接报送委托人，副本归档存查。

14.6.2　编写审计报告的要求

审计报告是注册会计师提供给委托人的表明审计意见的书面文件，是审计工作的最终成果。为便于审计报告使用者根据审计意见来判断被审计单位的财务状况、经营成果和现金流量情况，发挥审计报告的作用，编写各类审计报告时应符合下列基本要求。

1. 语言清晰简练

审计报告旨在表达审计意见，是非常严肃的实用文体。写作审计报告时，语言必须清晰、准确、简练。一方面要注意用词清楚明确，文字朴实，对问题的定性、定量应慎重斟酌，恰如其分，切忌使用模棱两可的文字和夸张的语言，无须追求文辞华丽，也无须像理论文章一样推理论述。另一方面，审计报告要开门见山，不要转弯抹角，文字不宜写得过长，做到有话即长，无话则短。总之，审计报告应达到事实清楚，责任明确，意见表达准确，便于使用者理解。

2. 证据确凿充分

审计报告向使用者传递信息，提供其决策的依据。因此审计报告所列的事实或材料必须确凿充分。为此，审计报告一定要从实际出发，凭事实说话，切不可泛泛而谈，言之无物，更不可虚构材料，提供伪证。一方面，审计报告所列事实必须确凿可靠，引用资料必须经过复核，运用的依据必须查对原文和出处；另一方面，审计报告所列事实必须具备充分性，应足以支持审计意见的形成，决不能凭主观愿望对被审计单位财务状况、经营成果和现金流量提出意见或结论。事实胜于雄辩，只有证据确凿充分，才能使审计报告令人信服，符合客观、公正的要求。

3. 态度客观公正

客观公正是审计工作的基本原则。编写审计报告必须持客观公正的态度，遵守中国注册会计师的执业准则，决不能丧失注册会计师独立、客观、公正的立场。审计报告中作出判断或提出意见，不论是给予肯定、表示保留还是表示否定，都必须站在客观公正的立场上，不能先入为主，带有个人成见或单凭印象草率表示意见。对于涉及审计责任的事项，态度更应明朗，不能含糊其词或故意采用模棱两可之词。这是保证审计报告权威性的先决条件。

4. 内容全面完整

编写审计报告要做到内容完整、重点突出，并按审计业务委托书约定的时间认真及时地完成审计报告。内容全面完整是指审计报告要按中国注册会计师执业准则规定的形式、结构和内容编写。书写形式上，应当能清楚地表明收件人、签发人、签发单位；主体部分按照中国注册会计师执业准则规定的结构编写；签署和时间要齐全。还应注意，所谓审计报告要全面完整，并不是面面俱到。相反，说明和表述审计意见时，应重点突出，充分揭示被审计单位所存在的影响财务报表的重要事项，对于一些无足轻重的枝节问题则可以不写。

14.7 管理建议书

14.7.1 管理建议书的意义和作用

注册会计师在完成审计工作阶段，不仅要出具审计报告，还要出具管理建议书。审计报告和管理建议书都是注册会计师提出的关于审计结果的正式文件。审计报告是为被审计单位的有关利益相关者了解其财务状况、经营成果和现金流量情况，为投资或信贷决策提供依据。管理建议书是注册会计师为被审计单位董事会和经理掌握经营管理中存在的问题、改进内部控制和强化会计管理提供的建议。董事会和经理借以采取改善控制和管理的措施，增强企业的竞争能力。管理建议书与审计报告的性质、作用、内容和要求不同。

1. 管理建议书的意义

管理建议书是注册会计师在完成审计工作后，针对审计过程中已注意到的，可能导致被审计单位财务报表产生重大错报的内部控制和经营管理重大缺陷提出的书面建议。提交管理建议书是注册会计师对被审计单位提供的服务之一。

注册会计师在审计过程中，能够了解被审计单位内部控制和经营管理中的不足与缺陷。职业责任要求注册会计师完成审计工作后，不仅应出具审计报告，而且要根据对被审计单位内部控制和经营管理的观察、了解，以自己的经验和判断向被审计单位董事会和经理提出改进建议，以帮助其改进经营管理。因此，管理建议书是衡量注册会计师向被审计单位提供服务质量的重要标志之一。管理建议书的优劣也是鉴定注册会计师工作态度、敬业精神、道德品质以及专业水平的依据。而且，管理建议书所提建议的深度、广度和效果，往往也是委托人决定是否继续聘任或委托会计师事务所和注册会计师担任常年审计的重要因素。

2. 管理建议书的作用

管理建议书不同于审计报告。它是注册会计师在审计过程中就内部控制和经营管理的评价结果提交的建议，虽然内部控制审计也可以成为对上市公司的一项审计业务约定，但是提交管理建议书大多不作为审计业务约定项目的内容。从性质上看，管理建议书既不是审计的委托事项，也不是承接会计咨询业务的报告，而是注册会计师对被审计单位提供的一种纯粹的服务。其报送对象一般只限于被审计单位董事会和经理，不对外公布。注册会计师所提出的问题及改进建议，不具有公证性和强制性。

管理建议书的具体作用表现在两个方面。一方面，由于注册会计师的职业特点，在审计过程中按规定需要审计被审计单位的内部控制系统和经营管理活动，能够了解被审计单位经营管理中存在的问题。通过管理建议书，可以针对内部控制和经营管理弱点，提供进一步完善内部控制，改进会计工作，提高经营管理水平的参考意见。这种意见最及时、最有效，能促使被审计单位注意加强控制，改善工作，以防止弊端的发生。另一方面，注册会计师借助管理建议书，事先提出了改进建议，可以把注册会计师的法律责任降到最低程度。

14.7.2　管理建议书的结构和内容

管理建议书应说明审查的范围、发现的内部控制和经营管理缺陷，提出关于内部控制实现整体控制目标和提高经营管理水平的判断意见及改进建议。其基本结构和内容包括：

（1）标题。标题统一使用“管理建议书”。

（2）收件人。管理建议书的收件人应为被审计单位董事会或经理。

（3）审计目的、会计责任与审计责任。

（4）管理建议书的性质。管理建议书所指出的重大缺陷，仅为审计过程中发现的，并非内部控制和经营管理可能存在的全部缺陷，也不应视为对被审计单位内部控制和经营管理发表的审计意见。

（5）前期建议改进但仍未改进的内部控制和经营管理重大缺陷。

（6）本期审计发现的内部控制和经营管理重大缺陷及其影响和改进建议。对所发现的问题应以其影响的重要程度为序分类进行排列，如会计系统方面的；会计工作机构、人员职责及内部稽核系统方面的；财产管理方面的；内部审计系统方面的，等等。对每一问题应包括：1）对该项内部控制和经营管理存在问题的简要阐述；2）对存在问题的分析意见；3）改进建议及理由。

管理建议书中所提出的问题主要是关于被审计单位的内部控制和经营管理是否存在重大缺陷，有时也包括其所编制的财务报表是否遵循国家有关法规、会计准则。所表示的意见应使阅读者明白其内部控制和经营管理对被审计单位主要目标的符合程度，即注册会计师发表内部控制和经营管理对预防和及时发现重大错报的判断意见。管理建议书提出的意见和建议应具有逻辑性，最重要的意见通常列为首项。

管理建议书中应当将被审计单位准备依据建议进行调整或改进的情况加以说明。如果被审计单位对审计过程中提出的问题已进行调整或改进，可只作简要说明；对于未进行调整或改进的问题，应将注册会计师和被审计单位有关人员的意见一并列示。如果因被审计单位对以前年度管理建议书所提出的问题与建议未采纳，从而扩大了内部控制和经营管理的缺陷或弱点，应明确指出并作重点分析。一般来说，提出的问题、意见与建议，主要是针对内部控制和经营管理而言的。对于内部控制和经营管理之外的影响企业经营与发展的问题，也可以采取一定的方式在管理建议书中予以说明。

（7）使用范围及使用责任。管理建议书应指明其使用范围，并要求被审计单位合理使用。因使用不当造成的后果，与注册会计师及其所在会计师事务所无关。还应说明注册会计师的建议以抽样审计为基础，有一定的局限性，不可能揭示被审计单位内部控制和经营管理中现存的全部问题或弱点及由此引发的所有错弊。建立完善的内部控制和提高经营管理水平是被审计单位董事会和经理的责任。提供管理建议书不是审计业务的规定内容，而是会计师事务所为被审计单位提供的委托项目之外的服务。

（8）签章。管理建议书应由注册会计师（项目合伙人）签章，并加盖会计师事务所公章。

（9）日期。管理建议书应当注明日期。

管理建议书的结构和内容举例说明如下。

例 14－7

管理建议书

黄河有限责任公司经理：

我们已对贵公司 2018 年度的财务报表进行了审计。在审计中，根据规定的工作程序，我们了解了贵公司内部控制和经营管理中有关会计制度、会计工作机构和人员职责、财产管理制度、内部审计制度等有关方面的情况，并作了分析研究。我们认为，根据贵公司的生产经营规模和管理需要，现有的内部控制系统总体上是有效的，但为了适应贵公司进一步扩大经营和提高管理水平的需要，使内部控制系统更加完善，现将我们发现的内部控制和经营管理方面的某些问题及改进建议提供给你们，希望引起你们的注意，并具有一定的参考价值。

一、关于会计制度方面问题的评价及建议

贵公司的会计核算符合要求，基本上能够全面、正确地反映经济业务，基本遵守了企业会计准则规定；会计科目的设置，包含了会计核算范围内的基本内容；会计凭证及账务处理等方面基本符合有关要求，但在审计中，我们也发现了一些问题。

（一）有关会计科目设置问题

贵公司目前设置的会计科目主要是根据自身管理要求建立的，与我国企业会计准则的设置要求存在一定距离。

根据我国企业会计准则的规定，设置会计科目时，应符合会计准则的统一要求，只有对会计准则中没有要求的科目，企业才可依据自身特点和管理需要设置。建议贵公司对照我国企业会计准则的规定，对原有会计科目作必要的调整。

（二）有关会计凭证问题

贵公司在发生销售退回时，只是填制退货发票，退款时，没有取得对方的收款收据或汇款银行凭证，会计人员根据退货发票进行了相应的会计处理。

我国会计准则对这一内容已作了明确规定，对这一做法的不当性，我们已向有关人员提出，他们愿意考虑我们的意见。

（三）有关银行存款的清查问题

贵公司的银行存款明细账与银行对账单不按月核对并编制银行存款余额调节表。经查询，由于没有按月编制银行存款余额调节表，公司财务部不能及时了解未达账项，在一定程度上影响了财务分析工作。

二、会计工作机构、人员职责及内部复核制度

贵公司会计机构设置比较健全，会计人员职责规定也较明确。但会计人员数量较少，每个人要承担多项职责，对于凭证的复核工作做得不仔细。在审计过程中，我们发现一些凭证无复核人的签章。我们认为，凭证是记录企业生产经营业务的基本资料，凭证的审核工作是进行会计核算的基本内容，建议贵公司予以重视。

三、财产管理制度

（一）存货管理中存在的问题

贵公司存货占用的流动资产额度过大。公司流动资产共 19 000 万元，其中存货约占 85%，应当成为资产管理的重点。

我们建议贵公司应注意以下几方面的工作：

1. 认真做好存货的定期盘点工作。贵公司自上一会计年度终了对存货进行清查至今，再未进行过盘点。公司的存货账簿与我们审计中的抽查结果出现一定差异。我们认为，只有及时获得存货的实存情况，才能够加强对存货的管理，并及时处理有关问题。

2. 积极处理积压产品。贵公司目前产成品占用达 8 500 万元，占全部存货的 45%，为了加速流动资产的周转，减少仓储成本和利息支出，建议公司加强市场预测，及时进行产品的推销和处理。

建议贵公司建立一个专门的市场预测部门，通过对近期、长期的市场情况进行分析预测，控制公司的生产及销售，以求得对存货成本的控制。

（二）固定资产管理中存在的问题

1. 固定资产管理制度不健全。贵公司固定资产一般是根据实际需要购建，对在用及未用固定资产的管理也没有明确的制度规定。我们认为，贵公司固定资产品种较多，价值较大，固定资产管理制度不健全，对固定资产的管理和使用均有不良影响。建议贵公司尽快建立固定资产购建预算制度、固定资产实物管理制度等。

2. 固定资产价值确定不及时。贵公司自开始投入固定资产，直至进入生产期后，固定资产一直按估价入账。作为投资的固定资产，应按投资时各方认定的价格入账；公司购入的固定资产应按照原始价值计算入账。因此，贵公司对于已明确单价的固定资产，应及时进行账面估价的调整。

3. 固定资产计提折旧的起始时间有误。贵公司从开始投入固定资产至今，一直按投入当月计提固定资产折旧。按规定，固定资产投入当月应不计提折旧，报废当月照提折旧。建议贵公司对固定资产折旧账进行调整。

四、内部审计制度方面的问题

贵公司已经建立了内部审计机构和制度。在成立内部审计机构后，内部审计机构发现了公司内部财务管理及其他管理方面的一些问题，提供了一些有价值的意见，对公司加强内部控制起到一定的促进作用，对我们的审计工作也提供了帮助。目前公司内部审计机构存在的主要问题是：人员配备比较薄弱，审计工作的组织不够合理，一些管理部门的配合存在问题等。

我们建议公司做好以下几方面的工作：

1. 明确内部审计机构的职责范围，明确各部门相互关系，明确内部审计的性质，使各部门对内部审计部的工作予以支持。

2. 目前内部审计部只有一个人是审计师，一个人从事一些辅助工作。公司应为审计部充实1～2名从事过审计工作的人员，并且对现在从事辅助工作的人员进行培训，提高专业能力。

我们提供的这份管理建议书，不在审计业务约定书约定项目之内，是我们基于为贵公司服务的目的，根据审计过程中发现的内部控制和经营管理问题而提出的。因为我们主要从事的是对财务报表的审计，所实施的审计范围是有限的，不可能全面了解贵公司所有内部控制和经营管理的内容，所以，管理建议书中也不可能包括所有的内部控制和经营管理弱点，以及由于这些弱点可能或已经造成的影响。对于上述内部控制和经营管理问题，我们已经与有关管理部门或人员交换过意见，他们已确认上述问题的真实性。

本管理建议书只提供给贵公司经理。另外，我们是接受贵公司董事会的委托进行审计工作，根据他们的要求，请将管理建议书内容转达给他们。

标准会计师事务所（公章）　　　　中国注册会计师（项目合伙人）：古龙华

中国广州市　　　　二〇一九年二月十五日

14.7.3　管理建议书的基本要求

管理建议书是针对内部控制和经营管理的弱点而提出的，多数意见是在审计过程中对被审计单位财务资料的深入研究中识别而来的。但怎样确定哪些事项应纳入管理建议书，什么条件下需要提供管理建议书，如何编写管理建议书等，需要了解管理建议书的基本要求。管理建议书的基本要求也是注册会计师出具有价值的管理建议书所必须掌握的。

1. 提交管理建议书的要求

注册会计师提交管理建议书应遵守中国注册会计师执业准则的要求。建议范围主要是指可能对会计记录、财务报表的公允性、合法性产生影响的有关内部控制和经营管理中存在的问题，包括内部会计控制、内部财务收支管理系统、财产管理系统、会计工作机构的内部稽核系统、内部审计系统、各管理机构的内部报告和相互牵制系统，以及其他与会计工作联系密切的内部控制系统。注册会计师在审计过程中发现上述内部控制和经营管理中存在的问题后，应及时向被审计单位有关部门或人员提出和交换意见，并将具体情况记录在工作底稿中。但审计工作完成后，是否要提交管理建议书，则应视以下原则处理。

（1）对于年度财务报表审计业务，因审计程序中包含内部控制评审的要求，一般均应提供管理建议书。但是，如果被审计单位内部控制比较健全，或存在的问题基本不影响会计记录与财务报表的可靠性，注册会计师可将发现的问题记录于审计工作底稿中，在与被审计单位有关人员交换意见时，以适当的方式提出，可不再提交管理建议书。

（2）对于中期财务报表和特定目的的审计业务，是否提供管理建议书，分别视以下两种情况处理：

1）凡规定的审计程序中要求评审内部控制，并且在评审中发现了问题，则应提供管理建议书。

2）凡规定的审计程序中不要求评审内部控制，或虽要求评审内部控制，但未发现应当提请被审计单位重视并改进的问题，则可不提交管理建议书。

2. 编写管理建议书的要求

编写管理建议书，不仅需要收集、整理有关内部控制现实情况的材料，还应征集各有关方面和被审计单位的意见，形成管理建议。有时委托人可能要求注册会计师对内部控制单独提出审计报告，如上市公司的内部控制审计报告，通常是财务报表审计以外的另一项审计业务。注册会计师提供了内部控制审计报告，一般情况下不再提供管理建议书，因为管理建议书与内部控制审计报告有类似之处。非上市公司的年度财务报表审计，注册会计师一般应向被审计单位提交管理建议书，对内部控制的问题、意见和建议，实事求是地提出、分析和进行判断，作出切实可行的改进建议方案。编写管理建议书应遵循一定的要求，具体要求有：

（1）编写管理建议书之前，应做好以下各项工作，并将工作结果和管理建议的形成编制工作底稿，以确保管理建议书具备合理性、客观性。

1）分析、整理对被审计单位内部控制和经营管理评价的各种资料，作出评价结果。

2）从财务资料中研究、识别内部控制和经营管理存在的缺陷。

3）查阅以前提供的管理建议书，追查其执行的结果。

4）征询参与审计工作的税务咨询、管理咨询及其他方面有关专家的意见。

5）与被审计单位管理人员就有关问题及建议进行讨论和研究。

对以上有关工作的结果在工作底稿中详细加以记录，包括观察到的情况、建议意见、与被审计单位讨论的结果、有关的参照说明和处理情况等。上述各项工作一般可在完成相关内容审计时及时进行。

（2）起草管理建议书时除基本结构按规定要求编写外，还应根据下列要求确定具体内容：

1）仔细分析工作底稿中有关内部控制和经营管理问题及建议的详细资料，在此基础上确定管理建议书的基本内容。

2）提出的内部控制和经营管理问题及意见与建议，应按其在内部控制和经营管理中的重要程度依次排列。

3）对于审计过程中已向被审计单位提出，而被审计单位未调整或未改进的重要事项应作详细说明。

（3）草拟完成的管理建议书，应先经审计小组（或项目）负责人审核，然后将修改后的草稿提交给被审计单位，请被审计单位有关人员确认其内容的真实性。对被审计单位确认后退回的草稿，再斟酌有关内容和文字表达，纠正欠妥之处。

（4）根据修改后的草稿编写正式的管理建议书。对管理建议书应建立审核制度，由会计师事务所主管合伙人或负责人审核签署后，正式提交给被审计单位。

习 题

思考题

1. 简要说明审计报告的作用。
2. 简述管理建议书的作用。
3. 简述审计报告编写的步骤和要求。

案例分析题

1. 注册会计师A负责审计上市公司甲公司2018年度财务报表，审计完成阶段的部分工作底稿内容摘录如下：

（1）甲公司持续经营假设适当但存在重大不确定性，财务报表附注中对此未作充分披露，拟在审计报告中增加强调事项段。

(2) 发现含有已审计财务报表的公司年度报告中披露的年度营业收入总额与已审计财务报表中列示的营业收入金额存在重大不一致，并确定需要修改公司年度报告而非已审计财务报表，董事会拒绝修改公司年度报告。注册会计师 A 认为，上述情形不会影响审计意见，因此无须采取任何行动。

(3) 甲公司 2017 年度财务报表经其他会计师事务所审计并发表了无保留意见。A 注册会计师拟在审计报告中增加其他事项段说明该事项。

要求：

(1) 针对上述第 (1) 和 (2) 项，分别指出注册会计师 A 采取的应对措施是否恰当。如不恰当，简要说明正确的应对措施。

(2) 针对上述第 (3) 项，指出注册会计师 A 应在其他事项段中说明的内容。

2. 注册会计师陈真、李林对 10 个公司的 2018 年度财务报表进行审计。这 10 个公司除下述情况外，没有其他的事项影响注册会计师陈真、李林发表审计意见，审计工作是按照中国注册会计师审计准则的要求进行的。

(1) 当注册会计师陈真、李林审计 A 公司长期投资时，发现一笔数额较大的长期投资是 A 公司持有甲公司 15%的股权，甲公司已连续发生亏损三年，2018 年年末每股净资产已为负数，因 A 公司采用成本法核算长期投资，所以 A 公司没有确认任何损失。

(2) 当注册会计师陈真、李林完成对 B 公司审计后，发现有三项错报，这三项错报每项都小于可容忍误差。但这三项错报之和高于所设定的重要性水平，因其每项错报都小于可容忍误差，所以 B 公司认为不必作任何调整。

(3) C 公司因财务状况恶化，于 2019 年年初向法院申请进行债务重整，债务重整是否成功影响 C 公司能否继续经营，目前尚无法预测重整的结果。

(4) D 公司 2018 年 12 月 31 日有一笔数额很大的应收账款客户，占 D 公司流动资产的 23%。该客户 2018 年中期发生火灾且没有保险，致使该公司无力清偿对 D 公司的债务，D 公司不愿在 2018 年度单项计提较大的坏账准备，只愿意在财务报表附注中说明。

(5) E 公司 2018 年度的销售收入中有 80%是对关联人的销售，经注册会计师陈真、李林审计后并未发现有任何异常现象。

(6) F 公司于 2019 年初委托注册会计师陈真、李林对 2018 年度财务报表进行审计，注册会计师陈真、李林未能对期末存货进行监督盘点，且无法采用其他替代审计程序。F 公司年末存货占总资产总值的 65%。

(7) G 公司在 2018 年发生两笔数额很大的融资租赁业务，但 G 公司按经营租赁进行会计核算，致使 G 公司当年利润减少 25%，G 公司拒绝进行调整。

(8) H 公司所编制的财务报表中缺少股东权益变动表，该公司认为股东权益变动表是辅助报表，所以拒绝提供。

(9) K 公司持股 90%的子公司是由丙会计师事务所进行审计的，该子公司的资产与利润占 K 公司合并财务报表相应项目的比例为 50%与 60%，注册会计师陈真、李林无法进行审计，而丙会计师事务所出具的是标准审计报告。

（10）注册会计师陈真、李林完成对M公司2018年度财务报表审计后，该公司管理层拒绝提供年度经营管理报告。

要求：

（1）针对上述情况，请你指出注册会计师陈真、李林对每一种情况应发表什么类型的审计意见，并简要说明理由。

（2）根据每一种情况，请你指出注册会计师陈真、李林在标准审计报告基础上应增减的段落，并请你撰写增加的段落。

（3）针对上述情况，请你指出哪些可以作为关键审计事项在审计报告中反映。

第 15 章

会计咨询、会计服务业务

按照我国现行法律法规的规定，会计师事务所的业务范围包括审计业务和会计咨询、服务业务两大领域。审计业务是根据注册会计师的自身特点和职业性质，由国家有关法律法规赋予注册会计师执行的法定业务。例如，我国的《注册会计师法》《公司法》及有关涉外经济法规等法律法规中作了明确规定，凡不是注册会计师，不得从事这类业务。作为市场中介机构或服务业重要组成部分的会计师事务所，向社会各界提供会计咨询、服务是另一个重要的业务领域，也是目前我国会计师事务所业务开拓和发展的一个新领域。随着社会主义市场经济体制的建立和完善，经济管理要求的不断提高，客观上也要求会计师事务所为涉外企业、国内企业及各界人士从专业角度提供会计、财务、税务和经济管理咨询。目前，世界各国会计师事务所提供会计咨询、服务业务的收入占总收入的比重有逐渐升高的趋势。

15.1 会计咨询、服务业务的特点和范围

15.1.1 会计咨询、服务业务的特点

注册会计师开展会计咨询、服务业务是社会经济发展的客观要求，也取决于注册会计师的职业特点。由于会计师事务所具有智力密集型的特点，注册会计师通晓会计、审计、税务、财务管理和计算机等方面的知识，具备从事会计咨询业务的能力。经济越发展，管理的要求也越高，这在客观上为注册会计师开展会计咨询、服务提供了契机。会计咨询、服务就是适应经济管理的需要，会计师事务所以智力为企业、单位提供服务。

会计师事务所和注册会计师凭借其职业特点和智力优势，受托或主动服务于企业、单位的经营管理者，在帮助企业、单位建立健全内部控制制度和会计制度，进行经营诊断，建立电算化系统，组织人员培训，以及对重大经济决策和重要项目的实施进行论证等方面提供咨询、服务，以帮助企业、单位提高经营管理水平。会计咨询、服务所涉及的并不仅仅是会计工作，需要以企业整体为研究对象，在综合分析企业内外部

条件的基础上，找出存在的问题，提出改善的方案。会计咨询、服务的过程实际上就是帮助企业改善管理的过程。

会计咨询、服务业务作为一项社会服务事业，与一般的社会服务行业不同，它提供的是智力商品，是以注册会计师的丰富知识、经验和专业化的智能为基础的。衡量会计咨询、服务业务的成效，只能以是否帮助委托单位提高经济效益和管理水平为标准。

会计咨询、服务业务是一项提供与企业实际管理问题有关的专业知识和技术的服务工作，性质上是参谋性的咨询服务。它并不是注册会计师的法定业务，而是所有具备条件的会计服务单位和人员都能从事的服务工作。

会计咨询、服务业务具有有偿性和自愿性，它作为一项特殊的智力服务工作，具有自身的职业特点，主要表现为：

1. 独立性

会计咨询、服务业务是一项独立的服务工作，不仅表现在会计师事务所和注册会计师的独立性地位上，而且要求注册会计师在开展咨询工作时，应遵循独立思考的工作方法，保持态度上和实施咨询程序上的独立性，即不带任何成见和偏见，不依赖于他人独立地工作，这是会计咨询、服务取得成效的重要条件。

独立思考应贯穿于会计咨询、服务的全过程，注册会计师在调查研究咨询项目的各种问题时，应通过独立思考作出判断。独立思考并不是孤家寡人的工作，而是在深入调查、广泛而虚心地听取企业有关经营管理人员意见的基础上，根据自己的知识和经验，提出解决问题的建议或方案。会计咨询、服务的独立性是保证其工作取得成效，并获得企业和社会人士信赖的重要前提，否则将削弱或丧失会计咨询、服务的实际价值。

2. 客观性

客观性是指会计咨询、服务工作中注册会计师要持公正的立场，如实地反映问题，提出客观的建议，而不应受到企业内外各种因素的干扰，不迁就任何个人的片面观点。如给并购主体提供会计咨询服务，应充分考虑并购主体的合法利益，同时也要考虑被并购主体和其他利益相关者的合法权益，客观、公正提供解决方案。客观性是保证注册会计师的会计咨询、服务工作做到科学、有效的重要条件。

3. 创新性

创新性是指会计咨询、服务工作应面向实际，深入调查，把握主要问题，以高度的科学求实精神和创造精神，来探求能够提高企业经济效益和管理水平的切实可行的方案。创新性表现在针对企业的实际情况，设计和推行新的内部控制流程，创新财务会计核算方法，建立新的会计工作管理程序，开发出新的高效率的会计核算软件，实行有效的财务会计人员培训方式等方面。因此，注册会计师在咨询工作中，不应受现状和客观条件的束缚，应当大胆思索、发挥专业特长、提出创新性的建议。创新性是会计咨询、服务具有生命力的源泉。

4. 科学性

科学性是指会计咨询、服务业务中，注册会计师应重视调查研究，运用科学的方法进行预测、分析和评价，尤其应重视定量分析，以便提出有充分科学依据又切实可行的方案。科学性是会计咨询、服务的一个重要特点。会计咨询、服务建议或方案的科学性表现在：提出的建议、方案要有科学的计算依据和事实根据，实施方案能给企业带来经济效益和提高管理水平，而且所提出的方案适合企业现有的财力、人力和管理水平，并综合考虑了企业的内外部条件，可以求得整体最优化。

5. 协作性

会计咨询、服务过程是注册会计师与委托单位管理人员密切配合、协同工作的过程。管理人员提出问题，给注册会计师一定的时间进行调查研究以作出判断，然后进行交流，以找到解决问题的方法。这项工作需要双方的协调配合。良好的协作、沟通能力是注册会计师开展会计咨询、服务的基本素质或要求。注册会计师应以高度负责的精神与委托单位紧密合作，深入进行调查研究，提出切实有效的方案。会计咨询、服务来不得半点虚假，经济效益和管理水平的提高程度是衡量咨询、服务成效的唯一标准。会计师事务所咨询小组应当与委托单位协作配合好，并向委托单位的经营管理人员虚心听取意见，谦虚待人。因此，协作性也是会计咨询、服务的一个重要特点。

15.1.2　会计咨询、服务业务的范围

会计咨询、服务的工作范围很广，工作内容极为丰富。我国在 20 世纪 80 年代初期恢复民间审计制度后，财政部颁布的《关于成立会计顾问处的暂行规定》中，就提出了会计顾问处可以承办设计财务会计制度，为有关财务会计问题的咨询提供建议和意见，接受委托担任常年会计顾问等会计咨询、服务业务。1993 年颁布的《中华人民共和国注册会计师法》进一步明确了会计咨询、服务的业务范围。根据注册会计师所具备的专业知识，可以为委托人提供会计、财务管理、税务、投资和经济管理等方面的咨询服务，其主要内容包括下列各项咨询、服务业务：

（1）设计财务会计制度，担任会计顾问，提供会计、财务、税务和经济管理咨询。设计财务会计制度就是根据企业、单位委托，由注册会计师根据国家有关规定，结合企业、单位实际情况，拟订实用的财务会计制度和财务管理办法。会计顾问业务就是接受企业、单位委托，由具备一定资格的注册会计师担任企业、单位的业务顾问，提供会计和经济管理咨询服务，包括担任常年会计顾问和项目会计顾问，一般要求由政策、业务水平较好的注册会计师担任。此外，可接受委托，提供代理记账及其他各类会计、财务、税务和经济管理咨询服务。

（2）代理纳税申报。即注册会计师可以接受委托，根据委托人的收入或所得，代理委托人办理纳税申报，向税务机关申报纳税。

（3）代办申请注册登记，协助拟订合同、章程和其他经济文件。注册会计师接受此项委托服务，除按规定程序代为办理企业、单位设立的注册登记手续以外，在企业、单位从筹备立项到完成工商登记的过程中，还可承担技术问题之外的各类经济咨询，如投资环境分析、可行性研究中的财务经济评价等。

（4）培训财务会计人员。注册会计师具备较高的专业水平和丰富的实践经验，可以作为培训财会人员的师资，承担会计人员的业务培训工作，举办各类专业培训班。

（5）其他会计咨询、服务业务。注册会计师在社会服务领域有待开拓的咨询业务还有很多，如接受委托办理委托单位会计人员的业务考核，在人才市场为用人单位提供会计人才的考核与录用服务，接受普通高校委托指导会计专业学生的实习和论文等。

从上述业务范围可以看到，会计咨询、服务并不仅仅限于受托办理单纯的会计业务的咨询服务，它已超出了正常会计工作的范围，充分发挥了注册会计师的专长，为社会提供综合性服务。正如美国著名审计学家罗伯特·K. 莫茨所说："尽管对该问题作过研究，但迄今还没有就管理咨询的合理范围得出一个明确的结论。在这方面，谁也不知道哪些是独立会计师能做的，哪些是不能做的。""在职业行为规范中没有对这一领域内提供的服务加以限制。"在国外，会计师事务所通常拥有多方面的人才，包括经济学、数学、计算机、法学、工程技术等各方面的专业人才。除进行传统的财务审计外，其主要业务是向企业和社会各界提供会计和管理咨询服务。在我国，目前税务咨询和代理纳税、会计顾问与管理咨询等业务也已逐渐成为会计咨询业务的重要内容。

上述各项会计咨询、服务业务，按照注册会计师接受委托的对象、期限不同，可以划分为企业长期咨询服务、项目咨询服务、对利益相关者的咨询服务等不同类别。

企业长期咨询服务是指注册会计师对委托单位连续 3～5 年甚至更长时间内提供会计咨询服务。在这种情况下，注册会计师对委托单位是一种长期指导的关系，每年都要对其进行若干次的咨询服务，平时则经常保持联系，定期或不定期地到企业进行回访和座谈。这类咨询服务的注册会计师一般不变换，以利于不断熟悉企业情况，不断积累受咨询单位的资料，提高会计咨询服务的质量。注册会计师可以担任委托单位的常年会计顾问。

项目咨询服务一般指对特定项目的一次性咨询服务，为期一个月、半个月或一个星期甚至更短，如基本建设预算咨询一般属于项目咨询。

对利益相关者的咨询服务是指注册会计师对特定单位的利益相关者，如企业的投资者、债权人、银行等，就其关心的财务会计问题或投资计划等提供咨询服务。利害关系者可根据咨询意见或建议，决定与特定单位继续保持关系、减弱或脱离关系。注册会计师提供这类咨询产生的影响较大，责任也更重。注册会计师必须以独立公正的立场，提出客观的判断意见或建议。

15.2 会计咨询、服务业务的程序和要求

会计咨询、服务业务在发达国家已成为社会经济生活中的一个重要组成部分。我国的会计咨询、服务业务是改革开放的产物，从 20 世纪 80 年代初期恢复注册会计师事业以来，迄今不过 30 余年的时间。会计咨询、服务在我国经济生活中是一项新兴的事业。

15.2.1 会计咨询、服务业务的程序

会计咨询、服务业务的程序，是指会计咨询、服务业务的正常工作步骤和环节。会计咨询、服务业务应当有步骤、有计划地进行，这样才能提高咨询工作的效率，减

少咨询、服务工作的失误，防止不良事故的发生，提高咨询、服务工作的质量。对于会计咨询、服务的程序没有标准的模式，实际生活中，由于会计咨询、服务的对象和内容不同，其工作程序也不可能完全相同。但根据注册会计师的职业特点，总结会计咨询、服务的成功经验，对会计咨询、服务的基本程序可以概括为以下几个阶段。

1. 接受委托阶段

会计咨询、服务一般是接受委托进行的，会计师事务所在接受委托的咨询、服务业务时，应与委托人签订咨询、服务业务约定书。在签订咨询、服务业务约定书前，应了解委托人的基本情况，明确对方要求咨询、服务的范围和具体项目，为什么要进行咨询，有哪些具体要求。为此应做好以下三项工作：

（1）与委托单位负责人商谈，明确咨询、服务的目的。确认需要咨询、服务的项目以及咨询、服务的种类。

（2）进行现场参观和初步调查，把需要解决的问题限制在一定范围内。对此应听取委托企业经营管理部门有关负责人的介绍，研究企业提供的有关书面资料，走访与企业相关的政府部门，查阅同行业的有关对比资料，确定咨询、服务的难易程度和工作量大小。

（3）与委托单位负责人共同研究，明确咨询、服务项目的性质和工作目标，以及委托单位的要求和希望。

在此基础上，会计师事务所应根据委托咨询、服务项目的性质、本单位在人力和物力上的能力，确定是否能够承担咨询、服务任务，能否在时间上及时安排。接受咨询、服务任务应量力而行，确定接受委托后，应配备合格的注册会计师，成立咨询、服务小组，与委托单位签订咨询、服务业务约定书，并由咨询、服务小组制定咨询、服务计划，以保证咨询、服务工作的顺利开展。

咨询、服务业务约定书的基本内容应包括：

1）会计师事务所和委托人的名称、地址。

2）委托咨询、服务的目的、项目、种类以及咨询、服务日程。

3）委托人的责任和义务，包括为咨询、服务人员提供所需资料；为咨询、服务人员提供必要的工作条件；根据事先商定的标准和付款办法，按时、足额向会计师事务所支付咨询、服务费用。

4）会计师事务所的责任和义务，包括在约定时间内完成咨询、服务工作，向委托人提交咨询、服务报告；对咨询、服务结果的合理性、准确性负责；为委托人保守商业机密。

5）违约责任，即就双方违反业务约定书规定的内容应负的责任作出明确规定。

6）双方负责人签字，并加盖公章。

2. 深入调查、收集资料阶段

注册会计师在与委托单位签订咨询、服务业务约定书后，应按委托要求，根据咨询、服务计划深入进行调查。咨询、服务小组全体人员应到委托企业进行工作，采用调查表、座谈会等形式征求意见，与企业经营管理人员一起对企业的生产、财务、成本等进行调查、分析。对于重要的数据资料，注册会计师应亲自测定、分析。对于重大问题，应作专题调查，形成系统的咨询工作底稿。如果涉及工程技术方面的问题，注册会计师自身无法解决的，应外聘有关技术问题的专家协同工作。调查过程中，应严格执行咨询计划规定的各项工作，每个参加咨询、服务工作的人员应认真履行自己所承担的工作。调查过程也是收集、整理、鉴定有关资料的过程，应随时根据掌握的情况，分析解决问题的方法，以便形成初步的方案。完成咨询、服务计划规定的各项调查工作后，咨询、服务小组负责人应召集全体咨询人员，整理和汇总全部资料，将问题进行分类，形成完整的咨询、服务工作资料，以便进一步进行分析研究。

3. 提出方案，编写咨询、服务报告阶段

在进行了深入调查和初步分析的基础上，咨询、服务小组应根据咨询、服务的目的和要求及所掌握的资料，采用适当的方法，研究存在的问题，提出改善与解决问题的方案。提出方案是一个优化的过程和决策的过程。咨询、服务小组应对每一个备选方案进行论证，预测其经济效益，作出财务经济分析，选择最满意的方案。对提出的方案，要与委托企业的领导及有关人员一起研究，并应取得实施方案的有关部门的认可。方案的最后选定应由委托企业领导表态，注册会计师不能包办代替。在双方协商确定推荐的方案后，咨询、服务小组应编写咨询、服务报告。咨询、服务报告的内容应包括委托咨询、服务单位的基本情况，咨询、服务目的、范围、依据、方法，存在问题的原因，咨询、服务的结果或提出方案的可行性及预期效果等。如有附件应说明附件的内容。咨询、服务报告由会计师事务所和咨询人员签章后，送交委托人。咨询、服务报告的写作应做到简明扼要，直观易懂，尽量用表格、数据说明问题，结构、条理要清晰，措施要具体。咨询、服务报告提交委托人，经审查无异议，符合委托人要求，会计师事务所应与委托人结算有关咨询费用。如果委托人对咨询结果有不同意见，则应向委托人解释形成咨询、服务意见或结论的理由。如果注册会计师认为咨询、服务结论是可靠的，不能因为委托人的意见而随意修改咨询、服务报告。

4. 指导实施具体改进措施或方案

注册会计师对提出的咨询、服务意见、措施或方案应指导委托单位实施，帮助其改善经营管理，提高经济效益。可以通过注册会计师定期或不定期到委托单位回访的方式，指导其实施。为便于委托单位执行方案，提出咨询、服务报告后一般应提出实施计划的细则，协助企业制定落实措施的计划，解答各种疑问或帮助企业进行人员培训，促进方案的实施。此外，注册会计师还应检查实施的效果，必要时应提出补充建议。

会计咨询、服务业务的上述程序，即接受委托、确定项目，调查分析、收集资料，提出方案、编写报告，指导实施、检查效果，亦可以称为会计咨询、服务的“四部曲”。注册会计师在办理咨询、服务业务时，一般应按上述程序进行，以便抓住主要问题，取得工作成效。

15.2.2 会计咨询、服务业务的要求

会计咨询、服务业务与审计业务不同，目前尚无咨询、服务的质量标准。为了防止咨询、服务业务中可能产生的诉讼和其他纠纷，提高咨询、服务的质量和效果，会

计咨询、服务人员应严格要求自己，努力提高政治素质和业务素质。执行会计咨询、服务业务及处理各方面的关系时，应遵守以下各项基本要求：

（1）严格遵守国家的有关法律、法规和政策。

（2）恪守独立、客观、公正的原则，为社会各界提供符合规定要求的服务。

（3）一切判断应基于客观事实。

（4）不仅服务于解决企业存在的问题，更要着眼于提高企业的管理水平。

（5）对委托者恪守各项约定，严格保守秘密，不得将任何资料泄露给第三者。

（6）不做因维护委托者的利益而损害第三者利益的事，也不做以委托者以外的利益为目的的人事或贸易的推荐或介绍。

（7）不接受力所不能及的委托咨询任务。

（8）不吹嘘自己的业绩，不诋毁或诽谤其他咨询人员或咨询团体。

（9）不接受额外的酬金，严格按事先商定的标准收费。

（10）以实施方案后经济效益的提高来衡量咨询工作的成效。

以上各项要求，对做好会计咨询、服务工作是十分必要的，对会计咨询事业的发展也有重要的意义。

另外，从注册会计师的职业道德和法律责任来看，开展咨询、服务业务还应注意：

第一，由于注册会计师担任会计咨询、服务工作，事实上参与了委托企业的管理决策，尤其是当某位注册会计师经常不断地被聘咨询时，更是如此。这样，当注册会计师受托办理审计业务时，有的委托人就可能对注册会计师的独立性产生重大怀疑，因此，一般不宜由同一位注册会计师向同一位委托人提供会计咨询、服务和审计业务，也就是不能把两种不相容的服务结合起来，这就是所谓“职业内部的专业化”；否则，就可能损害会计师事务所在社会经济监督体系中的形象和地位。这是从执业上保证注册会计师的独立性，使其与委托人的利益既不一致也不矛盾，并发挥注册会计师为社会服务的根本要求。

第二，注册会计师办理咨询、服务业务时，如代办纳税申报、代为编制财务报表等，就使其与未审定财务报表发生了联系，而会计咨询、服务业务中，注册会计师不实施审计程序，也不签发有关财务报表合法、公允与否的审计意见。但注册会计师的这种服务应对未审定财务报表承担潜在的法律责任，而且有重大过失的注册会计师对第三者（报表使用者）也具有赔偿的责任。因此，要求注册会计师在咨询服务中发现委托单位存在非法经营活动的证据时，应立即提醒委托单位注意改正。而且注册会计师从对未审财务报表的潜在责任出发，应避免人们误解其会计咨询、服务业务代行了审计职能，一定要在与委托人签订的咨询、服务约定书中明确会计咨询、服务的范围、性质，在出具的咨询、服务报告中，要特别注明有关财务报表未经审计以及注册会计师不对财务报表发表意见。

第三，注册会计师对于委托单位的预测、计划等含有不确定因素的未来事项，不得就其可实现程度作出保证。但会计咨询、服务业务中不限制其协助委托单位从事预测、计划或可行性研究工作。

第四，进行会计咨询、服务时，应避免直接承担管理决策的责任，不得代行委托单位的管理职能。如果接受委托代编企业财务报表，则承担服务业务的注册会计师无权签署委托单位的财务报表。

第五，咨询服务的收费原则上应以工作量的大小和专业要求的高低为主要依据，不得以服务成果的大小决定收取费用的高低（有特殊约定者除外），也不得以降低收费的方式招揽业务。

15.3 代理记账与代理纳税业务

15.3.1 代理记账业务

代理记账业务是随着我国经济发展出现的一种新的会计服务活动。近年来，在我国经济飞速发展的同时，各单位的组织形式、经营规模都发生了很大的变化，一些规模较小的企业、单位、个体工商户和其他经济组织大量出现，这就产生了现有会计人员的数量和质量难以适应不断增长的各类经济组织进行会计核算要求的问题。一些小微企业很难找到业务素质相当的会计人员，而且经营规模小、创利不多的小微企业，配备专职的会计和出纳，费用上也难以承受。因此，实践中出现了不少小微企业找人兼职记账。于是，有的会计师事务所提供这方面的服务，代理一些小微企业办理会计记账业务；有的地方成立了“记账专业户”“会计记账公司”等会计服务机构，专为小微企业办理记账业务。从实际效果看，发展代理记账业务，对保证小微企业建立正常的会计工作秩序，加强市场和税收管理等都有重要作用。

1. 代理记账的条件和工作规则

从事代理记账业务，应当符合下列条件：

（1）至少有三名持有会计证的专职从业人员，同时可以聘用一定数量相同条件的兼职从业人员。

（2）主管代理记账业务的负责人必须具有会计师以上的专业技术资格。

（3）有健全的代理记账业务规范和财务会计管理制度。

（4）机构的设立依法经过工商行政管理部门或其他管理部门核准登记。

从事代理记账业务的机构，除会计师事务所外，必须按隶属关系向县级以上人民政府财政部门申请代理记账资格，经审查符合上述条件，并领取由财政部门统一印制的代理记账许可证书后，方能从事代理记账业务。颁发代理记账许可证书的财政部门负责对其发证的代理记账机构进行年检。

代理记账应遵循以下工作规则：

（1）遵守会计法律、会计法规，依法履行职责。

（2）对在执行业务中知悉的商业秘密，负有保密义务。

（3）对委托人示意作出不当的会计处理，提供不实的会计资料，以及其他不符合法律法规规定的要求应当拒绝。

（4）对委托人提出的有关会计处理原则问题负有解释的责任。

2. 代理记账的工作程序和内容

（1）签订书面委托合同，明确双方的义务和责任。委托人委托代理记账机构进行代理记账，应当在相互协商的基础上，签订书面委托合同。委托合同除应具有法律规定的基本条款外，还应当明确以下内容：

1）委托人、受托人对会计资料的合法、真实、准确、完整应承担的责任。

2）会计凭证的传递程序和签收手续。

3）编制和提供财务报表的要求。

4）会计档案的保管要求。

5）委托人、受托人终止委托合同应当办理的会计交接事宜。

委托人委托代理记账机构代理记账的，应当履行以下义务：

1）对本单位发生的经济业务，必须填制或者取得符合规定的原始凭证。

2）应当配备专人负责日常货币收支和保管。

3）及时向代理记账机构提供合法、真实、准确、完整的原始凭证和相关资料。

4）对于代理记账机构退回的，要求按照规定进行更正、补充的原始凭证，应当及时予以更正、补充。

代理记账机构在执行业务中违反《会计法》和国家规定的，由财政部门依据法律、行政法规的规定处理。代理记账机构违反代理记账规定和国家有关规定造成委托人会计核算混乱、损害国家和委托人利益的，委托人故意向代理记账机构隐瞒真实情况或者委托人会同代理记账机构共同提供不真实会计资料的，应承担相应法律责任。

（2）办理会计核算业务。代理记账机构应当根据委托合同的约定，定期派人到委托人所在地办理会计核算业务，或者根据委托人送交的原始凭证在代理记账机构所在地办理会计核算业务。代理记账机构根据委托人提供的原始凭证和其他资料，按照国家的规定进行会计核算，包括审核原始凭证、填制记账凭证、登记会计账簿、编制财务报表等。

（3）编制和报送财务报表。代理记账机构为委托人编制的财务报表，经代理记账机构负责人和委托人审阅并签名或盖章后，按照国家的规定报送政府有关部门和其他财务报表使用者。

（4）定期向税务机关提供纳税的相关资料。

（5）承办委托人委托的其他会计业务。

15.3.2　税务代理业务

税务代理是指税务代理人在规定的税务代理范围内，受纳税人、扣缴义务人的委托，代为办理税务事宜的各种行为的总称。《中华人民共和国税收征收管理法》规定："纳税人、扣缴义务人可以委托税务代理人办理税务事宜。"为此，国家税务总局发布了《税务代理试行办法》，使税务代理业务得到了发展，成为会计师事务所的服务业务之一。

1. 税务代理的条件及权利、义务和责任

（1）税务代理的条件。会计师事务所需要开展税务代理业务的，必须在本所内设置专门的税务代理部门，配备 5 名以上经税务机关审定注册的税务师，并报经国家税务总局或省级税务机关批准，方能从事税务代理业务。国家对税务师实行水平考试制

度。对取得注册会计师资格者，可不参加全国税务师资格考试，其代理资格由省级税务机关考核认定。

（2）税务代理的权利和义务。具体如下：

1）税务代理人有权按规定代理由纳税人、扣缴义务人委托的税务事宜。

2）税务代理人依法履行职责，受国家法律保护，任何机关、团体、单位和个人不得非法干预。

3）税务代理人有权根据代理业务需要，查阅被代理人的有关财务会计资料和文件，查看业务现场和设施，被代理人应当向代理人提供真实的经营情况和财务会计资料。

4）税务代理人可向当地税务机关订购或查询税收政策、法律、法规和有关资料。

5）税务代理人对税务机关的处理决定不服的，可依法向税务机关申请复议或向人民法院起诉。

6）税务代理人在办理代理业务时，必须向有关的税务工作人员出示税务师执业证书，按照主管税务机关的要求，如实提供有关资料（不得隐瞒、谎报），并在税务文书上署名盖章。

7）税务代理人对被代理人偷税，骗取减税、免税和退税的行为，应予以制止，并及时报告税务机关。

8）税务代理人在从事代理业务期间和停止代理业务以后，都不得泄露因代理业务而得知的秘密。

9）税务代理人应当建立税务代理档案，如实记载各项代理业务的始末和保存计税资料及涉税文书，税务代理档案至少保存5年。

（3）税务代理的责任。具体如下：

1）税务师未按照委托代理协议书的规定进行代理或违反税收法律、行政法规的规定进行代理的，由县以上税务机关处以2 000元以下罚款。

2）税务师在一个会计年度内违反规定从事代理业务两次以上的，由省级税务机关注销税务师登记，收回税务师执业证书，停止其从事税务代理业务2年。

3）税务师知道被委托代理的事项违法仍进行代理活动或知道自身的代理行为违法仍进行的，由省级税务机关吊销其税务师执业证书，禁止其从事税务代理业务。

4）税务师在代理过程中触犯刑律，构成犯罪的，由司法机关依法惩处。

5）税务代理机构（包括从事地方税务代理业务）违反规定的，由县以上税务机关根据情节轻重，给予警告、处以2 000元以下罚款、停业整顿、责令解散等处分。

6）税务机关对税务师和税务代理机构进行惩戒处分时，应当制作文书，通知当事人，并予以公布。

2. 税务代理的程序

（1）签订委托书。注册会计师承办税务代理业务，由其所在的会计师事务所统一受理，并与被代理人签订委托代理协议书。委托代理协议书应当载明代理人和被代理人名称、代理事项、代理权限、代理期限及其他应明确的内容，并由注册会计师及其所在的会计师事务所和被代理人签名盖章。

（2）办理税务代理业务。税务代理人可以接受纳税人、扣缴义务人的委托从事下列范围内的业务代理：

1）办理税务登记、变更税务登记和注销税务登记。

2）办理发票领购手续。

3）办理纳税申报或扣缴税款报告。

4）办理缴纳税款和申请退税。

5）制作涉税文书。

6）审查纳税情况。

7）建账建制，处理账务。

8）开展税务咨询、受聘税务顾问。

9）申请税务行政复议或税务行政诉讼。

10）其他业务。

纳税人、扣缴义务人可以根据需要委托税务代理人进行全面代理、单项代理或临时代理、常年代理。

税务代理人应按委托协议书约定的代理内容和代理权限、期限进行税务代理。代理超出协议书约定范围的业务时，必须事先修订协议书。

税务代理人在税务代理过程中，应当书面记录各项代理业务的始末，整理好有关的计税资料。

（3）税务代理关系的终止。税务代理期限届满，委托协议书届时失效，税务代理关系自然终止。在一些特定情形下，被代理人或税务代理人在委托期限内可单方终止代理业务，单方终止委托代理关系的，终止方应及时通知另一方，并向当地税务机关报告，同时公布终止决定。

习　题

思考题

1. 为什么说协作性是会计咨询的一个重要特点？
2. 简述注册会计师执行咨询业务的要求。
3. 从注册会计师的职业特点来看，开展会计咨询应注意哪些问题？

案例分析题

XYZ 会计师事务所是一家合伙会计师事务所，主要提供财务报表审计、财务规划、咨询和财务顾问等业务。A 公司是 XYZ 会计师事务所的常年审计客户，其 2013—

2017年度的财务报表均由注册会计师甲担任主管合伙人进行审计，并于2018年成功上市。XYZ会计师事务所考虑到注册会计师甲对A公司的熟悉程度，决定继续委派其作为主管合伙人审计A公司2018年度财务报表。2018年年末A公司受到外部环境的影响，业务量大幅下降，为了改善公司各方面的管理，A公司与XYZ会计师事务所加强了业务的全面合作，由XYZ会计师事务所提供与财务系统相关的内部控制建设服务，同时会计师事务所以A公司辩护人的角色代表A公司解决一项法律纠纷。XYZ会计师事务所考虑到A公司作为重要的审计客户，连续三年从A公司获取大额的审计费用和会计咨询业务收入，占所有客户费用的20%。为了进一步巩固这种业务关系，XYZ会计师事务所一部分员工作为A公司的财务人员和内部审计人员，为其编制会计分录、确定交易的账户分类和从事内部审计业务。

要求：请指出上述资料中违反从事会计咨询、服务业务的情况，并简要说明理由。

图书在版编目（CIP）数据

审计学/秦荣生，卢春泉编著. —10版. —北京：中国人民大学出版社，2019.6
教育部经济管理类主干课程教材·审计系列
ISBN 978-7-300-27064-7

Ⅰ.①审… Ⅱ.①秦…②卢… Ⅲ.①审计学-高等学校-教材 Ⅳ.①F239.0

中国版本图书馆CIP数据核字（2019）第124614号

全国优秀教材二等奖
“十二五”普通高等教育本科国家级规划教材
教育部经济管理类主干课程教材·审计系列
审计学（第10版）
秦荣生　卢春泉　编著
Shenjixue

出版发行	中国人民大学出版社		
社　　址	北京中关村大街31号	**邮政编码**	100080
电　　话	010－62511242（总编室）		010－62511770（质管部）
	010－82501766（邮购部）		010－62514148（门市部）
	010－62515195（发行公司）		010－62515275（盗版举报）
网　　址	http://www.crup.com.cn		
经　　销	新华书店		
印　　刷	涿州市星河印刷有限公司	**版　　次**	1994年5月第1版
规　　格	185 mm×260 mm　16开本		2019年6月第10版
印　　张	23 插页1	**印　　次**	2022年5月第7次印刷
字　　数	523 000	**定　　价**	45.00元

教师教学服务说明

中国人民大学出版社财会出版分社以出版经典、高品质的会计、财务管理、审计等领域各层次教材为宗旨。

为了更好地为一线教师服务，近年来财会出版分社着力建设了一批数字化、立体化的网络教学资源。教师可以通过以下方式获得免费下载教学资源的权限：

在中国人民大学出版社网站 www. crup. com. cn 进行注册，注册后进入“会员中心”，在左侧点击“我的教师认证”，填写相关信息，提交后等待审核。我们将在一个工作日内为您开通相关资源的下载权限。

如您急需教学资源或需要其他帮助，请在工作时间与我们联络：

中国人民大学出版社　财会出版分社

联系电话：010-62515987，62511076

电子邮箱：ckcbfs@crup. com. cn

通讯地址：北京市海淀区中关村大街甲 59 号文化大厦 1501 室（100872）